세상을
뒤흔든

전투의
역사

세상을 뒤흔든 전투의 역사

ⓒ유필하 2018

초판 1쇄 발행일 2018년 9월 17일
　　 2쇄 발행일 2018년 10월 11일

지 은 이 유필하

출판책임 박성규
편집책임 선우미정
편집진행 박세중
편　　집 이동하
디 자 인 조미경 · 김원중 · 김정호
마 케 팅 나다연 · 이광호
경영지원 김은주 · 장경선
제작관리 구법모
물류관리 엄철용

펴 낸 곳 도서출판 들녘
펴 낸 이 이정원
등록일자 1987년 12월 12일
등록번호 10-156
주　　소 경기도 파주시 회동길 198
전　　화 마케팅 031-955-7374　편집 031-955-7381
팩시밀리 031-955-7393
홈페이지 www.ddd21.co.kr

I S B N 979-11-5925-361-4 (03900)

이 도서의 국립중앙도서관 출판예정도서목록(CIP)은 서지정보유통지원시스템 홈페이지(http://seoji.nl.go.kr)와 국가
자료공동목록시스템(http://www.nl.go.kr/kolisnet)에서 이용하실 수 있습니다.(CIP제어번호: CIP2018028339)

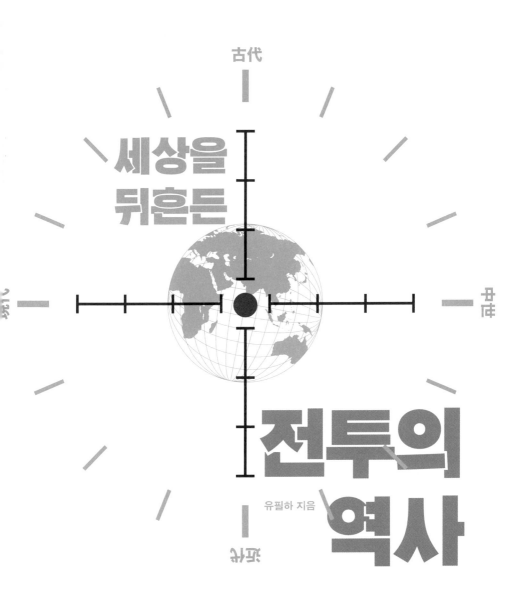

古代

근대

세상을
뒤흔든

전투의
역사

유필하 지음

전쟁

들녘

세계사는 동서양에 걸쳐 고대부터 현대에 이르기까지 광범위한 시공간과 그 속의 수많은 사람의 행적을 살펴보는 학문이다. 많은 이가 역사를 알고 싶어 하며, 이를 바탕으로 삶을 돌아보려 한다. 그렇다면 어렵지 않으면서도 역사의 흐름을 읽을 수 있는 효과적인 방법이 있다면 무엇일까.

각기 다른 답을 내놓겠지만, 내가 생각하는 해답은 전쟁사를 공부하는 것이다. 전쟁사야말로 역사의 정수가 농축된 영역이다. 동서고금을 막론하고 국가를 세우고 정치체제를 갖추며 외교를 맺는 가운데 전쟁만큼 급진적이고 결정적인 역할을 한 사건이 또 있었는가. 세계사를 좌지우지한 나라의 흥망성쇠를 살펴보면 전쟁은 늘 핵심적인 역할을 했다. 우리나라의 역사를 보더라도, 일제 강점기의 시작인 러일전쟁과 그 끝인 제2차 세계대전의 영향을 받았고, 지금도 한국전쟁의 상흔을 안은 채 살아가고 있다.

그렇지만 많은 이가 전쟁사를 어렵게 여기는 것은 안타까운 일이다. 역사 자체가 딱딱한 학문인 데다가 그중에서도 전쟁사는 복잡한 지명, 익숙지 않은 군사용어 때문에 다가가기 어려운 분야로 인식되고 있다. 하지만 알면 알수록 전쟁사만큼 재미있는 분야도 없는 듯하다. 전쟁사에서 지혜와 탐욕, 잔인과 관용, 열망과 고뇌, 용기와 좌절 등 인간의 본연 그대로를 엿볼 수 있으니, 역설적이게도 가장 진솔하고 인간적인 분야가 전쟁사이기도 하다. 또한 손에 땀을 쥐게 하는 박진감 넘치는 전투의 현장은 보는 이로 하여금 짜릿함과 안타까움을 동시에 안겨주기도 한다.

분명히 전쟁사는 일단 집중하고 깊이 파고들면 역사에 대한 이해와 자신감을 주는 마력이 있다. 전쟁사는 역사를 관통하는 축이자 가지들이 뻗어 나온 줄기와 같아서 정치사·경제사·문화사·종교사와 같은 다른 역사의 영역을 이해하는 튼튼한 배경지식이 될 수 있다. 독일의 역사가 랑케(Leopold von Ranke)의 유명한 표현을 빌리자면, 전쟁사는 마치 역사의 호수와도 같아서 다른 모든 역사의 영역들이 전쟁사로 흘러들어가고 전쟁사를 통해 흘러나온다고 비유할 수 있다. 또한 긴박, 역동, 반전이 특징인 전쟁사는 다른 그 어떤 역사보다 몰입하여 공부할 수 있다. 이 때문에 전쟁사를 어느 정도 알고 나면 다른 분야의 역사는 더욱 자신감 있게 대할 수 있다. 흡사 에베레스트 산을 등산한 사람이 어떤 산을 마주쳐도·어렵지 않게 느끼는 것과 같다.『세상을 뒤흔든 전투의 역사』는 이와 같은 전쟁사 가운데서도 전투에 집중하여 이야기식으로 역사를 전하고 싶은 마음으로 쓰였다.

먼저 독자들이 흥미를 가질 역사상 의미 있는 전투를 꼽았다. '가장'이라는 수식어가 붙을 만한 전투를 선정하여 그 정의에 대한 근거를 보충했다. 또한 단순히 전투 그 자체뿐 아니라 각 전투가 일어난 원인, 시대적 배경, 결과와 영향도 함께 정리하여, 연대기처럼 내용이 이어지도록 서술했다.

덧붙여 전술사상 중요한 전투에는 지도와 진형도 등의 도해를 첨부하여 글과 함께 이해할 수 있도록 배치했다. 특히 포에니전쟁(4장, 6장)과 나폴레옹전쟁(15장, 16장)을 깊이 다뤘다. 또한 제2차 세계대전을 다룬 21장~25장에서는 기존 영미 중심의 시각에서 벗어나, 동부전선에 집중하여 독일과 소련 사이 전쟁의 진상을 파헤치고자 했다. 이 책을 읽을 때 독자들이 역사부도와 지리부도를 곁에 두고 참고한다면 더욱 좋을 것이다.

역사를 전공하지 않았지만 역사서를 쓰는 것은 세계사에 대한 호기심과 관심 때문이다. 그리고 내가 배운 것을 다른 사람과 공유하고 싶은 마음에서 시작된 일이다. 혼자만 알고 있을 게 아니라 내가 공부한 세계사를 독자들에게 쉽고 재미있게 알리고 싶은 마음이야말로 이 책을 쓴 근원적인 동기라고 하겠다.

모든 사람이 하늘의 별만큼 다양한 분야에 각각 타고난 재능이 있다고 굳건히 믿고 있다. 역사란 누구에게나 똑같은 과거의 일이지만 이를 서술하는 이의 역량에 따라 독자들은 얼마든지 다르게 받아들일 수 있다. 대개의 공부가 그러하겠지만, 역사도 깊이 파고들수록 더욱 궁금해지거나 의심이 가고 감춰진 사실을 알아내고 싶은 욕구가 생기기 마련이다. 더욱 힘써 정진하여 넓고 깊은 역사의 순간순간을 독자들에게 계속 전하려 한다.

부족한 원고를 다듬어주신 도서출판 들녘 편집부에 심심한 감사를 드린다. 끝으로 이 책을 역사 속의 전장에서 소리 없이 사라져간 무명의 병사들에게 바친다.

2018년 8월
유필하

중세편

근대편

현대편

古代

고대편

| 제1장 |

카이로네이아 전투—가장 위대한 영웅의 등장

역사상 가장 위대한 영웅이 누구냐는 질문에 객관적인 답을 기대하기는 곤란할 것이다. 영웅이 꼭 장군이나 정복자여야 한다는 법은 없지만, 여기에서는 일단 취지에 맞게 그 범위를 군인으로 한정해보자. 만약 질문을 받은 이가 몽골인이라면 당연히 칭기즈칸(Chingiz Khan, 1162?~1227)이나 수부타이(Subutai, 1176~1248)라고 답할 것이고, 이탈리아인이라면 카이사르(Julius Caesar, 기원전 100~기원전 44)나 스키피오 아프리카누스(Scipio Africanus, 기원전 235~기원전 183)라고 대답할 것이며, 아랍인이라면 할리드 이븐 알 왈리드(Khalid ibn al-Walid, 592~642)나 살라딘(Saladin, 1138~1193)이라고 대답할지 모른다.

역사를 공부하는 사람들에게 가장 위대한 영웅이나 정복

자를 말해보라고 한다면 알렉산드로스(Alexandros, 기원전 356~기원전 323), 카이사르, 칭기즈칸, 티무르(Timur, 1336~1405), 나폴레옹(Napoléon Bonaparte, 1769~1821)과 같은 이름은 빠지지 않을 것이다. 이 책에서 다룰 한신(韓信, ?~기원전 196), 스키피오, 할리드와 같은 인물들도 위의 다섯에 결코 뒤지지 않고, 구데리안(Heinz Guderian, 1888~1954)과 만슈타인(Erich von Manstein, 1887~1973) 또한 전쟁사상 빼놓을 수 없는 군인들이지만, 앞서 언급한 다섯 명에 비해 널리 알려져 있지는 않다.

내게 가장 위대한 영웅을 한 사람 고르라 한다면, 알렉산드로스 대왕을 꼽겠다. 20세기 영국의 역사가 탄(W. W. Tarn)은 알렉산드로스 대왕을 가리켜 "그는 역사상 가장 생산적인 업적을 세운 사람이었다. 기존의 문명 세계를 다른 곳으로 올려놓고 완전히 새로운 시대를 열었다. 그가 이룬 만큼의 업적은 다시 이뤄질 수 없을 것이다" "그가 세상을 엄청나게 변화시켰으므로 그가 이룬 수준의 업적은 다시 이루어질 수 없을 것이다"라고 말했다. 이것은 알렉산드로스의 업적에 대한 가장 강렬하고 유명한 후대의 평가일 것이다.

탄이 주로 연구한 분야는 헬레니즘 세계였다. 그렇기 때문에 그가 관심을 가졌던 세계를 구축한 알렉산드로스 대왕에게 호의적인 언사를 보냈던 것은 충분히 납득할 수 있다. 『로마인 이야기』를 쓴 시오노 나나미(鹽野七生)는 열렬하게 카이사르를 찬미했고, 스키피오를 위해 붓을 든 리델 하트(Liddell Hart)나 나폴레옹의 위업을 그려낸 막스 갈로(Max Gallo) 또한 그러했다. 그렇다고 어느 한 저명한 역사가나 작가의 논평만으로 그를 가장 위대한 영웅으로 단정한다면 '권위에 호소하는 오류'에 빠질 터이다. 따라서 다른 주요 인물들과의 비교를 통해 알렉산드로스를 가장 위대한 영웅으로 뽑게 된 근거를 제시하고자 한다.

먼저 가장 비견될 만한 칭기즈칸을 집중해서 살펴보자. 칭기즈칸이 무엇보다도 높은 점수를 받는 부분은 몽골군이 대영제국에 이어 역사상 두 번째로 넓은 영토를 정복했다는 것이다. 여기서 기억해야 할 점은 칭기즈칸의 군대가 영토 확장에 유리한 기병이었으며, 그가 생전에 정복한 영토의 대부분이 기병이 활동하기 좋은 초원지대였다는 것이다. 그렇기에 보병 위주의 군대를 지녔던 다른 정복자들보다 영토 확장이 수월했던 것은 당연한 일이다. 칭기즈칸이 보병과 기병이 섞인 군대를 지휘했다면 과연 어느 정도까지 나아갈 수 있었을지는 쉽게 단정할 수 없다. 자신들의 군대가 전원 기병으로 이뤄졌던 훈족의 아틸라(Attila, 395~453)나 흉노의 묵특 선우(冒頓單于, 기원전 234~기원전 174)도 칭기즈칸 못지않은 영토를 정복했다. 단순히 인구밀도가 낮은 땅을 넓게 정복했다는 것만으로 후한 점수를 주기는 어렵다고 하겠다.

정복 군주가 아닌, 전략가나 전술가로서 칭기즈칸의 개인적인 자질에서 결점이 눈에 띈다. 그의 생애에서 가장 큰 위협이 됐던

라이벌 자무카(Jamukha, 1158?~1206)에게 당한 치명적인 패배를 차치하더라도, 보병 지휘관으로서 능력을 발휘하지 못한 점은 커다란 약점이다. 동서양 공히 대개 군대의 중추는 보병이다. 위대한 전술가의 능력이 기병과 보병을 비롯한 각종 병과를 잘 조합해 전력을 극대화시키는 데 있다고 한다면, 이 부분에서 칭기즈칸은 알렉산드로스, 나폴레옹, 구스타프 아돌프(Gustav II Adolf, 1594~1632), 구데리안 등과 비교가 되지 않는다. 그리고 이야말로 칭기즈칸과 몽골군이 역사에 남긴 강렬한 충격에도 불구하고 대다수의 군사학이나 전쟁사 서적에서 그들에 관해 단편적으로 다루는 이유일 것이다.

더욱 간과해서 안 될 것이 있다. 바로 테무친(칭기즈칸의 본래 이름)이 칸으로 군림할 당시 몽골군이 펼쳤던 역사상 유명한 세 번의 원정(금나라 원정, 호라즘 원정, 러시아 원정)에 임한 그의 역할과 태도다. 금나라 원정은 도중에 무칼리(Muqali, 1170~1223)에게 백지위임했으며, 호라즘 원정이나 러시아 원정은 원래 그의 의중에도 없던 것이 판이 커지면서 대성공을 거둔 사례다. 후대에 이르러 사구사준(四狗四駿)으로 칭해지는 여덟 맹장의 활약이 모두 칭기즈칸의 업적으로 덮어씌워지면서 그는 실제의 모습과 능력 이상으로 역사에 기록된 것으로 봐야 한다. 칸으로 즉위한 뒤 벌인 세 차례 대규모 원정 중에서 오로지 그의 야심과 능력으로 완성된 원정이 단 하나도 없음을 볼 때, 과연 정복자라는 칭호가 그에게 어울리기나 할까 하는 의심마저 든다.

다음으로 언급할 인물은 티무르다. 칭기즈칸의 후손임을 자처한 그 또한 엄청난 정복자임에 분명하다. 하지만 '소(小)칭기즈칸'이라고 불리듯이 티무르가 여러 면에서 칭기즈칸에 미치지 못한다고 할 수 있다. 그는 일평생 칭기즈칸에 대한 콤플렉스에서 벗어나지 못했다.

나폴레옹은 생애에 네 번의 패배(아스페른-에슬링 전투, 라이프치히 전투, 라 로시에르 전투, 워털루 전투 등)를 겪고 그토록 허무한 종장을 맞은 탓에, 전승무패의 알렉산드로스에 비해 평가가 덜하다. 또한 이겼다 해도 매번 패자 못지않게 프랑스군에게도 상당한 사상자가 발생했기 때문에 그의 전투에서는 알렉산드로스나 카이사르의 화려함과 깔끔함이 느껴지질 않는다. 물론 당시는 전 유럽에 걸쳐 전술과 무기가 균등화된 시대였기 때문에 나폴레옹이 알렉산드로스나 카이사르보다 불리한 입장이었다는 점에서 그러한 감점은 상쇄될 수 있다. 무엇보다 알렉산드로스와 카이사르는 무기와 전술이 뒤떨어진 페르시아제국이나 갈리아인들을 상대로 싸웠기 때문에, 그리고 무기의 살상력이 떨어지는 고대였기 때문에 상대적으로 아군의 사상자가 적을 수 있었다. 그렇다 하더라도 알렉산드로스나 카이사르가 대부분의 전투에서 한정된 병력을 가지고 최소한의 희생을 치르며 경제적으로 싸운 것과 달리, 나폴레옹은 유럽 제2의 인구대국인 프랑스의 엄청난 인적·물적 자원을 쓸 수 있는 여유를 누렸던 점을 기억해야 한다. 인명 손실을 경시한 채 전투에 임함으로써 프랑스 징집 대상자의 20퍼센트가 전장에서 사망하게 만든 나폴레옹 전술의 비효율성에서 그를 알렉산드로스나 카이사르보다 높게 볼 수 없다. 설령 나폴레옹의 병력 손실이 그토록 많았던 것을 앞서 언급했던 유럽 내 무기와 전술의 표준화 탓으로 돌릴 수 있다고 쳐도, 비효율적인 전투를 그토록 많이 치를 수밖에 없도록 국제 정세를 몰고 간 것은 거대 전략가로서 나폴레옹의 부족한 자질을 탓할 수 있다. 율리우스 카이사르는 비록 타인의 스승이 될 만한 독창적인 전술은 없었지만 임기응변과 전투 감각은 누구보다도 뛰어난 인물이었다. 카이사르가 생애 마지막 순간에 계획했던 파르티아 원정을 성공리에 마쳤다면 지금의 명성을 뛰어넘어 알렉산드로스를 능가하는 위대한 정복자로 평가받을 수도 있었겠지만, 유감스럽게도 그가 원정 직전 암살되면서 그의 업적도 중단되었다. 결과적으로 나폴레옹과 카이사르가 알렉산드로스를 동경했고 알렉산드로스에 근접했다는 소리는 들어봤어도 그들이 알렉산드로스를 능가했다는 소리를 들어본 적은 없다.

　　마지막으로 다룰 인물은 알렉산드로스 대왕이다. 이제 알렉산드로스를 역사상 가장 위대한 영웅으로 돋보이게 만드는 몇 가지 점을 언급해보기로 하자.

　　첫째, 알렉산드로스는 그의 생애에서 패배를 몰랐던 상승장군(常勝將軍)이었다. 반면에 카이사르, 칭기즈칸, 티무르, 나폴레옹은 전장에서 패한 적이 있다. 알렉산드로스가 역사상 유일한 상승

장군은 아니지만 승률 100퍼센트라는 점 하나만으로도 다른 정복자들 압도한다. 기원전 4세기인 고대라는 시대적 배경은 신화적인 각색을 입히기에도 더할 나위 없던 때였다. 알렉산드로스는 소수의 병력으로 최소의 희생만 치르며 모든 전투에서 승리했기 때문에 그야말로 살아 있는 전설로 추앙받았다. 역사상 가장 많은 전투와 승리를 쟁취한 나폴레옹과 그 뒤를 잇는 칭기즈칸은 알렉산드로스보다 훨씬 많은 전투를 치렀으니 당연히 그만큼 패배할 수도 있다고 생각할 수 있다. 그렇지만 몇 번의 전투를 치렀느냐보다 승률 100퍼센트라는 단순한 사실이 사람들의 머릿속에 더욱 쉽게 각인되는 법이다.

둘째로 알렉산드로스가 창시한 '망치와 모루' 전술은 전쟁사에서 절대적인 위상을 차지한다. 이 전술을 간단히 언급하자면, 모루에 해당하는 보병이 적을 견제하는 사이 망치인 기병이 빠르게 움직여 적의 배후나 측면을 공격하여 승리하는 전술이다. 보병과 기병을 유기적으로 활용함으로써 보유한 전력에서 최대의 전투력을 뽑아낸 인물이 알렉산드로스다. 과장해서 말한다면 알렉산드로스 이후 명장이냐 범장이냐의 기준은 이 망치와 모루 전술을 얼마나 잘 흉내 낼 수 있느냐에 달려 있다고 할 수 있다. 지금까지도 전 세계 육군사관학교에서 가르치는 망치와 모루 전술의 창안자인 알렉산드로스는 나폴레옹과 함께 전술사에 지대하게 기여한 것으로 평가받는다.

셋째, 그는 언제나 최선두에 서서 적과 정정당당하게 정면대결을 펼침으로써 그의 용맹한 영웅심과 드높은 자존감을 드러냈다. 그라니코스 전투에서 도하 작전을 앞두고 모두가 두려움에 떨 때 앞장서서 강을 건넌 일이나 가우가멜라 전투에서 페르시아군을 밤에 기습해야 한다는 주위의 진언에 대해 "나는 승리를 도둑질하지 않겠다"고 답한 것이 대표적인 일화다. 이를 두고 리델 하트는 알렉산드로스가 '호메로스적 영웅주의'에 빠져 큰일을 그르칠 뻔했다고 질책하기도 했다. 반면에 칭기즈칸의 몽골군은 정면으로 적과 부딪치지 않고 '히트 앤드 런'이나 '파르티안 샷(Parthian shot)'과 같은, 적을 속이고 함정에 빠트리는 전법을 주로 구사했다. 전투에서 속임수와 꾀를 쓰는 것은 흔하지만, 속임수와 꾀로 뭉친 오디세우스보다는 용맹하고 정정당당한 아킬레우스에게 영웅이란 영예가 더욱 어울릴 수밖에 없다.

카이사르와 나폴레옹은 칭기즈칸과 같은 비겁하다면 비겁하다고 볼 수도 있는 전술을 사용하여 승리하진 않았다. 하지만 그들이 대개 최전선에서 앞장서서 싸우지 않은 점에서는 역시 알렉산드로스의 '호메로스적인 영웅주의'에 뒤처진다고 할 수 있다. 모든 전투에서 알렉산드로스는 최일선에 서서 말단병사와 똑같이 칼을 휘두르며 수도 없이 죽음의 문턱을 넘나들었다. 이는 카이사르와 나폴레옹이 안전한 후방에서 명령하며 전황을 살피던 모습과 다른 것이다. 이탈리아 원정 로디 전투에서 나폴레옹이 다리 위에서 깃발을 잡고 최선두에서 달리던 모습보다는, 이집트 원정과 러시아 원정에서 가장 먼저 도망쳤던 모습이 나폴레옹의 진면목에 가까울 것이다.

넷째, 마지막으로 시대를 초월한 알렉산드로스의 휴머니즘을 꼽을 수 있다. 물론 알렉산드로스에게도 주사(酒邪) 등 인간적인 결함은 꽤 있었지만, 이는 인류에 품었던 알렉산드로스의 고귀한 이상에 비한다면 사소한 것이다. 카이사르가 갈리아인에게 저지른 만행을 보아 알 수 있듯이 당대는 정복자가 피정복자를 노예로 삼는 것이 일상사로 여겨지던 시대였다. 그럼에도 알렉산드로스는 패배한 적에게조차 관용을 베풀며, 차별 없는 휴머니즘을 바탕으로 온 인류를 하나로 묶으려고 했다. 동서양을 사상적·이념적으로 통합하려는 알렉산드로스 대왕의 노력과 그에 따른 헬레니즘 문명이라는 결실을 놓고 볼 때 그의 군사적인 업적은 도리어 작게만 보인다.

이번 1장에서는 가장 위대한 영웅으로 꼽은 알렉산드로스의 데뷔전이었던 카이로네이아 전투(기원전 338)를 다루면서 그의 일생의 초반부를 서술하고자 한다.

알렉산드로스는 동방원정을 떠난 11년 만에 바빌론에서 열병에 걸려 33세의 짧은 생애를 마감할 때까지 그리스·이집트·페르시아와 인도 북서부를 포함하는 세 대륙에 걸친 대제국을 건설한 인물이다.

알렉산드로스는 기원전 356년 마케도니아 왕국의 수도인 펠라에서 태어났다. 그가 태어날 무렵은 펠로폰네소스전쟁(기원전 431~기원전 404)이 끝난 지 반세기가 지난 시점이었으며, 당시 그리스의 패권 국가는 테베였다. 기원전 4세기 초 테베에는 에파메이논다스라는 명장이 등장하여 육군 강국이던 스파르타를 레우크트라 전투(기원전 371)와 만티네이아 전투(기원전 362)에서 무찌를 수 있었다. 그 전에 펠로폰네소스 동맹의 맹주였던 스파르타는 델로스 동맹의 맹주였던 아테네를 펠로폰네소스전쟁에서 무찌르고 그리스 패권국으로 자리매김했다. 스파르타는 다시 그 바통을 테베에게 내준 것이다. 그래서 알렉산드로스가 태어났을 즈음 그리스는 보이오티아 동맹의 맹주인 테베의 영향력 아래에 놓인 상황이었다. 하지만 이 또한 오래가지 못했다. 그리스 본토인들이 야만인이라고 멸시하던 북방의 마케도니아 왕국에 필리포스 2세(Philippos II, 기원전 382~기원전 336)가 등장하여 테베의 헤게모니를 무너트린 것이다.

필리포스 2세는 선왕인 아민타스 3세의 막내아들로 태어났기 때문에 왕위 계승 서열에서 사실상 밀려난 인물이었다. 젊은 시절 그는 테베와 마케도니아의 전쟁 뒤 평화를 담보하는 볼모로 테베에 보내진 적이 있는데, 그 6년의 시간을 헛되이 보내지 않고 그곳에서 정치·외교·전쟁 등을 배우게 된다. 특히 에파메이논다스의 신형 전술이었던 사선진법(斜線陣法)도 이때 터득한 것으로 추측된다.

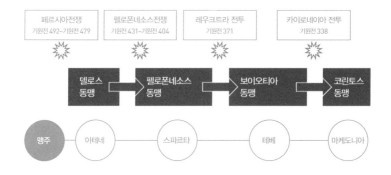

페르시아전쟁 기원전 492~기원전 479	펠로폰네소스전쟁 기원전 431~기원전 404	레우크트라 전투 기원전 371	카이로네이아 전투 기원전 338

| 델로스
동맹 | → | 펠로폰네소스
동맹 | → | 보이오티아
동맹 | → | 코린토스
동맹 |

| 맹주 | 아테네 | 스파르타 | 테베 | 마케도니아 |

✖ 기원전 4세기 무렵 그리스 패권의 변천

사선진법을 간단히 말하면, 전체적으로는 아군 병력이 열세하지만 어느 결정적인 지점에 병력을 집중 배치하여 부분적인 수적 우세를 달성함으로써 승리한다는 전술이다. 이것은 전체 대열에 동일한 병력을 배치하던 종래의 상식을 뒤엎은 것으로 뒷날 알렉산드로스 대왕의 망치와 모루 전술에도 지대한 영향을 미치게 된다.

후일 수도인 펠라로 돌아온 필리포스 2세는 마케도니아 왕이었던 형들이 잇따라 사망한 뒤 즉위한 어린 조카 아민타스 4세의 왕위를 찬탈하면서 마케도니아의 국왕으로 즉위했다. 필리포스 2세는 그리스 전역을 정복할 야심을 가지면서 여러 개혁을 서둘렀다. 강대국이 되기 위해 가장 중요하고 기본적인 두 요소는 경제와 군사 부문이다. 필리포스 2세는 금광과 은광이 있는 크레니데스와 암피폴리스 지역을 정복해 재정을 충실하게 했다. 또한 각종 군사개혁을 통해 그의 군대를 최강의 군대로 육성하는 것도 잊지 않았다.

그러나 그가 단순한 군인이 아니라 뛰어난 정치가임을 엿볼 수 있는 대목은 영토와 세력을 넓히는 데 단순히 무력을 쓰기보다는 외교술을 오히려 선호한 점이다. 상황에 따라 유화책과 강경책을 적절하게 구사하되 필요하다면 동맹, 매수, 협박도 서슴지 않았고 심지어는 납작 엎드려 공물을 바치는 것도 마다하지 않았다. 그는 전쟁이 최후의 수단임을 인식하여, 당시 그리스인들이 비겁하다고 여기며 멸시했던 스파이를 보내거나 뇌물을 건네는 등 권모술수를 쓰는 데 주저하지 않았던 것이다.

그가 즉위할 당시 남쪽에는 테베나 아테네 같은 기존의 강국이 있었으며, 북쪽으로는 트라키아, 서쪽의 일리리아, 동쪽에는 페르시아제국이 그의 왕국을 위협하고 있던 상황이었다. 그는 현란한 외교술을 발휘하여 한쪽은 동맹이나 회유를 통해 묶어놓고, 다른 쪽을 격파하거나 결혼을 통해 동맹을 맺거나 적을 매수하는 등의 방식으로 차츰 세력을 넓혀갔다. 물론 전쟁만이 해답이라면 그 또한 주저하지 않았다.

이번에는 훗날 그의 아들인 알렉산드로스가 세계정복을 할 수 있도록 만들어준 군제개혁을 살펴보기로 하자. 당시의 그리스 국가들은 호플리테스(hoplites)라 불리는 중장보병 중심의 군대를 유지하고 있었다. 이들은 청동 갑옷, 투구, 정강이 보호대를 착용한 채 2.4미터 길이의 창과 직경 90센티미터의 커다란 방패를 들고 밀집대형을 이루며 싸웠다. 이 밀집대형을 팔랑크스(phalanx)라고 부른다. 방패를 연결하여 벽을 만든 후 방패 위로 창을 내밀어 적을 찌르는 이 팔랑크스 진형은 공격보다는 수비에 유리한 대형이다. 호플리테스가 되어 팔랑크스에 참여할 수 있는 자는 중장갑을 자비로 구입할 경제적 여력이 있는 유산계급이었다. 이들이 귀족들과 동등하게 전장에서 싸움으로써 정치적 발언권을 얻어 고대 그리스 민주정의 발전에 기여하게 된 사실은 익히 알려져 있다. 중무장 보병인 호플리테스는 체력 고갈이 빠르고 기동성이 저하되는 단점이 있었다. 그렇지만 전술과 전략은 새로운 군사적 천재가 이를 넘어서는 새로운 전술과 전략을 선보일 때까지는 그대로 사용되곤 한다. 중장보병이야말로 그리스 시민병의 자부심이며 호플리테스로 이뤄진 팔랑크스가 페르시아의 침략을 저지했던 바로 그 군대였기 때문에 그리스인들은 굳이 변혁을 시도하지 않았다.

이처럼 다른 그리스 폴리스들의 군제도가 정체되어 있을 때에 필리포스 2세는 활발한 정복사업을 위해 공격 중심으로 군제개혁을 시행했다. 우선 왕에게 충성하는 귀족 출신의 왕실 친위기병대인 헤타이로이(hetairoi)라 불리는 정예기병대를 양성했다. 이들은 방패도 들지 않고 4미터 안팎의 장창을 꼬나 쥐고 쐐기꼴 대형으로 적진에 파고들어가 적의 대형을 분쇄하는 역할을 했다. 당시 그리스에서 기병의 주된 임무가 정찰과 추격, 그리고 측면 보호 등 제한된 분야였던 것에 비해 필리포스 2세가 기병대를 이와 같이 활용했던 것은 그야말로 혁신에 가까운 일이었다.

기병뿐만 아니라 보병에도 무장과 전술에서 개혁이 이뤄졌다. 이제껏 보병들이 다루기가 쉽다는 장점 때문에 사용된 기존의 2.4미터 창을 사리사(sarissa)라는 4.2미터 길이의 장창으로 대체하여 공격력과 충격력을 극대화했다. 이러한 장창을 자유자재로 다루기 위해서는 두 손을 모두 사용해야 한다. 이 때문에 기존 방패를 한 손으로 들던 방식은 목에 건 줄에 묶거나 팔에 매다는 방식으로 바뀌었고, 대형방패와 투구는 가벼워졌다. 보병의 충격력을 극대화한 마케도니아식 팔랑크스를 특히 신타그마(syntagma)라고 부른다. 이러한 보병의 개혁은 분명 수비보다는 공격을 염두에 둔 것이다.

필리포스 2세가 이룩한 군제개혁을 바탕으로, 알렉산드로스는 보병이 전진하면서 장창으로 적을 견제하는 사이에 기병이 적의 측면이나 후방을 강타해 승리를 거두는 방식을 고안했다. 이것이 마케도니아가 보병 중심의 그리스와 기병과 보병의 공조능력이 없었던 페르시아제국을 정복할 수 있는 밑거름이 되었다. 이 때문에 많은 사람이 망치와 모루 전술의 실질적인 창시자를 필리포스 2세로 여기기도 한다. 비록 그는 페르시아제국을 정벌하겠다는 꿈을 이루지 못하고 암살됐지만 그의 군사적인 유산은 알렉산드로스에게 물려져서 사후에나마 아들을 통해 실현되었다.

마케도니아가 필리포스 2세의 영도하에 차츰 세력을 팽창하게 되자 불안감을 느낀 국가가 테베와 아테네였다. 테베는 불과 몇

십 년 전만 해도 상대가 안 되었던 마케도니아가 점점 성장하면서 자신의 패권을 위협하는 것을 더 이상 좌시할 수 없었다. 아테네 또한 전성기 때의 압도적인 국력은 아니었지만 여전히 해양 강국이자 그리스 폴리스들을 지탱하는 기둥임에는 분명했다. 일리리아에 이어 트라키아와 테살리아까지 정복하여 급속히 강대국으로 부상한 마케도니아가 남진 정책을 시행하자 아테네와 테베는 위기감을 느꼈다. 당시 아테네의 웅변가인 데모스테네스(Demosthenes, 기원전 384~기원전 322)는 일찍부터 필리포스 2세의 야심을 눈치채고 그리스에 가장 위협되는 세력은 페르시아가 아닌 마케도니아임을 역설했다. 그리스 제일의 웅변가로 꼽히는 그가 반(反)마케도니아 연맹을 제창하자 드디어 테베와 아테네의 연합군이 결성되었다.

마케도니아군과 아테네-테베 연합군 간의 충돌은 기원전 338년 8월 보이오티아 근교의 카이로네이아에서 벌어졌다. 당시 18살의 알렉산드로스는 나이가 어렸기에 부왕으로부터 참전하지 않아도 좋다는 말을 들었으나 스스로 강력히 참전을 희망했고, 이로써 카이로네이아 전투는 알렉산드로스 대왕의 첫 전투가 되었다. 이 전투에서 알렉산드로스가 맡은 직책은 기병대 사령관이다. 알렉산드로스가 마케도니아군의 좌측을 지휘했으며 필리포스 2세는 우측을 지휘했다. 그에 맞선 연합군은 아테네군이 좌익에, 테베군이 우익에 위치했다. 일개 병졸로 참가한 데모스테네스도 그들 가운데 하나였다. 그중에서도 그리스 최강의 부대로 이름 높은, 300인으로 구성된 신성부대는 최우측에 자리 잡고 있었다.

양측의 전력을 비교해보면 보병은 2만~3만 명 정도로 비슷한 수준이었다. 연합군 기병의 규모와 활약에 대해선 어떠한 기록에도 나와 있지 않다. 마케도니아 기병은 2000~3000명이었다. 이때 알렉산드로스는 직접 헤타이로이 기병대를 지휘하면서 좌측의 배후에 대기하고 있었다. 연합군이 민주주의를 수호하고 야만인을 상대한다고 자부하며 스스로 참전했기에 사기는 높았다. 연합군의 문제는 실전 경험과 훈련에서 마케도니아군에 뒤지고 있었기 때문에 조직적인 전투를 수행하기가 힘들었다는 것이다. 하지만 더 큰 문제는 연합군 지휘부의 불화였다. 의욕과 열정이 넘치는 아테네군은 공격을 주장했지만, 우측의 산과 강을 방패로 끼고 있는 테베군은 수비를 원했던 것이다.

카이로네이아 전투는 필리포스 2세도 직접 전투에 참여할 정도로 며칠에 걸쳐 치열하게 전개되었다. 이러한 답보 상태를 타개하기 위해 필리포스 2세는 고의로 자신의 우측 보병을 후퇴시켰다. 그러자 아테네군은 마케도니아군이 더 이상 버티지 못하고 후퇴한다고 생각했다. 아테네군이 마케도니아군 우측을 추격하기 위해 앞으로 향하면서 테베군과의 전열이 끊겼다. 그 순간 이를 지켜보며 대기하던 알렉산드로스의 기병대가 연합군의 중앙, 즉 아테네군과 테베군의 연결 고리를 끊고 돌파해 테베군의 배후로 들어갔다. 이어서 마케도니아군 좌측도 공격에 나서니 앞뒤로 협공을 받은 테베군은

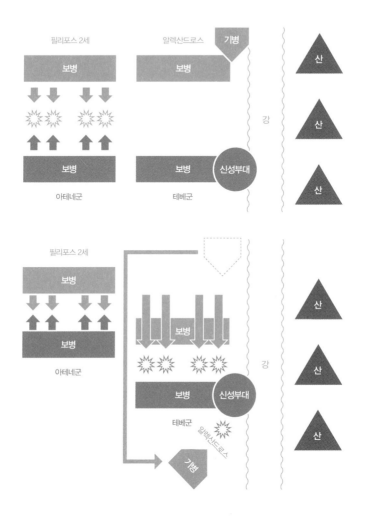

알렉산드로스는 2000여 기병을 이끌고 마케도니아군 좌익을 지휘했으며, 테베의 최강부대인 300여 신성부대는 관례대로 우익에 위치했다. 마케도니아 우익과 연합군 좌익이 충돌하면서 전투가 개시됐다. 곧 마케도니아군 우익이 전략적으로 후퇴하면서 아테네군은 마케도니아군을 추격했고, 아테네군과 테베군 사이가 벌어졌다. 알렉산드로스가 기병대를 이끌고 연합군 사이로 들어와 배후에서 테베군을 공격했고, 마케도니아군 우익이 돌아서서 아테네군에 반격하며 좌익도 테베군을 공격했다. 앞뒤로 협공을 받은 테베군이 도주하기 시작하고, 신성부대는 끝까지 항전하다가 전멸했다.

혼란에 휩싸이고 말았다.

그 사이에 필리포스 2세는 계획적으로 후퇴하던 마케도니아 군의 우측을 돌려세우고 아테네군을 공격했다. 곧 아테네군도 테베군이 무너지는 장면을 목격하면서 전의를 잃고 패주의 물결에 휩싸였다. 이로써 카이로네이아 전투는 마케도니아군의 승리로 끝났다.

바로 알렉산드로스가 직접 이끌었던 기병대가 승리의 주역이었다는 점을 눈여겨봐야 한다. 알렉산드로스가 후일 동방원정에서 동원한 기병이 5000명이고 보병이 3만 명이었으니, 기병의 수는 보병의 20퍼센트에 이르렀다. 통상 10퍼센트 정도임을 고려하면 크게 웃도는 수치다. 실제로 알렉산드로스는 동방원정을 떠나기 전에 트라키아, 테살리아와 같은 말의 산지에서 많은 말을 사들이려 노력했고, 실전에서는 종종 기병대의 선두에 서서 승부의 결정타를 날리곤 했다. 이는 그가 데뷔전이었던 카이로네이아 전투에서 직접 지휘했던 기병대를 통해 결정적 승리를 얻었던 경험에서 나왔음을 짐작할 수 있다.

이 전투에서 흥미로운 점 가운데 하나는 300명으로 이뤄진 테베의 신성부대가 사실 150쌍의 동성애 남성이라는 것이다. 당시만 해도 그리스에서는 동성애가 일반적이어서 능력 있는 남자라면 으레 미소년을 애인으로 두곤 했다. 신성부대가 그토록 강할 수밖에 없는 이유는 애인이 바로 옆에 있기에 물러나지 않고 장렬히 싸웠기 때문이다. 더구나 이들은 국가로부터 의식주를 보장받고 오로

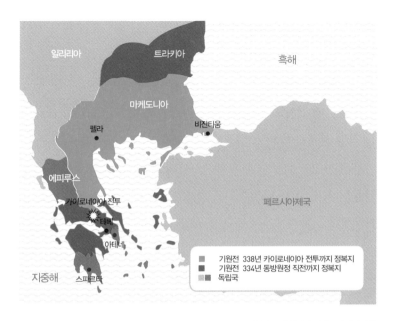

✕ 기원전 4세기 중반 마케도니아의 팽창

지 전투와 훈련에만 집중할 수 있기에 실전에서 엄청난 전투력을 발휘할 수 있었다. 레우크트라 전투(기원전 371)에서 최강의 육군을 가진 스파르타를 무찌르는 데 앞장선 부대도 신성부대였다. 카이로네이아 전투에서도 데모스테네스를 포함한 연합군은 패배해서 도망갔지만, 신성부대는 후퇴나 항복을 거부하고 끝까지 싸워 254명이 전사하고 46명이 포로로 잡혔다. 필리포스 2세는 숨진 254명의 용맹함을 높이 평가해서 그 자리에 사자상을 세우도록 했다. 1890년 그리스에서 이 유적을 발굴했을 때 실제로 254명의 유골이 나와 이와 같은 역사적 사실을 증명했다.

이제 그리스는 군사력으로 마케도니아를 막아낼 가망이 없어 보였지만 필리포스 2세는 관용을 베풀었다. 그는 그리스 폴리스를 직접 정복하여 다스리는 대신 협조를 이끌어냈다. 여기에는 그 나름의 사정이 있었다. 과거 페르시아제국을 막아낸 그리스 도시국가들의 저력, 특히 후일까지도 마케도니아에 협조나 신속(臣屬)을 거부했던 스파르타와 충돌할 경우 입을 피해를 염두에 두었던 것이다. 그뿐 아니라 페르시아 정복이라는 야망에 불타는 그에게 꼭 필요한 것이 있었으니, 바로 아테네의 해군이었다. 그는 나중에 아테네 해군을 유용하게 이용하기 위하여 아테네와도 관대한 조건으로 강화조약을 맺은 것이다.

기원전 337년 필리포스 2세는 스파르타를 제외한 그리스 대표 모두가 코린토스(Korinthos)에 모이도록 했다. 그리고 스스로 코린토스 동맹의 맹주가 되어 만장일치로 페르시아 원정군 사령관에 선출되었다.

페르시아 원정을 준비하는 중 필리포스 2세는 마케도니아 귀족 출신으로서 아탈루스 장군의 질녀인 클레오파트라(이집트 프톨레마이오스 왕조의 여왕과는 다른 인물)와 결혼했다. 알렉산드로스의 어머니 올림피아스는 마케도니아 출신이 아닌 에피루스 계열이다. 그 때문에 필리포스 2세의 새로운 결혼이 반은 외국인이라 할 수 있는 알렉산드로스의 왕위 계승에 위협이 되었다.

실제로 필리포스 2세와 클레오파트라의 결혼식 날 아탈루스 장군은 "이번 결혼으로 인해 마케도니아의 적법한 왕위 계승자가 태어나길 바랍니다"라고 말했다. 그 말을 듣고 알렉산드로스가 화를 내며 장군의 얼굴에 술잔을 집어 던졌다. 이 장면을 지켜보던 필리포스 2세가 아탈루스의 편을 들며 칼을 빼들고 알렉산드로스에게 달려갔지만, 술에 취해 헛디뎌 넘어졌다. 이러한 위기를 벗어나고자 알렉산드로스는 모친을 모시고 일리리아로 몸을 피했다. 얼마 안 있어 필리포스 2세가 알렉산드로스에게 다시 손길을 내밀며 부자간의 화해는 이뤄진 듯 했지만 아직 애매한 구석이 있다.

페르시아 원정을 떠나기 전에 필리포스 2세가 딸, 곧 알렉산드로스 여동생의 결혼식에서 파우사니아스라는 젊은 청년에게 암살되는 일이 발생했다. 마케도니아 법정에서 암살자가 페르시아에 의해 매수되었다고 밝혀졌지만 정확한 사실은 알 수 없다.

많은 이가 필리포스 2세의 암살에 아들인 알렉산드로스가 깊이 관여했다는 의혹을 갖고 있다. 알렉산드로스가 왕위 계승에 불안감을 느낀 나머지 이 암살에 깊이 관여했다 해도 전혀 이상하지 않은 상황이었기 때문이다. 무엇보다도 필리포스 2세가 살해됨으로써 가장 큰 이득을 본 이가 알렉산드로스였다. 게다가 부왕을 살해한 뒤 도주하다가 다쳐 움직이지도 못하는 파우사니아스를 쫓아가 바로 살해했다는 것도 석연치 않다. 순리대로라면 체포하여 자백이나 증거를 통해 페르시아와의 관련성과 암살의 전말을 밝혀 낸 뒤 사형에 처하는 것이 맞다.

찬탈자인 아버지만큼이나 끝없는 권력욕을 가진 그에게 아버지는 더 이상 함께 하기 어려운 거추장스런 존재였을지도 모를 일이다. 필리포스 2세가 암살되자 기원전 336년 알렉산드로스는 지체 없이 군대의 추대를 받아 왕위에 올랐다. 그가 불과 16세 때 부왕의 부재중에 트라키아의 반란을 진압하고, 부왕과 함께 카이로네이아 전투를 승리로 이끌었던 군사적 재능이 군인들에게 높이 평가되었기 때문이었다.

필리포스 2세가 코린토스 동맹을 견고히 결속하지 못한 채 사망했기 때문에, 젊은 알렉산드로스가 즉위하자 그리스는 즉시 반란의 기치를 들어올렸다. 이번에도 반란의 주동은 데모스테네스의 반(反)알렉산드로스 연설에 힘입은 테베와 아테네였다. 하지만 알렉산드로스가 즉시 테베를 함락해 전 시민을 노예로 팔아 치우고 테베를 말살하자 아테네를 비롯한 다른 그리스 국가들은 저항의지를 잃고 항복하고 말았다. 그는 이후에도 항복한 도시에는 자비를 베풀지만 끝까지 저항하는 경우 주민을 노예로 팔아 치워 본보기로 삼곤 했다.

세간에 잘 알려진 알렉산드로스 대왕과 철학자 디오게네스 (Diogenes, 기원전 403?~기원전 323)와의 만남은 이때 이뤄진 것이다. 그리스의 반란을 진압하고 코린토스 동맹의 맹주 자리에 앉은 알렉산드로스 대왕이 마침 디오게네스가 거주하던 코린토스에 있을 때였다. 감히 알렉산드로스에게 인사하러 오지 않는 디오게네스를 알렉산드로스 측근들이 괘씸해하며 벌을 주려고 했다. 알렉산드로스는 이를 만류하고, 직접 통 하나만 가진 채 그 안에서 살던 디오게네스를 만나러 갔다. 알렉산드로스가 그에게 소원을 묻자 디오게네스는 그 질문에 대해 지금 쬐는 햇볕을 가리지 말아달라고 요청했을 뿐이다. 알렉산드로스는 그 말을 듣고 감탄하며 "내가 알렉산드로스만 아니라면 디오게네스가 되고 싶다"고 말했다고 한다.

제2장

칼링가 전투—불교의 세계화에 기여한 전투

고대 인도신화에서 전륜성왕(轉輪聖王)이란 전차바퀴를 원하는 어디로든 굴릴 수 있는 무력을 갖춘 동시에 덕과 정법(正法)으로 이 세상을 다스리는 완벽한 성군을 일컫는다. 신라의 진흥왕(眞興王)과 백제의 성왕(聖王)은 스스로를 전륜성왕이라 자처했다. 중국의 역대 황제 중 불심이 가장 깊었다는 남조시대의 양나라 무제(武帝)도 전륜성왕이라 일컬어졌다. 일본의 쇼토쿠(聖德) 태자는 왕이 아닌 섭정이었지만 일본의 통치이념으로 불교를 정립시키며 불교문화인 아스카 문화를 꽃피웠기 때문에 역시 전륜성왕이라 불렸다. 티베트 불교에서는 최원관계(티베트의 달라이 라마가 원나라 황제의 스승이 되어 군사적·물질적 도움을 받는 대가로, 티베트는 원나라에 복속함을 뜻함)를 맺은 쿠빌라이 칸이나, 후일 원나라의 후계자임을 자처하며 명나라를 끊임없이 침범했던 북원제국의 알단 칸, 혹은 몽골의 칸을 겸한 청나라 황제들을 전륜성왕이라 부르기도 했다. 하지만 불교인들이 가장 이상적으로 여기는 세속의 왕, 즉 전륜성왕이 실존했다면 그 사람은 바로 고대 인도 마우리아 제국의 3대 임금인 아소카 대왕(기원전 304~기원전 232)일 것이다. 먼저 인도 최초의 통일제국인 마우리아 제국의 수립부터 살펴보자.

석가모니가 태어난 기원전 6세기 이전에 북인도는 왼쪽의 인더스강 상류의 펀자브 지역에서부터 오른쪽의 갠지스강에 이르기까지 16대국이라는 도시국가들이 번창했다. 차츰 시간이 흐르면서 이들 중 코살라를 선두로 마가다, 밧사, 아반티가 강대국으로 성장했다. 결국에는 마가다 왕국의 빔비사라 왕이 코살라 국을 무너트리며 마가다 왕국은 인도 북부의 최강국으로 발돋움했다. 여기서 유의할 점은 마가다 왕국이란 어느 특정 가문에 의해 지배된 명확한 단일왕국을 지칭하지 않는다는 것이다. 당시 벵골만 일대의 인도 북동부를 마가다라 했는데, 마가다 왕국은 그 지역에 위치했던 여러 일련의 왕조를 함께 지칭한다. 이번 장에서 이야기할 마우리아 왕조(기원전 322~기원전 185)와 훗날 북인도를 통일하는 굽타 왕조(기원후 320~520)도 마가다 왕국의 연속으로 볼 수 있다. 마우리아와 굽타가 근거지를 마가다에 두고 있었기 때문이다.

빔비사라 왕의 사후 마가다 왕국의 패권은 난다 왕조에게로 넘어갔다. 난다 왕조는 알렉산드로스 대왕의 동방원정 당시 인도 동부지역을 지배했던 왕조다. 당시 난다 왕조의 군사력은 보병 20만, 기병 6만, 전차 8000대, 코끼리 6000마리를 갖고 있었다고 전해진다. 알렉산드로스가 페르시아를 정복한 뒤 인도를 침입했을 때 인더스강 유역의 왕이었던 포러스는 4만 명의 병력을 동원하여 히다스페스강 전투에서 마케도니아군에게 맞선 바 있다. 알렉산드로스는 포러스와의 전투에서 그때까지 치른 전투 중 가장 큰 병력 손실을 입었다. 만약 알렉산드로스가 갠지스강까지 밀고 들어가서 난다 왕조와 전투를 벌였다면 그의 생애 최초의 패배를 겪었을지 모른다. 난다 왕조를 뒤엎고 마우리아 왕조(기원전 322~기원전 185)를 일으키는 찬드라 굽타 마우리아(?~기원전 298, 후일 굽타 왕조를 건국하는 찬드라 굽타와는 다른 인물)가 난다 왕조로부터 태어나게 된다.

그의 어머니가 최하층 신분이었기 때문에, 찬드라 굽타 마우리아는 카스트 제도에 따라 왕자이면서도 제대로 왕자 대접을 받을 수 없는 불우한 소년 시절을 보냈을 것으로 알려져 있다. 그의 어린 시절에 대해 구체적으로 전해 오는 바는 없다. 일화에 따르면 그가 일생의 스승이 되는 차나키아를 만났던 때는 소년 시절이었다고 한다. 카우틸야라고도 불리는 이 스승은 소싯적의 찬드라 굽타 마우리아에게서 왕의 재능을 알아보고 그의 스승이 되기를 자처했다고 한다. 그리고 그는 찬드라 굽타 마우리아의 일생에 걸쳐 가장 큰 영향을 끼치며 마우리아 왕조 건설의 일등공신이 되었다. 찬드라 굽타 마우리아는 새로운 왕조를 열기 위해 난다 왕조에 반기를 들었지만 처음에는 실패하여 서쪽의 인더스강 유역으로 도피했다. 그는 거기서 알렉산드로스 대왕을 만났다고 전해진다. 앞서 언급했다시피 알렉산드로스 대왕은 순수한 마케도니아 왕족의 혈통으로 태어난 왕자가 아니었다. 찬드라 굽타 마우리아가 자신과 같은 처지에서 세계제국을 건설한 알렉산드로스의 이야기를 들으며 무엇을 꿈꾸었을지 짐작할 수 있다. 또한 세계 최강의 마케도니아군을 보고 많은 것을 배웠으리라는 점도 유추 가능하다.

때마침 난다 왕조는 백성들에게 과도한 세금을 부과해 민심을 잃고 있었다. 찬드라 굽타 마우리아는 무리를 이끌고 난다 왕조 수도인 파탈리푸트라에 쳐들어가 다나난다 왕을 죽였다. 이로써 난다 왕조는 멸망했고 찬드라 굽타 마우리아의 이름을 딴 마우리아 왕조가 성립되었다.(기원전 322) 바로 전해인 기원전 323년 알렉산드로스 대왕이 사망하여 그리스인들의 인더스강 유역 통치가 느슨해지자, 찬드라 굽타 마우리아는 그 틈을 타서 펀자브에서부터 신드까지 인더스강 일대마저 복속시켰다. 이로써 찬드라 굽타 마우리아는 북인도 전역을 통일했다.

얼마 안 있어 사분오열된 알렉산드로스 제국의 영토 중에서 시리아 및 아시아 지역을 차지한 셀레우코스(Seleucos, 기원전 358~기원전 281)가 인더스강 지역의 소유권을 주장하면서 인도로 쳐들어왔다. 하지만 셀레우코스는 이미 보병 60만, 기병 3만, 그리고 9000마리의 코끼리를 보유한 찬드라 굽타 마우리아에게 패하고 말았다. 찬드라 굽타 마우리아가 알렉산드로스에게 배운 것에는 관용도 있었던 듯싶다. 알렉산드로스가 패자인 다리우스 3세(Darius III, 기원전 380~기원전 330)와 포러스 왕에게 넓은 아량을 베풀었듯이, 찬드라 굽타 마우리아 또한 패자인 셀레우코스에게 혼인동맹을 제의했다. 때마침 셀레우코스는 디아도코이(프톨레마이오스, 셀레우코스, 리시마코스, 카산드로스 등 알렉산드로스의 후계자들을 지칭) 사이의 전쟁으로 인해 더 이상 동쪽에 신경 쓸 수 없는 상황이었다. 그는 자신의 딸을 찬드라 굽타 마우리아에게 시집보내고 코끼리 500마리를 양도받는 조건으로 평화협정을 맺고 물러갔다. 이로써 찬드라 굽타 마우리아는 북인도 전역에 걸쳐 지배권을 공고히 할 수 있게 되었다.

찬드라 굽타 마우리아의 재위 말년에 12년에 걸친 대기근이 닥쳐왔다. 갖은 노력에도 재난을 멈출 수 없자 그는 비관에 빠져 왕위를 아들인 빈두사라(Bindusara, 기원전 320~기원전 272)에게 물려주고 말았다. 그리고 자신은 자이나교에 귀의한 뒤 수양을 하다가 단식으로 죽었다.

마우리아 제국의 두 번째 왕인 빈두사라는 남쪽으로 영토를 넓혀 데칸고원에 이르렀으며 서북쪽 그리스인들의 반란을 진압하면서 더욱 제국을 넓혔다. 그에게는 101명의 왕자가 있었는데 그중 가장 뛰어난 인물은 아소카였다. 아소카의 명성이 높아지면서 장남인 수시마 왕자를 비롯한 다른 99명 왕자의 질투와 견제도 덩달아

높아져갔다. 이들은 아버지 빈두사라를 충동질해 위험한 반란 지대에 아소카를 진압군 사령관으로 파견하여 그를 제거하려고 획책했다.

인더스강 상류 탁실라 총독으로 있던 아소카는 부왕이 위독하단 소리를 듣자 수도인 파탈리푸트라로 돌아와 친형제 1명을 제외한 99명의 형제를 살해하고 왕위를 이어받았다. 이복형제들을 모조리 살해한 점이나 재위 초기에 즉흥적으로 신하와 궁녀 들을 살해한 점으로 미루어볼 때, 아소카의 포악한 성정은 아버지로부터 물려받은 듯 보인다. 빈두사라 왕 또한 학살자라 불리며 잔인한 정복을 이어간 인물이었던 것이다.

인도 역사에서 칼링가 정복이 중요한 것은 이로써 인도 최초의 통일제국이 수립됐다고 본다는 점이다. 엄밀히 말한다면 인도 역사를 통틀어 제국이라 불리는 4개 국가(마우리아·쿠샨·굽타·무굴) 중 어느 나라도 데칸고원 이남을 정복한 적은 없다. 따라서 마우리아 제국을 인도 최초의 통일제국이라는 부르는 것이 다소 부정확할지도 모른다. 사실 스리랑카를 포함하여 인도 전체를 최초로 지배한 나라는 대영제국이다. 19세기 중반 무굴 제국의 멸망 이후 인도를 간접 지배하던 동인도회사를 대신하여 1877년 영국 여왕이 인도 황제를 겸하는 인도 제국이 수립된 것이다.

또한 인도인들은 마우리아 제국 이후 이를 뛰어넘는 제국을 스스로 두 번 다시 건설하지 못했다. 아소카 대왕 시절 마우리아 제국의 영역과 유일하게 맞먹는 것은 아우랑제브 황제 시절의 무굴 제국인데, 이는 인도인이 아닌 투르크 계열인 바부르(Babur, 1483~1530)에 의해 건설된 나라다. 이렇게 본다면 아소카 대왕 이후 인도 대륙에서 인도인에 의해 대제국이 다시는 건설되지 못한 셈이다.

마우리아 왕조는 아소카 대왕 즉위 당시 이미 데칸고원 이남인 타밀 지역과 벵골만 연안의 칼링가를 제외한 인도 대륙을 지배하고 있었다. 아소카는 사사건건 자신의 명령과 권위를 무시하며 감히 자신의 영역을 침범하기까지 하는 칼링가를 그냥 두고 볼 수 없었다. 찬드라 굽타 마우리아도 칼링가를 공략했다가 실패한 적이 있었다. 아소카는 선대에 이루지 못한 위업을 성취함으로써 조부의 명성을 뛰어넘고 싶은 야망도 있었을 것이다.

칼링가 전투(기원전 262)에 관한 기록은 유감스럽게도 아소카 대왕이 쓴 그의 비문(碑文)을 제외하고는 찾을 길이 없다. 그 비문조차도 주로 전투의 승리를 찬양한 것이 아니라 참회한 그의 심정을 드러낸 것이라, 이를 근거로 칼링가 전투를 소상히 기술하기란 불가능하다. 당시 양국의 커다란 군사력 차이에도 불구하고 칼링가는 격렬하게 저항했다고 한다. 특히 마하나디강의 지류인 다야강 근처에서 결정적인 전투가 있었던 것으로 보인다. 아소카 왕이 세운 돌기둥에는 이 전투에서 마우리아 군대는 1만 명이 전사했고, 칼링가 군대는 전사자 10만 명을 비롯해 15만 명이 포로로 잡혔으며, 그 몇 배의 민간인이 학살되었다는 내용이 적혀 있다.

승리를 만끽하기 위하여 전장을 거닐 때 죽은 병사들을 바라보는 아소카 대왕의 마음에 뉘우침과 두려움이 생겨났다. 그는 그 시간 이후로 자비의 종교인 불교에 귀의하여 앞으로는 무력에 의한 정복을 그만두고 다르마(dharma)라 불리는 정의와 윤리의 법(달마법)으로 이 세상을 정복하기로 마음먹었다. 또한 아소카는 채식주의자가 되어 동물을 제사에서 희생물로 삼는 것을 포함하여 불필요한 동물의 살생을 금했다. 심지어 동물들을 위한 의료시설을 갖추었을 정도니, 노약자나 병자 등 사회적 약자에 대한 자애로운 조치는 말할 것도 없다.

아소카 대왕은 그의 불교에 입각한 통치이념을 마애(磨崖, 돌벽에 글자, 그림, 불상 등을 새김)에 새겨 전국 방방곡곡에 세워두었으며, 8만4000개의 불탑을 건설하기도 했다. 국외로의 불교 전파를 위해 마힌다 왕자를 스리랑카에 보내 불교를 받아들이게 했을 뿐 아니라 이집트와 유럽에까지 불교를 전파시켰다. 이렇듯 그가 불교에 의한 이상향을 꿈꿨지만 다른 종교에 대한 박해를 가하지 않고 각자의 종교를 존중했던 것도 특기할 만한 일이다.

오랫동안 아소카 대왕의 유토피아에 가까운 이러한 통치는 전설로만 여겨졌다. 그런데 19세기에 유럽 학자들이 30개가 넘는 아소카 대왕의 석주를 발견했고, 그 비문을 해독함으로써 아소카 대왕의 이야기는 사실로 밝혀지게 되었다. 이렇게 본다면 칼링가 전투야말로 잔인했던 왕을 교화시켜 불교를 세계 종교로 만드는 데 가장 큰 영향을 준 전투이며, 가장 위대한 전륜성왕을 배출한 전투라 할 수 있다.

자신의 열렬한 불심이 있었겠지만 아소카가 불교를 수용한 이면에는 당시의 시대적 요구에 부합할 수 있는 불교의 효용 또한 고려했을 것으로 보인다. 마우리아 제국은 언어·종교·인종·문화의 다양성으로 인해 언제든 분열될 소지가 있었다. 제국을 통합하고 유지하기 위해서 만민 평등을 제창하는 불교의 사회 통합적 기능이 필요했을 것이고, 또한 불교를 통해 그 당시 지나치게 특권화된 브라만 계층을 견제하는 효과도 고려했을 것이다. 아소카 대왕 사후 50여 년이 지난 기원전 185년 푸샤미트라가 마우리아 제국의 마지막 왕인 브리하드라타를 암살하고 숭가 왕조를 개창하면서 마우리아 제국은 멸망하고 만다. 푸샤미트라는 불교의 국교화로 각종 특권을 상실당한 것에 불만을 품은 브라만 출신이었다.

제3장

장평 전투―가장 잔인한 학살로 기록되는 전투

백기(白起, ?~기원전 257)는 전국시대 말 진(秦)나라 소양왕(昭襄王) 때의 명장이다. 그는 진나라에 인접한 조·위·한·초 4개국을 공략하여 뺏은 성이 70여 개가 넘고, 목을 벤 적군이 100만 명을 넘으며 일생 싸움터에서 패배를 겪지 않았다. 백기는 이러한 눈부신 전공으로, 염파(廉頗, 생몰년 미상), 왕전(王翦, 생몰년 미상), 이목(李牧, ?~기원전 228)과 함께 전국시대 4대 명장으로 일컬어지고 있다.

백기의 수많은 전공 중 하나를 예로 든다면 불과 3만의 병력으로 100만의 군사력을 갖춘 머나먼 남방의 초나라를 공략한 일을 꼽을 수 있다. 백기는 이 원정에서 초의 수도인 영(郢)을 빼앗고 35만의 적을 참살한 뒤 진나라로 유유히 돌아왔다. 강대국 초로 하여금 수도를 진(陳)으로 옮기게 만든 이 원정에서 야전사령관으로서 별동대를 이끄는 백기의 자질이 충분히 증명된 것이었다.

그러나 무엇보다도 돋보였던 그의 능력은 적을 격퇴하거나 영토를 확보하는 것이 아니라 적의 완전한 섬멸을 노렸다는 점이다. 백기가 적의 섬멸을 위해 완벽한 포위전이나 철저한 추격전을 펼친 점에서 이전과는 다른 전략의 새로운 지평선을 열었다고 할 수 있다. 가장 유명한 백기의 섬멸전은 장평대전(長平大戰, 기원전 260)이다. 진나라의 역사를 간략하게 알아보는 데서 역사상 가장 잔혹했던 장평 전투의 이야기를 시작하도록 하자.

일찍이 주나라에 서쪽 오랑캐인 견융이 침입하여 유왕(幽王)이 살해된 후 태자였던 의구가 즉위했는데, 이가 곧 평왕(平王)이다. 계속된 견융의 침입을 우려해 호경에서 낙양으로 도읍을 옮기니, 천도 이전을 서주(西周)라 하고 천도 이후를 동주(東周)라 한다. 이때 서융의 한 갈래로 추정되는 어느 유목민 부족장이 평왕을 호위하여 천도를 무사히 마치도록 보필했다. 평왕은 부족장이 바친 충성에 대한 보답으로 그를 기(岐) 땅에 제후로 봉했다. 이가 바로 진나라의 시조가 되는 양공(襄公)이다. 주로 서융과의 항쟁을 통해 성장한 진나라는 중원의 제후국들로부터 오랑캐라 업신여김을 받았지만 목공(穆公)에 이르러 춘추 5패라 불릴 정도로 강성해진다. 그러나 목공이 죽자 관습에 따라 유능한 신하 177명을 함께 순장시키면서 인재들을 잃게 되니 그때까지 애써 이룬 진의 국력이 도로 쇠퇴하여 약소국으로 전락하고 말았다. 이런 진나라를 다시 강대국으로 발돋움시킨 인물이 바로 25대 효공(孝公)이다. 효공은 천하의 요새라 할 수 있는 함양(咸陽)으로 수도를 옮겨 진나라가 멸망할 때까지 제국의 수도로 삼게 한 인물이기도 하다.

효공의 빼어난 치적은 위나라 출신인 공손앙(公孫鞅, 기원전 395~기원전 338)을 등용하면서 비롯된 것이었다. 공손앙은 상읍(商邑)을 식읍으로 받아 상앙(商鞅)이라고도 불린다. 법가 사상을 공부한 끝에 엄격한 법치국가를 꿈꾸던 상앙은 효공의 절대적인 신임 아래 각종 제도의 개혁을 추진했다. 그 과정에서 지위고하를 가리지 않고 범법자를 엄격히 처벌하는 변법(變法)을 두 차례에 걸쳐 실행하니, 진나라는 강력한 법치주의 국가가 될 수 있었다. 그러나 상앙이 간과한 것은 피도 눈물도 없는 엄격한 법 집행으로 태자를 비롯하여 수많은 이의 원성을 사고 있었다는 것이다. 그의 비호자였던 효공이 죽은 뒤 상앙이 어찌 될지는 명약관화했다.

실제로 효공의 뒤를 이은 혜문왕(惠文王)은 태자 시절 자신을 욕보인 상앙을 거열형에 처했다. 하지만 상앙이 실시했던 변법은 유지됐고 결과적으로 진은 전국시대의 가장 강한 나라가 되었다. 이에 혜문왕이 위나라 다음으로 왕호를 취하니 나머지 연·조·한·송도 잇따라 왕을 칭했다. 이제 명실공히 중원은 열국시대로 접어든 것이다. 효공 때 상앙이 등용되었다면 혜문왕 때 등용된 가장 유명한 이는 위나라 사람인 장의(張儀)였다. 진나라를 옥죄던 소진(蘇秦)의 합종책(合從策, 6국이 진에 맞서 연합해야 한다는 외교론)에 맞서 장의

가 동방 6국을 분열시키는 연횡책을 펼치니 동방 6국은 하나씩 격파되었다.

일찍이 진(秦)은 서쪽 변방의 오랑캐라 업신여김을 당하며 중원 제후들의 회맹에 참여조차 하지 못했다. 그런 진나라가 전국시대 최강국으로 성장해 후일 천하통일의 대업을 달성한 으뜸가는 비결은 국적과 출신을 따지지 않는 인재등용이었다. 춘추시대 진 목공 시절 명재상인 백리해(百里奚)가 우나라 출신에 초나라를 떠돌았던 노예였던 것은 주지의 사실이다. 그 밖에도 진나라에 중용된 인물들을 보면 6국 모두에 걸쳐 있다. 조나라의 여불위(呂不韋), 위나라의 상앙, 범저(范雎), 장의, 한나라의 한비자(韓非子), 연나라의 채택(蔡澤), 초나라의 이사(李斯), 제나라의 맹상군(孟嘗君)이 그들이다. 심지어 범저와 여불위는 외국 출신이면서도 진나라 최고위의 벼슬인 승상까지 오른 인물들이다.

물론 외국 출신의 인재들인 만큼 아무래도 충성은 부족할 수 있다. 실제로 범저가 소양왕(昭襄王)에게 추천하여 장군이 된 위나라 출신의 정안평(鄭安平)이란 이는 전투에서 불리해지자 고향으로 돌아가겠다는 명분으로 바로 적에게 항복하기도 했다. 진시황(秦始皇) 또한 한비자를 중용하려고 했지만, 한비자를 등용하면 오히려 조국인 한나라를 위할 것이라는 이사의 꾐에 넘어가 한비자를 내쳤다. 그렇지만 전체적으로 봤을 때 다른 나라 출신 인재들의 가끔 있었던 진을 향한 불충과 배반은 그들이 진나라에 이바지한 공

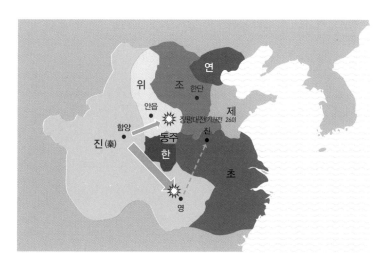

로에 결코 미치지 못했다.

　살펴보건대 당시는, 거창한 대의명분이 중시되는 춘추시대가 아니라 개인의 입신양명을 더 귀히 여기는 전국시대였다. 비록 적국이라도 자신을 더 알아주는 주인을 찾아가서 마음껏 재능을 펼치려는 분위기가 팽배했다. 이러한 때에 다른 6국들은 그래도 가급적이면 조국에서 재능을 펼치고자 하는 인재들을 내침으로써 그들이 자의 반 타의 반 진나라를 위해 일하게 만든 경우가 많았다.

　효공이나 혜문왕(惠文王) 시절이 변법 및 외교를 통해 내실을 튼튼히 기하는 시절이었다고 한다면, 혜문왕의 아들인 소양왕 때는 적극적인 군사행동을 통해 대외적으로 영토를 팽창하던 시절이다. 이복형이던 무왕의 뒤를 이어 즉위한 소양왕이야말로 훗날 진시황의 천하통일을 실질적으로 가능토록 한 인물이다.

소양왕에 이르러 드디어 서주를 멸망시키며 주나라 왕실의 권위를 상징하는 구정(九鼎)을 얻었다. 구정이란 천자의 나라만이 가질 수 있는 아홉 개의 청동 솥이다. 고대 중국에서 구정은 천자의 왕권을 상징하는 보물이었다. 소양왕의 이복형인 무왕(武王)이 구정을 두 팔로 들어보다가 발이 깔리며 상처를 얻어 사망한 적이 있었다. 천자가 되고 싶었던 소양왕은 주나라에서 구정을 옮겨 가려 했지만 사수(泗水)에서 이를 잃고 말았다. 나중에 진시황이 잠수부 1000명을 동원하여 사수 밑을 샅샅이 뒤졌지만 결국 찾지 못했다. 진시황이 왕권을 상징하는 전국옥새(傳國玉璽)를 화씨벽을 깎아 만든 것은 바로 구정의 대용이라 할 수 있다. 여기서 말 나온 김에 주나라의 상황을 말하자면 당시 일개 제후국만도 못한 소국으로 전락한 주나라는 그 영토마저 서주와 동주로 나뉜 상태였다. 소양왕의 손자인 장양왕(庄襄王, 진시황의 아버지) 대에 이르러 남은 동주마저 멸망시키니 이로써 중국 최장수 왕조로 800여 년을 지속한 주나라는 완전히 멸망하고 만다.(기원전 249)

소양왕 시절 진의 팽창에는 명장들의 활약이 컸다. 이때 가장 빼어난 장군이 백기였다. 당시 진나라가 동진하기 위하여 넘어야 할 첫 관문은 지리적으로 바로 동쪽에 있는 조나라였다. 조나라는 무령왕(武靈王)이 귀족들의 반발을 무릅쓰고 북방 오랑캐 의복인 호복을 착용한 기병을 육성하면서부터 북방의 강대국이 된 나라다. 강력해진 국력을 바탕으로 무령왕 때에 비로소 왕을 칭했으며 쇠약해져가는 제나라를 대신하여 진나라의 대항마로 떠올랐다. 전통의 강대국 제나라는 연나라 명장 악의(樂毅)가 침략하여 멸망의 문턱에 갈 정도로 크게 흔들린 이래 국력이 크게 기운 상태였다. 여기에 진나라의 명재상 범저가 펼친 원교근공(遠交近攻, 먼 나라인 제나라와 친하게 지내고 가까운 나라인 조·위·한을 먼저 공격해야 한다는 범저의 주장) 정책이 성공하여, 제나라는 굳이 진나라와 싸울 생각을 하지 않았다. 제는 진과의 사이에 끼어 있어 울타리라 할 수 있는 조·위·한이 진에 공격받아도 못 본 체할 뿐이었다.

각종 기록을 살펴보면 소양왕 시절에는 조나라와의 항쟁이 가장 많다. 앞서 말한 전국시대 4대 명장 중 백기와 왕전은 진나라 사람이고 염파와 이목은 조나라 사람이다. 진나라의 천하통일에 가장 걸림돌이었던 나라는 전통의 강국인 초나 제가 아니라 신흥강국인 조나라라고 할 수 있다. 이것은 나중에 초와 제는 진의 군사력만으로 충분히 정복했지만 조는 이간책을 써서 염파와 이목을 제거한 후에야 가능했던 것으로도 드러난다.

조나라가 무령왕을 뒤이은 혜문왕(惠文王) 시절 진나라의 거듭되는 강공에도 굳건히 나라를 지켜낼 수 있었던 것은 인상여(藺相如), 염파, 조사(趙奢) 세 명에 힘입은 바가 컸다. 인상여는 화씨벽을 지켜낸 일을 시작으로 혜문왕의 신임을 받기 시작한 이래 민지의 회담에서 진나라에 맞서 조나라의 자존심을 지킨 인물이다. 문경지교(刎頸之交)라는 고사성어도 인상여와 염파와의 우정으로 생겨났다. 염파는 조나라에 숱한 승리를 안겨줬지만 훗날 초나라로 망명한 후 죽을 때까지 조국을 그리워한 조나라의 명장이다. 마지막으로 조사는 진이 조의 알여(閼與)를 공략했을 때 염파도 포기한 이 전투를 승리로 이끌면서 마복군(馬服君)에 봉해진 명장이다. 또한 조사는 장평 전투에서 조나라 군대를 지휘한 조괄(趙括)의 아버지이기도 하다.

　　장평대전의 서막은 진이 한(韓)나라의 상당군(上黨郡)을 공략한 일이었다. 진이 왕흘(王齕)이라는 장수를 보내 한의 영역 중 허리를 공략해 한의 수도와 북방에 위치한 상당군 사이를 끊어놓으니 자연스레 상당군은 고립되었다. 본국의 지원을 기대할 수 없게 된 상당군 태수인 풍정(馮亭)은 진나라보다는 삼진(三晉, 조, 위, 한)의 하나인 조나라에 투항하기로 결심하고 이를 조나라에 알렸다. 당시 조나라의 임금은 혜문왕의 아들인 효성왕(孝成王)이었다. 조나라가 한나라의 영토를 취하면 한나라와의 동맹이 깨질 것을 우려해 이를 반대하는 의견도 있었지만 효성왕은 기어이 상당군을 접수했고 풍정을 그대로 상당의 태수로 삼았다.

　　진나라는 응당 자신의 영토로 여겨졌던 상당군이 조나라에 복속하자 내처 상당군을 공략했다. 이에 풍정은 조나라에 구원을 청했지만 두 달이 넘도록 구원군이 오지 않았다. 풍정은 어쩔 수 없이 백성을 데리고 조나라로 달아났다. 뒤늦게야 효성왕은 염파에게 20만 대군을 주어 상당으로 진격하게 했다. 하지만 너무 늦어 조나라 군대가 장평 부근에 도착해서야 풍정과 상당군 백성들을 만났다. 마침 풍정을 뒤쫓던 진나라 왕흘도 장평에 이르렀다. 역사상 가장 잔인한 학살이 일어난 장평 전투는 이렇게 시작된 것이다.

맨 처음에 왕흘이 염파의 선봉을 격파하자 염파는 굳게 지킴이 으뜸이라고 생각했다. 염파는 참호를 깊이 파고 보루를 높이 쌓아 그 안에 틀어박혀 지킬 뿐이었다. 먼 길을 달려온 진나라 왕흘의 입장에서는 하루빨리 승부를 내야 할 입장이어서 몇 번이나 싸움을 걸었지만 염파는 오로지 굳건히 지킬 뿐이었다. 이러한 상태가 넉 달이나 지속되자 65만에 달하는 진나라 대군은 식량과 마초가 떨어져갔다. 여기에 더해 다른 제후국들이 합종을 맺어 진나라로 진격한다는 소문마저 돌아 진나라 병사들의 사기는 갈수록 떨어졌다.

왕흘이 진의 소양왕에게 사자를 보내 어찌해야 할지 방도를 묻자 소양왕은 다시 범저에게 대책을 물었다. 이에 범저는 천금을 들여 조나라에 염파를 모략하는 이간책을 펼치게 되었다.

"염파는 늙고 싸움이 두려워 이길 수 없다. 진군이 두려워하는 것은 마복군(조사)의 아들인 조괄뿐이다." 이 소문이 효성왕의 귀에도 들어갔다. 조왕은 그렇잖아도 초반에 있었던 소규모 전투의 연이은 패배에 초조해 있었다. 더구나 염파의 지구전 전략을 이해하지 못했기 때문에 진군과 빨리 승부를 내라는 자신의 명령을 거부하며 수비에만 치중하는 염파에 염증을 느끼고 있었다. 결국 범저의 이간책에 넘어간 효성왕은 조괄을 궁궐로 불러들였다.

조괄은 마복군 조사의 아들로, 어려서부터 병법의 수재로 불렸다. 부친인 조사와 전술을 논함에 있어서 막히는 바가 없었으며 아버지를 항상 이겼다. 하지만 조사는 그런 조괄을 경계하며 아내에게 다음과 같이 말했다. "전쟁이란 생사가 걸린 큰일인데 괄은 이를 너무 쉽게 생각하며 안하무인이오. 장차 조나라가 그를 장군으로 삼는다면 괄은 조나라를 망칠 것이오."

효성왕이 조괄과 대면하여 물었다. "진군을 무찌를 자신이 있는가?" 이에 조괄이 대답했다. "지금 진군을 지휘하는 자가 백기라면 알 수 없지만 왕흘은 문제없습니다. 왕흘은 염파의 적수일 뿐이지 저의 적수가 아닙니다. 제가 조군을 지휘한다면 반드시 진군을 크게 깨트릴 수 있습니다." 이에 효성왕은 크게 기뻐하며 염파를 대신해 조괄을 장수로 삼기로 마음먹었다.

당시 병석으로 누워 있던 인상여는 이 소식을 듣고 효성왕에게 다음과 같이 간했다. "폐하께서 명성에만 의존하여 조괄을 장수로 삼는 것은 마치 거문고의 줄을 아교로 고정시켜놓고 줄을 뜯는 것과 같습니다. 조괄은 그저 병서만 읽었을 뿐 임기응변의 재능이 없으니 위기상황에 적절히 대처할 수 없습니다."

조괄의 어머니 또한 편지를 보내 효성왕에게 아들을 장수로 삼는 것을 만류했다. 조왕은 자식이 장군이 된다는데도 만류하는 것이 의아해서 조괄의 어머니에게 그 연유를 물었다. 그녀는 다음과 같이 대답했다. "남편은 장군으로 출전할 때는 집안일 따윈 돌보지 않았으며 위로부터 하사받은 재물과 토지는 모조리 병사들에가 분배했습니다. 그가 먹여 살리는 부하와 친구가 수백에 달했고 두루 존경받았습니다. 그러나 괄은 장군이 되어서 금과 비단을 받으면 곳간에 쌓고 좋은 전답을 사들이기에 열심이었습니다. 또한 장군이 되어서도 상석에 앉아 방자하게 행동하니 진심으로 존경하고 따르는 부하가 없습니다."

이 말을 듣고서도 효성왕은 조괄을 장군으로 삼기로 결정했다. 이에 조괄의 어머니는 다음과 같이 말했다. "후일 조괄로 인하여 조나라가 잘못되어도 저를 연좌시켜 처벌하지 마시길 바랍니다." 왕은 그렇게 하겠다고 답변한 뒤 조괄에게 병부와 20만의 군사를 주어 장평관으로 가게 했다. 전장에 도착한 조괄은 염파에게서 받은 병부를 맞춰보고 20만의 군대를 넘겨받아 도합 40만의 대군을 거느리게 되었다. 조괄은 자신의 첫 출전에서 전공을 세워보겠다는 전의가 넘쳤다. 그는 이제껏 있었던 군령을 바꾸고 주요 보직의 장교들도 교체하면서 수비 위주의 전략을 공격 위주의 전략으로 바꿨다. 여태 염파와 함께 장평관을 지켜오던 상당태수 풍정은 이를 만류하며 염파의 전략이 타당하다고 설득했지만 소용없었다.

진나라 승상 범저는 조괄이 염파를 대신하여 상장군이 되었다는 소리를 듣고 무안군 백기를 새로이 상장군으로 세우고 왕흘을 부장으로 내려앉혔다. 동시에 군중에 영을 내려 이 사실을 입 밖에 내는 자는 참형에 처한다고 말하니 조괄은 진나라 대장이 여전히 왕흘인 줄로만 알고 있었다. 이와 같이 장평 전투는 염파와 왕흘의 전투로 시작했지만 조괄과 백기의 전투로 끝난 것이다.

백전노장 백기는 진군이 먼저 도발하면 공명심에 불타는 조괄이 추격해 올 것을 예측했다. 그는 우선 2만5000의 부대와 기병 5000의 부대를 따로 별동대로 편성한 뒤 매복시켰다. 이어 백기는 다른 한 갈래 날랜 기병을 내어 조군을 급습하고 못 이겨 패주하는 척했다. 그러자 조괄은 전체 부대를 전군과 후군으로 나눠 진군을 뒤쫓았다. 하지만 조군이 진군의 진지에 이르렀을 때 이에 대비한 진군의 강력한 저항에 부딪혔다. 이때를 틈타 백기는 조군을 두 갈래로 나눠 포위망에 가두는 데 성공했다. 이 과정에 대해서는 다음 두 가지 견해가 있다.

첫째로 먼저 백기가 준비한 별동대 2만5000의 병력이 조나라 후군의 뒤로 들어가서 조군이 조군의 진지로 돌아갈 퇴로를 막아섰다. 그사이에 또 다른 별동대인 5000의 기병은 조나라의 전군과 후군 사이를 치고 들어가 전군과 후군을 분리시켰다는 견해다. 둘째는 2만5000의 진군이 조나라 군대의 배후로 돌아가 막은 사이

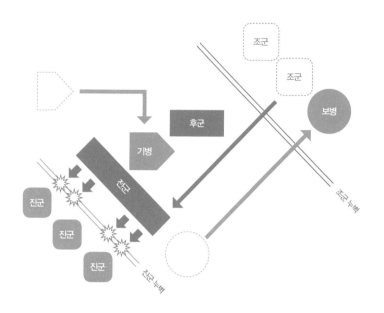

에 5000 기병대가 조나라 군대에 중앙돌파를 시도해 무인지경으로 달리며 조군을 두 토막으로 만들었다는 추측이 있다. 아무리 철기 5000이라지만 사기도 높은 조나라 정예 40만 대군을 대쪽 쪼개듯 가르는 것은 물리적으로 어려울 것이기에, 첫째 견해가 좀더 신빙성이 높겠다. 어쨌든 둘로 분리된 조군은 그 자리에서 보루를 쌓고 버티며 원군을 청했다. 조괄은 그제야 진의 장수가 백기임을 알고 더 이상 싸울 의지를 상실한 것이다.

한편 이 전투를 전해 들은 진의 소양왕은 사태의 중요성을 깨닫고 몸소 장평 전투의 현장에까지 와서 그 근처에 사는 15세 이상의 남자들을 징발했다. 그리고 그들에게 작위와 상금을 주며 조나라의 원군과 식량이 조괄에게 당도하는 것을 막아버렸다. 이렇게 46일이 지나자 애초부터 식량도 없이 포위망 안에 갇혔던 40만 조군은 서로를 잡아먹는 지경에 이르렀다. 더는 버틸 수 없게 된 조괄은 전군을 4대로 나눠 포위망을 뚫으려 했으나 실패하고 조괄 자신은 진나라 병사가 쏜 화살에 맞아 숨졌다. 백기가 조괄의 수급을 보이며 항복을 요구하니 이로써 40만 조군은 항복했다.

여기서 조괄에 대한 후세의 평가가 과연 정당한지 짚고 가보자. 일반적으로 조괄은 우장(愚將)으로만 그려지며 유성룡(柳成龍)도 『징비록(懲毖錄)』에서 신립을 조괄에 비유해 힐난했다. 하지만 조괄이 젊은 나이에 대군을 맡은 중책을 이행하지 못함으로 받는 비난에 대해 다음과 같이 달리 생각해볼 수 있다.

첫째로 그의 상대가 평생을 전쟁터에서 닳고 닳은, 중국사에서 한신과 쌍벽을 이루는 일류의 전술가 백기였다는 것이다. 백기 같은 일류 병법가에게 패배하여 우장이라 한다면 중국사에서 한신 빼고는 모두 다 우장일 것이다. 한니발이 스키피오에게, 항우가 한신에게, 나폴레옹이 웰링턴에게 패배했다고 그들을 우장이라고 말하는 사람은 없다. 조괄이 과연 백기가 아닌 다른 장수를 상대했을 때도 그토록 허무하게 무너졌을지는 알 수 없다.

둘째는 그가 장평 전투에서 사망함으로써 그에게 훗날의 전투를 통해 자신의 명예를 회복할 기회가 없었다는 점이다. 칭기즈 칸 또한 젊어서 몽골부족조차 통일하지 못했을 때 라이벌이었던 자 무카와 벌인 전투에서만 크게 두 번을 패했다. 하지만 그 패배로 인 해 자무카로부터 전술을 배웠다고 고백했고 몽골의 칸에 즉위한 뒤 로는 무수한 승리를 거두며 제국을 건설했다. 칭기즈칸이 자무카에 게 패배해 조괄처럼 전투 중에 죽었다면 그 누구도 칭기즈칸을 위 대한 정복자로 기억하지 못했을 것이다. 조괄이 죽지 않고 살아 나 중에 꼭 명장이 되리라는 보장도 없지만 명장이 되지 말라는 법도 없다.

조군이 항복한 뒤 부장인 왕흘이 백기에게 그들을 어떻게 할 지 묻자 백기가 대답했다. "지난날 당신이 상당군을 얻을 때 그곳 백성들은 진나라를 버리고 조나라에 투항했소. 마찬가지로 이들 조 나라 군대는 믿을 수 없으며 만약 반란이라도 도모한다면 큰일이 오." 백기는 일단 조나라 병사들을 10개의 영채로 나눠 분리시켰다. 무기마저 빼앗아 힘을 못 쓰게 만든 뒤 음식과 술을 내려 조군이 안 심한 사이에 그들 40만 명을 모조리 구덩이에 생매장시켰다.

사실 분명히 잔인했지만, 어쩔 수 없는 상황이기는 했다. 40만이나 되는 군대를 풀어준다면 그들은 분명 조나라로 돌아가 다시 조왕의 신임을 얻은 명장 염파의 지휘를 받으며 진나라에 대 항할 수도 있었다. 그렇다고 적지 깊숙이에서 사로잡은 이 많은 병 사를 입히고 먹이며 이후 바로 전개할 조나라 수도인 한단(邯鄲)을 공략한다는 것은 현실적으로 불가능했다. 조나라 본국으로 포로들을 데리고 간다면 이들은 언제라도 배후에서 반란을 일으키며 진군의 우환이 될 것이 뻔했기 때문이다.

백기는 40만 대군 중 15세가 안 된 240명만 골라 조나라로 돌려보냈다. 이것은 이 소년들로 하여금 조나라를 비롯한 중원 전체에 진나라에 대한 두려움을 전하게 하기 위함도 있었다. 곧 조나라 전체가 통곡에 휩싸였지만 그럴 틈새도 없었다. 때의 흐름을 탈 줄 아는 명장답게 백기가 이참에 아예 조나라를 멸망시키기 위해 전군을 동원해 수도 한단을 들이친 것이다.

이 위기를 넘기기 위해 합종책으로 유명한 소진(蘇秦)의 동생인 소대가 진나라에 들어가 범저를 만나 설득했다. 백기가 승리하면 최고 권력자는 범저가 아닌 백기가 될 것이라 겁을 준 것이다. 또한 한나라 상당군 백성들이 진나라가 아닌 조나라로 도망쳤듯이, 조를 멸망시키더라도 조나라 백성들이 진나라가 아닌 한·위·제 등으로 달아날 것이라 말했다. 이에 범저는 장평 전투에서 진나라 또한 20만이 넘는 병력을 잃었기 때문에 전열을 재정비한다는 이유로 백기를 소환했다. 이 일로 백기와 범저는 더욱 사이가 벌어졌다.

얼마 지나지 않아 소양왕이 장수 왕릉을 보내 다시 한단을 공격했으나 실패하자 왕흘에게 다시 한단을 공격하게 했다. 왕흘마저 실패하자 소양왕은 백기가 장군이 되어 한단을 공격하길 바랐다. 하지만 백기는 지금은 때가 아니라며 출병을 거부했다. 몇 번이나 소양왕은 보채고 백기가 이를 거부하면서 백기는 자신의 의견에 따르지 않는 소양왕을 뒤에서 비난했다. 이를 전해 들은 소양왕은 백기를 일개 병졸로 강등시켜 유배시킨 뒤 최후에는 보검을 보내 자결하도록 했다.

세계 역사에서 장평 전투만큼 많은 군인을 그토록 잔인하게 살해한 일은 흔치 않다. 훗날 항우가 신안(新安)에서 항복한 진나라 군사 20만 명을 생매장한 것은 규모에서 백기에 미치지 못하고, 동로마제국 바실리우스 2세가 클리디온 전투에서 항복한 불가리아군 1만 5000명의 두 눈알을 뽑은 일은 방법에서 백기에 미치지 못한다. 후일 범저가 소양왕을 시켜 백기를 자결토록 했을 때 백기는 처음에는 "내가 하늘에 무슨 죄가 있길래 죽어야 하는가?" 하고 한탄했다. 그러나 곰곰이 생각해본 뒤 마지막으로 다음과 같이 말했다고 한다. "장평 전투에서 항복한 조나라 군사 40만 명을 속여서 생매장했으니 죽어도 마땅하다." 그리고 자신이 죽어야 하는 원인으로 이 사건을 들며 보검으로 목을 베어 자결했다.

제4장

칸나에 전투―양익 포위섬멸전의 교과서

칸나에(Cannae) 전투만큼 전 세계 군인들을 매료시킨 전투는 없다. 칸나에 전투는 2200년이 지난 지금까지도 전 세계 육군사관학교에서 최고의 전술로 가르치고 있으며, 수많은 전략가가 이 전투를 터득하기 위하여 많은 연구를 해왔다. 제1차 세계대전의 흐름을 주도한 슐리펜 작전은 이 칸나에 전투를 연구하여 응용한 전략이다. 가까이는 걸프전쟁 때 다국적군 총사령관 노먼 슈워츠코프가 입안한 '사막의 폭풍 작전'도 이 칸나에 전투를 기초로 한 것이었다.

　　카르타고의 명장 한니발(Hannibal Barca, 기원전 247~기원전 183) 이후 수많은 장군이 칸나에 전투를 재현하기 위해 수도 없이 시도했다. 그러나 성공한 사례라 하면 스키피오의 자마 전투, 제1차 세계대전 당시 힌덴부르크(Paul von Hindenburg, 1847~1934)가 러시아군에 승리하여 20세기 최고의 명전투라 불리는 탄넨베르크 전투, 제2차 세계대전 당시 소련의 상승장군 주코프(Georgy Zhukov, 1896~1974)가 독일 6군을 무찔렀던 스탈린그라드 전투 등 극소수일 뿐이다.

칸나에 전투는 고대 지중해 세계의 강대국이었던 카르타고와 로마 간에 벌어진 제2차 포에니전쟁 중 일어났다. 서부 지중해 세계의 터줏대감 노릇을 하던 카르타고(Carthago)는 페니키아인들의 식민도시로 건설된 뒤 무역을 통해 성장한 해상국가였다. 반면에 신흥세력인 로마는 트로이전쟁의 영웅 아이네아스의 후손이라 일컬어지는 로물루스가 기원전 753년에 건국한 이래 주변 민족과의 교류와 항쟁을 통해 성장한 나라였다. 카르타고는 인구가 적어 무역과 상업에서 번 돈으로 용병을 고용한다는 점에서 군역이 의무였던 시민병 중심의 로마와 달랐다.

로마가 기원전 272년경 이탈리아반도를 통일하고 딱 거기서 멈췄더라면 현상 유지만으로도 충분히 만족하고 있던 카르타고와의 공존이 가능했을지도 모른다. 하지만 성공적으로 주변을 석권해온 나라가 경제력이나 군사력의 한계를 느끼지 않고서야 더 이상 뻗어나가지 않은 적은 없을 것이다. 삼니움전쟁, 라틴전쟁, 피로스전쟁에서 연승가도를 달리며 로마연합이라는 든든한 물적·인적 자원을 마련한 로마로서 해외 팽창은 자연스런 수순이었다. 카르타고는 로마가 어차피 언젠가 넘어야 할 장벽이었으며 이웃한 두 강대국의 충돌은 정해진 운명이었다.

기원전 264년부터 기원전 146년까지 118년이나 지속된 포에니전쟁을 여기서 깊이 다룬다는 것은 어불성설이다. 이번 장에서는 역사상 가장 완벽하고 화려한 전술이 펼쳐졌다는 칸나에 전투를 중심으로 하여 제2차 포에니전쟁의 전반부를 살펴보도록 하겠다.

제2차 포에니전쟁이 로마와 카르타고를 비롯한 시칠리아, 마케도니아, 갈리아, 히스파니아까지 참가한 국제전이라면, 제1차 포에니전쟁은 시칠리아섬을 중심으로 하는 국지전으로 볼 수 있다. 제1차 포에니전쟁에서는 해군력과 코끼리에서 열세였던 로마가 차츰 자신들의 약점을 극복하면서 전쟁의 주도권을 쥐게 되었다. 결국 카르타고는 로마에게 3200달란트의 배상금과 시칠리아, 사르데냐 등의 섬들을 넘기는 조건으로 제1차 포에니전쟁을 매듭지었다.

카르타고가 로마와의 협정에 따라 막대한 배상금을 로마에 지불하여 자국의 용병들에게 밀린 급료를 제때 지불하지 못했다. 이에 불만을 품은 용병들이 반란을 일으켰다. 이를 진압한 이가 시칠리아 주둔군 사령관으로서 제1차 포에니전쟁의 종전협상에 임했던 하밀카르 바르카 장군(Hamilcar Barca, 기원전 275?~기원전 228)이다. 그는 이번 장의 주인공인 한니발 바르카의 아버지이기도 하다. 하밀카르 장군은 용병 반란을 진압한 이후 히스파니아(Hispania, 지금의 이베리아반도)로 원정을 떠났다. 그 이유는 국내에서 커져가는

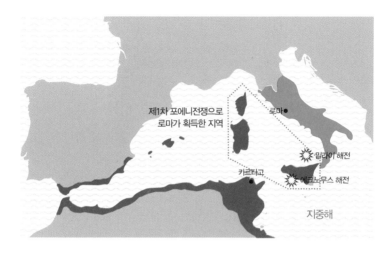

자신의 명성을 견제하는 반대 세력에게 밀리기도 했지만, 일찍부터
그가 해외파로서 적극적으로 식민지 개척을 추구했기 때문이다.

하밀카르는 원주민들을 무찌름과 동시에 대규모 은광 개발
을 토대로 히스파니아에 성공적으로 뿌리를 내릴 수 있었다. 켈트
족을 주축으로 하는 히스파니아 원주민들은 애당초 전쟁으로 단련
된 카르타고군의 적수가 될 수도 없었을 것이다. 어느덧 히스파니아
에는 카르타고로부터 사실상 독립된 바르카 왕국이 건설되었다. 지
중해 연안에 위치한 카르타고노바(지금의 카르타헤나)에는 바르카 가
문을 위한 성이 세워지면서 히스파니아의 가장 큰 도시가 되었다.

하밀카르 바르카가 원주민과의 전투 중에 사망한 이후 그의

사위인 '공정한' 하스드루발이 뒤를 이었다. 하밀카르에게는 한니발, 하스드루발(매형인 '공정한' 하스드루발과 이름이 같음), 마고 등 아들 셋이 있었다. 하밀카르가 사망할 당시 장자인 한니발이 18세에 불과했기에 우선은 매형인 하스드루발이 바르카 가문을 이끈 것이다. 강경파인 하밀카르와 달리 사위인 하스드루발은 온건파였다. 기원전 226년 그는 에브로강(히스파니아 북쪽 피레네 산맥의 남쪽에 있는 지중해로 흘러들어가는 강) 북쪽을 카르타고가 넘보지 않겠다는 협정을 로마와 맺었다. 하지만 얼마 지나지 않아 하스드루발이 곁에 부리던 노예에 의해 암살되고 말았다. 그 뒤 로마에 증오심을 품고 있던 하밀카르의 장자 한니발이 히스파니아 총독의 자리에 오르면서 로마와 카르타고 간에는 전운이 맴돌았다.

한니발은 어렸을 적에 하밀카르를 따라 신전에 가서 로마의 멸망을 맹세했었다. 로마에 대한 적개심에 불타던 한니발이 우선 로마의 동맹시(同盟市)인 사군툼(지금의 발렌시아 근처)을 공격하자 로마는 사절을 보내 이에 항의했다. 한니발은 사군툼은 이전에 양국이 협정에서 언급한 에브로강 이남에 위치하기 때문에 문제되지 않는다고 답변했다. 당시 카르타고 본국은 국내파(아프리카 경영에 주력하자는 파)와 해외파(식민지 경영 등 해외 진출을 원하는 파)로 나뉘어 분열된 상태였다. 해외파의 세력이 더 강했으며, 제1차 포에니전쟁의 수치를 씻고 싶던 열망에 카르타고 본국도 한니발이 로마를 자극하는 것을 못 본 체했다. 오직 국내파의 수장인 한노만이 한니발의 도발이 로마와의 전면전으로 이어질 것을 우려하고 막으려 했지만 소용없었다.

결국 사군툼은 함락되었고 주민들은 관례대로 노예로 팔렸다. 비교적 약한 성인 사군툼을 함락시키는 데 8개월이나 걸렸다는 것에는 한니발이 공성전이 서툴렀기 때문이라는 설과 로마를 자극하기 위해서 일부러 시간을 끌었다는 설이 있다. 훗날 이탈리아반도에서 그가 몇 번이나 로마군에게 승리한 뒤에도 로마를 직접 공략하지 못한 이유가 공성전에 자신이 없었기 때문이라는 가설이 유력하다. 한니발이 적어도 공성술만큼은 순식간에 카르타고노바를 함락시킨 스키피오에게 못 미친다는 것을 짐작할 수 있다.

기원전 218년 사군툼이 함락되자 로마는 카르타고에 선전포고를 했다. 한니발 전쟁이라고도 불리는 제2차 포에니전쟁이 시작된 것이다. 이제 거칠 것이 없어진 한니발은 10만 대군을 이끌고 카르타헤나를 출발해서 이탈리아 원정을 떠났다. 당시 로마가 제해권을 장악했기 때문에 한니발은 육로를 택할 수밖에 없었다. 왜 한니발은 휘하 병력의 반이나 잃으며 알프스산맥을 넘어야 했을까? 한니발이 해군을 육성하여 바다를 통해 침공할 구상을 하지 않았을까? 해군을 키우는 데 비록 시간과 비용이 많이 소요되겠지만 장기적으로는 제해권과 보급로를 용이하게 확보할 수 있으며, 게다가 원래부터 카르타고는 바다를 잘 아는 해양 국가였다. 여기에 대해 두

가지 추측이 가능하다.

첫째, 아무래도 한니발은 평지에서의 대회전에 강했을 뿐, 공성전이나 해전에는 능하지 못했다. 말년의 한니발이 셀레우코스 왕조로 몸을 피했을 때 셀레우코스 함대를 지휘하며 로마 해군과 싸워 패한 사례도 기억해야 한다. 해군으로 서지중해를 가로질러 로마로 진군한다면, 바다에서는 해군을 격파해야 하고 본토에서는 육군을 상대해야 하는 이중 부담이 있기에 차라리 육로를 택했던 것으로 보인다.

둘째로 한니발이 로마와의 전쟁을 쉽게 여겼던 것 같다. 세계 역사를 통틀어 봐도 해군이 강한 나라가 장기전에 유리했으며, 반대로 육군이 강할수록 단기전으로 끝내려 했던 것을 확인할 수 있다. 해군이 강하면 다양한 작전을 펼칠 수 있으며 원하는 곳 어디든 상륙이 가능하다. 또한 바다를 이용한 보급과 후퇴도 용이하니 장기전을 펼쳐도 무리가 없다.

한니발은 육로를 통한 공격만으로도 로마를 정복하든 협상을 맺든 전쟁을 단기간에 끝낼 수 있다고 본 듯하다. 어렸을 적부터 아버지를 따라 종군한 수많은 전투에서 충분히 전술을 익혔기에 전쟁에 자신감도 있었을 것이다. 하지만 유감스럽게도 한니발이 여태껏 상대한 적은 어디까지나 전술과 전략에 대한 개념도 이해도 없는 히스파니아 원주민들이었다. 그가 이번 이탈리아 원정에서 상대해야 할 적은 급이 다른 정예의 로마 군대였다. 한니발이 자신의 단견에 의존해 제멋대로 전쟁을 시작했다는 설은 리델 하트가 한니발을 가리켜 뛰어난 전술가이지만 전략가로서는 미달이라고 말한 대목과 상통한다.

한니발이 피레네산맥에 이르렀을 때 카르타고군의 병력은 히스파니아 본국의 방위를 위해 후방에 남겨진 군대와 더 이상의 진군을 거부하는 병사들을 제외한 보병 5만과 기병 9000, 그리고 코끼리 37마리였다. 이때 로마는 한니발이 당연히 바다에 연한 마르세유를 경유하여 이탈리아로 들어올 것이라 예상했다. 그래서 집정관 푸블리우스 코르넬리우스 스키피오(Publius Cornelius Scipio, ?~기원전 211, 후일 자마 전투에서 한니발을 무찔러 로마 원로원으로부터 아프리카누스라는 칭호를 받는 대(大)스키피오의 아버지임. 아들과 이름이 동일함)는 휘하의 2개 군단을 이끌고 마르세유를 지켰다.

한니발은 로마의 세력권인 마르세유에 주둔하는 로마군과의 쓸데없는 충돌을 피해 북쪽으로 진군해 론강을 건넌 다음 알프스산맥을 넘었다. 카르타헤나를 떠날 때는 5월이었지만 알프스를 넘을 때는 추운 한겨울이었다. 그는 알프스산맥을 넘으면서 추위와 낭떠러지에서의 추락과 원주민들의 습격으로 무수한 병력과 군마를 잃었다. 알프스를 넘어 이탈리아 북부 포강에 도달해 남은 병력을 점검해보니 보병 2만에 기병 6000뿐이었다. 거느린 병력의 절반 이상을 전투가 아닌 알프스 등반 도중에 잃은 것은 그가 앞으로 취할 행보에 크나큰 제약이 된 것은 물론이다.

한니발은 포강 유역에서 휴식을 취하는 사이 뒤쫓아 온 스키피오를 티치노 전투(기원전 218)에서 무찔렀다. 티치노 전투는 마침 전장의 주위를 정찰 돌던 기병대 간의 가벼운 충돌이었으며 로마와 벌인 최초의 전투였다. 한니발의 승리로 끝났지만 여기에 참전했던 스키피오 부자를 놓치고야 말았다.

티치노 전투에서 패배한 집정관 스키피오는 남으로 도주하여 공동 집정관인 셈프로니우스와 포강 이남에서 결합했다. 이들이 공동으로 한니발에 대적하면서 본격적인 정규전이라 할 수 있는 트레비아 전투(기원전 218)가 벌어졌다. 한니발은 평민 출신의 집정관 셈프로니우스가 다음 해에 있을 집정관 선거에서 재선되기 위해 공명심에 불탈 것이라고 예측했다. 한니발은 그러한 셈프로니우스를 유인하여 전투장으로 불러내는 데 성공했다. 이 전투에서 보병이 강한 로마군은 중앙에 위치한 강력한 중장보병에 의한 적진의 중앙 돌파를 노렸지만 한니발이 양익에 강력한 기병을 배치해두는 전술에 말려 대패했다. 이 전법은 칸나에 전투에서 비슷하게 재현되어 대성공을 거두게 될 것이었다.

트레비아 전투에서 대승한 한니발은 계속 남하했다. 로마에서 다음 해인 기원전 217년 집정관에 당선된 인물은 플라미니우스와 세르빌리우스였다. 이 둘은 한니발의 남하 경로를 정확히 예측하지 못했기 때문에 로마군을 둘로 나눠 왼쪽은 플라미니우스가, 오른쪽은 세르빌리우스가 지키기로 했다. 하지만 한니발은 이들의 의

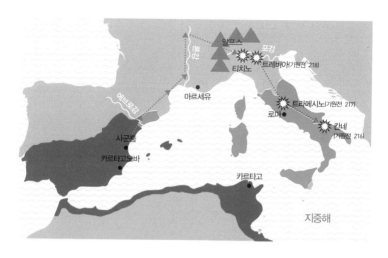

✘ 제2차 포에니전쟁 당시 한니발의 진군

표를 찔러 통과가 불가능한 지역으로 알려진 로마 중부의 늪지를 4일 동안 잠도 거의 자지 않고 강행군하여 통과했다. 이때 한니발은 불행히도 말라리아로 한쪽 눈을 잃어 애꾸눈이 되고 말았다. 그러나 카르타고군은 이 강행군으로 플라미니우스를 제친 채 남하할 수 있었다. 당연히 플라미니우스는 한니발을 뒤쫓았다.

　자신을 뒤쫓는 플라미니우스를 무찌르기로 결심한 한니발이 전장으로 택한 곳이 트라시메노호수다. 짙은 안개로 시야가 흐려지는 호수의 북쪽은 그보다 북쪽에 위치한 야트막한 산 사이에 길고 좁다란 협로를 형성하고 있었다. 이 주위야말로 매복에 안성맞춤이었다. 협로 입구에 기병을 배치하고 기다란 협로의 북쪽 산기슭에는 갈리아 보병을 배치했으며 가장 오른쪽의 출구 쪽에는 아프리카 보병을 배치해 준비를 마치고 로마군을 기다렸다.

한니발은 로마군이 4월 24일 이른 아침에 협로를 통과할 때 이를 포위 공격했다. 트라시메노호 전투(기원전 217)에서 한니발은 집정관 플라미니우스를 포함한 대부분의 로마군을 몰살시키며 다시 대승을 거두었다. 다른 집정관 세르빌리우스가 급히 파견한 4000명의 기병 또한 한니발에게 괴멸되니, 이 두 번의 전투에서 로마군의 피해는 도합 2만7000명이었다. 로마군의 패인은 척후도 없이 무작정 행군한 데 있다 할 수 있다.

이제 모두들 한니발의 다음 목표는 로마일 것이라 생각했다. 하지만 그는 이탈리아 남부로 향했다. 이러한 결정에 그의 부하들이 불만을 품은 것도 당연했다. 바로 수도로 직행해 이 원정을 마무리 짓는 것이 최선일 것이고 모두가 그것을 원했지만 한니발이 그렇게 하지 않은 것에 대해서는 후세에 온갖 추측이 나온다. 이러는 사이 로마는 파비우스 막시무스(Fabius Maximus, 기원전 275~기원전 203)를 독재관에 임명하여 한니발에 대항토록 했다.

로마에서 정무관 중 최고위직인 집정관(console)은 평시에는 두 명이다. 이들은 군사와 행정을 총괄하는 1년 임기의 상설직이다. 반면에 독재관(dictator)은 외적의 침략 등 커다란 위기 발생시 6개월간 전권을 주어 그 위기를 극복토록 하기 위해 마련된 임시직이다.

58세의 나이에 전투 경력이 풍부했던 파비우스는 자신의 능

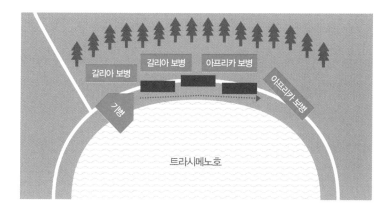

갈리아 보병　　갈리아 보병　　아프리카 보병

갈리아 보병

아프리카 보병

기병

트라시메노호

카르타고군은 호수 북쪽의 얕은 숲 속에 미리 매복했다. 한니발을 뒤쫓는 플라미니우스의 로마군은 트라시메노호 북서쪽 협로 입구에서 숲과 호수 사이에 진입했다. 카르타고 기병이 후방을 막고 아프리카 보병이 전방을 막고 포위했고, 이로써 2만5000의 로마군 가운데 2000명만이 살아남았다.

력으로 한니발과 싸워 이기기 힘들다고 판단했다. 그래서 그는 한니발을 졸졸 뒤쫓아 다닐 뿐이며 직접 부딪쳐 싸우지 않는 전략을 취했다. 이것이 지금까지도 지연전술의 어원이 된 '파비우스 전략(Fabian strategy)'이다. 한니발의 입장에서는 본국과 히스파니아로부터 보급이 안 되어 로마를 정복하든 협상 테이블로 이끌어내야 했다. 파비우스는 한니발의 그러한 약점을 간파하고 그에 대응할 수 있는 가장 알맞은 전략을 찾아낸 것이다. 하지만 이 전략의 문제는 굉장한 인내가 필요하다는 점이다.

　　파비우스 전략에 맞서 한니발은 로마의 동맹시들을 불태우고 약탈함으로써 동맹시들이 자신들을 지켜주지 않는 맹주인 로마로부터 이탈하도록 유도했다. 그러자 차츰 로마 내에서뿐만 아니라 부하들 사이에서도 파비우스에 대한 불만이 높아졌다. 결국 파비우스는 로마로 소환되고 말았다. 이듬해인 기원전 216년 아이밀리우스 파울루스(Aemilius Paullus, 기원전 229~기원전 160)와 테렌티우스 바로(Terentius Varro)가 집정관으로 선출되었다. 파울루스는 귀족 출신으로 한니발과 신중한 대결을 원한 반면, 평민 출신으로 사업가였던 바로는 한니발과 조속한 결전을 원했다.

기원전 218~기원전 216년 동안 당선된 로마 집정관들에게서 한결같이 눈에 띄는 점이 귀족 출신 집정관들은 셋 다 신중한 전투를 바랐고, 평민 출신 집정관들은 셋 다 조속한 결전을 바랐다는 것이다. 지킬 것과 이미 얻은 것이 있는 귀족이라 신중했을 수 있고, 그렇지 않은 평민은 용감했는지도 모른다. 또는 그것은 로마 공화국의 역사를 꿰뚫어 은연중에 내재돼왔던 평민과 귀족간의 대립된 성향에서 비롯되었거나 아니면 평민의 신분으로 집정관의 자리에까지 오른 이들의 충만한 자신감 때문일 수도 있다.

한니발이 남부 아드리아해에 연한 곡창지대를 휘저으며 로마의 보급품 창고가 있는 칸나에평원에 진을 치자 로마군도 뒤따라와 아우피두스강(지금의 오판토강) 좌측에 진을 쳤다. 당시 로마군은 집정관이 하루씩 번갈아 지휘하는 체계였다. 한니발과의 조속한 결전을 바라는 바로는 자신이 지휘하는 날이 되자 아침에 로마군을 아우피두스강을 건너게 하여 강을 오른쪽에 끼고 진을 쳤다. 한니발 진영이 위치했던 언덕 위에서 로마군 쪽을 보면 강 왼편은 평지로서 넓은 지형이니 한니발의 기병대에게 유리하다. 그러나 강 오른쪽은 상대적으로 좁은 데다가 땅도 고르지 않아서 한니발의 기병이 위력을 발휘하기 힘들다. 바로 또한 로마군은 보병이 강하지만 기병이 한니발의 기병에 대해 열세라는 것을 알고 가능한 한 기병의 움직임이 제한되는 좁은 지형으로 옮긴 것이다. 그러나 바로가 기대했던 로마군에게 지형상의 이점은 정작 전투가 벌어졌을 때 카르타고 기병대의 활약을 제약할 수 있을 정도는 아니었다.

여기서 칸나에 전투에 투입된 로마군과 카르타고군의 규모와 배치를 살펴보자. 기록에 따라 다르지만 로마군은 기병 7200명, 보병 6만5000~8만여 명이고, 카르타고군은 갈리아 용병을 합쳐 기병 1만에 보병 3만5000~4만 명이다. 칸나에 전투에 관한 자료들을 보면 기병의 수는 거의 기록이 동일한 데 반해 보병의 숫자는 상당히 다르다. 알프스산맥을 내려왔을 때보다 한니발군도 전력이 증강된 것을 확인할 수 있다. 이것은 여태까지의 연속된 한니발의 승리에 고무되어 기병 4000, 보병 2만 정도의 갈리아인들이 한니발군에 용병으로 들어와 로마를 상대로 함께 싸우게 된 것이다. 아무튼 정확한 숫자를 알 수는 없겠지만 최정예 누미디아 기병을 포함한 카르타고 기병이 로마 기병을 앞서고, 보병은 로마군이 카르타고군을 확실히 앞서는 양상이었다.

　　여기에서 로마군과 카르타고군의 포진을 설명하기 위해, 고대의 전투 대형과 특히 기병이 군대에서 차지하는 위치에 대해 어느 정도 언급해야겠다. 고대 전투에서 대개의 포진은 기병이 양익에 위치하고 중앙에 보병이 위치하는 것이다. 한쪽 측면에 산이나 강을 낀다면 기병의 기동력을 살리기 위해 카이사르의 파르살루스 전투에서처럼 기병을 한쪽 끝에만 집중해서 배치할 수도 있다. 또한 카이사르의 탑수스 전투에서처럼 정중앙에 기병대를 배치하기도 하는 등 상황에 따라 기병대의 배치는 바뀔 수 있다. 통상적으로 양익에 위치한 기병은 중앙의 보병이 전투에 집중할 수 있도록 양 측면을 엄호하거나 전투 중 탈주병을 막거나 정찰의 임무를 수행하거나 승리한 뒤 적을 추격하는 역할이었다. 웬일인지 알렉산드로스, 한니발 그리고 스키피오가 기병을 주 전력으로 승격시켜 대승을 거둔 전례에도 불구하고 고대에 기병은 군의 주 전력으로 자리 잡지 못했다.

　　흔히들 고대를 기병 전술의 암흑기라고 하며, 중세는 기사들이 활약한 기병 전술의 전성기, 근대는 총포의 출현에 따른 기병 전술의 쇠퇴기라고 한다. 『육도삼략(六韜三略)』에는 주나라 창업자인 무왕이 스승인 강태공에게 전차 1대, 기병 1명이 보병 몇 명에 해당하는지 묻는 장면이 있다. 그러자 강태공은 평탄한 지역에서 전차 1대는 보병 80명, 기병 1명은 보병 8명의 전투력을 발휘하며, 고르지 못한 지형에서는 전차 1대는 보병 40명, 기병 1명은 보병 4명의 전투력을 발휘한다고 대답했다. 사람이 말 위에 올라탐으로써 전투력이 4배~8배로 증가하게 된다는 이야기다. 그런데도 왜 고대에는 기병의 효율성에 눈을 뜨지 못했을까? 여기에는 몇 가지 이유가 있는데 하나씩 살펴보도록 하자.

첫째로 유럽의 고대 문명이라 하면 그리스·로마 문명이다. 발칸반도와 이탈리아반도를 보면 각각 핀도스산맥과 아펜니노산맥 등 산이 많음을 알 수 있다. 아시아의 초원지대나 러시아의 평원 같은 곳이야 기병의 활동으로 안성맞춤이지만 그리스와 이탈리아는 울퉁불퉁한 산이 많으니 자연스레 보병 중심이 될 수밖에 없다. 고대 중국에서도 황하 유역은 평야 지역이라 전차전 중심이었지만, 양자강 유역은 호수와 강이 많고 땅이 고르지 못해 보병 중심이었다.(당시 기병에 해당하는 것이 지금의 탱크라고 할 수 있다. 사실 기병과 탱크는 그 역할과 기능 및 포진에서 꽤 흡사하다.)

둘째, 그리스와 로마는 민주정이 발달한 나라였고, 시민들은 군복무를 의무로 여기기보다는 권리로 여기고 있었다. 그러한 시민들이 참여한 주된 병과가 보병이다. 말까지 사육하는 것은 경제적으로 지나치게 부담되지만 시민들은 자비로 구입한 갑옷·투구·무기를 지니고 중장보병으로 전투에 참여했다. 그리고 그럴 수 있는 능력을 갖춘 시민들이 참정권과 투표권을 행사하며 정치에 참여할 수 있었다. 군의 주 전력이었던 이들 보병들은 대체로 귀족 출신인 기병을 그다지 존중하는 마음이 없었고 구태여 기병과 유기적인 협조전술을 생각하지도 않았다. 중세시대가 되면 기병이 주 전력이 되면서 보병을 천시하는 풍조가 생겨났고 기병과 보병의 협조전술이 발달하지 못하니 이번에는 오히려 고대와는 정반대가 되어버린 셈이다. 그리스·로마의 민주정 체제에서 시민들이 자신들의 정치적 발언권을 행사할 수 있게 해주는 중무장보병 중심의 체계를 바꾸려 하지 않은 것은 당연하다.

셋째로 고대에는 등자(鐙子)가 없었다. 달리는 말 위에서 안 떨어지려면 등자가 없으니 두 무릎으로 말을 죄여가며 버텨야 했다. 기병이 말을 모는 것만으로도 쉽게 피로해졌을 것은 쉽게 짐작할 수 있다. 사정이 이러하니 기병이 중무장을 하거나 말 위에서 다양한 무기를 사용하기는 보통 힘든 일이 아니었다. 단지 말 위에 올라탔다고 기병이 되는 것이 아니다. 쓸 만한 기병을 얻으려면 말과 인간이 하나가 될 만큼 장시간의 훈련을 필요로 한다. 그러니까 이런 숙련된 기병을 얻으려면 오랜 기간 말을 사육하며 탈 기회가 있는 유목민족이나 정착민족의 부유층이나 귀족이 기병이 될 수 있었다. 등자는 공식적으로 732년에 등장한다.

넷째로 기병의 역사가 보병의 역사보다 짧다는 것도 하나의 이유다. 보병의 역사는 전쟁사가 시작된 때부터라고 봐야 할 것이다. 반면에 최초로 기병이 출현한 것은 최초의 초원민족이라 불리는 스키타이인을 정복한 사르마티아인들이 안장과 편자를 발명한 때부터로 보는 게 대체적인 시각이다.

기원전 10세기 무렵의 말은 지금 생각하는 만큼 크지 않고 망아지나 나귀 정도였다. 따라서 인간이 말에 올라타는 것이 불가능했으며 말 여러 마리를 묶어 전차를 끌게 하여 싸우는 전차전 중심이었다. 그 후 인간이 품종이 우수한 말들을 교배시킴으로써 사람이 말허리에 올라타도 견딜 수 있는 크고 튼튼한 말들이 나타나게 된 것이다. 그 위에 사르마티아인들의 안장과 편자가 더해짐으로써 전차보다 값싸고 운용에서도 더욱 효율적인 기병이 나타나게 되었다. 이로써 전차는 무용지물로 전락하고 말았다. 참고로 셀레우코스 왕조가 로마에 참패한 마그네시아 전투(기원전 190)에서 전차가 사용된 뒤로 전차는 거의 기록에 나타나지 않는다. 전차는 지휘관이 탑승하거나 개선식 따위에서 사용되는 용도로 전락했다.

어쨌든 전차의 대용이라 할 수 있는 대규모 기병대를 운용할 수 있었던 것은 아시리아 제국과 같은 유목민족뿐이었다. 정착민족에게 기병이라는 것은 곧잘 그 비용이 효용을 초과했기 때문에 굳이 기병을 대규모로 육성할 필요가 없었다. 한정된 땅을 말먹이로 쓸 목초지보다는 농경지로 만드는 것이 나았다. 굳이 기병이 필요하다면 용병을 고용하거나 동맹국에 의존하면 되는 일이었다.

이제 칸나에 전투에 임한 로마군과 카르타고군의 포진을 살펴볼 차례다. 통상의 방법대로 로마군은 양익에 기병을 배치하고 중앙에 보병을 배치했다. 우익에 2400명의 기병을 배치하고 집정관 파울루스로 하여금 지휘하게 했다. 중앙의 보병은 전년도 집정관인 세르빌리우스가 지휘했다. 사령관 바로는 좌측에서 동맹국 기병 4800명을 지휘하기로 했다. 공격으로 전장의 주도권을 잡기로 결심한 바로가 기대한 것은 로마가 자랑하는 중무장보병에 의한 중앙돌파였다. 로마의 역사 전체를 통틀어 군의 중핵이었던 레기온(legion)이라 불리는 중장보병의 위력은 새삼 말할 것도 없을 것이다.

로마 병사들은 나이에 따라 부대가 편성되었다. 17~25세까지는 벨리테스(velites)라 불리는 경보병이며 이들은 단지 보조병력으로 여겨진다. 로마 군단의 중추는 3개 대열의 중무장보병으로 이뤄지며 다음과 같다. 선두 대열은 26~30세까지로 이뤄지는 하스타티(hastati), 중간 대열은 31~40세로 이뤄지는 프린키페스(principes), 마지막 대열은 41~45세로 이뤄지는 트리아리(triarii)다. 이 중에서도 하스타티와 프린키페스가 주 전력이며, 세 번째 열의 트리아리는 예비병력이다.

하스타티와 프린키페스 대열은 120명으로 구성된 마니풀루스(manipulus, 백부장(百夫長, centurion)이 지휘하는 군단의 최소 단위)가 10개니까 각각 1200명이다. 트리아리는 마니풀루스 5개로 구성되니 600명이다. 이러한 기본 3개 대열의 마니풀루스는 하늘에서 내려다봤을 때 체크무늬로 배치되어 있다. 따라서 뒤의 두 대열은 유사시 앞 대열에 있는 마니플루스의 빈칸을 채우면서 지원할 수 있다. 이와 함께 기병은 측면에 각각 150명씩 배치된다. 1개 로마 군단의 총병력 수는 기본 3개 대열인 하스타티, 프린키페스, 트리아리가 합쳐 3000명, 여기에 경보병인 벨리테스 1200명이 더해지고 기병이 300명 더해지니 기본적으로 4500명이다. 후일 마리우스(Gaius Marius, 기원전 157~기원전 86)가 게르만족을 무찌르기 위해 레기온에 군제개혁을 시도하여 군단 인원이 6000명으로 늘어나기도 한다.

　　　보통 전투의 전개는 최선두에 위치한 경보병 벨리테스가 돌이나 투창 따위를 던지고 뒤로 빠지면서 시작된다. 다음에는 앞 열의 하스타티가 먼저 적과 맞붙고, 하스타티가 위태롭거나 힘을 다할 때쯤 두 번째 열에 위치한 프린키페스가 하스타티의 빈 공간을 메우면서 지원한다. 마지막 열인 트리아리는 나이가 40대인 만큼 산전수전 다 겪은 베테랑이지만 힘은 청년층에 미치지 못한다. 이들은 일종의 예비대로서 맨 뒤에 위치하면서 프린키페스와 하스타티를 지원한다.

　　　이때 군단장의 가장 큰 임무는 2열인 프린키페스와 3열인 트리아리를 앞 대열의 마니풀루스 사이로 투입하는 시기를 잘 판단하는 것이다. 너무 빨리 후속대열을 투입하면 공간이 좁아 잘 싸울 수 없을뿐더러 마니풀루스를 벌여놓은 의미가 없다. 반면 너무 늦게 투입하면 앞 대열이 무너져 전투에 패할 수 있다. 이렇게 중장보병이 치열하게 싸우는 동안에 후미로 이동한 벨리테스는 화살을 쏘거나 투척기로 돌을 던지면서 아군을 지원하게 된다. 보병이 이와 같이 싸우는 동안에 측면에 위치한 기병들은 적의 측면을 공격하거나 배후로 돌아가서 포위를 시도한다.

이와 같이 유기적·조직적으로 움직이는 로마 병사 1명은 갈리아 병사 8~10명의 전투력을 발휘했다고 한다. 마리우스, 율리우스 카이사르, 게르마니쿠스, 수에토니우스 등이 그보다 5~10배 많은 갈리아인이나 게르만족을 무찌를 수 있었던 것은 그들이 명장이어서가 아니다. 그보다는 그들이 보유한 군대가 엄정한 군기와 고난도의 훈련을 통해 단련된 당시 세계에서 가장 우수한 군대, 즉 로마 군단이었기 때문이다.

다시 칸나에 전투의 현장으로 돌아와보자. 중장보병에 의한 빠른 중앙돌파를 노리는 바로는 적진에 대한 충격력과 돌파력을 강화하기 위하여 기존의 마니풀루스를 종심 10명×정면 12명에서 종심 12명×정면 10명으로 배치했다. 보다 공격적인 진형으로 바꾸었지만 문제는 상당수의 로마군이 신병이었기 때문에 이 새로운 배치에 적응을 못 하고 우왕좌왕했다는 것이다.

로마군에 맞서 한니발도 아우피두스강을 건너 카르타고군을 배치했다. 역시 양익에 기병을, 중앙에 보병을 배치한 것은 로마군과 똑같다. 먼저 8000명의 히스파니아-갈리아 기병을 왼쪽에 배치해 파울루스의 로마 기병 2400명을 상대하게 했다. 이 좌측 히스파니아-갈리아 기병의 지휘관은 하스드루발인데, 한니발의 첫째

동생과는 동명이인이다.

　한편 한니발은 2000명의 누미디아 기병을 우측에 배치하여 로마 동맹국 기병 4800명을 상대하게 했다. 그들의 수는 얼마 안 되지만 역사가 폴리비오스(Polybios, 기원전 200~기원전 118)의 표현을 빌리자면 '극도로 단련된 육체를 가진' 최강의 전사들이었다.

　대열의 정중앙에는 그다지 정예가 되지 못하는 갈리아 보병을 배치했다. 한니발 자신은 동생인 마고(Mago Barca, 기원전 243~기원전 203)와 함께 중앙에 위치하여 전세가 불리해지면 바로 도주할 이 미덥지 않은 용병들을 지휘했다. 이들의 진형을 보면 로마군 쪽으로 볼록 튀어나온 초승달 모양이었다. 이것은 갈리아 용병으로 하여금 최대한 오래 로마군과 싸우도록 하기 위한 배치였다. 한니발에게 이들은 로마군과 제일 먼저 최전선에서 부딪치면서 시간을 벌어줄, 죽어도 그만인 병사들이었다. 실제로 칸나에 전투에서 카르타고군의 사망자 대부분이 갈리아 용병이었다. 마지막으로 갈리아 보병의 양옆에는 정예 아프리카 보병을 배치했다.

　약체인 갈리아 보병을 정중앙에 배치한 것은 중앙돌파를 노리는 바로의 로마군을 중앙으로 끌어들이려는 미끼임을 언뜻 봐도 알 수 있다. 갈리아 보병이 로마 중장보병의 압박을 못 이기고 뒤로 밀리며 로마군을 끌어들일 것이다. 그사이에 양 옆의 아프리카 보병은 로마군의 옆구리를 공격하여 포위의 한 축을 담당할 것이었다. 마지막으로 카르타고군의 좌익·중앙·우익 중에서 유일하게 로마군에 대해 수적으로 우세한 좌익 기병대가 로마의 우익에 위치한 기병대를 무찌르고 나서 배후로 돌아가 포위망을 완성한다는 것이 한니발의 구상이었다. 이를 위해서는 열세인 중앙 보병과 우측 기병이 그때까지 잘 버텨줘야 한다.

기원전 216년 8월 2일, 역사상 가장 완벽한 전술, 가장 위대한 전술의 승리로 일컬어지는 칸나에 전투는 중앙에 위치한 양측 경보병 간의 싸움으로 시작되었다. 이들이 온갖 투척물을 상대에게 던진 뒤 본격적으로 로마 중장보병과 카르타고 측 갈리아 용병의 전투가 시작되었다. 용감한 로마 병사들이 선전하여 갈리아 용병들을 밀어붙이자 예상대로 갈리아 용병들은 견뎌내지 못하고 조금씩 뒤로 밀리기 시작했다. 바로는 전투의 흐름이 일단 자신의 구상대로 되어가는 것을 지켜보고 있었다. 그는 단숨에 전투의 승기를 잡기 위해 보병 지휘관 세르빌리우스에게 제2전열인 프린키페스를 투입하라고 명령했다. 그런데 로마군 대열이 고르게 퍼져서 정면의 적을 넓게 공격하기보다는 점차 후퇴하는 갈리아 용병을 쫓아 중앙에 있는 한 지점을 향해 집중하는 모습이었다. 이 때문에 로마군 중장보병은 차츰 쐐기꼴로 바뀌게 되었고 시간이 갈수록 밀집하여 칼을 휘두를 공간조차 부족하게 되었다.

한편 카르타고군 좌측의 기병대는 순조롭게 로마군 우측의 기병대를 밀어붙이고 있었다. 8000명인 한니발 기병대에 밀린 2400명의 로마군 기병대는 대부분 살해되었다. 집정관 파울루스도 말을 잃고 일개 보병처럼 끝까지 싸우다가 결국에는 전사했다. 이와 동시에 한니발 우측의 기병대와 로마군 좌측에 위치한 동맹국 기병대 간의 싸움도 치열하게 전개되었다. 여기에서 비록 수는 로마 동맹국 기병이 2배가 넘지만 용맹함은 누미디아 기병을 당해내지 못했기 때문에 막상막하였다.

중앙에 있는 보병 간의 전투에서는 로마군의 압도적인 압력을 견디지 못해 차츰 뒤로 밀리던 갈리아군이 어느 순간 활모양의 대형에서 직선형이 되었다. 그때 바로가 카르타고군 보병에게 최후의 일격을 가하기 위해 마지막 3열인 트리아리마저 투입했다. 이게 그렇잖아도 어지럽던 앞 열의 로마군 중장보병에게 더욱 혼란을 가중시켰다. 로마 보병은 기동성을 상실하고 마치 그리스 팔랑크스 대형처럼 밀집하게 되었다. 그래도 로마군의 강력한 돌파력에 갈리아 보병들의 진형이 처음에는 로마군 쪽을 향해 활 모양이었던 것에서 이번에는 반대쪽을 향해 활 모양으로 변해갔다. 몇몇 갈리아 용병들은 엄청난 로마군의 공세에 겁을 집어먹고 달아나려고도 했다. 하지만 한니발이 독전대를 지휘하며 그들을 막아서기도 하고 격려하기도 하면서 아직까지 중앙은 버텨내고 있었다.

한편 이때까지 갈리아 용병의 양옆에서 한 발자국도 후퇴하지 않고 있던 아프리카 보병들이 움직이기 시작했다. 로마군이 갈리아군을 쫓아 중앙으로 집중하면서 전면에만 전력을 집중한 결과 양 측면이 허술해졌다. 이 때문에 로마군 중장보병들은 양 측면을 쉽

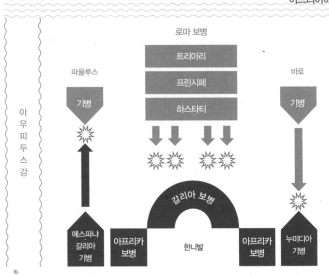

한니발은 시간을 벌기 위해 초승달 모양으로 지형을 짰다. 로마 보병의 강력한 공격을 버티지 못하고 갈리아 보병이 밀리고, 중앙돌파를 위해 2열과 3열도 잇따라 투입하면서 로마군은 밀집 상태가 됐다. 로마군 우익 기병은 전력 차를 이기지 못하고 카르타고 기병에게 몰살당했고, 카르타고군의 누미디아 기병들은 용맹을 뽐내며 버텼다.

게 아프리카 보병에게 내주었고 이들에 의해 양면이 포위되었다.

그때쯤 로마의 우측기병을 전멸시킨 하스드루발의 기병은 로마군의 배후를 돌아 누미디아 기병과 교전 중이던 로마의 동맹국 기병대를 공격했다. 이들 동맹국 기병대는 누미디아 기병도 제압하지 못하는 사이 하스드루발 기병대의 공격을 받자 견디지 못하고 도주하기 시작했다. 로마군의 양옆을 담당하는 기병대가 깨끗이 소멸된 것이다.

칸나에 전투의 대미를 장식하는 장면은 카르타고군의 기병들이 로마군의 배후를 포위함으로써 이뤄졌다. 로마군의 정면은 갈리아군, 양 측면은 아프리카 보병, 배후는 카르타고의 1만 기병으로 완벽하게 포위된 것이다. 그리고 이때부터는 전투라기보다 일방적인 학살이었다. 로마 보병들은 어차피 도망치지도 못하기 때문에 최후까지 저항을 시도했지만 여러 각도에서 날아오는 수많은 칼날을 피할 수는 없었다. 바깥에 있는 병사들부터 하나씩 희생되기 시작했다.

폴리비우스의 기록에 따르면 칸나에 전투에서 로마군의 사망자는 7만이고, 리비우스(Titus Livius, 기원전 59~기원후 17)는 5만이라고 기록하고 있다. 카르타고군의 손실은 많아야 6000이었다. 그마저도 대부분 갈리아 용병이어서 한니발의 주력은 그대로 건재했다. 확실한 것은 칸나에 전투는 역사상 가장 완벽하고 뛰어난 전술이자 포위섬멸전으로 기록되었으며 모든 장군들이 꿈꾸는 전투로 남게 되었다는 것이다.

많은 이가 칸나에 전투를 로마 역사상 최악의 패배로 적고 있지만 사실 이것은 정확하지 않다. 1000년에 걸친 로마 역사를 통틀어 칸나에 전투보다 더한 패배는 딱 한 번 있었다. 그것은 로마군이 게르만족의 한 갈래인 킴브리족에게 패한 아라우시오 전투(기원전 105)다. 이 전투에서 로마군은 병사 8만과 보조수행원 4만을 합친 12만 명이 사망했다.

칸나에 전투의 승리는 천재적인 전술가 한니발의 뛰어난 구상과 그의 생각대로 움직여준 카르타고군의 민활한 움직임 때문이다. 누구보다도 하스드루발의 활약이 돋보였다. 그가 로마 우측 기병대를 격파했을 때, 그리고 그 뒤 바로 로마군의 배후를 지나쳐 로마 좌측의 기병대를 격파했을 때를 주목해야 한다. 이때 그가 이끄는 히스파니아·갈리아 기병은 패잔병을 쫓느라 대형이 흐트러지지 않았다. 또한 양측의 로마군 기병대를 확실히 물리치기 전까지는 섣부르게 로마 보병의 배후를 공격하지도 않았다. 하스드루발 장군이 빼어난 리더십으로, 통솔하기 어려웠던 이질적인 히스파니아·갈리아 기병들을 확실히 통제하고 있었으며 전투의 흐름을 확실히 파악하고 있었다는 뜻이다.

한니발과 신중한 결전을 피력했던 집정관 파울루스와 전직 집정관 세르빌리우스는 전장에서 장렬히 사망했고 함께 참전했던 원로원 의원 80명도 전사했다. 정작 이 전투의 패장인 테렌티우스 바로는 로마까지 도주할 수 있었다. 그는 놀랍게도 이 전대미문의 패배에 대해 처벌받지 않았다. 카르타고에서는 패장을 처형하기도 했지만 로마는 반대였던 것이다.

한니발은 바로를 놓쳐서 아까웠겠지만 정작 그가 놓친 중요한 인물은 따로 있었다. 전직 집정관 푸블리우스 코르넬리우스 스키피오의 18세 된 아들이 이번 전투에서도 또다시 한니발의 손아귀를 빠져나갔던 것이다. 그 소년이 티치노 전투, 트레비아 전투에 이어 칸나에 전투에서도 매번 대학살의 현장을 빠져나갈 수 있었던 것은 말을 탈 수 있는 귀족의 아들이었기 때문이다. 그 소년의 이름은 아버지와 동일한 푸블리우스 코르넬리우스 스키피오, 후일 자마 전투(기원전 202)에서 한니발에게 패배를 안겨주는 로마 구국의 영웅이다.

칸나에 전투에서 대승을 거두자 이제 카르타고 병사들은 모두가 로마로 향할 것이라고 생각했다. 그러나 의외로 한니발이 그럴 생각이 없자 마하르발은 "장군은 승리할 줄은 알지만 그 승리를 이용할 줄은 모르시는군요"라며 불만을 터뜨렸다.

사실 한니발이 왜 로마로 바로 진군하지 않았는지는 그 누구도 확실히 알지 못한다. 그가 공성 장비가 부족하거나 공성전에 자신이 없어서였기 때문이었을 수도 있다. 혹은 이제껏 한 번도 본국의 지원을 받지 못한 한니발이 칸나에 전투의 대승으로 고무된 카르타고 본국의 국내파를 움직여 충분한 지원을 받은 후 로마 진군을 꿈꿨을 수도 있다. 실제로 한니발은 칸나에 전투에서 희생된 로마군의 손가락에서 금반지를 빼내어 모은 뒤 동생 마고를 카르타고로 보냈다. 하지만 국내파는 여전히 별 반응이 없었고, 오히려 로마에 강화를 제의했다. 하지만 로마는 이 강화 제의를 거절했다.

또 다른 유력한 추측은 한니발이 로마 연합의 해체를 기다렸다는 것이다. 당시 로마는 이탈리아반도의 여러 도시들을 정복했다고 하여 속주나 직할령의 형식으로 직접 다스리는 관계가 아니었다. 로마는 라틴 동맹에 이어 로마 연합이라는 방법으로 그들의 군사적인 협력을 얻어냈다. 라틴 동맹의 가맹국들은 서로 간 동맹 체결이 가능하지만, 로마 연합은 오직 로마와만 동맹 체결이 가능했다. 즉, 로마 연합이란 것은 가맹국들이 단합하여 로마를 배반할 가능성을 배제시킴으로써 로마가 이탈리아반도 내에서 패권을 쥐기 위한 수단임을 알 수 있다. 하지만 로마는 동맹시 유력자에게 로마 시민권을 주기도 했고, 동맹시 유력자가 로마 원로원 의원이 될 수 있도록 배려하기도 했다. 특히 동맹시 전쟁(기원전 91~기원전 88) 후에는 동맹시 시민 모두가 로마 시민과 동등한 권리와 의무를 누림으로써 진정한 이탈리아반도의 통합이 실현되었다.

한니발은 라틴 동맹에 이은 로마 연합이야말로 로마가 건국 초기의 조그만 도시국가에서 시작해 이탈리아반도를 통일할 수 있었던 원인이자 결과물이었다고 생각했을 수 있다. 그가 이탈리아에 와서 승리를 거듭할수록, 차츰 많은 갈리아 부족이 로마에 반기를 들고 카르타고 측에 붙었다. 한니발은 이제 칸나에 전투의 대승으로 로마의 동맹시들이 로마를 배반하고 카르타고와 동맹을 맺기 위하여 연락해 올 것을 기다렸을 수 있다.

로마를 직접 공략했을 때 충성심과 인내심이라고는 별로 없는 갈리아 용병이 오랜 포위전을 충실히 수행하지도 않았을 것이다. 그렇다고 공성전에 겨우 2만밖에 안 남은 자신의 소중한 아프리카 보병을 소모시킬 생각은 전혀 없었을 것이다. 어떤 전투에서나 (심지어 훗날의 자마 전투에서도) 타민족이나 타국의 군대를 소모품으로 앞세우고 자신의 아프리카 보병은 마지막까지 아꼈던 그가 아닌가. 그렇다고 지원 한 번 해준 적이 없는 본국이 전폭적인 보급을 해줄 것이라고 기대할 수 없었다. 설령 본국에서 병력과 식량 등을 지원하고 싶어도 로마가 제해권을 장악한 이상, 그게 어렵다는 것은 그 자신이 바다를 포기하고 알프스를 넘어봤기에 잘 알고 있었을 것이다.

그렇기에 아마도 한니발은 로마 연합을 구성하는 로마 동맹시들의 이탈을 유도한 후 고립무원이 된 로마로부터 항복을 받아내거나 협상으로 전쟁을 끝낼 생각이었을 수도 있다. 한니발이 평소에 입버릇처럼 "나는 이탈리아인들과 싸우러 온 게 아니라 이탈리아인들을 해방시키러 온 것이다"라고 말한 것도 이 때문이다.

그러나 로마 연합의 해체가 한니발의 바람이었다면 그것은 뜻대로 실현되지 않았다. 일시적으로 카푸아, 시라쿠사와 같은 대도시의 이탈이 있기는 했지만 대다수의 동맹시들은 로마 연합의 일원으로 남는 길을 택한 것이다. 나중에 카푸아와 시라쿠사도 다시 로마에 탈환되면서 한니발은 이탈리아반도 안에서 고립돼갔다. 동맹시들이 백척간두의 위기에 처한 로마를 버리지 않은 것은 로마가 그들을 정복하면서 뿌리내린 관용과 베풂의 정신을 통해 그들의 마음을 깊이 얻었기 때문일 것이다. 그것도 아니라면 동맹시들 입장에서 한니발과 동맹을 맺어봤자 지배자가 바뀌는 것뿐인데 차라리 관대한 로마가 더 낫다고 판단했을 수도 있다.

한니발은 또다시 대회전을 벌여 뭔가 뚜렷한 결과를 얻고 싶었을 테지만 이제부터는 로마 쪽에서 그의 바람에 응하지 않았다. 로마인들은 한니발과의 정면대결이 무모함을 깨닫고 파비우스 막시무스를 다시 로마군 사령관으로 선출했다. 즉, 다시 지구전으로 전략을 바꾼 것이다. 한니발을 뒤쫓지만 싸우지는 않으면서도, 한니발이 부재한 다른 부대를 공략하여 야금야금 카르타고군의 전력을 깎아 먹는 식이었다.

한니발이 이탈리아반도 남부지역에 묶여 이렇다 할 진전 없이 시간을 보낼 때 로마는 한니발의 본거지인 히스파니아를 공략함으로써 한니발에 대한 지원을 차단하는 전략으로 맞섰다. 그러고 나서 아프리카의 카르타고 본국을 공략하니 다급해진 카르타고 정부는 한니발을 본국으로 소환하게 된다. 히스파니아와 카르타고 본국을 공격하는 어렵고 위험한 일을 자청해서 해낸 인물은 스키피오라는 청년이었다. 훗날 스키피오는 귀국한 한니발과 아프리카 북부에서 향후 지중해 세계의 운명을 건 일전을 벌이는바, 이것이 제2차 포에니전쟁을 끝낸 자마 전투다. 자마 전투는 6장에서 살펴보기로 하자.

제5장

정형 전투―가장 어려웠던 상황에서의 승리

이번 장에서 다룰 정형 전투에 앞서 먼저 세계 역사에 명장이라고 기록될 만한 인물들에 관해 이야기하려 한다. 세계적인 명장이라면 다음에 말하는 세 가지 요소가 중요하다고 하겠다. 이 가운데 첫째보다 둘째, 둘째보다 셋째가 더 중요한 요소라고 생각한다.

첫째, 소수로 다수를 이길 줄 알아야 한다. 다수의 병력으로 소수의 병력을 깨뜨리는 것을 보고 대단하다고 생각하는 사람은 없다. 이것은 평범한 장수라도 충분히 가능하기 때문이다.

둘째로 위에서 말한 첫째보다 어려운 조건은 규율도 안 잡히고 훈련도 안 된 병력으로 정예인 적을 이길 줄 아는 장군을 말한다. 기강이 엄하고 잘 훈련된 군대가 경험이 적고 지휘계통도 문란한 군대를 이기는 건 당연한 일이다. 역사에서 소수의 병력으로 다수의 병력을 무찔렀다는 기록은 종종 보여도, 비정예 병력으로 정예군을 이겼다는 기록은 드물다.

일본의 중국사 권위자인 진슌신(陳舜臣, 1924~2015)은 이와 같은 이유로 한무제(漢武帝) 시절 소수의 기병대를 이끌고 흉노의 심장부인 바이칼호수까지 쳐들어가는 찬란한 무공을 세운 곽거병(霍去病, 기원전 140~기원전 117)에 대해 다음과 같이 말한 바 있다. "곽거병이 뛰어나긴 했지만 한무제로부터 최고의 무기와 군대를 받았기 때문에 그렇게 대단하다고 볼 것까진 없다." 오합지졸인 병력으로 정예 병력을 무찌르는 것은 그만큼 어렵기 때문에 일사불란한 정예군을 만들기 위해 군법을 무엇보다 엄하게 시행하며, 병사들에게 맹렬한 군사훈련을 시키는 것이다.

셋째, 역사에 기록될 세계적인 명장이라면 말 그대로 넓은 세계를 무대로 종횡무진 활약해야 함을 빼놓을 수 없다. 익숙한 땅에 눌러앉아 적을 격퇴하는 것으로는 안 된다. 보급도 어려운 적지 깊숙이 들어가서 역사에 길이 남을 창조적·생산적인 군사적 위업을 성취해야 한다. 자국에서 침략군을 격퇴하거나 성안에 틀어박혀 적을 막아내거나 해서는 힘들다는 이야기다.

그런데 위에서 말한 세 가지 요소를 모두 충족하는 장군은 극히 드물다. 나름 명장이라 불리는 그랜트(Ulysses S. Grant, 1822~1885), 몽고메리, 주코프(Georgy Zhukov, 1896~1974)는 충분한 병력과 물자를 공급받고 적보다 항상 다수의 병력을 지휘하여 승리했으니 첫째 조건을 충족하지 못한다. 그렇기에 그들은 당연히 이길 전투에서 이겼을 뿐이라는 소리를 듣기도 한다. 최고의 영웅이라는 알렉산드로스 대왕과 카이사르조차도, 리델 하트의 표현을 빌리자면 각각 전술 부족인 아시아 민족과 북방의 야만인들을 상대했으니 두 번째 요소를 충족하지 못한다. 한니발, 백기, 칭기즈칸, 코르테스와 같이 내로라하는 장군들도 고도로 훈련된 양질의 군대를 보유했다는 점에서는 마찬가지다. 한국의 이순신, 베트남의 쩐흥다오(陳興道, 1228~1300), 일본의 다케다 신겐(武田信玄, 1521~1573) 또한 그들의 활동 영역을 놓고 보면 '세계적 명장'이라 부를 수 없다. 그에 반해 넬슨, 마젤란, 정화는 세계를 누볐기 때문에 세계사에 위대한 제독으로 이름을 떨치고 있다.

　　그렇다면 위의 세 요소를 두루 갖춘 세계적인 명장이 누구냐고 묻는다면 한신과 할리드 이븐 알 왈리드 둘이라고 대답할 수 있다. 할리드 이븐 알 왈리드는 이슬람 역사상 가장 위대한 장군으로, 과연 그 없이 이슬람교가 팽창할 수 있었을까 할 만큼 초기 이슬람교 성립에 지대한 공헌을 한 인물이다. 할리드는 훈련도 경험도 없었던 소수의 유목민 군대를 이끌고 적지인 동로마제국과 사산조 페르시아제국으로 쳐들어가 그들의 정규군들을 상대로 무수한 승리를 거두었다. 분명히 앞서 언급한 명장의 요건을 세 가지 모두 충족한다.

　　할리드도 훌륭하지만, 두 가지 면에서 한신을 더욱 높게 평가할 수 있다. 첫째, 할리드의 군대는 싸우다 죽으면 천국에 갈 수 있다는 종교적인 신념과 얻을 수 있는 전리품에 대한 기대로 사기는 높은 군대였던 반면, 한신은 종교적인 신념도 승리의 열정도 없이 도망칠 궁리나 하는 오합지졸의 군대를 이끌고 천하를 평정했기 때문이다. 둘째로 할리드는 사산조 페르시아제국과 동로마제국을 정복하지 못했지만, 한신은 삼진(三秦), 조(趙), 위(魏), 대(代), 연(燕), 초(楚)와 같은 나라들을 멸망시켜 유방(劉邦, 기원전 247~기원전 195)의 천하통일에 일등공신이 되었다. 한신의 전투 영역을 들여다보면 한신이야말로 역사상 가장 어려운 상황에서 승리를 거듭한 명장이라 할 수 있을 것이다. 이번 장의 주제는 그야말로 최악의 조건에서 눈부신 승리를 이끌어낸 정형 전투(井陘戰鬪, 기원전 204)다.

기원전 221년 진시황(秦始皇, 기원전 259~기원전 210)이 마지막으로 산동의 제나라를 정복하면서 춘추전국시대가 끝나고 중국 대륙이 통일되었다. 그 뒤 시황제가 천하를 순행하던 중 사구(沙丘)에서 죽자 막내아들인 호해(胡亥)가 2세 황제가 되어 진제국을 계승했다. 덕은 없었지만 야심과 능력은 있었던 아버지와 달리 2세 황제는 덕도 능력도 없이 그저 폭정만 일삼을 뿐이었다. 환관 조고(趙高)의 농간에 넘어가 20여 명의 형제자매를 죽이는 것을 시작으로 천하통일의 일등공신인 승상 이사(李斯)마저 요참형으로 죽이니 그나마 제국을 이끌 재목을 잃고 말았다. 2세 황제가 향락을 즐기며 오로지 간신 조고를 총애하자 어느새 권력은 조고에게 넘어갔다. 조고는 사리사욕을 채우기에 바쁜 가운데 황제를 허수아비로 만들어놓고 '지록위마(指鹿爲馬)'라는 고사성어가 나올 정도로 권세를 농단했다. 이러한 가운데 만리장성과 아방궁 건설 등 각종 공사에 수백만의 백성을 동원하며 가혹한 세금을 부과하니 제국 내 모든 백성들이 원망과 고통으로 신음했다.

마침내 기원전 209년 중국 최초의 농민반란이라는 진승·오광의 난을 시작으로 도처에서 진나라에 대한 봉기가 일어났다. 하지만 진승·오광의 반란은 진의 명장인 장한(章邯)의 활약과 반란군의 내분 등이 겹쳐 6개월 만에 실패했고, 진승·오광 또한 죽음을 맞았다. 하지만 각지의 반란은 계속하여 요원의 불길처럼 타올랐으니 이를 주도한 대표적인 인물은 귀족 출신인 항우와 농민 출신인 유방이다.

항우는 망국인 초나라 귀족의 후예로 숙부인 항량(項梁)을 따라 강동의 8000 정병을 이끌고 회계(會稽)에서 일어나 진나라 타도에 앞장선 인물이다. 역발산기개세(力拔山氣蓋世)의 천하장사 항우는 항량이 진의 장한에게 패사하면서부터는 스스로 초군을 이끌었다.

유방은 지금의 강소성 패(沛) 출신으로 젊은 시절 건달 노릇을 하다가 중년에 사수의 정장(亭長, 지금의 파출소장 정도)을 지내던 인물이다. 그는 시황제의 능묘 건설에 부역할 인부들의 인솔책임자로 여산릉을 향해 길을 떠나던 도중 폭우를 만나 도저히 도착 기일에 댈 수 없는 처지가 되었다. 가혹한 진나라 법에 의하면 제때에 도착하지 못하는 사람은 이유 여하를 불문하고 참수형이었다. 어차피 죽을 테니 도망치는 게 낫다고 생각한 유방은 자신을 따르는 이들과 함께 도망쳐서 깊은 산속에 은거했다. 이때 마침 진나라 타도를 외치는 진승·오광의 난이 일어났다. 유방의 고향인 패현에서도 후일 한나라 건국공신이 되는 소하·조참·번쾌·하후영 등이 유방을 패공(沛公)으로 받들면서 진나라의 폭정에 맞서 일어났다.

진승·오광의 난이 실패로 끝나고 반란의 구심점은 항량에게로 옮겨 왔다. 이때 항량에게는 70세의 범증(范增)이란 모사가 있었다. 범증은 진승이 멸망한 이유는 장초(張楚)라는 국가를 세우고 스스로 왕이 되었기 때문에 6국 왕실의 부흥을 염원하는 백성들의 지지를 받지 못했기 때문이라고 충고했다. 범증은 이어 항량에게 이를 교훈으로 삼아 멸망한 초 왕실의 후예를 찾아 왕으로 옹립할 것을 권했다. 이를 옳게 여긴 항량이 초 왕실의 자손 중에 웅심(熊心)이라는 소년을 찾아 회왕(懷王)이라 칭하게 했다. 이로써 회왕은 진나라 타도의 중심이 되었다.

회왕은 우선 진나라 수도 함양을 공략하여 관중(關中)을 평정하는 자를 관중의 왕으로 삼겠다고 약속했다. 아직은 진나라의 군사력이 강대했기 때문에 회왕의 장수들은 진나라의 심장부를 직접 겨눌 엄두가 나지 않았다. 오직 항우와 유방만이 그 일을 희망했다.

　항우는 진나라 최후의 명장 장한이 이끄는 진의 주력군을 거록 전투(기원전 207)에서 무찌른 후에야 함곡관(函谷關)으로 향할 수 있었다. 항우가 장한과 싸우고 함양으로 가는 길목에 있는 난공불락의 요새인 함곡관을 깨뜨리는 데 시간을 뺏기는 사이, 유방은 함곡관을 피해 남쪽으로 돌아 무관(武關)을 거쳐 함양에 먼저 도달했다. 진나라 마지막 왕인 자영(子嬰, 진시황의 장자인 부소의 아들로 2세 황제에 이어 즉위함)은 천명이 진을 떠났음을 알고 전국옥새를 유방에게 바치며 항복했다. 이로써 시황제가 만세를 꿈꿨던 진제국은 겨우 3대 15년 만에 막을 내리고 말았다.

　한편 이 소식을 들은 항우는 감히 자신과 겨뤄 함양을 점령하고 관중왕의 지위를 넘보는 유방을 공격해 죽이기로 결심했다. 사실 10만의 군대를 가진 유방은 40만의 군대를 가진 항우의 적수가 될 수 없었다. 그 때문에 유방은 지금까지도 '홍문의 잔치(鴻門之宴)'로 유명한 항우와의 만남에서 자진하여 항우에게 찾아가 항복하며 무릎 꿇고 칭신(稱臣)했다. 살아남기 위해 언제든 몸을 굽히면서 비굴해질 수 있는 것이 유방의 장점이었다. 항우의 책사인 범증은 유방이 장차 항우의 천하를 뺏을 것을 예감하고 유방을 그 자리에서 죽이자고 항우에게 수차례 독촉했지만 소용없었다.

　유방의 항복을 받은 뒤 항우는 함양에 입성했다. 패자와 백성들에게 관대했던 유방과 달리 항우는 포악했다. 그는 항복한 진왕 자영을 죽이고 함양을 불태우며 망국의 한을 풀었다. 그는 의제(義帝)로 높여진 회왕이 엄연히 있는데도 제멋대로 논공행상을 실시해 18명의 제후왕을 봉했다. 이때 최초로 관중을 평정한 자를 관중왕에 봉하겠다는 의제의 공언이 있었음에도, 항우는 범증과 상의하여 지금의 쓰촨(四川) 지방으로 관중의 서쪽인 파, 촉, 한중을 유방에게 주고 한왕(漢王)으로 삼았다. 범증은 의제와의 약속을 어겨 제후와 백성들의 신뢰를 잃더라도 천하의 중심인 관중을 유방에게 줘서는 결코 안 된다고 생각했던 것이다. 그렇다고 항우가 관중왕이 되는 것도 염치없는 일이었다. 결국 관중은 항복한 진나라의 장수인 장한·사마흔·동예를 각각 옹왕, 새왕, 책왕으로 봉하며 3등분하여 그들에게 나눠줬다. 그렇게 그들이 울타리가 되어 한왕 유방이 동진하지 못하게 막아버린 것이다.

이어 항우는 그때까지 명목상이나마 주인이던 의제를 시해하고 말았다. 항우에게 진나라 타도를 위해 존재 의의가 있었던 의제는 진나라가 평정되자 더 이상 거추장스럽기만 했다. 정치적 감각이 둔했던 항우는 이 일이 장차 천하의 공분을 사게 될 것을 염두에 두지 않았던 것이다. 실제로 항우는 의제를 시해한 일로 제후와 백성들의 민심을 잃게 되었고, 나중에 유방이 그에 대항하여 거병하는 빌미를 제공하고 말았다.

관중은 천하의 요새인 동쪽의 함곡관(函谷關), 서쪽의 대산관(大散關), 남쪽의 무관(武關), 북쪽의 소관(蕭關) 한가운데에 있기 때문에 명명된 이름이다. 덕분에 동서남북 어디에서 적이 쳐들어오더라도 각 관에 의지해서 능히 적을 막을 수 있는 지리적 이점을 안고 있다. 더구나 관중은 인구가 많고 토지가 넓고 비옥하다. 이것이 주·진·한·수·당과 같은 역대 제국들이 관중에 도읍한 이유이기도 하다. 항우가 저지른 큰 실수는 천하의 중심인 관중을 버리고 팽성(彭城)으로 도읍을 옮긴 것이다. 이것은 훗날 천하를 통일한 뒤 한 고조가 된 유방이 제나라 누경(婁敬)으로부터 낙양(洛陽)에서 관중의 장안(長安)으로 도읍을 옮겨야 한다는 진언을 듣자 즉시 장안으로 천도한 것과는 사뭇 대조적이다.

한편 한왕으로 봉해진 유방은 자신을 변두리에 가둬놓은 항우에 대해 끓어오르는 분노를 삼키며 항우를 즉시 공략할 생각이었다. 하지만 승상인 소하(蕭何, ?~기원전 193)가 이를 만류했다. 소하는 후일 장량, 한신과 함께 한나라 건국 삼걸이 되는 인물이다. 삼국시대 제갈량이 스스로를 관중(管仲, 기원전 725~기원전 645)과 소하에 비하곤 했다는 사실로도 널리 알려진 인물이다. 번쾌·관영·주발과 혈기왕성한 무장들이 즉시 항우를 공격할 것을 주장함과 달리 소하는 지금 아직 그럴 힘이 없다는 것을 알고 나중을 기약하자고 유방을 설득했다. 비록 지략과 용맹이라고는 전혀 찾아볼 수 없지만 옳은 소리를 분간하고 실천하는 데서 둘째가라면 서러워할 유방은 바로 그 말을 알아들었다. 항우의 초나라를 겨눌 뻔했던 창끝을 돌리고 부임지의 수도가 될 남정(南鄭)으로 향했다.

이때 유방 일행이 한중으로 들어가려면 잔도를 지나야 하는데 유방은 그 잔도를 태워 없앴다. 이는 항우로 하여금 한나라가 이후로는 동진할 의사가 없게끔 보이게 만들기 위함이었다. 물론 유방은 남들이 모르는 관중으로 들어가는 다른 길이 있다는 것을 다른 이를 통해 알고 있었기 때문에 취한 행동이었지만, 이와 같은 사실을 알 리 없는 수많은 장졸과 장수 들이 도망을 쳤다.

한번은 승상 소하가 도망쳤다는 보고가 들어오자 한왕은 절망하고 말았다. 그런데 갑자기 며칠 후에 소하가 느닷없이 돌아와 한왕을 뵈니 한왕은 화도 나고 기쁘기도 하면서 그 연유를 물었다. "그대가 도망친 이유가 뭣이요?" 소하가 대답했다. "신은 도망간 것이 아니고 도망친 한신이라는 자를 뒤쫓았을 뿐입니다."

그러자 다시 한왕이 물었다. "여러 장수들 중에 도망친 자가 많았지만 그대는 뒤쫓는 일이 없었다. 그런데 이번에는 한신이라는 자를 뒤쫓았으니 어쩐 일인가?"

소하가 대답하기를 "다른 장수를 얻기는 쉬워도 한신 같은 이는 어렵습니다. 그는 나라에 둘도 없는 국사[國士無雙]입니다. 왕께서 한중의 왕으로 만족하시려면 한신은 필요 없지만, 장차 항왕(항우)과 천하를 다투려면 한신이 아니고서야 그 일을 감당할 수가 없습니다. 그를 등용하려거든 재계하고 예를 갖추어 대장군에 봉하소서."

그렇게 하여 유방에게 등용된 한신은 초나라 회음(淮陰) 사람이다. 망국인 한(韓)나라의 왕족으로 알려져 있는데, 항상 장검을 차고 다녔다. 『사기(史記)』에 남아 전해지는 젊은 시절 한신의 대표적인 일화로는 다음과 같은 것이 있다.

회음의 백정 하나가 한신을 몹시 업신여기면서 여럿이 모인 가운데 한신을 욕보였다. "네놈이 나를 죽일 용기가 있거든 그 칼로 나를 찌르고, 그럴 용기가 없다면 나의 가랑이 밑으로 기어 지나가라." 그 말을 들은 한신은 한참 동안 그를 물끄러미 바라보다가 그의 다리 사이로 기어 지나갔다. 이후 회음 사람들이 한신을 비웃으며 겁쟁이라고 놀려댔다.

항량이 봉기했을 때 한신도 그를 쫓아 그 밑으로 들어갔다. 한신이 키가 크고 무기도 제법 다루는 것을 본 항우는 한신을 집극랑(執戟郞, 극을 들고 호위하는 병사)으로 삼았다. 한신은 항우 곁에 있으면서 여러 차례 계책을 올렸지만 받아들여지지 않았다.

그때 마침 유방이 한중으로 떠나자 한신도 항우를 버리고 유방을 따라가게 된 것이다. 그 뒤 한신은 한동안 중용되지 않았다. 나중에도 한왕은 한신을 단지 식량을 관리하는 말단관리로 삼았을 뿐이었다.

당시만 아니라 초한전쟁이 끝날 때까지 한나라 군대의 살림살이는 소하가 도맡아 하고 있었다. 이렇게 하여 소하는 자신의 밑에서 일하게 된 한신과 알게 되었고 몇 번의 대화를 통해 한신이 비범한 인물임도 알아차렸다. 이에 소하는 한신을 몇 번이나 한왕에게 추천했지만 한왕이 듣지 않았기에 한신은 미련 없이 도망쳤던 것이다.

돌아온 한신이 뒤늦게나마 한왕 유방에 의하여 파초대장군(破楚大將軍)으로 중용되니 이때부터 한신의 웅대한 지략과 재능이 빛을 발하게 되었다. 먼저 한신은 남몰래 알고 있었던 샛길을 통해 관중에 기습을 가했다. 유방이 잔도를 불사르고 그간 별다른 움직임을 보이지 않자 마음 놓고 있었던 장한은 한나라군에 패해 도망쳤고, 사마흔·동예는 항복했다. 한신은 순식간에 이들 삼진왕(三秦王)을 무찌르고 드넓은 관중을 정복한 것이다. 이어서 함곡관을 나와 동쪽으로 계속 진군하여 항우가 없는 틈을 타서 본거지인 팽성마저 함락시켰다. 천하의 제후들은 항우의 독선적인 성격을 싫어했고, 특히 의제(義帝)를 살해한 일에 분노하고 있었기 때문에 하나씩 한왕 유방에게로 모여들었다. 어느새 유방의 군대는 무려 56만에 이르게 되었다.

한왕이 동진을 개시하여 팽성을 함락한 이때 항우는 제나라 왕을 자처한 전영(田榮)을 무찌르기 위해 동쪽에 가 있었다. 팽성 함락 소식을 듣고 울컥한 항우는 3만 정병을 골라 팽성을 급습하여 수복하기로 했다. 동쪽에서 진격해 온 항우가 서쪽에서 한군을 들이치니 동쪽을 바라보고 있던 한군은 크게 패했다. 성동격서(聲東擊西)라는 고사성어는 이 팽성 전투에서 유래한 것이다.

유방이 대패했다는 소식이 들리자 위왕 표·사마흔·동예를 비롯한 여러 제후왕들이 한왕을 배반하고 다시 항우에게 귀순했다. 유방이 가까스로 살아나서 형양성에 들어가 버티는 사이에 한신은 팽성에서 패해 흩어진 한군을 모아 형양성에 있는 한왕에게 합류했다. 이어 한신이 초군을 크게 무찌르자 더 이상 초군은 서진할 수 없었다.

한숨 돌린 유방은 항우와의 정면대결이 어렵다고 판단했다. 한왕은 일단 수성으로 버티면서 곁가지(항우의 제후왕들)를 자른 후 줄기(항우)는 가장 나중에 베어버리는 전략을 택했다. 이를 위해 먼저 한신에게 3만의 군사를 주어 위나라를 공략케 하니 한신은 위왕 표가 방어하는 곳을 피해 위의 수도인 안읍(安邑)을 급습했다. 의표를 찔린 위왕 표는 깜짝 놀라 안읍으로 돌아와 한신과 싸웠다. 위왕 표 또한 나름 장재(將才)가 있는 인물이었지만 그의 움직임을 모두 예측하고 싸우는 한신의 적수가 될 수 없었다. 위왕 표를 사로잡은 후 한신은 한왕에게 글을 올려 다음과 같이 진언했다.

"위나라를 평정했지만 아직은 군사를 돌려 되돌아갈 때가 아닌 듯합니다. 제게 3만의 군사를 빌려주시면 대나라와 조나라를 평정한 뒤 연나라와 제나라마저 아울러 복속시키겠습니다. 이렇게 한나라의 동북을 평정한 후 남으로 내려가 초나라의 보급로를 끊어버리겠습니다. 보급로가 끊기면 초나라는 더 이상 서진할 수 없을 테니 한나라는 저절로 구원될 것입니다."

이에 한왕이 3만의 군사를 추가해서 한신이 거느리게 하니 한신은 도합 6만의 병력을 가지고 먼저 대나라의 수도인 평성을 공략했다. 대나라를 지키던 하열(夏說)이라는 장수는 평성이 한군 본대와는 1000리 길이 넘는 먼 곳이라 방심하고 있었다. 이에 한신이 계략을 써 평성마저 함락시키고 달아난 하열을 알여(閼與)라는 곳에서 목을 베니 대나라 또한 평정되었다. 한신이 기세를 이어 조나라로 향하려는데, 한왕 유방에게서 사신이 왔다. 초패왕 항우가 대군을 일으켜 한군을 공략하기 시작했으니 한신이 전군을 이끌고 달려와 위기를 구하라는 내용이었다. 한신의 입장에서 한왕 유방의 명령을 거역하기도 힘들었지만 한창 승세를 타고 있는 지금 조나라를 평정할 수 있는 기회를 잃는 것이 더욱 안타까웠다. 장수가 밖에 나와 있으면 왕명이라도 받들지 못하는 수가 있다는데 지금이 그러했다. 한신은 생각 끝에 가지고 있는 6만의 병력 중에서 정병 3만은 조참(曹參)에게 딸려 한왕을 구원케 하고 나머지 3만의 병력을 가지고 조나라를 치기로 결심했다.

당시 조나라는 헐(歇)이 왕이었고 성안군(成安君)이라 일컬어지는 진여(陳餘)가 실권을 휘두르고 있었다. 한신이 조나라로 쳐들어온다는 소식을 듣자 조왕 헐과 진여는 20만 대군을 모아 정형(井陘) 어귀에 진을 쳤다. 정형은 한군이 조나라를 치기 위해 반드시 지나야 하지만, 길이 매우 좁아 공격하기는 어렵고 지키기는 유리한 험지였다. 그때 진여에게는 광무군(廣武君) 이좌거(李左車)가 막빈으로

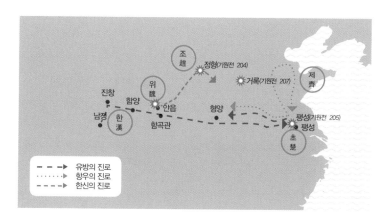

초한전쟁 당시 유방, 항우, 한신의 진로 표

✖ 초한전쟁 당시 유방, 항우, 한신의 진로

있으면서 진여를 위해 지혜를 내주고 있었다.

　이좌거가 진여에게 다음과 같이 말했다. "한신은 전혀 생각하지 못한 길을 택해 위왕 표를 포로로 잡았으며 알여에서는 하열을 목 베어 그 땅이 온통 피로 물들었다고 합니다. 그런 한군이 승세를 몰아 멀리까지 와서 싸우니 그 예기를 당해내기 힘듭니다. 그렇지만 1000리 밖에서 군량을 보급하면 병사들은 굶주림을 면하기 어렵다고 했습니다. 지금 정경으로 들어오는 길은 좁고 험하여 수레 두 대가 나란히 지나갈 수 없고 기마대도 열을 지어 나아갈 수가 없습니다. 수백 리에 이어졌을 그들의 행군로를 짐작컨대 그들의 군량미는 반드시 후미에 있을 것입니다. 제게 3만의 병력을 주시면 옆길로 돌아가 그들의 보급로를 차단하겠습니다. 성안군께서는 도랑을 깊이 파고 누벽을 높이 쌓으시며 결코 그들과 싸우지 마십시오. 그렇게 되면 한군은 앞으로 나아갈 수도 뒤로 물러날 수도 없을 겁니다. 그때 우리 기병들이 들판이나 주변에서 한군이 거둬들일 만한 식량을 모두 없앤다면 열흘이 안 되어 한신의 목을 얻을 수 있을 것입니다."

이 말을 들은 성안군 진여는 대군을 이끈 자가 진채에 틀어박혀 움츠리는 것은 마땅히 따를 계책이 아니라며 광무군 이좌거의 계책을 거절했다. 의로 이름 높은 유학자답게 진여가 내린 판단이었다. 그리고 한군이 그대로 정형로를 무사히 지나도록 내버려두었다.

첩자를 통해 성안군 진여가 광무군 이좌거의 헌책을 거절했음을 보고받은 한신은 기뻐하며 조나라 군대를 무찌를 계획을 수립했다. 먼저 경기병 2000명을 선발해 그들에게 한나라를 상징하는 붉은 깃발을 1개씩 주어 조나라 본채의 북쪽에 있는 산으로 몰래 들어가 숨어 있으라고 명했다. 그러다가 나중에 조나라 본채가 비면 기습하여 조나라 진영에 붉은 깃발을 세우라고 지시했다. 또한 따로 1만 명을 미리 선발대로 보내어 강을 등지고 진을 치게 했다. 이것이 바로 역사상 유명한 한신의 배수진(背水陣)이다. 이 선발대는 한신의 지시대로 조나라 진영 앞을 보란 듯이 당당히 지나갔지만 조나라는 애써 이들을 막지도 공격하지도 않았다. 진여는 대장군기가 없는 선발대를 섣불리 공격했을 경우 혹여나 한신의 본대가 겁을 먹고 도로 도망칠 것을 염려했기 때문이었다. 놀랍게도 진여의 이런 헤아림마저 한신의 예측을 벗어나질 못했다.

한신의 선발대 1만이 도강할 수 없는 깊이의 강을 등지고 진을 치자 조나라 장수들은 한신을 비웃었다. 그도 그럴 것이 병법에서는 산을 오른쪽이나 배후에 두고 강을 앞에 두라고 가르치고 있다. 또한 조급하게 물속에 있는 적을 공격하지 말고 적이 반쯤 강을 건넜을 때 공격하라고 했다. 반쯤 건넜을 때가 물러나기도 어렵고 앞으로 밀고 나오기도 어렵기 때문이다. 그래서 전쟁사에서는 도강뿐만이 아니라 상륙작전을 펼치는 적을 공격하는 장면이 심심찮게 나온다.

그렇지만 한신은 병가의 상식을 계속해서 무시하고 있었다. 첫째는 소수의 병력으로 다수의 적을 공격하는 것이요, 둘째는 행군 시 분산하고 전투 시 집중하라는 원칙을 어기고 있었다. 조나라로 들어오기 전에 한왕 유방의 명에 따라 정병 3만을 갈라 보낸 것은 아쉽지만 어쩔 수 없다 치더라도 정형 전투 직전에 선발대로 1만을 보내어 아군을 분리시킨 것이다. 그것도 모자라 셋째로 그들 선발대마저 물가를 등진 채 진을 치게 했으니 한신의 수하 장수들은 영문을 몰라 모두들 고개를 갸우뚱거렸다. 하지만 여태껏 불패신화를 달려온 한신을 믿고 의지할 수밖에 없었다.

마침내 한신이 남은 2만의 병력을 이끌고 조나라 군대의 진채 앞에 이르자 진여는 병력의 우세를 믿고 전군을 몰아 한군을 덮쳤다. 사실 병력·보급·사기·지세 등 모든 면에서 조나라 군대가 유리했기에 진여의 판단이 틀린 것은 아니었다. 다만 승리를 확신했기에 유사시에 본채를 지킬 만한 장수와 충분한 수비 병력을 남기지 않은 것은 진여의 천려일실(千慮一失)이었다. 단지 소수의 약하고 늙은 병사들로 진채를 지키게 했을 뿐이니 사실상 텅 비운 셈이었다.

한낮의 넓은 들판에서 2만 대 20만 명의 싸움은 안 봐도 뻔한 결과였다. 한군은 조군에게 밀릴 수밖에 없었다. 패주하게 된 2만 명의 한군은 한신의 지시에 따라 앞서 보낸 1만 명의 선발대가 있는 곳으로 도망쳤다. 강을 등진 채로 진을 치고 대기하고 있던 한군은 얼른 진문을 열어 도망쳐 들어온 한군을 맞아들였다. 곧이어 20만 조군이 3만 한군을 완전히 포위했다. 선발대로 미리 와서 대기하고 있던 한군이나 도망쳐 진문으로 쫓겨 들어온 한군이나 이런 상황을 대비해 한신이 뭔가 뾰족한 대책이 있을 줄 알았는데 그렇지 않았다. 다만 이제 사방이 포위됐으니 죽기로 싸울 수밖에 없다는 대장군 한신의 외침뿐이었다. 한군은 아연실색했지만 이미 빠져나갈 구멍이 없다는 것을 알고 이왕 죽을 바에야 힘껏 싸우다 죽겠다고 결의를 다졌다. 이렇게 되니 조군이 아무리 숫자가 많다 해도 쉽사리 그런 한군을 몰살시킬 수 없었다.

그렇다 하더라도 그대로 시간이 흘렀으면 포위망 안의 한군은 결국 전멸했을 것이다. 하지만 변화는 조나라군 본채에서 일어났다. 한신이 미리 조나라 진채 북쪽에 숨겨둔 경기병 2000이 텅 빈 조나라 진채를 급습하고 한나라 깃발 2000개를 꽂은 것이다. 이를 지커본 조나라 대군은 일순간에 혼란에 휩싸이기 시작했다. 강가에서 격렬히 저항하는 한군과 싸우는 중에 자신들의 본거지인 진채가 적에게 점령된 것을 본 것이다. 그들은 조나라 본채에 꽂힌 한나라의 붉은 깃발을 보고 또 다른 한나라의 대군이 이른 줄로만 알았다.

이에 20만 조군이 크게 놀라 어지러워져 달아나기 시작했다. 조나라 장수들이 그런 병사들을 베며 막았지만 소용없었다. 여기에 그때까지 강가에서 격렬히 저항하던 한군의 공격이 더해지고 조나라 본채 안의 2000 기병마저 진채를 나와 조군을 공격하니 대세는 완전히 한군에게로 기울어졌다. 한신은 철저한 추격전을 펼쳐 성안군 진여를 저수(泜水)까지 쫓아가 목을 베었다. 조왕 헐은 목을 베었다는 기록도 있고 포로로 했다는 기록도 있다.

여러 장수들이 모여 승전을 축하하면서 한신에게 강을 배후에 두고도 승리한 비결을 물었다. 한신이 대답했다. "그대들이 병법을 읽고도 깨닫지 못했을 뿐이지 이것 또한 병법에 나와 있는 내용이오. 병법에 '군대란 죽을 곳으로 던져져야 비로소 보존하는 방법을 깨닫게 되고, 하나도 살아남지 못할 땅에 빠져야 살 수 있는 방법을 찾게 된다'고 했소. 더군다나 나는 사대부들을 끌고 싸운 게 아니라 평소에 아무 훈련도 되지 않은 저잣거리의 사람들을 끌고 싸운 것이오. 그들에게 살아 나갈 수 있는 땅이 있다면 그들은 도망칠 궁리나 했을 테니 어찌 적과 싸워 이길 수 있었겠소?" 이에 장수들이 무릎을 치며 탄복했다. 이로써 한신은 위나라와 대나라에 이어

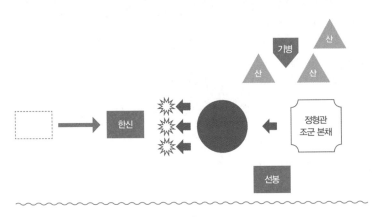

강

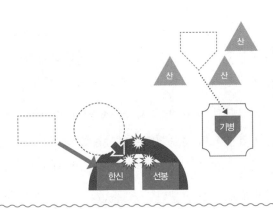

강

한신은 2000 기병을 조군 본채 북쪽의 산으로 보내 매복시켰고, 선봉 1만을 보내 조군 진채 근처의 강에 배수진을 치게 했다. 한신이 2만 본대를 이끌고 조군 본채 앞에 이르자, 진여는 한신과 대적하기 위해 20만 조군을 이끌고 진채를 나서며 한군 본대를 공격했다. 한군은 미리 한신이 계획한 대로 배수진을 친 곳으로 도주했고, 조군은 한군을 뒤쫓아 3만의 한군을 포위했다. 더 이상 도망갈 곳이 없어진 한군은 죽기로 싸우고, 북쪽에 매복한 한군 기병 2000이 텅 빈 조군의 진채를 급습하고 붉은색 깃발을 꽂았다. 진채를 점령한 한군 기병도 함께 조군을 공격하여 조군이 궤멸당했다.

조나라를 평정했고, 얼마 안 있어 연나라 또한 한신의 위명에 겁을 먹고 한신에게 항복하게 된다.

훗날 한신은 항우의 제일가는 명장인 용저(龍且)를 상대로 유수 전투에서 정형 전투에 못지않은 승리를 거두게 된다. 하지만 이 정형 전투야말로 한신의 군사적 천재성을 가장 잘 드러내는 전투임에 분명하다. 세계 역사를 통틀어서 이토록 어려운 최악의 조건 속에서 결정적이고 확실한 승리를 낚은 예는 찾을 수 없을 것이다. 즉, 3만 명의 훈련도 사기도 엉망이었던 시정잡배의 무리를 이끌고 적지 깊숙이 들어가 진채에서 편히 지키고 있던 20만 명이나 되는 정예군을 무찔렀던 것이다. 더군다나 진여와 조왕 헐의 목을 벨 때까지 철저한 추격전을 벌여 적을 말살시킴으로써 적이 재기할 틈도 주지 않고 승리를 완벽하게 굳히는 솜씨까지 보였다.

영국의 저명한 군사이론가인 리델 하트는 스피키오 아프리카누스의 일리파 전투야말로 '역사상 다시 발견할 수 없을 만큼 시작부터 추격전까지 완벽했던 전투'라고 말했다. 그렇지만 정형 전투와 일리파 전투를 비교컨대 당시 한신은 분명 스키피오보다 훨씬 악조건에 처해 있었다. 히스파니아에 있는 한니발의 본거지를 소탕하는 과정에서 벌어진 일리파 전투에서 스키피오는 그나마 고도로 훈련된 상당수의 로마군단을 지휘했다. 병력수도 로마군 5만 명 대 카르타고군 7만 명으로 한신만큼 압도적 열세였던 것도 아니었다.

재미있는 사실은 한신과 스키피오가 그때껏 알려진 세계의 정반대편에서 동시대를 살고 있었다는 점이다. 스키피오의 일리파 전투가 기원전 206년에 있었고, 그 2년 뒤인 기원전 204년에 한신의 최고 걸작 정형 전투가 일어났다. 우연스럽게도 제2차 포에니전쟁을 마무리 지은 스키피오의 자마 전투와 초한전쟁을 끝낸 한신의 해하 전투가 동일한 기원전 202년 10월에 있었던 것도 재미있는 사실이다.

제6장

자마 전투―역사상 가장 멋진 명승부

역사상 대부분의 전투는 평범한 능력을 가진 장군 사이에서였거나, 한쪽이 명장이라도 다른 한쪽이 그렇지 못했던 경우였다. 그러나 간혹 있었던 내로라하는 명장끼리의 전투는 후대에 전쟁사를 읽는 이의 손에 땀을 쥐게 한다.

　역사상 명장들의 전투를 나열해본다면, 삼국시대 제갈량(諸葛亮, 181~234)과 사마의(司馬懿, 179~251)의 오장원 전투, 티무르와 오스만제국의 술탄 바예지드 1세(Bayezid I, 1360~1403)의 앙카라 전투, 30년전쟁 당시 발렌슈타인(Albrecht von Wallenstein, 1583~1634)과 구스타프 아돌프의 뤼첸 전투, 나폴레옹과 웰링턴의 워털루 전투 등이 있다. 이들의 명승부를 살필진대, 패배한 쪽에서 보면 자신 못지않은 적장을 만난 것이 불운이었다.

밀리터리 마니아들이 그 결과를 가장 궁금해하는 미완의 대결은 아마도 티무르의 명나라 원정일 것이다. 1404년 티무르는 칭기즈칸의 세계제국 건설을 표어로 내세우며 몽골의 원수를 갚고 중국 전체를 이슬람화하겠다고 공언했다. 그는 이어서 보병 10만, 기병 10만의 병력을 이끌고 70살이 넘는 늙은 몸으로 중국 원정을 떠났다. 그때의 명나라 황제가 명제국의 전성기를 이끈 영락제(永樂帝, 1360~1424)다. 이 둘의 대결이 성사됐다면 규모와 강도 면에서 그때까지의 역사상 가장 스펙터클한 명승부로 기록되었을 것이다. 그러나 티무르가 명나라의 영토로 들어가기 전에 오트라르에서 병사하면서 이 세기의 대결은 무위로 그치게 되었다.

티무르와 영락제의 대결이 이뤄지지 않은 이상 실존했던 가장 멋진 명승부로 회자되는 것은 단연 자마 전투다. 제2차 포에니전쟁을 종결한 자마 전투는 희대의 전술가인 카르타고의 한니발과 로마의 스키피오가 벌였다. 두 사령관이 전개했던 뛰어난 전술뿐만 아니라 그 후 지중해 세계의 주인을 사실상 결정했다는 점에서도 매우 중요하다고 하겠다.

4장에서 다룬 칸나에 전투(기원전 216)에서 로마가 남부 이탈리아에 고립된 한니발을 남겨두고 히스파니아에 이어 카르타고 본국을 공략해낸 이가 스키피오라고 했다. 4장에서 언급했지만 한니발이 로마의 집정관이었던 부친을 무찌른 티치노 전투, 트레비아 전투에서 살아남았으며, 대학살이 벌어진 칸나에 전투에서도 무사히 도망쳐 나올 수 있었던 18세의 소년이 있었다. 그 소년의 이름은 푸블리우스 코르넬리우스 스키피오. 칸나에 전투로부터 14년 뒤 벌어진 자마 전투에서 한니발을 무찌름으로써 로마 원로원으로부터 '아프리카누스(Africanus)'라는 존칭을 받게 되는 로마 구국의 영웅 스키피오 아프리카누스다. 로마 유수의 명문가에서 태어난 스키피오는 칸나에 전투에서 전사한 집정관 아이밀리우스 파울루스의 사위이며 많은 이가 그 이름을 기억할 호민관 그라쿠스(Gracchus) 형제의 외할아버지이기도 하다.

훗날 『로마제국 쇠망사(The History of the Decline and Fall of the Roman Empire)』를 쓴 영국의 에드워드 기번(Edward Gibbon)은 "로마제국은 하나님이 건국한 나라다"라고 말했다. 이 말이 맞다면 스키피오 아프리카누스야말로 위기에 처한 로마를 구하기 위해 하늘이 내려보낸 인물일 것이다. 기원전 753년 로마 건국에서부터 기원후 1453년 동로마제국의 멸망에 이르기까지 2000년간 가장 위대한 로마의 장군 셋을 들라면 스키피오, 율리우스 카이사르, 벨리사리우스를 꼽을 수 있다. 비록 스키피오가 카이사르보다 지명도는 낮지만 로마가 가장 어려울 때 등장하여 가장 어려웠던 적을 무찔렀으니 실질적인 업적에서는 오히려 카이사르와 벨리사리우스를 앞선다고 할 수 있다.

제2차 포에니전쟁은 한니발이 피레네산맥을 넘어 이탈리아를 침공한 기원전 218년부터 자마 전투가 끝나는 기원전 202년까지 16년간이다. 앞서의 8년간은 한니발이 대국을 주도하다가, 나중의 8년간은 힘을 추스른 로마가 공세로 전환하면서 흐름을 주도하는 형국이었다.

기원전 216년 칸나에 전투에서 승리한 한니발은 로마 연합의 해체를 기대하며 시간을 보냈지만 기대하던 로마 동맹국들의 이탈이 생각만큼 일어나지 않았다. 로마에는 '굼뜬 이'라는 별칭을 가진 파비우스가 다시 등장하여 지연 전략을 펼쳤고 이번에는 로마인들도 그를 이해하고 지지했다. 어쩔 수 없이 한니발은 이탈리아반도 남부에서 6년 동안 하릴없이 묶여 있었다. 그동안 대립과 질투로 점철되어 힘을 결집시키지 못한 카르타고 지도부와는 달리, 로마 지도부는 이해와 아량으로 힘을 합쳐갔다.

마침내 기원전 210년부터 로마는 공세로 전환했다. '이탈리아의 칼'이라는 공격형 장군인 마르켈루스(Marcellus, 기원전 268~기원전 208)로 하여금 한니발을 공략하게 했고, 한편으로는 스키피오가 한니발의 본거지인 히스파니아를 공략했다. 당시 히스파니아는 바르카 가문의 본거지로 한니발의 동생인 하스드루발과 마고가 대군을 이끌고 머무르고 있었다. 여기에 뛰어들겠다는 것은 너무나 위험하고 어려운 일이어서 누구도 히스파니아 파병 사령관으로 지원하지 않고 있었다. 하지만 스키피오가 히스파니아에서 전사한 아버지와 삼촌의 원수를 갚기 위해서 자원하고 나선 것이다.

　이번 장에서는 스키피오가 대승을 거둔 두 승리를 중심으로 제2차 포에니전쟁의 후반에 해당하는 8년간의 흐름을 살펴볼 것이다. 두 개의 승리란 일리파(Ilipa) 전투(기원전 206)와 자마 전투(기원전 202)다. 전자는 히스파니아를 완전히 평정하게 된 전투이며, 후자는 북아프리카를 완전히 평정한 전투라고 할 수 있다. 세인들에게 더 유명한 것은 자마 전투이지만, 규모 면에서 가장 큰 승리는 일리파 전투다. 이 장의 주제인 자마 전투를 설명하기에 앞서, 단지 몇 줄의 언급으로 지나치기에는 아까운 전술적으로 매우 정교하고 화려했던 일리파 전투를 함께 서술해야 한다. 일리파 전투는 리델 하트가 역사상 가장 완벽했던 승리로 꼽은 전투이기도 하다.

　히스파니아 전선을 담당하던 집정관 스키피오 형제(스피키오 아프리카누스의 아버지와 숙부)가 기원전 211년 카르타고군과의 전투에서 전사하자 히스파니아에서의 로마 세력은 에브로강 북쪽으로 밀려나게 되었다. 이에 아들인 스키피오(훗날의 아프리카누스)가 사령관의 자격으로 히스파니아 전선에 자신을 파견해달라고 로마 원로원에 요청했다. 당시 스키피오는 불과 25세였으니 로마군을 지휘할 수 있는 집정관이나 법무관의 자격 연령인 40세에 한참 미달이었다. 하지만 뜻밖에도 로마 원로원은 이번만큼은 그런 규정을 어기고 스키피오의 청을 허락했다. 여기에는 스키피오와 동등한 권력을 가진 실

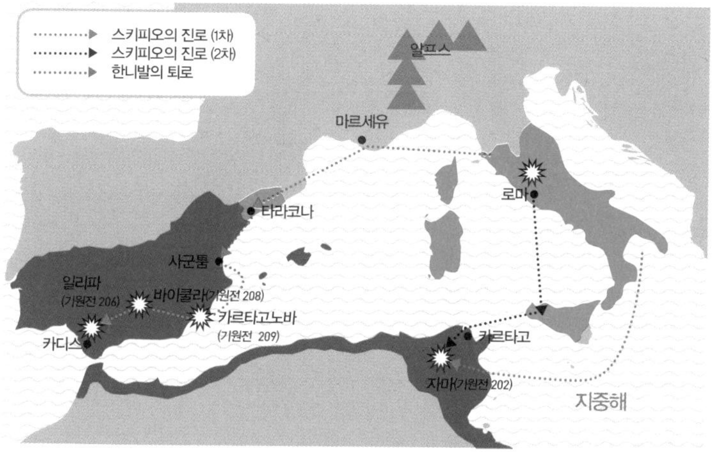

✖ 제2차 포에니전쟁 당시 스키피오의 진군

레누스라는 감독관을 딸려서 실레누스가 스키피오를 보좌한다는 단서를 달기는 했지만 말이다.

스키피오가 생소한 히스파니아 전선에 자원한 것은 전사한 부친의 원수를 갚기 위해서일 수도 있고, 아니면 적의 본거지 공략을 좋아하는 그의 성향 때문일 수도 있다. 그는 우선 1만여 명의 병사들을 배에 태우고 히스파니아 북동부 해안에 있는 엠포리움에 도착했다. 거기서부터 육로로 남하하여 에브로강 북쪽 타라고나(Tarragona)에 주둔한 로마군과 세력을 합쳐 4개 군단, 약 3만의 병력을 보유할 수 있었다.

당시 히스파니아의 카르타고군은 3개의 군으로 분산되어 있었다. 하지만 언제라도 합류할 수 있도록 각 군은 10일의 행군 거리에 있었다. 1군은 지브롤터해협 근처에, 2군은 리스본 근처의 타구스강 근처에, 3군은 마드리드 근처에 주둔 중이었다. 스키피오는 그들을 각개 격파하기 전에 먼저 한니발의 아성이라 할 수 있는 카르타헤나를 급습하기로 했다.

스키피오는 타라고나에서 카르타헤나까지 480킬로미터의 거리를 일주일 만에 주파하여 포위했다. 카르타헤나는 남쪽으로 튀어나온 바위투성이의 곶 위에 건설된 천연의 요새다. 동쪽과 남쪽은 바다고 서쪽은 석호이며 북쪽만이 육지로 연결되어 있었기에 수비군은 북쪽만을 신경 쓰고 있었다. 카르타고 측에서는 로마군이 설마 여기까지 침입할까 생각했기에 정규군 1000명을 포함한 4000명의 수비군이 지키고 있을 뿐이었다.

병법에서 적의 뜻하지 않는 곳으로 나아간다고 했다. 북쪽으로의 정면 공격이 어려웠기 때문에 스키피오는 서쪽의 개펄 지역을 통해 성을 공략하기로 했다. 미리 주변의 주민들을 통해 간조 때에는 그곳을 걸어서 지날 수 있을 만큼 수심이 얕다는 정보를 입수했기 때문이다. 먼저 북쪽에서 양공 작전을 실시해 수비군의 주의를 끄는 사이에 서쪽에서 스키피오의 기습부대가 사다리를 걸치고 성벽을 기어오름으로써 이 난공불락의 성은 단숨에 함락되었다.

카르타헤나를 함락시킨 이듬해인 기원전 208년에 스키피오는 3개 군으로 분산되어 있는 카르타고군을 각개 격파하러 나섰다.

스키피오는 우선 바이쿨라(Baecula) 전투(기원전 208)에서 한니발의 첫째 동생인 하스드루발을 크게 무찔렀다. 패한 하스드루발은 잔여 세력을 이끌고 이탈리아에 있는 한니발에 합류하기 위해 피레네 산맥을 넘어갔다. 그렇게 어이없이 하스드루발을 놓쳐버린 것에 대해 스키피오를 비난하는 입장과 옹호하는 입장이 분분하다. 당대의 지구전을 고집한 파비우스나 후세의 많은 역사학자들이 추격전을 펼치지 않은 것에 대해 스키피오를 비난한다. 반면에 폴리비오스와 리델 하트는 마고와 시스코네의 2개 군이 건재한 이상 스키피오가 섣부른 추격전을 펼쳤더라면 이들에게 협공당했을 것이기 때문에 추격을 단념하는 게 옳았다고 주장한다.

　이제 히스파니아에 남은 카르타고 세력은 사령관인 시스코네와 한니발의 막내 동생인 마고가 이끌었다. 이들은 보병 7만, 기병 4000, 코끼리 32마리로 구성된 총병력 7만4000을 모아 일리파(지금의 세비야 근처)에 진을 쳤다. 스키피오도 이를 무찌르기 위해 4만5000의 보병과 3000의 기병을 이끌고 일리파로 향했다. 병력은 카르타고군이 1.5배 정도였음을 알 수 있다.

　일리파 전투는 양군이 진채 밖으로 나와 포진한 뒤 서로 상대의 공격을 유도하면서 진행되었다. 이때의 카르타고군 포진을 살펴보면 중앙에 정예인 아프리카 보병을 배치하고 그 좌우에 비정예인 히스파니아 보병을 배치했다. 코끼리는 16마리씩 나눠 좌우익 끝에 배치했으며 기병은 히스파니아 보병 뒤에 배치했다. 로마군의 포진을 살펴보면 중앙에 정예인 로마군단을 배치하고 그 좌우에 비정예인 히스파니아 보병을 배치했으며 기병은 히스파니아 보병 뒤에 배치했다. 양군은 중앙에 정예 병력을 배치하고, 그 좌우에 비정예인 히스파니아 보병을 배치했으며 히스파니아 보병 뒤에 기병을 배치한 점에서 똑같다.

처음에는 어느 쪽도 선뜻 공격을 시도하지 않았다. 매일 날이 새면 진채를 나와서 포진한 뒤 날이 지면 다시 진채로 들어가는 일의 반복이었다. 적이 튼튼한 진을 구축한 이상 먼저 공격하는 측이 불리하다고 인식했기 때문이다. 카르타고군 사령관인 시스코네와 마고는 현 상황을 타개하기 위한 별다른 묘안을 생각해내지 못하고 대군을 이끈 채로 시간만 보내고 말았다.

대군을 거느린 카르타고 쪽에서 승부수를 날리기 전에 먼저 공격을 시작한 쪽은 스키피오였다. 로마군과 카르타고군이 같은 포진을 계속하는 사이, 시스코네와 마고는 다음 날도 같은 포진이 이뤄질 것이며, 전투가 개시된다면 그러한 포진대로 시작될 것이라고 믿었다. 그런데 스키피오는 카르타고군이 바로 그렇게 생각하기를 바라면서 며칠 새 같은 포진을 계속해온 것이었다.

어느 정도 시간이 흘러 스키피오는 카르타고군의 포진이 변화에 대한 대처능력이 현격하게 떨어졌다고 판단했다. 스키피오는 어느 날 저녁, 해가 뜨기 전에 서둘러서 아침 식사와 무장을 끝내도록 지시했다. 그리고 새벽이 되자 경기병 및 경보병으로 카르타고 진채를 급습하게 했다. 시스코네는 소스라치게 놀라 전군에게 즉시 무장한 채로 포진할 것을 명령했다. 이로 인해 카르타고군은 아침 식사도 못한 채 공복의 상태로 그날의 전투에 임했는데, 이미 든든히 아침 식사를 한 로마군보다 체력적으로 불리하게 되었다.

그런데 여느 때처럼 진채 밖으로 나와 통상적으로 포진한 카르타고군은 로마군의 배치를 보고 이전과 다르다는 것을 발견했다. 전에는 중앙에 강력한 로마군이 있었고 양옆에 약체인 히스파니아군이 있었다. 그런데 이번에는 스키피오가 중앙에 히스파니아군을 배치하고 그 좌우에 로마군을 나눠 배치한 것이었다. 그렇다고 시스코네가 카르타고군에게 그에 따른 조치를 취할 겨를도 없었다. 만약 카르타고군이 진형의 변화를 시도한다면 그 틈에 로마군에게 공격당할 우려가 컸기 때문이었다.

마침내 스키피오는 전군에게 전투 개시를 지시했는데 로마군의 공격대형이 주목할 만했다. 가운데에 위치한 로마의 히스파니아군은 매우 느리게 천천히 걸어가는 사이에 양익에 위치한 강력한 로마군이 먼저 공격을 가했다. 이때 로마군 중무장보병은 카르타고군의 양 날개에 위치한 히스파니아군에 정면으로 돌격하여 맞부딪치지 않고 바깥으로 사선(斜線) 대형을 이루며 비스듬히 진격하기 시작했다. 그 뒤 90도 각도를 안쪽으로 틀어 또다시 사선 대형을 이루며 카르타고의 히스파니아군을 대각선 방향으로 공격해 들어갔다. 이 경우 공격을 받는 쪽은 한 사람이 거의 두 명을 상대해야 하기 때문에 불리하기 짝이 없다.

한편 이와 동시에 로마군 중무장보병 뒤에 위치한 로마기병과 경보병 또한 사선 대형으로 이동한 후, 적의 측면인 바깥쪽을 돌면서 카르타고군의 코끼리 떼를 먼저 활과 투창으로 공격했다. 코끼리 떼는 당연히 화살과 투창이 날아오지 않는 쪽으로 달아나기 시작했다. 하필 코끼리들이 달아난 곳이 카르타고군 기병대 쪽이어서 카르타고군의 기병대는 일대 혼란에 빠졌다. 코끼리가 아군에게 재앙으로 변할 수 있음이 다시 드러난 장면이다. 이때를 놓치지 않고 로마 기병대가 카르타고의 누미디아 기병대를 공격하여 무력화시켰다. 그때는 카르타고의 누미디아 기병이 보병 뒤에 위치했기 때문에 말들이 움직일 공간이 확보가 안 되어 용맹하기로 소문난 누미디아 기병도 맘껏 힘을 쓸 수가 없었다.

다시 살펴보면 스키피오가 로마군 중장보병의 사선 진형, 그리고 기병과 경보병의 사선 진형이라는 이중사선 대형을 사용하여 좌우에서 완전한 우위를 점하게 된 것을 알 수 있다. 이 장면을 가리켜 리델 하트는 스키피오가 보여준 사선 진법은 훗날 프리드리히 대왕이 로이텐 전투(1757)에서 보여줬던 사선 진법과 비교가 되지 않는다고 극찬했다. 그렇게 좌우에서 강력한 로마군이 카르타고의 약체인 히스파니아군을 무찔러가는 사이, 중앙에 있던 카르타고의 강력한 아프리카 보병은 정면에 위치한 로마의 약체인 히스파니아 보병 때문에 어떠한 움직임도 함부로 취할 수 없어 무기력하게 제자리를 지킬 뿐이었다.

이윽고 양익에 위치한 카르타고의 히스파니아군이 버티지 못하고 도주하기 시작했다. 그러자 로마군의 중장보병과 중앙에 대기하고 있던 히스파니아 보병이 카르타고군 중앙의 아프리카 보병에게 3면으로 공격하며 포위를 시도했다. 이로써 카르타고의 정예인 아프리카 부대는 어이없게도 전투다운 전투도 못 해보고 도주하기 시작했다. 이때부터는 전투가 아니라 일방적인 학살이었다. 스키피오는 전례 없는 철저한 추격전을 벌였는데 갑자기 폭우가 쏟아지면서 추격을 단념할 수밖에 없었다. 그러나 일리파 전투에서 7만 4000명의 카르타고군 가운데 폭우의 도움을 받아 탈출에 성공할 수 있었던 것은 단 6000명뿐이었다. 스키피오는 칸나에 전투에서 로마가 한니발에게 당한 만큼 완벽한 앙갚음을 한 셈이다.

일리파 전투에서의 스키피오의 전술을 요약해서 정리해보면 다음과 같다. 첫째, 먼저 아군의 비주력으로 적의 주력을 묶어두는 사이에 아군의 주력으로 적의 비주력을 공격하는 효율적·경제적인 병력 운용을 보여줬다. 둘째, 훗날 프리드리히 2세의 로이텐 전투조차도 무색하게 만드는 사선 대형 공격을 이중으로, 그것도 한쪽이 아닌 양쪽에서 멋지게 성공시키는 뛰어난 지휘력을 보여줬다. 셋째로 전투의 승리에 만족하지 않고 끝까지 적을 쫓아 승리의 결과를 극대화시키는 추격전을 보여줬다는 점이다. 스키피오의 추격전은 알렉산드로스 대왕이 어설프게 추격전을 펼친 것이나 한니발이

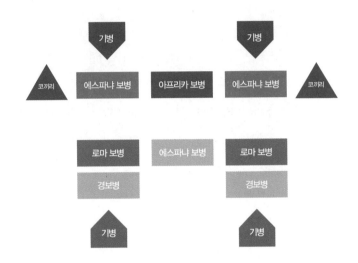

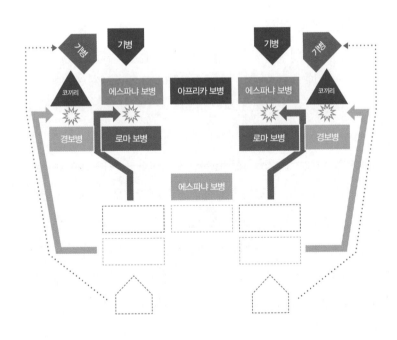

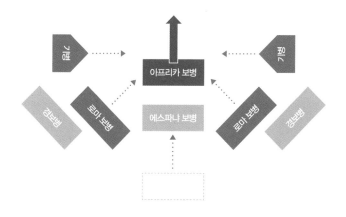

✱ 일리파 전투

아예 추격전이라는 개념을 몰랐던 것과는 차원이 다르다고 할 수 있다.

　　리델 하트는 일리파 전투를 가리켜 다음과 같이 말했다. "전쟁사를 통틀어 이 전투를 능가하는 지휘력을 찾아보기는 힘들다. 열세의 병력으로 우세한 병력을 무찔러서 이처럼 완벽한 승리를 거둔 예는 정말로 드물다. 이것은 '기습'과 '집중'의 원칙을 철저히 적용한 결과다."

　　일리파 전투의 패배로 히스파니아에서 카르타고의 세력은 완전히 일소되었다. 시스코네와 마고는 카디스로 도주했다. 거기서 지브롤터해협을 거쳐 아프리카 본국으로 도망칠 수밖에 없었다. 하밀카르 바르카의 이주부터 30여 년간 공들여 카르타고화시킨 거대한 식민지 히스파니아가 일리파 전투의 결과 최종적으로 로마에게 넘어간 것이다.

스키피오는 4년 만에 로마로 귀국했고 로마는 연이은 승리로 흥분의 도가니에 빠졌다. 히스파니아 정복으로 얻은 명성과 인기를 바탕으로 스키피오는 집정관에 출마하여 선출되었다. 공화국 시절 로마 최고의 관직인 집정관과 그 다음가는 관직인 법무관은 원래는 40세가 되어야 간신히 출마 자격을 얻을 수 있다. 불과 30세에 불과한 스키피오가 출마하여 당선될 정도로 원로원이나 시민들이 이때만큼은 스키피오에게 특례를 인정하며 지지해줬다.

로마에 머물던 스키피오는 원로원에 출석하여 이탈리아 남부에 머무르는 한니발을 직접 공략하는 대신 바다 건너 카르타고 본국을 공략하자고 연설했다. 이렇게 한다면 카르타고 본국으로부터 한니발에 대한 지원을 끊을 수 있는 동시에, 한니발을 이탈리아에서 카르타고 본국으로 물러나게 하는 간접적인 효과를 볼 수 있다고 여긴 것이다. 원래부터 스키피오와 사이가 안 좋았던 지구전주의자 파비우스는 이를 반대했다. 그런데 파비우스가 속이 좁거나 스키피오를 시샘해서 반대한 것은 아니라고 할 수 있을 만큼 스키피오의 제안에 반대할 만한 이유는 충분히 있었다. 파비우스가 반대한 이유는 다음과 같다.

첫째, 로마가 장악한 지중해 건너편에 있는 카르타고 본국보다는 이탈리아에 있는 한니발이 더 위협적인 존재이므로 한니발을 우선 격파해야 한다. 둘째로 제1차 포에니전쟁에서 로마의 레굴루스(Regulus)가 카르타고 본국을 침략했다가 카르타고가 용병으로 고용한 스파르타의 크산티포스에게 대패한 전례가 있다. 셋째, 카르타고 본국을 직접 공략한다고 하더라도 반드시 한니발이 아프리카로 귀환한다는 보장도 없다. 넷째, 스키피오의 생각대로 한니발이 아프리카로 건너간다 하더라도 한니발은 그때부터 본국으로부터 확실한 보급을 받으며 싸울 수 있을 것이다. 이는 파비우스의 주장대로 자신의 힘은 절반으로 줄고 적의 힘은 엄청 보강된 채로 싸우는 격이다. 마지막으로 이제껏 집정관의 임지로 아프리카는 할당된적이 없다. 스키피오가 아프리카를 자신의 임지로 달라는 것은 원로원을 완전히 무시하는 일이며 공화정의 취지에 어긋나는 일이다.

스키피오에 찬성하는 자들과 반대하는 자들이 거의 반반이었다. 결국 양쪽을 반쪽씩 만족시키는 방안으로 스키피오의 임지는 카르타고 본국의 코앞에 있는 시칠리아섬으로 정해졌다. 필요하다면 아프리카로 건너가는 권한도 위임되었지만 그것도 로마와 원로원의 이익에 부합될 경우에만 허용된다는 단서와 함께였다.

스키피오는 전례 없었던 특례를 여러 차례 자신에게 요구하면서 보수적인 원로원과의 알력이 생겨나고 있었다. 당장은 급한 불을 꺼야 하기 때문에 스키피오의 요구가 받아들여지곤 했다. 그렇더라도 연로한 원로원들의 눈에 스키피오가 곱게 보일 리가 없었다. 훗날 스키피오는 '아프리카누스'란 칭호를 원로원으로부터 받게 된다. 하지만 결국 원로원 의원 카토의 탄핵을 받아 말년을 불행하게 보내게 된 근원을 찾아보면 연공과 서열을 중시하는 원로원에게 미운털이 박혔던 스키피오 자신에 기인한다 할 것이다.

　　스키피오가 히스파니아에서 세운 무공이 전대미문의 엄청난 것은 사실이지만 당시 원로원은 스키피오의 아프리카 침공계획을 그다지 미더워하지 않을뿐더러 지지하지 않고 있었다. 그래서인지 스키피오에게는 본토에서 로마군을 편성하여 시칠리아섬으로 데려갈 권한은 없이, 시칠리아 주둔군과 지원병만 지휘할 수 있는 권한만 부여되었다. 그래도 스키피오의 능력과 행운을 믿는 수많은 자원자가 모여들었다. 스키피오는 그렇게 모인 2만6000명의 병력을 이끌고 아프리카에 상륙했다. 사실 그 정도 병력으로는 카르타고 본국을 제압하기에도, 스키피오를 뒤따라 귀국할 것으로 예상되는 한니발을 무찌르기에도 부족했다. 스키피오에게는 동맹군, 특히 이전부터 항상 부족했던 기병이 절실히 필요했다. 군사뿐만 아니라 외교에도 능란했던 스키피오의 동맹 제의에 응한 자가 누미디아의 왕인 마시니사(Masinissa, 기원전 238~기원전 148)다.

　　지금의 알제리 지역에 해당하는 누미디아 왕국은 당시 서부와 동부로 나눠져 있었다. 서부는 시팍스가, 동부는 마시니사의 아버지가 다스리고 있었다. 당시 누미디아의 여러 부족 또한 그때그때의 흐름에 따라 로마와 카르타고에 협력했다.

누미디아 마실리족의 왕자였던 마시니사는 초기에는 카르타고를 위해 싸웠다. 그는 베티스 전투에서 스키피오의 아버지와 숙부를 무찔러서 전사시켰으며, 바이쿨라 전투와 일리파 전투에서도 스키피오에 대항해 싸운 이력이 있었다. 스키피오는 아버지와 자신에게 원수와도 같았던 마시니사에게 손을 뻗쳐 동맹을 성공시킬 정도로 냉철한 외교술을 선보인 것이다. 마시니사 또한 당시 연이은 카르타고의 패배에 맞닥뜨려 카르타고에게서 더 이상 희망을 보지 못하고 있었다. 그러던 차에 그가 결정적으로 로마와 동맹을 맺도록 결심하게 만드는 일이 일어났다.

원래 마시니사는 일리파 전투에서 스키피오에게 패했던 시스코네의 딸과 결혼하기로 되어 있었다. 하지만 시스코네가 자신의 딸을 시팍스 왕에게 시집보내니 자연스레 시팍스는 카르타고와 동맹을 맺었다. 이어 시팍스는 동부 누미디아 왕국을 침략하여 마시니사를 쫓아내고 누미디아 전체의 주인이 되었다. 이로써 신부와 왕국을 모두 시팍스 왕에게 잃어버린 마시니사는 절치부심하며 잔존 세력을 이끌고 스키피오에게 합류해 왔던 것이다.

카르타고의 시스코네와 누미디아의 시팍스가 로마에 대항하는 연합군을 형성했지만 스키피오는 수적으로 훨씬 우세했던 이들 연합군을 우티카 인근에서 대파했다. 이어 마시니사와 라일리우스로 하여금 달아난 시팍스를 끝까지 추격하게 하여 마침내 그를 포로로 만들었다. 그 뒤 스키피오가 누미디아의 왕위를 마시니사에게 돌려주니 스키피오는 이제 뛰어난 기병대를 포함한 풍부한 물적·인적 자원을 가진 누미디아 왕국을 동맹국으로 삼을 수 있었다.

한편 카르타고 정부는 우티카 인근에서의 완패로 스키피오에게 굴복을 각오했다. 그리고 강화협상을 위해 카르타고 원로원 의원 30여 명을 사절로 스키피오에게 보냈다. 패배한 적에게까지도 온건한 관용을 베푸는 자세가 평생 몸에 배어 있었던 스키피오 또한 이를 승낙했다. 스키피오가 제시한 평화의 조건은 5000달란트를 배상할 것, 마시니사가 누미디아의 왕임을 승인할 것, 이미 로마가 점령한 영토에 대한 카르타고의 추인, 아프리카 이외의 지역에서 카르타고군의 철수 등이었다. 이들 대다수의 조항이 사실상 기존 상태의 추인에 지나지 않은 것이므로 카르타고에게 불리할 것도 없었다. 처음에는 양측의 협상이 순조롭게 진행되었다. 카르타고 정부는 이탈리아 남부에 있는 한니발과 형을 돕기 위해 원군을 이끌고 제노바 근처에 있던 한니발의 동생 마고에게 귀국하라고 명령했다.

한니발이 선선히 본국 정부의 명령에 군말 없이 따른 이유를 추측하자면, 한니발은 그 시점에서 이미 전의를 상실했을 듯하다. 이탈리아 남부에 고립된 그는 로마와의 끊임없는 전투로 인해 보유한 전력이 갈수록 줄어들고 있었다. 그가 이탈리아로 들어왔을 때 기대했을 로마 연합의 해체가 이제는 사실상 불가능하다는 것도 깨달았을 것이다. 시라쿠사·타란토·마케도니아 같은 강력한 동맹국들도 로마에 재점령당하거나 로마와 강화함에 따라 우군도 이제는 주위에 없었다.

더불어 자신의 전술이 이제는 로마군에 쉽게 통하지 않게 되었다는 점도 한니발이 느낀 전의 상실에 한몫했을 것이다. 칸나에 전투 이후 로마와 벌어진 작다면 작고 크다면 크다고 할 수 있는 무수한 전투에서 한니발은 절대적 우위가 아닌 상대적 우위를 보였을 뿐이다. 갈수록 로마군과의 결전을 회피하는 모습도 눈에 띄었다. 역사 속에서 명장과 범장의 우열도 시간이 지나면 그 간극이 좁혀져가는 장면이 종종 목격되곤 한다. 명장이라고 하더라도 더 뛰어난 전술을 창안하기는 어렵기 때문에 그 자리에 머물지만, 범장이 선례를 참조하여 명장을 따라잡기는 상대적으로 쉽기 때문이다.

한니발이 배를 타고 도착한 곳은 카르타고가 아니라 그보다 동남쪽에 위치한 렙티스였다. 이곳에서 북서쪽의 하드루메툼이란 곳으로 옮겨간 뒤 잠시 휴식을 취했다. 불행히도 마고는 지난 전투에서 입은 부상이 악화되어 귀국 도중에 사르데냐섬 근처에서 사망했다. 하지만 마고가 이끌던 리구리아(지금의 제노바) 보병은 무사히 카르타고에 도착할 수 있었다.

그런데 이때쯤 평화롭게 진행되어가던 로마와 카르타고의 종전협상을 깨트리는 사고가 일어났다. 스키피오에게 보내던 200척의 보급선단이 폭풍우를 만나 표류하자 카르타고 측이 이를 가로채고 로마에 반환하기를 거부한 것이다. 또한 이를 항의하기 위해 스키피오가 카르타고에 보낸 사절들이 무례하게 행동하여 카르타고 의회에 모욕을 가한 일도 있었다. 로마 사절의 언행에 분개한 카르타고 강경파들은 한니발이 돌아오자 다시 로마와 싸워볼 만하다고 생각했다.

이제 양쪽은 대화와 협상으로 전쟁을 끝맺음하는 대신에 전쟁 재개를 기정사실화하고 전투 준비에 들어갔다. 스키피오는 누미디아의 왕이 된 마시니사에게 휘하의 기병대를 이끌고 참전하라 전했고, 한니발은 시팍스의 아들에게 왕위를 돌려줄 테니 휘하 기병을 이끌고 참전하라고 이야기했다. 하지만 나중에 참전한 것은 마시니사뿐이었다.

스키피오는 카르타고 본국을 직접 공략하는 것이 아니라 반대로 바그라다스강 상류 쪽을 향해 진군해나갔다. 이것은 카르타고가 식량·물자·병력을 의존하는 내륙의 기름진 바그라다스계곡을 취함으로써 카르타고의 경제적 동맥을 끊기 위함이었다. 동시에 강을 따라 상류인 남서쪽으로 진군함으로써 서쪽에서 진격해 오는 마시니사의 지원군에 더욱 빨리 합류하기 위함도 있었다. 어차피 카르타고가 함락하기 어려운 곳일뿐더러 본국을 직접 공략했을 경우 한니발이 스키피오의 배후를 공격할 위험도 고려했을 것이다.

스키피오의 판단으로는 로마군이 무자비하게 약탈과 노예사

냥을 벌인다면 카르타고는 한니발로 하여금 결전을 치르도록 강요할 것이다. 그렇게 된다면 스키피오 자신이 원하는 장소에서 한니발과 결전할 수 있다. 스키피오의 예상대로 카르타고 본국은 한니발에게 스키피오와 결전을 치를 것을 강요했다. 한니발은 어차피 스키피오와 싸울 것이라면 스키피오가 마시니사와 합류하기 전이 적기라고 판단했다. 이때 한니발에게는 원래 있던 병력 외에 동생 마고의 리구리아 보병 1만 2000명, 마케도니아 지원병 4000명, 시팍스의 친척인 티케우스가 거느린 누미디아 기병 2000명이 더해진 약 5만 명의 병력이 있었다. 한니발은 휘하의 병력을 이끌고 스키피오를 쫓아 서쪽으로 진군해나갔지만, 많은 보병과 코끼리를 대동했기 때문에 속도는 느릴 수밖에 없었다. 강을 따라 진군하며 식수를 확보한 스키피오와 달리 한니발은 그러지 못했기 때문에 벌써부터 목마름이 카르타고군을 괴롭히기 시작했다.

여기서 역사에 드문 재미있는 장면이 펼쳐진다. 결전을 앞둔 사령관끼리 회담을 나눈 것이다. 한니발이 자마에 도착했을 무렵에 그는 로마군이 서쪽 나라가라평원에 있음을 알고 정찰병을 보냈다. 하필 그 정찰병 세 명이 로마군에 잡혀 스키피오에 인도되었고 스키피오는 그들에게 임무가 무엇인지 물어봤다. 죽음을 각오한 정찰병들은 당당하게 적진을 살피는 일이라고 대답했다. 승리를 확신했기 때문인지 스키피오는 정찰병들로 하여금 그렇다면 원하는 만큼

코르넬리스 코르트(Cornelis Cort), 〈자마 전투(Slaget ved Zama)〉, 1567

두루 둘러보라 했다. 그런 다음 그들에게 음식을 대접한 뒤 호위병까지 붙여서 안전하게 돌려보내줬다. 귀환한 정찰병들로부터 자초지종을 들은 한니발은 말로만 들어왔던 이 위대한 로마의 전술가에게 강한 매력과 호감을 느꼈을 것이다. 한니발이 사자를 보내 회담을 제의하니 스키피오 또한 마다하지 않고 만남을 승낙했다.

　　스키피오는 전에도 시팍스를 회유하기 위해 전혀 안전이 보장되지 않는 아프리카까지 직접 다녀온 강심장이었다. 이제 두 장군은 군대를 서로를 향해 이동시킨 후 소수의 호위 기병만을 거느린 채 약속된 지점으로 향했다. 마지막 순간에는 각자의 호위병을 멈추게 했다. 한니발은 라틴어를 몰랐고 스키피오는 페니키아어를 몰랐을 것이기 때문에 통역만을 거느리고 대면하게 되었다.

　　여기서 한니발은 스키피오에게 지중해 세계에서 로마의 패권을 인정해줄 테니 이쯤에서 군대를 서로 물리자고 제안했다. 이렇게까지 한니발이 굽히고 들어간 이유를 추측하자면 그간 들어왔던 스키피오의 군사적 능력에 두려움을 느꼈으며, 이번만큼은 승리의 보증수표가 되어왔던 기병의 숫자가 로마군에 뒤진 상황이었기 때문일 것이다. 한니발은 전술상 운신의 폭이 좁아진 상황이었기 때문에 승리를 확신할 수 없는 이상 굳이 싸우고 싶지 않았다.

　　국내외 상황을 살펴보더라도 로마에게 무척이나 유리한 현실이었다. 설령 이어질 전투에서 한니발이 스키피오에게 승리한다 해도, 풍부한 인적 자원을 가진 로마는 여태까지 그래왔던 것처럼 몇 번이고 다시 일어날 것이다. 그러나 한니발이 패한다면 더 이상의 예비 병력이 없는 카르타고가 멸망할 수밖에 없음을 알고 있었을 것이다. 이런 제반 사정에 비추어 한니발이 가급적 스키피오와의 전투를 피하고 싶었던 마음을 헤아려볼 수 있다.

한니발의 화평 제의에 대해 스키피오는 이번 전쟁을 카르타고가 먼저 시작했다는 것, 한니발이 귀국한 것은 스스로 원해서가 아니라 아프리카에서 있었던 로마군의 전공에 의한 어쩔 수 없는 귀국이었다는 것, 그리고 최근 로마 민회에서 최종 승인된 평화조약을 깨트린 쪽은 카르타고였다는 점을 들어 전투로 최종 결론을 맺을 수밖에 없다고 말했다. 한니발은 설득하기를 단념했다. 그렇다고 이전의 강화 조건에서 더 이상 양보할 수도 없었기 때문에 그대로 자신의 진지로 돌아가서 다음 날 전투를 준비했다.

이제 역사상 가장 멋진 명승부라 불리는 자마 전투에 나선 양측의 병력을 비교해보자. 카르타고는 보병 4만7000, 코끼리 80마리, 기병 2000명이었다. 로마는 보병 3만 정도에 기병 4000명이었다. 보병은 한니발이 앞서고, 기병은 스키피오가 2배의 병력을 가지고 있었다.

양군의 포진은 다음과 같다. 우선 한니발은 최선두에 코끼리 80마리를 배치했다. 보병의 첫째 대열에는 마고가 거느렸던 리구리아 보병과 갈리아 보병 1만2000명을, 둘째 대열에는 아프리카 병사와 마케도니아 용병을 더한 2만 명을 배치했다. 그리고 마지막 셋째 대열에는 한니발을 따라 지난 16년간 함께 동고동락했던 베테랑이자 역전의 용사들인 최정예 1만5000의 병력을 배치했다. 셋째 대열은 둘째 대열로부터 200미터가량 훨씬 떨어져 있어서 최후의 순간이 올 때까지 고스란히 전력을 유지한 채 남아 있도록 배려했다. 마지막으로 기병은 통상대로 둘로 나누어 1000명씩 양익에 배치했다.

후대의 사람들은 다음과 같이 한니발의 생각을 유추한다. 절대 열세인 아군의 기병이 분쇄되기 전에 보병으로 승리해야 한다. 그러기 위해서는 보병이 적극적인 공세를 취해, 일단 코끼리로 적의 대열을 흐트러놓은 뒤 첫째 대열과 둘째 대열을 투입해 적에게 최대한의 손실을 입힐 계획이었다. 마지막으로 가장 신뢰하는 셋째 대열의 정예 병력을 투입해 적을 무찌른다는 생각으로 보인다. 문제는 양익의 기병이 보병이 승리할 때까지 버텨줄 수 있느냐였다.

한편 스키피오가 배치한 로마군의 배열은 통상대로 하스타티(1열), 프린키페스(2열), 트리아리(3열)의 중장보병으로 이뤄진 3열 횡대 대형이었다. 여기에 더해 벨리테스라 불리는 경보병이 하스타티 앞에 위치했다. 기병은 2000명씩 나눠 양익에 배치했다. 이것은 4장에서 로마군단 레기온의 통상적인 전투대형에 대해 말했던 바와 같다. 그러나 기존과는 얼핏 같으면서도 스키피오는 그의 대형에 두 가지 변화를 주었다.

첫째, 두 번째 열인 프린키페스 대열이 하스타티 대열의 바로 뒤에 서게 했다. 따라서 하늘에서 내려다보면 하스타티, 프린키페스, 트리아리의 마니풀루스(3열 횡대 대형을 구성하며 120명으로 구성된 로마군 편제상의 최소 단위) 사이에는 자연스레 빈 통로가 생기게 되었다. 이것은 한니발의 코끼리를 염두에 둔 것이었다.

둘째, 벨리테스는 원래 굳이 부대를 편성하지 않지만 여기서는 마니풀루스 대형을 구성하게 했다. 그런 다음 벨리테스가 하스타티 대열 마니풀루스의 빈 공간 앞 사이사이에 위치하게 했다. 따라서 카르타고군에서 봤을 때 로마군은 빈틈이 없는 일렬의 긴 대열로 보였다. 스키피오는 벨리테스 병사들에게 코끼리가 몰려와서 싸우기 곤란하면 굳이 싸울 것 없이 옆으로 비켜서라고 명령했다. 그리고 스키피오는 양익의 기병이 승리할 때까지 버텨내야만 하는 보병은 자신이 지휘하고, 양 날개의 기병은 마시니사와 라일리우스가 각각 지휘하게 했다.

역사가 리비우스가 "앞으로 아프리카를, 이탈리아를, 아니 전 세계를 1000년 동안 지배할 나라가 로마인지 카르타고인지는 이 전투가 끝나는 황혼녘까지는 알 수 있을 것이었다"라고 기록했던 자마 전투는 양익에 위치한 로마 기병대의 돌격으로 시작되었다. 한니발 또한 코끼리를 출동시켰다. 로마 병사들은 코끼리들이 로마군에 다가오자 나팔과 뿔을 불어대면서 코끼리를 놀라게 했다. 겁먹은 코끼리 일부가 뒤돌아서서 카르타고군의 좌측 기병을 향해 달아나자 가뜩이나 열세였던 카르타고 기병은 혼란에 휩싸였다. 이 기회를 놓치지 않고 로마군 우익 기병 지휘관 마시니사는 자신의 누미디아 기병을 이끌고 카르타고군의 좌측 기병을 맹공격하여 패주시킨 후 추격에 나섰다.

한편 로마군 대열로 진입한 코끼리들은 로마 보병들과 싸우기보다는 로마 보병들이 종심 깊이 미리 만들어놓은 통로를 따라 그대로 지나가버렸다. 이 코끼리들은 투창 세례를 받고 포획되거나 그대로 전장에서 이탈해버렸다. 한니발이 이제껏 동원했던 가장 많은 수의 코끼리 떼들이 전혀 힘을 못 쓰고 무용지물이 되어버린 것이다.

이와 동시에 카르타고군 1열의 리구리아·갈리아 보병들과 로마군의 1열인 하스타티의 격렬한 전투가 시작되었다. 처음에는 리구리아·갈리아 보병들도 특유의 개인기와 날렵함을 선보이면서 대등하게 전투가 전개되었다. 하지만 시간이 흐르면서 로마군의 하스타티 대열은 바로 등 뒤에 위치한 프린키페스 대열의 지원을 받을 수 있었던 반면에, 카르타고군의 1열에 위치한 병사들은 2열로부터의 지원이 전혀 없었다. 리구리아·갈리아 보병들은 자신들이 버림받았다는 사실을 깨닫자 더 이상 싸울 의지를 잃고 후미에 위치한 2열로 후퇴하려고 했다. 하지만 2열의 카르타고 병사들은 이들을 받아들이기를 거부했다. 도망쳐 들어온 1열의 병사들을 뒤따라 로마군이 밀려들어올 경우 전열이 무너질 것이기 때문이었다. 분노와 절망으로 뒤엉킨 1열의 병사들은 좌우의 측면을 이용해 달아날 수밖에 없었다.

　이제 카르타고 2열의 혼성군과 로마군 하스타티의 전투가 시작되었다. 처음에는 카르타고 2열이 하스타티를 밀어붙이면서 로마군이 무너질 듯이 보였다. 하지만 로마군 장교들은 이 위급한 때에 프린키페스를 전진시켜 하스타티와 나란히 서게 하는 동시에 가능한 좌우로 넓게 벌려 세웠다. 이렇게 되자 카르타고군 2열은 전방과 좌우 세 방면에서 공격받았으며 이윽고 양쪽 날개부터 무너져가기 시작했다. 2열의 생존자들은 후방의 카르타고군 마지막 3열로 후퇴하려고 했지만 이마저도 불가능했다. 한니발은 3열에 있는 병사들로 하여금 창과 칼을 앞으로 겨눠 2열이 후퇴해서 합류하지 못하게 막았던 것이다. 이렇게 아군에게 버림받은 카르타고군 2열 역시 좌우의 열린 공간을 향해 도주할 수밖에 없었다.

　이제 3열에 위치한 카르타고군의 최정예인 한니발 전사들이 그때껏 비축해둔 힘을 쏟아붓기 위해 로마군에 진격하면서 자마 전투의 가장 치열한 국면이 시작되었다. 이때 스키피오는 양익에서 카르타고 기병을 격퇴한 로마 기병이 되돌아와 카르타고군의 후방을 공격하면 승리한다고 확신했다. 그래서 스키피오는 전령을 보내 로마 기병과 누미디아 기병으로 하여금 추격을 그치고 돌아와 카르타고군의 배후를 치라고 전했다. 그러기 위해서는 카르타고군 3열 정예보병과의 충돌이 연기될수록 로마군에게 유리했다. 그래서 스키

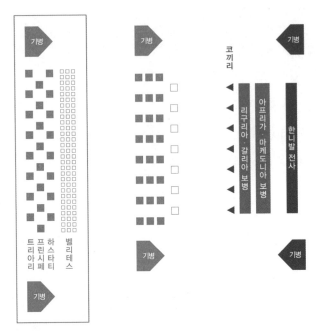

통상의 로마군 진형

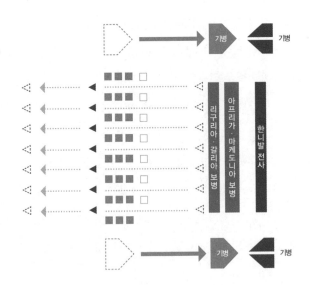

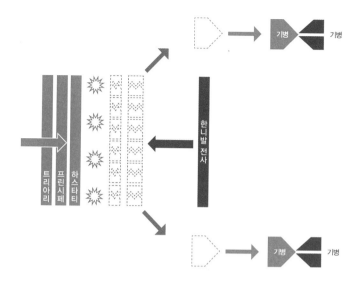

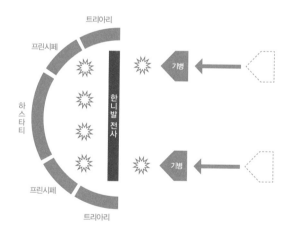

✖ 자마 전투

통상적인 로마군 진형과 달리 자마 전투 때는 중장보병 3열을 앞뒤 나란히 배치했다. 카르타고 기병이 격파되자, 한니발은 코끼리를 돌격시켰다. 로마군 벨리테스가 옆으로 비켜서자 로마군 대열 사이사이에 통로가 생겼고, 코끼리들이 투창 세례를 받으며 그대로 전장을 이탈했다. 양측 보병이 전진하며 본격적인 전투가 벌어졌다. 카르타고 보병이 분쇄되자, 한니발은 마지막으로 정예 한니발 전사를 전투에 투입했다. 기다란 횡대 대형의 로마 보병과 한니발 전사가 대치했고, 카르타고 기병을 추격한 로마 기병이 돌아와 한니발 전사들의 배후를 공격했다.

피오는 전진하던 하스타티와 프린키페스를 뒤로 불러들였다. 이 두 대열은 감정에 치우쳐 무모하게 앞으로 돌진하지 않고 스키피오의 지시에 따라 냉정하게 물러났다.

여기서 스키피오는 한 가지 승부수를 더 던졌다. 그들을 불러들여 전열을 정비하는 데 그치지 않고 병력을 완전히 새로이 배치한 것이다. 즉, 프린키페스와 트리아리를 반반씩 나눠 하스타티와 나란히 세워둠으로써 종심은 얇아지지만 횡대의 길이는 넓어져서 자연스럽게 카르타고군을 다시 삼면에서 포위하게 한 것이다. 그렇다면 로마 기병대가 곧이어 전선으로 복귀할 때 카르타고군을 완전히 포위하여 섬멸전을 벌이는 것도 가능했다. 문제는 로마 기병대가 도착할 때까지 로마군의 얇은 종심이 돌파되지 않고 버티는 것이었다. 스키피오의 이러한 배짱 뒤에는 로마 기병대가 곧 카르타고의 후방을 강타하리라는 확신과, 자신이 훈련시킨 보병들이 그때까지 용맹하게 싸우면서 버텨주리라는 믿음이 깔려 있었을 것이다. 뒤이어 벌어진 로마군 보병들과 한니발 전사들과의 사투에서 한니발과 스키피오는 더 이상 취할 조치라고는 아무것도 없었기 때문에 둘 다 팔짱만 끼고 구경할 뿐이었다.

이 장면을 폴리비오스(Polybios, 기원전 200~기원전 118)는 다음과 같이 기록했다. "두 대열은 서로 격렬하게 싸웠다. 수효·기상·용기 면에서 서로 대등하여 오랫동안 결판이 나지 않았다. 마시니사와 라일리우스가 운 좋게 시간 안에 전장에 도착할 때까지 그들은

고대편

죽어 쓰러질망정 결코 한 발자국도 뒤로 물러나지 않았다." 전장에 귀환한 로마 기병대가 카르타고군의 배후를 치기 시작하자 그때까지 버티던 한니발 전사들은 전멸했다. 로마 기병대는 전장을 휘저으며 승리를 확인했고 한니발은 단지 몇 기의 호위병만 거느린 채 하드루메툼으로 도주했다.

자마 전투에서 양군의 손실에 대해서는 폴리비오스와 리비우스의 기록이 대체로 일치한다. 로마군은 2000여 명이 전사했고 카르타고군은 2만 명 전사와 2만 명의 포로가 발생했다.

폴리비오스와 리비우스를 포함한 많은 역사가는 비록 한니발이 패하긴 했지만 더 이상 완벽할 수 없는 훌륭한 포진이었다고 극찬한다. 폴리비오스는 "용맹한 자가 더 용맹한 자를 만났다"며 한니발을 변호하고 있다. 몽고메리는 한니발이 전술가로서는 분명히 스키피오를 앞서며 그날 최선을 다했지만 코끼리의 배신, 훈련 부족, 기병의 열세, 마지막으로 로마군 측에 깃든 행운으로 인해 스키피오가 승리했다고 말하고 있다. 하지만 과연 그러할까?

첫째, 코끼리가 자신의 뜻대로 움직여줄 것이라 믿고 무작정 돌격을 시킨 점은 의아하다. 이미 피로스 왕과 로마군의 전투를 포함한 수많은 전투에서 코끼리가 오히려 아군에게 재앙이 될 수 있음이 증명되었고, 한니발 본인도 마르켈루스와의 전투에서 그것을 경험했다. 코끼리쯤은 간단하게 격퇴하는 것이 어렵지 않게 된 당시 현실에서 코끼리의 적진 분쇄를 너무 기대했던 듯싶다. 코끼리로 고루한 수법인 직선돌격보다는 사선돌격을 시도하거나, 차라리 열세였던 기병과 묶어서 이용했더라면 어땠을까?

둘째, 로마 기병대의 반밖에 안 되는 기병대를 양익에 배치하고도 거기에 대한 대책이 전혀 없었다. 후일 파르살루스 전투에서 승리한 율리우스 카이사르는 폼페이우스에 비해 기병이 일곱 배가량 차이가 나서 절대 열세였다. 역사에는 파르살루스 전투에서처럼 기병의 천적이라 할 수 있는 장창병을 동원하여 보병이 기병을 무찌른 전투가 심심찮게 있다. 위의 첫째 항목과 함께 한니발이 열세인 기병대에 대한 보완책을 전혀 준비하지 못한 것은 한니발이 전술의 독창성과 변형에서 스키피오보다 못하다는 리델 하트의 주장에 힘을 실리게 한다. 만약 스키피오나 카이사르가 자마에서 카르타고군을 지휘했더라면 카르타고 기병대가 그토록 무기력하게 무너지도록 놔두지는 않았을 것이다. 알렉산드로스가 페르시아와의 항쟁에서 또는 스키피오가 자마 이전에 적지에서 벌인 전투에서 그들이 매번 기병의 열세를 안고 싸우고도 매번 승리했음을 상기해보라.

셋째, 리구리아·갈리아 보병을 첫째 열에, 카르타고·마케도니아 용병 혼성군을 둘째 열에 배치하고, 마지막 셋째 열에 그의 정예병력을 배치한 후 각 대열들이 지원도 없이 서로 섞이지 못하게 한 것이 훌륭한 용병술로 보이지는 않는다. 분명히 첫째 대열과 둘째 대열도 훌륭한 전투력을 보유한 용맹한 전사들이었다. 한니발이 이들을 단지 로마 보병의 날을 무디게 하기 위한 소모품으로만 이용하려고 했던 것은 당사자들도 결국 충분히 인식할 수 있었다. 따라서 그들은 더 이상 카르타고를 위해 애써 싸우려고 하지 않고 도주했다.

마고를 따라 용맹을 떨쳤던 리구리아·갈리아 보병들은 바다를 건너와 이국에서조차 카르타고를 위해 목숨을 걸고 열심히 싸운 병사들이다. 이들이 최후에 이용만 당하고 버림받았음을 알게 됐을 때 그들의 배신감과 분노를 상상해보라. 한니발의 비도덕적인 면모를 엿볼 수 있다.

폴리비오스조차도 1열과 2열의 병사들이 전력을 다해 싸우게끔 그러한 배치를 한 것이라고 한니발을 옹호했다. 하지만 이 말은 그날 자신의 몫을 다하며 열심히 싸웠던 용병들과 시민 혼성군을 싸울 의지도 없는 오합지졸로 격하시키는 모욕이다. 패배했던 명장에 대한 동정심이었다 해도 한니발의 과오는 지적하지 않을 수 없다.

한니발 입장에서는 자마에서 승리한 후에도 계속될 로마와의 전투를 염두에 두고 그의 정예 병력을 상하지 않게 최후까지 보전하고 싶었을지 모른다. 칸나에 전투에서도 적의 주공이 예상되는 곳에 용병인 갈리아 병사들을 미끼로 내던지고 자신의 직계 병사들은 가급적 상하지 않도록 했지 않았는가.

마지막으로, 자마 전투와는 별개의 문제지만 한니발로서는 다른 아쉬움도 있다. 한니발이 지원을 요청했던 시팍스의 아들인 베르미나가 뒤늦긴 해도 대군을 이끌고 한니발에 합류하기 위해 다가오고 있었다. 자마 전투 후에 이들 또한 로마군에 격파되고 말았다. 자마 전투 당시의 카르타고군만으로도 스키피오와 거의 대등한 전투를 벌였다면, 한니발과 베르미나의 결합은 충분히 스키피오를 무찌를 수 있음을 뜻한다. 자세한 이유는 알 수 없지만 한니발은 동맹군과의 합류를 기다리지 않는 전략적 실수를 범한 것이다.

한니발이 자마 전투에서 최선을 다했으며 그 이상 훌륭한 전술을 구사할 수 없었다는 말을 그대로 받아들이기 어렵다. 이는 아마도 위대한 패장에 대한 예우와 연민에서 나온 말로 보인다. 뻔히 보이는 코끼리 떼의 단순 직선돌격, 열세인 기병에 대한 대책 미비, 휘하 병사들에 대한 불신과 그에 대해 1열과 2열의 빠른 전장 이탈이라는 사실들을 종합해본다면 한니발이 그냥 단순하게 밀어붙였음을 알 수 있다.

설령 자마 전투에서 한니발이 승리했어도 카르타고는 끝내 로마를 굴복시키지 못했을 것이다. 지도층이 분열된 카르타고가 단합된 로마를 이길 수 없었을 것이다. 더구나 카르타고에는 이미 노쇠한 한니발을 제외하곤 대국적인 흐름을 읽어가면서 전쟁을 치러낼 인재가 부족한 상황이었다. 결국 제2차 포에니전쟁은 한니발이 독단적으로 사군툼에서 시작해서 자마에서 끝낸 분탕질이 되고 말았다. 또한 전술적으로는 뛰어나지만 전략적으로는 그러지 못한 한 명의 장군만으로는 총력전 체제하에서 승리할 수 없다는 것을 보여준 전쟁이기도 하다.

제2차 포에니전쟁의 대미를 장식한 자마 전투에서 패배한 카르타고는 굴복할 수밖에 없었으며 로마에 다시 강화사절을 파견했다. 그런데 양국의 강화대표가 묘하게도 한니발과 스키피오였다. 둘은 이번에는 전장이 아니라 평화협상의 테이블 위에서 다시 만나 강화를 진행했다. 배상금이 1만 달란트로 올랐고, 보유가 허용된 군함도 10척으로 제한되었다.

하지만 가장 중요한 강화 조건은 카르타고가 앞으로는 국내외를 불문하고 로마의 허락 없이는 전쟁을 할 수 없다는 조항이 추가된 것이다. 이것은 앞으로 카르타고가 외국으로부터 불합리하게 침략을 받아도 로마의 허락 없이는 방어전조차 수행할 수 없음을 뜻했다. 나중에 누미디아 국왕 마시니사의 침략을 견디지 못한 카르타고가 이 조항을 어기게 된다. 그렇게 카르타고의 조약 위반으로 시작된 제3차 포에니전쟁(기원전 149~기원전 146)의 결과 카르타고는 멸망하게 된다.

역사상 최고의 명승부라는 자마 전투에서 대결한 한니발과 스키피오는 그 뒤에 어떻게 되었을까? 한니발은 강화 체결 후 카르타고의 정치적·경제적 재건에 몰두하게 된다. 하지만 평생을 군인으로 살아온 그의 독선적인 자세는 적잖은 정적들을 만들어냈다. 그의 정적들이 한니발을 로마에 고소하자 한니발은 몸을 빼쳐 셀레우코스 왕조의 안티오코스 3세에게 자신을 의탁하게 되었다. 그 뒤 로마와 셀레우코스 왕조는 그리스에서의 패권을 차지하기 위하여 충돌했다. 그 결과 벌어진 마그네시아 전투(기원전 190)에서 셀레우코스 왕조는 로마에 대패했다. 흥미로운 점은 이 마그네시아 전투에서 잘만 했으면 한니발과 스키피오의 재대결이 성사될 뻔했다는 것이다. 그러나 원정군 사령관이었던 스키피오 아프리카누스가 병석에 앓아누워 있었고, 안티오코스 3세도 한니발을 기용할 생각이 없었기에 둘의 재대결은 성사되진 않았다.

마그네시아 전투에서 승리한 로마는 셀레우코스 왕조에게 강화 조건으로 한니발의 신병을 요구했다. 이 소식을 접한 한니발은 크레타섬을 거쳐 소아시아 북부의 비티니아로 다시 도망쳤다. 거기까지 자신을 뒤쫓아 온 로마군을 발견하자 한니발은 더 이상 도망칠 곳이 없다고 생각했다. 결국 그는 반지 안의 독약을 물에 타 마심으로써 일생의 목표였던 로마 멸망을 이뤄내지 못하고 세상을 떠났다.

한편 스키피오의 말년도 그다지 행복하지 못했다. 스키피오는 자마 전투에서 한니발을 무찌름으로써 로마 원로원으로부터 아프리카를 정복한 자라는 의미를 가진 '아프리카누스'라는 존칭어를 받게 된다. 또한 로마 원로원의 제1인자라는 '프린키페스'로 불리며 그의 생애의 정점에 오르게 되었다. 그러나 나중에 시리아 원정 당시 배상금으로 받은 500달란트의 사용처가 불분명하다는 이유로 그의 동생인 루키우스와 함께 공금횡령 혐의로 탄핵되었다. 원로원 의원 카토가 정적인 스키피오를 제거하기 위해 두 호민관을 통해 스키피오를 고발한 것이다. 분노한 스키피오는 리테르노에 있는 별장으로 가서 죽을 때까지 그 안에서 은거했다. 그가 "배은망덕한 로마여, 그대들은 나의 뼈를 갖지 못할 것이다"라고 절규하며 죽어간 때는 우연히도 한니발이 사망한 기원전 183년이었다.

스키피오가 탄핵되었을 때 티베리우스 그라쿠스(Tiberius Gracchus, 기원전 217~기원전 154)라는 인물이 스키피오를 위해 변호한 일이 있었다. 이에 고마움을 느낀 스키피오가 딸인 코르넬리아를 그라쿠스에게 시집보냈다. 그들 사이에 태어난 두 아들은 중소 농민들을 보호하기 위해 귀족들의 대토지 소유를 막으려고 분투했던 그라쿠스 형제다. 즉, 스키피오 아프리카누스는 그라쿠스 형제의 외조부다. 또한 기원전 146년에 카르타고를 멸망시켜 제3차 포에니전쟁을 끝내는 소(小)스키피오 아이밀리아누스(Scipio Aemilianus, 기원전 185~기원전 129)는 대(大)스키피오 아프리카누스의 양손자다.

제3차 포에니전쟁의 결과 로마 최초의 아프리카 속주가 되는 카르타고는 844년 후인 기원후 698년에 이슬람의 우마이야 왕조에 의해 점령된다. 이때 (동)로마제국이 아프리카 최초이자 마지막 속주인 카르타고를 잃어 (동)로마제국은 아프리카에서의 영향력을 영원히 상실하게 된다.

제7장

밀비우스 다리 전투—널리 기독교를 확산시킨 전투

세계 3대 종교라 하면 기독교·이슬람교·불교를 지칭한다. 그러나
신도 수로 살펴볼 때 1위 기독교는 22억, 2위인 이슬람교는 14억, 3위
인 힌두교는 9억, 4위인 불교가 4억 명 정도다. 세계 종교를 이야기
할 때는 신자 수에서 3위인 힌두교나, 기독교와 이슬람교의 뿌리였
던 유대교를 제외한다. 힌두교는 인도인들만의 종교이고, 유대교는
이스라엘 민족의 고유 종교이니 세계 종교라 부를 수가 없기 때문이
다. 가장 많은 신도를 가진 기독교는 가톨릭(천주교), 프로테스탄트
(개신교), 동방정교회(그리스 정교회 등)를 포함하며 세계에서 가장 넓
은 지역으로 전파되어 있다. 이슬람교와 함께 유대교에 근원을 두고
있는 기독교는, 이슬람교와 불교에 비해 국가종교로 공인될 때까지
는 시간이 더 걸렸으며 그만큼 박해를 많이 받았던 종교이기도 하

다. 이 장에서는 박해받던 기독교를 로마제국의 종교로 공인하게 됨으로써 세계 제일의 종교로 뻗쳐 나가게 된 계기가 되었던 밀비우스 다리 전투(312)를 살펴보고자 한다.

『로마제국 쇠망사』의 저자인 에드워드 기번은 '팍스 로마나(Pax Romana, 기원전 27~기원후 180)'의 시대를 인류 역사상 가장 행복한 시기라고 불렀다. 아쉽게도 이 황금시대는 마르쿠스 아우렐리우스 황제가 전임 황제들과 달리 친아들인 콤모두스에게 제위를 물려주면서 끝나고 말았다. 콤모두스가 폭정으로 암살된 후에는 세베루스 황조가 수립되었다. 그리고 세베루스 황조의 마지막 황제인 세베루스 알렉산드르가 수하의 병사들에게 암살당한 기원후 235년부터 디오클레티아누스 황제가 즉위한 기원후 284년까지를 '군인황제 시대'라 부르고 있다.

3세기는 로마제국에게 '위기의 세기'라고도 불리는 혼란의 시기였다. 특히 군인황제 시대는 황위계승의 원칙도 없었으며, 그저 군단병의 지지를 받아 옹립된 황제가 군단병에 암살되는 일이 비일비재했다. 군인황제 시대인 49년 동안 무려 26명의 황제가 재위했고, 단 2명만이 자연사(더 정확히 말해 병사)했음이 이를 나타낸다. 그 당시의 황제는 군인들의 허수아비에 불과했다. 하지만 그래도 명색이 황제인지라 그 자리를 노리는 여러 황제 지망생들의 내전은 치열하기 짝이 없었다.

이 시기에 동방에서는 고대 아케메네스 왕조 페르시아제국(기원전 550~기원전 330)의 부활을 기치로 내건 사산 왕조 페르시아제국(224~651)이 국경을 침략해 왔다. 북쪽에서는 고트족을 비롯한 게르만족이 남하하고 있었다. 이렇듯 밖에서 외적의 침략마저 빈발하니 로마제국은 대내외적으로 혼란하기 이를 데 없었다. 군인황제 시대에 비록 원칙도 적법성도 정통성도 없는 수많은 황제들의 폐립이 줄줄이 이어졌지만, 로마제국이 혼란의 와중에도 멸망하지 않은 것은 그래도 수백 년을 이어온 강력한 로마군단의 위력이 살아 있었기 때문이다. 그 밖에 아우렐리아누스·프로부스·카루스와 같은 능력 있고 열성적인 군인들이 제위에 올랐기 때문이기도 하다.

49년의 혼란했던 군인황제 시대를 종식시킨 인물은 디오클레티아누스 황제(Diocletianus, 245~316)다. 율리우스 카이사르 없는 아우구스투스 황제는 없었던 것처럼, 디오클레티아누스 없이는 콘스탄티누스 대제도 없었을 것이다. 따라서 콘스탄티누스 대제의 밀비우스 다리 전투를 이야기하기 위해서는 우선 디오클레티아누스의 집권에서부터 사두정치를 거쳐 콘스탄티누스에게로 권력이 옮아가는 과정을 서술해야 한다. 사실 천민 출신이었던 디오클레티아누스가 황위에 오른 경위부터가 전혀 예정되지 않은 것이었다. 이번 장은 객지에서 변사했던 카루스 황제의 페르시아 원정 때부터 시작하기로 하자.

프로부스 황제가 여느 황제와 마찬가지로 휘하 장병들에게 암살당한 뒤 황제가 된 카루스는 전임 황제가 착수 중이었던 페르시아전쟁을 수행하기 위해서 동방으로 진군했다. 그 전에 카루스는 두 아들인 카리누스와 누메리아누스를 부황제로 임명했는데, 맏이인 카리누스는 로마에 남아 서방을 다스리게 하고 그 자신은 둘째인 누메리아누스와 동행하여 페르시아로 향했다. 풍요로운 오리엔트를 공략하여 전리품을 얻고자 하는 로마군의 사기는 드높았다. 로마군은 연달아 승리하며 유프라테스강과 티그리스강을 건너 파르티아 왕국과 사산조 페르시아제국의 유서 깊은 수도인 크테시폰(Ctesiphon)까지 점령했다. 카루스는 내친김에 페르시아만까지 당도하여 로마제국의 최대 판도를 이룩했던 트라야누스 황제(Traianus, 53~117)를 뛰어넘고 싶었다. 그는 페르시아제국의 발원지인 이란 남서부에 위치한 엑바타나(Ecbatana)까지 진군하기로 결정했다.

　　그러던 어느 날 저녁 야영하는 중에 폭풍우가 들이닥쳤다. 어두운 하늘을 뒤덮어서 바로 앞에 있는 동료의 얼굴조차 못 볼 정도였다고 한다. 그런데 하필 벼락이 카루스 황제가 머물고 있던 막사에 떨어졌다. 그때 황제가 벼락을 맞고 죽었다는 소문이 나돌기도 했고, 앓고 있던 병으로 죽었다는 소리도 있었다. 카루스 황제의 사인은 정확히 알 수 없었지만 그 자리에서 카루스의 두 아들이 차기 공동 황제로 선출되었다. 하지만 아버지와 동행했던 누메리아누스는 웬일인지 여세를 몰아 페르시아로 깊숙이 진군하길 바라는 군인들의 기대를 저버리고 철군하기로 결정했다.

그런데 철군하는 동안 이상하게도 신임 황제가 오랜 기간 모습을 보이지 않고 장인인 아페르를 통해 명령이 계속 하달되었다. 그러자 궁금증을 참지 못한 병사들이 누메리아누스 황제를 찾아나섰다. 그들이 발견한 것은 황제의 시신이었다. 황제 부자가 원인불명으로 사망해버린 것이다. 당연히 아페르가 범인으로 지목되었다. 당시 황제가 병을 앓고 있었기에 병사했을 가능성도 있었다. 하지만 황제의 시신을 숨겨왔다는 이유 자체가 아페르를 처형할 수 있는 근거로 충분했다. 이때 아페르를 처형하면서 군인들의 추대를 받아 다음 황제로 선출된 사람은 바로 누메리아누스 황제의 경호대장이었던 디오클레스(Diocles)였다.

이렇게 되니 정통황제인 서방의 카리누스 황제와 참칭황제인 디오클레스의 대결은 불가피해 보였다. 실제로 그 둘의 내전이 도나우강가에서 일어났다. 객관적인 전력은 카리누스가 우세했음에도 불구하고 디오클레스가 승리했다. 디오클레스가 훌륭했기보다는 카리누스가 그간 워낙 악명을 떨쳤기에 부하들도 치를 떨고 있었기 때문이었다. 결국 카리누스 황제가 부하 장교의 배신으로 암살당하면서 디오클레스는 단독황제로 등극할 수 있었다. 디오클레스 황제가 곧 로마식으로 개명하니 바로 이 사람이 사두정치의 수립 및 전제군주정의 도입으로 유명한 디오클레티아누스 황제다.

디오클레티아누스는 지금의 크로아티아 지방인 달마티아의 살로사에서 출생한 것으로 알려져 있다. 그의 부모는 원로원 의원의 노예였다. 천민 출신이었던 그가 출세하기 위해 택했던 길이 군인이었다. 사실 전란의 시기에 군대는 위험도 크지만 능력만 출중하다면 출세의 지름길이 될 수도 있는 곳이다.

디오클레티아누스가 황제로 즉위하기 전의 기록은 거의 없기에 추측할 수밖에 없지만 군사적인 재능은 신통치 않았다는 게 중론이다. 하지만 그의 관운은 좋았던 모양인지 일개 말단병사로 시작했을 터인데도 승승장구를 달려 속주총독, 집정관에 이어 누메리아누스 황제의 경호대장으로까지 발탁되었다.

누메리아누스 황제가 사망했을 때 범인으로 지목된 아페르를 처형한 인물이 디오클레티아누스다. 그런데 오히려 디오클레티아누스가 누메리아누스 황제의 사망에 연루되었을 수도 있겠다. 누메리아누스 황제의 경호대장인 그가 무려 몇 달 동안이나 황제의 죽음을 몰랐다는 것도 이해가 가지 않으며, 아페르의 변명조차 듣지 않고 처형한 것은 서둘러 입막음한 것처럼 보이기 때문이다.

경위야 석연치 않지만 군부의 추대를 받아 제국의 단독황제가 된 디오클레티아누스가 남달랐던 점은 자신에게 칼을 겨누었던 자들을 탄압하지 않고 포용하는 유화책을 취했다는 것이다. 그가 원래 관대한 사람이었거나, 아니면 순간의 분노로 절제심을 잃고 큰일을 그르치는 사람은 아니었던 듯하다. 정통성이나 뚜렷한 지지기반도 없이 천민 출신에서 황제가 된 그가 즉위와 동시에 피바람 부는 숙청을 일삼았다면 그 또한 전임 황제들과 같이 암살되어 천수를 누리기 힘들었을 것이다. 설령 그의 관용정책이 철저한 정치적인 계산 끝에 나온 것이라 하더라도, 반대 세력까지 포용하여 그들의 생명과 재산을 보존해줬다. 이로써 그는 유능한 전임 황제들이 활용했던 풍부한 인재를 그대로 활용할 수 있었고 이러한 그의 통치가 로마 시민들에게 안도감을 줬다.

즉위한 디오클레티아누스가 당면한 가장 큰 과제는 제국 방위였다. 지금처럼 국제기구나 세계 여론에 의한 제약 없이 전쟁이 다반사로 일어났던 그 시대에 제국 방위는 로마 황제의 첫째가는 책무라 할 수 있다. 그런데도 이것이 갓 즉위한 디오클레티아누스에게 유독 강조되었던 이유는 과거 수백 년과는 달라져버린 주변 정세 때문이었다.

제국이 굳건히 통치되었던 오현제 시대까지만 해도 북방과 동방에서 동시 침략을 받는 일은 드물었기에 황제가 직접 동분서주해도 혼자서 감당할 정도는 되었다. 그러나 군인황제를 거치면서 약화된 로마제국이 바깥 세계에 만만하게 보이기 시작했다. 그 결과 북방과 동방에서 동시다발적으로 공격받는 일이 잦아졌다. 심지어 발레리아누스 황제가 전례 없이 사산조 페르시아에 포로가 된 이후, 서방과 동방에서 각각 갈리아 제국과 팔미라 왕국이 독립을 선언하고 분리해나가면서 광대한 로마제국의 영토가 크게 줄어든 때도 있었다. 이러한 위기 속에서 다행히 아우렐리아누스 황제라는 결출한 군인황제가 등장하여 삼분된 로마제국을 재통합시킬 수 있었다. 하지만 이제 이전과는 다른 방위 체제가 필요한 때였다.

전술했지만 이 당시 제국을 위협하는 가장 큰 적은 북방의 게르만족과 동방의 사산조 페르시아제국이었다. 토이토부르크 발트 전투(기원후 9)에서 로마군을 무찔러 영구히 게르마니아의 주인이 된 게르만족은 제 땅에 만족하지 않고 허술해진 제국의 국경 안으로 들어오는 일이 잦게 되었다. 사산조 페르시아제국은 아케메네스 왕조 페르시아의 재건을 기치로 내건 나라다. 따라서 아케메네스 왕조가 영유했던 이집트·시리아·소아시아의 회복을 벼르며 로마제국을 종종 침입하니 그 위협은 오히려 파르티아 왕국 시절을 능가했다.

디오클레티아누스는 자신의 심중을 드러내는 일이 많지 않았다고 한다. 따라서 후대인들은 다른 황제와는 유달랐던 그의 통치행위 뒤에 숨어 있는 동기들을 추측에 의존할 수밖에 없다. 그는 아마도 자신의 군사적인 재능으로는 제국의 전 방위선을 유지하는 것이 어렵다고 생각했던 모양이다. 그래서 생각해낸 것이 이두(二頭)정치다. 이것은 자신은 '카이사르 아우구스투스(Caesar Augustus)'가 되어 고향을 포함하여 풍요롭고 문명화된 동방을 다스리기로 하고, 그의 고향 후배이자 친구인 막시미아누스(250~310)를 '카이사르'에 임명하여 제국의 서방을 통치하게 한 것이다.

디오클레티아누스 황제의 재위기간 중 펼쳐진 이두정치와 사두정치를 이해하기 위해서는 '카이사르 아우구스투스'와 '카이사르'의 의미부터 짚고 넘어가야 할 듯하다. 간단히 말해 '카이사르 아우구스투스'나 줄여서 '아우구스투스'라는 칭호는 정제(正帝)인 황제를 가리키고, 카이사르라고만 부른다면 부제(副帝)인 황제를 가리킨다. 카이사르를 왕이나 황태자 정도로 번역하는 사람도 있지만, 디오클레티아누스 치세하의 카이사르가 갖는 위상과 권한을 봤을 때 부제로 이해한다면 무난할 것이다.

즉위 원년 디오클레티아누스가 막시미아누스를 카이사르에 임명한 후 불과 2년이 지난 286년에 그를 정제인 카이사르 아우구스투스로 높여 동등한 권한을 주었다. 그 후 디오클레티아누스 황제는 이두정치로는 부족하고 사두정치, 즉 두 명의 정제가 각각 한 명의 부제를 두어 도합 4명의 황제가 제국을 세분화하여 통치하는 것이 좋겠다고 판단했다. 여기에는 후계자가 정해지지 않아 피로 얼룩졌던 군인황제 시대의 참상을 피하려면 미리 후계자인 부제를 두어 정제가 물러난 후 뒤를 잇게 하는 쪽이 제국의 안정에 유익하다는 생각도 작용했다.

이렇게 해서 기원후 293년 추가로 부제가 된 두 명은 서방부제가 된 콘스탄티우스(콘스탄티누스 대제의 부친)와 동방부제가 된 갈레리우스다. 네 명의 황제 모두 발칸반도의 하류층 출신이며 로마군단에 복무했던 사람들이다. 이를 보니 즉위 당시 든든한 측근이나 기반이 없었던 디오클레티아누스 황제가 로마에 거주하는 기성의 귀족 세력보다는 군사적 능력을 갖춘 동향의 비슷한 출신배경을 가진 이들에게 의존하고 싶었던 듯하다.

그러나 멀리 다른 곳을 살펴볼 것도 없이 로마는 원래 원로원과 민회가 주도하는 공화정이었지만 오랜 시간이 지나면서 제정으로 바뀌어 최종에는 권력의 단일화가 이뤄진 나라다. 디오클레티아누스는 자신이 의도한 대로 권력 이양이 평화롭게 대대로 이어지길 기대했겠지만 아무래도 권력의 냉정한 속성을 파악하지 못한 듯하다. 그는 300년 전에 벌어진 1차 삼두정치가 어떻게 끝났는지를 생각해봐야 했다. 거의 대등한 권력을 가진 4명의 황제가 존립하는 자체가 미래의 내란을 예고하는 것이나 다름없었다. 차라리 당시의 국방 사정상 어쩔 수 없이 취한 조치가 사두정치였을 것이라는 이해가 제국의 안정을 위해 헌신했던 그를 기릴 수 있는 온정한 평가일 것이다. 말년에 그는 전제군주정을 수립한 인물답지 않게 재위 21년을 채우고 황제 자리에서 은퇴하게 된다. 그렇게 선양의 모범을 보이고 싶었겠지만 불행히도 그는 내전으로 치닫는 사두체제와 후임 동방정제인 리키니우스 황제가 자신의 아내와 딸을 무참히 살해하는 것을 그저 무기력하게 바라볼 수밖에 없었다.

니코메디아를 제외한 나머지 3명의 수도는 적에게 신속한 군

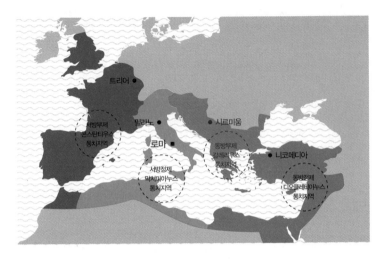

✖ 사두정치 체제하의 로마

동방정제이며 서열 1위인 디오클레티아누스는 소아시아반도·시리아·이집트를 통치하며, 수도는 니코메디아다. 서방정제이며 서열 2위인 막시미아누스는 이탈리아·아프리카, 수도는 로마가 아닌 밀라노다. 동방부제이며 가장 젊은 갈레리우스는 지금의 발칸반도 전역을 다스렸고, 수도는 도나우강 옆 시르미움이다. 마지막으로 서방부제인 콘스탄티우스는 브리타니아·갈리아·히스파니아를 통치하며, 그 수도는 라인강 옆 트리어가된다.

사적 대응을 펼칠 수 있도록 최전선에서 매우 가까운 곳에 있다. 이것을 봐도 사두정치가 애초부터 군사적인 목적을 갖고 있음을 알수 있다. 다행히 이 4분할 통치체제는 평화로운 공조 속에서 12년간유지되었고, 디오클레티아누스는 역사상 최초로 황제 자리에서 물러나기로 결심했다. 아마도 격무로 시달리면서 지친 심신이 원인이었을 것이다. 그는 막시미아누스에게도 자신을 따라 선양하라고 했다. 막시미아누스는 전혀 그러고 싶지 않았지만 디오클레티아누스를 경외하고 있었기 때문에 마지못해 퇴위했다.

305년에 황제들의 퇴위와 즉위가 동시에 일어나 제2차 사두정치가 시작되었다. 우선 1차 사두정치 때 부제였던 콘스탄티우스와 갈레리우스가 자연스레 정제로 승격했다. 새로이 막시미누스 다이아가 동방부제가 되어 이집트와 시리아를 물려받았고, 서방부제는 세베루스가 되어 이탈리아와 아프리카를 물려받았다.

그런데 2차 사두정치를 삐걱거리게 하는 일이 발생했다. 306년에 콘스탄티우스가 서방정제가 된 지 불과 15개월 만에 브리타니아의 요크에서 급사한 것이다. 사실 4명이나 되는 황제가 장단을 맞춰가는 이 체제가 평화롭게 오래가리라는 예상 자체가 어리석은 것이었다. 콘스탄티우스는 임종의 자리에서 자신의 후계자로 콘스탄티누스를 지목했다고 한다. 하지만 콘스탄티우스가 급사했다는 주장이 맞는다면 마침 옆에 있었던 친아들 콘스탄티누스가 아버지의 죽음에 관여했을 가능성도 짙다. 콘스탄티누스 대제는 나중에 장인이 되는 막시미아누스 황제를 자결시켰고, 큰아들 크리스푸스가 계모와 정을 나눈 혐의를 뒤집어씌워 잔인하게 살해한 인물이다. 그가 권력을 위해서라면 혈육도 무참히 살해했던 점으로 미루어보아 존속살해를 의심하는 것이 꼭 지나치다고만 할 수도 없다.

후일 대제라 불리는 콘스탄티누스(Constantinus, 272~337)는 미천한 신분인 헬레나가 낳은 아들이었다. 이후 아버지 콘스탄티우스는 막시미아누스 황제의 의붓딸 테오도라를 아내로 맞이하기 위하여 헬레나와 콘스탄티누스를 버린 일이 있었다. 콘스탄티누스는 이런 아버지에게 처음부터 정이 없었을 것이다. 이후 콘스탄티우스가 고귀한 혈통의 테오도라에게서 아들을 둘이나 낳자 황위 계승에 불안을 느꼈기 때문에 미리 손을 썼을지도 모른다.

콘스탄티누스 대제의 사후 즉시 대부분의 혈족들이 살해되는 동시에(이 사건의 배후도 분명하지 않지만 둘째 아들인 콘스탄티우스 2세가 벌인 것이라는 데 대부분의 역사학자가 동의한다), 그의 아들들 간의 골육상잔이 일어난다. 이를 살펴보면 그들의 본성도 아버지인 콘스탄티누스 대제의 비정함과 잔인함을 이어받아서 나타났을 것임은 충분히 추론 가능하다.

주지하다시피 콘스탄티누스는 기독교를 공인한 답례로 대제라는 칭호를 수여받은 인물이다. 유세비우스(Eusebius, 263~339)를 비롯한 기독교 역사가들은 대제의 은혜에 감복하여 그의 일생을 편파적으로 각색하면서 좋게만 기록으로 남겼다. 반대로 콘스탄티누스의 단점과 부도덕은 축소되거나 은폐되어 전해졌음이 물론이다.

콘스탄티우스가 사망하자 그 휘하 장병들은 콘스탄티누스를 황제로, 그것도 부제가 아닌 정제로 선출했다. 병사들 입장에서는 멀리서 온 생면부지인 새로운 황제의 지휘를 받기보다는 그간 함께 동고동락했던 콘스탄티우스 황제의 아들이자 군사적인 재능도

입증된 콘스탄티누스를 황제로 세우고 싶었기 때문이었다. 군인황제 시대의 병폐가 아직도 사라지지 않은 시점이었던 것이다. 서방정제로 추대된 콘스탄티누스는 동방정제인 갈레리우스에게 승인을 요구했다. 이 소식을 전해 들은 갈레리우스는 처음에는 대노했지만, 콘스탄티누스의 요구를 거부할 경우에 발생할 일을 생각해보고 냉철하게 대응하기로 했다. 둘은 서로 한 발씩 양보하여 콘스탄티누스가 정제 대신에 부제가 되기로 했고, 서방부제였던 세베루스가 서방정제가 되기로 합의했다. 콘스탄티누스 입장에서는 충분히 실리를 취할 수 있었고, 갈레리우스 입장에서는 아쉽지만 그 정도 선에서 끝낼 수 있어서 다행이었다.

하지만 이 인사이동에 불만을 품은 자가 나타났다. 바로 퇴임 황제인 막시미아누스의 아들인 막센티우스(Maxentius, 278~312)였다. 서방정제였던 아버지의 적자일뿐더러 현직 동방정제인 갈레리우스의 사위이기도 했던 그는 혈통으로 보아도 콘스탄티누스에게 조금도 뒤지지 않는다. 그런데도 자신이 제위 계승에서 철저히 배제된 것에 불만을 품게 된 것이다. 여기에서 막센티우스의 황제 참칭에 힘을 보탠 것은 로마제국의 뿌리라 할 수 있는 수도 로마와 이탈리아 본토의 주민들이었다. 이두정치네 사두정치네 해봤자 이탈리아인들이 보기에는 결국 본토 출신도 아닌 타 지역 출신들의 황제 놀음이었다. 사실 트라야누스 황제 이후로 본토 출신이 아닌 사람들도 황제가 되는 것이 일반화되어 있었다. 그러나 황제가 어디 출신이라도 로마와 이탈리아는 제국의 상징이자 중심부로서 특혜를 누려왔다. 그런데 발칸반도 출신인 디오클레티아누스는 로마 원로원의 권한을 대폭 축소시켰고 모든 로마 군인들의 꿈인 수도 로마 근위대에 대한 대우도 소홀히 했다. 여기에 결정적으로 그들의 분노를 일으킨 것은 각종 세금이다. 다른 속주에 대해 면세 등 각종 특혜를 받아왔지만 그러한 특권을 모두 잃게 된 것이다. 결정적으로 인두세까지 징수하자 그들은 더 이상 참지 못하고 이방 출신의 황제들에게 맞서기로 결정했다.

먼저 로마 근위대 병사들이 세베루스 황제의 로마 총독을 살해했다. 이어 막센티우스는 황제 즉위를 승인해달라고 원로원에 요청했다. 로마 원로원은 기꺼이 이에 응했고 근위대 병사들도 새 황제에게 충성을 서약했다. 여기서 막센티우스는 은퇴한 아버지의 힘을 얻고 싶었는지 막시미아누스에게 다시 제위에 올라달라고 요청했다. 그렇잖아도 막시미아누스는 자신의 퇴위가 본심이 아니라 디오클레티아누스의 압력에 의한 것이었기에 그에 화답하여 제위에 다시 올랐다. 이로써 로마는 서방에 4명(세베루스, 콘스탄티누스, 막시미아누스, 막센티우스), 동방에 2명(갈레리우스, 막시미누스 다이아)의 황제가 난립하는 지경에 이르렀다.

이 혼란을 수습하기 위하여 이탈리아를 관할 구역으로 두고 있던 세베루스 황제가 군대를 이끌고 로마를 공략했다. 그러나 세베루스가 지휘하던 군대는 불과 2년 전만 해도 막시미아누스의 지휘

아래에 있었던 군대였다. 세베루스에 맞서기 위해 아들과 연합전선을 형성하여 나온 전임황제 막시미아누스를 보자 세베루스의 토벌군은 더 이상 싸울 의지가 없었다. 오히려 세베루스의 근위대장마저 막센티우스에게 귀순하니 세베루스는 라벤나로 도망쳐 들어갔다. 라벤나는 천혜의 요새로서 방어에 유리했다. 하지만 막시미아누스가 명예로운 항복을 권유하자 세베루스도 이를 받아들였다.

그러나 이들의 약속은 지켜지지 않았다. 로마로 이송된 세베루스가 자결의 형식을 빌려 처형된 것이다. 사태가 이에 이르자 동방정제인 갈레리우스 황제는 직접 막센티우스 토벌에 나서기로 했다. 하지만 갈레리우스 황제가 이끄는 군대는 로마에 접근할 수도 없었다. 방어에 나선 막시미아누스가 뛰어난 무장인 데다가 이탈리아 전체가 열렬히 막센티우스를 지지하고 있었기 때문이었다. 결국 갈레리우스는 자신도 세베루스와 같은 처지가 될 것을 우려한 끝에 물러나게 되었다. 갈레리우스는 무력이 실패하자 이번에는 회담을 통해 사태를 해결하고자 했다. 그래서 카르눈툼이라는 곳으로 전임 황제인 디오클레티아누스와 막시미아누스를 초청한 후, 세베루스의 죽음으로 자리가 빈 서방정제에 갈레리우스의 믿을 만한 친구였던 리키니우스를 앉히기로 합의하는 데 성공했다.

그러자 이번에는 서방정제가 되지 못한 막센티우스가 이 일로 인하여 아버지 막시미아누스와 사이가 벌어지고 말았다. 그 전부터 막시미아누스는 동방정제인 갈레리우스의 사위이자 엄연히 원로원과 로마 시민들에 의해 황제로 추대된 막센티우스를 충분히 인정해주지 않고 있었다. 그러던 차에 카르눈툼 회담에서 자신의 황제 즉위를 완전히 무시해버렸으니 부자간에 커다란 설전이 오고 갔다. 막시미아누스는 아들을 퇴위시키고자 시도했으나 근위대가 막센티우스를 지지하는 바람에 궁지에 몰린 나머지 콘스탄티누스에게로 도망갔다. 막시미아누스는 사위였던 콘스탄티누스를 안심시키고 싶었는지 이제 제위에서 물러나겠다고 약속했다. 콘스탄티누스는 그런 막시미아누스를 태상황(太上皇)으로 대접하는 것으로 보답했다.

그러나 콘스탄티누스가 프랑크족의 침입을 물리치기 위해 휘하 병력을 이끌고 라인강 국경으로 갔을 때 막시미아누스는 다시 제위에 오르기 위해 반란을 일으켰다. 이 소식을 들은 콘스탄티누스는 즉시 회군했고 마르세유로 도주한 막시미아누스를 쫓아가서 포위했다. 콘스탄티누스가 막시미아누스의 신병 인도를 요구하자 마르세유 시민들은 이에 응할 수밖에 없었다. 콘스탄티누스는 장인이자 아버지의 주군이었던 막시미아누스를 손목의 혈관을 그어 자결하는 방식으로 처형했다. 이것은 이전에 막시미아누스가 서방정제인 세베루스를 처형한 방식 그대로였다. 그나마 고통을 최소화한 죽음으로, 일말의 온정을 베푼 것이기도 했다.

막시미아누스가 사망한 다음 해인 311년 동방정제인 갈레리우스가 심한 질병을 앓은 끝에 사망했다. 그런데 동방부제인 막시미누스 다이아가 정제에 오르지 않고 서방정제인 리키니우스가 자리를 옮겨 동방정제가 되었다. 당시 이탈리아·아프리카·히스파니아는 실질적으로 막센티우스의 통치하에 있었다. 리키니우스가 사실 서방정제라고 해봤자 통치할 영토도 없었기 때문에 그러한 인사이동이 더 적절했을 것이다. 이로써 로마제국의 서방은 콘스탄티누스와 막센티우스가, 동방은 리키니우스와 막시미누스 다이아가 지배하는 체제가 되었다. 그리고 이 넷은 서로의 현실적 필요에 따라 콘스탄티누스와 리키니우스가, 그리고 막센티우스와 막시미누스 다이아가 각각 동맹을 맺었다.

한편 막센티우스는 아버지를 콘스탄티누스에게 잃자 이탈리아 내에 있는 콘스탄티누스의 조각상을 비롯한 기념물들을 훼손하면서 콘스탄티누스를 자극했다. 콘스탄티누스는 처음에는 이 모욕을 참아냈다. 하지만 막센티우스가 서방 전역의 지배자임을 자처하며 콘스탄티누스와의 일전을 준비하자 콘스탄티누스는 더 이상 전쟁을 피할 수 없음을 알고 먼저 군대를 이탈리아로 진격시켰다. 성공하면 일거에 서방 전역의 지배자가 될 수 있지만, 과거에 세베루스와 갈레리우스가 이탈리아 침입에 실패했었던 것을 상기한다면 매우 위험한 도박이었다. 게다가 콘스탄티누스는 라인강 연안도 방어해야 했기 때문에 전 병력을 동원할 처지가 못 되었다. 실제로 막센티우스는 보병 17만 명과 기병 1만8000명을 동원할 수 있었지만,

CONSTANTINI
...QVA·SVNMERSO
...RISTIANORVM
...ATAE·SVNT

줄리오 로마노(Giulio Romano), <막센티우스와 콘스탄티누스의 전투(Battaglia di Costantino contro Massenzio)>, 1520~1524, 바티칸 교황청 디파엘로의 방

콘스탄티누스가 휘하의 보병 9만 명과 기병 8000명 중 이탈리아로 빼낼 수 있던 병력은 4만여 명뿐이었다.

그러나 중요한 점은 콘스탄티누스가 거느린 병사들이 최근까지 최전선에서 콘스탄티누스와 함께 게르만족과 싸워와서 일심으로 뭉친 역전의 용사들이었던 점이다. 반면에 막센티우스가 거느린 병사들은 전란을 겪어보지 못해 경험이 부족한 병사들이었다. 콘스탄티누스는 로마까지의 장거리 원정에 따른 보급 문제로 오히려 거추장스러울 수 있는 대군을 동원할 것도 없이, 4만 명만으로도 승산은 충분하다고 생각했던 것 같다.

로마로 향하는 콘스탄티누스는 아마도 361년 전에 폼페이우스를 무찌르기 위해 루비콘강을 건너 로마로 진군했던 카이사르가 된 기분이었을 것이다. 콘스탄티누스는 로마로 바로 진군하면 배후가 차단당할 우려가 있기 때문에 일단 수사를 시작으로 토리노·베로나 등 북부 이탈리아의 주요 도시들을 함락시키면서 남하했다. 콘스탄티누스에게 두려운 것이 있다면 그것은 막센티우스가 로마 성벽에 의지해 장기 항전을 펼치는 것이었다. 이 경우 풍부한 물자를 보유한 막센티우스에 비해 보급에서 불리하기 짝이 없는 콘스탄티누스의 군대는 결국 고립무원이 되어 자멸할 것이 뻔했다. 그렇다고 불과 4만의 병력으로, 막센티우스와 근위대가 명운을 걸고 지키려 할 로마라는 대도시를 함락시킨다는 것은 결코 쉬운 일이 아니었다. 장기전으로 치닫는다면 항복한 배후의 이탈리아 도시들이 하나씩 배반할 것도 충분히 예상되는 일이었다.

　　역사에 기록된 영웅이나 위인들에게는 그렇게 기록될 수 있도록 해준 행운이 함께한 경우가 많다. 콘스탄티누스에게도 이러한 행운이 찾아왔다. 막센티우스가 로마에서 북쪽으로 대략 14킬로미터 정도 떨어진 '삭사루브라(Saxca Rubra)'라 불리는 평원에서 승부를 벌이기로 결심한 것이다. 막센티우스가 콘스탄티누스와의 정면대결을 원해서라기보다는 대군을 거느리고도 무능하게 처신하는 자신을 향한 로마 시민들의 야유와 조소를 견딜 수가 없었기 때문이었다. 삭사루브라는 동쪽 바로 옆과 남쪽 멀리 아래에 테베레(Tevere)강이 흐르고 있다. 그리고 10킬로 정도 남쪽에는 밀비우스라 불리는 다리가 테베레강 위에 놓여 있었다. 길이 130미터, 폭 8미터의 다리는, 막센티우스가 패할 경우 그의 대군이 일사불란하게 건널 수 있을 만큼 길이가 짧지도, 폭이 넓지도 않았다. 본의 아니게 사실상 배수진이 쳐진 셈인데 이는 병가에서 금기시하는 사항이었다.

　　역사상 배수진이 성공한 사례를 보면 배수진 자체로 승리한 것이 아니다. 이는 아군이 배수진을 펼치면서 죽도록 싸우는 사이에 다른 곳에서 승패의 전환을 이룰 수 있는 양면작전이 성공했기 때문이다. 그렇다고 막센티우스는 전투에서 승패의 전환을 가져올 다른 치밀한 계획도 없었다. 기독교 쪽에서 자신들의 은인이라 할 수 있는 콘스탄티누스를 띄우기 위해 그 반대편에 선 막센티우스를 날조하여 기록했음을 감안하더라도, 장수의 자질이나 경험에서 막센티우스는 도저히 콘스탄티누스를 따라잡을 수 없었다.

전투는 용맹하기 짝이 없는 콘스탄티누스가 몸소 기병대의 선두에 서서 막센티우스의 양익에 위치한 기병대를 무너뜨리는 것으로 시작되었다. 양 측면이 노출된 채 막센티우스의 중앙에 위치한 보병 대부분은 더 이상 대형을 지탱하고 있을 용기도 이유도 없었다. 오직 로마 근위대만이 물러서지 않고 최후까지 분투하다가 전멸함으로써 비굴함을 보이지 않았을 뿐이었고, 대부분의 패잔병은 남쪽으로 도주하여 밀비우스 다리에 이르렀다. 거기로 밀려들었던 수많은 병사들이 좁은 다리를 건너지 못해 익사하거나 압사하고 말았다. 막센티우스도 이곳에서 무거운 갑옷의 무게를 이기지 못하고 강에 빠져 숨지고 말았다.

이튿날 발견된 그의 시신에서 잘린 머리와 몸통은 창에 꽂혀졌다. 로마 시민과 원로원은 자신들의 황제의 죽음을 확인하고 승자인 콘스탄티누스를 새로운 황제로 맞아들였다. 난생처음 로마라는 도시에 발을 들여놓은 콘스탄티누스는 정적들에게 적당한 보복과 적당한 관용을 베풀었다. 후환이 될 수 있는 막센티우스의 두 아들은 참수되었다. 이로써 콘스탄티누스는 서방의 유일한 황제가 되었다.

기독교 역사에서 가장 중요했던 이 전투는 사실 삭사루브라 전투라 불려야 올바르다고 할 수 있다. 하지만 밀비우스 다리까지 쫓겨난 막센티우스가 그곳에서 전사했기 때문에 밀비우스 다리 전투라고 더욱 알려져 있다.

이 전투에서 빼놓을 수 없는 유명한 일화가 바로 콘스탄티누스가 전투 전날 밤 꾸었다는 꿈이다. 락탄티우스라는 신학자가 기록하기를, 콘스탄티누스는 꿈속에서 하늘의 신호를 병사들의 방패에 그리라는 지시를 받았다. 즉 X 자 표시와 이 문자를 수직으로 그은 후에, 제일 윗부분을 둥글게 한 표시를 방패에 새기라는 것이었다. 반면에 유세비우스는 콘스탄티누스가 꿈을 꾼 게 아니라 환영을 보았다고 기록하고 있다. 대낮에 태양의 바로 위에 빛의 십자가가 걸려 있었고 그 십자가에는 "이것으로 승리하리라"라는 글자가 새겨져 있었는데 그와 그의 모든 병사들이 이 놀라운 광경을 지켜봤다고 기록하고 있다.

밀비우스 다리 전투에서 승리한 콘스탄티누스는 로마에 세 달 정도 머물다가 313년 1월에 밀라노로 올라가서 그곳으로 찾아온 리키니우스와 회담을 가졌다. 여기서 두 황제 사이에서 합의된 밀라노 칙령이 그해 6월에 반포되어 기독교가 공인되었다. 흔히 콘스탄티누스가 발표한 것으로 알려진 밀라노 칙령은 사실 리키니우스와 공동의 것이다. 또한 이 칙령은 기독교가 여타의 종교와 대등한 지위를 갖게 되었다는 뜻이지 제국의 유일한 종교로 올라섰다는 것은 아니라는 점에 주의해야 한다.

　콘스탄티누스가 기독교를 공인하게 된 배경에 의문을 가질
수 있다. 디오클레티아누스 황제 이전의 로마제국은 전제군주정이
아니라 원수정(元首政)에 가까웠기 때문에 다신교 신앙도 상관없었
다. 하지만 로마제국이 절대군주가 지배하는 전제군주정으로 변화
한 이상, 콘스탄티누스는 오리엔트 제국들과 마찬가지로 유일신 사
상이 제국의 통치에 필요하다고 판단했을 것이다. 즉, 그에게 필요
한 것은 꼭 기독교가 아니라도 유일신을 가진 종교였다. 이슬람교
는 300년 뒤에나 일어났으며, 편협하고 배타적인 유대교로는 전 로
마제국을 감싸려는 자신의 성향과 맞지 않다. 그렇다고 적국인 페
르시아의 조로아스터교를 빌려 쓰는 것도 모양새가 나지 않는다. 최
종적으로 남은 선택은 기독교밖에 없었다. 실제로 콘스탄티누스는
죽기 직전에야 세례를 받아 기독교인이 되었으며, 기독교에 각종 특
혜를 주긴 했지만 기독교를 정식으로 로마제국의 국교로 만든 것도
아니었다. 그가 이교도의 수많은 요소를 기독교에 접목시켜 기독교
를 변질시킨 장본인이라는 점에도 주목해야 한다.

　로마제국의 유일한 황제가 되고 싶었던 그는 언젠가 있을 동
방정제인 리키니우스와의 일전을 예상하고 있었을 것이다. 그렇다
면 콘스탄티누스의 세력권이 아닌 제국 동방 신민들의 지지가 필요
했다. 기독교 공인은 당시에 기독교도들 대다수가 동방에 거주하고

있는 현실을 감안할 때 그들의 지지를 받을 수 있는 수단이었다. 리키니우스와 공동성명으로 기독교를 공인한다 해도 상대적으로 콘스탄티누스에게 유리한 일이다. 후일 리키니우스는 동방부제인 막시미누스 다이아를 무찌르고, 콘스탄티누스가 다시 리키니우스를 무찔러 명실공히 로마제국의 유일한 황제로 등극한다.

제8장

비수대전—어처구니없이 패한 전투

흔히 전투는 병사가 많은 쪽이 유리하며 수가 많은 쪽에서 상식적인 전술을 수립하기만 해도 보통은 승리하기 마련이다. 또한 지휘관이 세운 전략, 전술은 전령이나 미리 약속된 신호를 통해 병사들에게 하달되어 전투가 일사불란하게 진행된다. 그런데 꼭 그렇지만은 않았음을 이번 장에서 다룰 비수(淝水) 대전을 통해 알 수 있을 것이다. 그도 그럴 것이 세계 역사 속의 무수한 전투 중에 비수 전투만큼 어이없는 종장을 맞이한 전투는 없을 것이기 때문이다. 그 규모와 중요도에 비해 너무나 어처구니없이 승패가 갈려서인지 비수대전은 때로는 우연이 필연을 능가하며 이변이 상궤를 깨트리는 예라할 수 있다.

비수대전의 또 다른 교훈은 이상주의 세상을 꿈꿨던 선량한 황제의 비할 데 없던 관대함이 중국엔 그가 덕을 베풀었던 이들의 이탈과 배반으로 보상받았다는 것이다. 비수대전은 그의 안타까운 최후를 지켜보는 후대의 인간들에게 탐욕과 배신으로 점철된 냉엄한 현실을 돌이켜볼 수 있도록 일침을 놓았던 전투이기도 하다.

중국 역사에서 소수의 병력으로 다수의 병력을 무찌름으로써 '대전(大戰)'이란 명칭이 붙는 세 전투는 '관도대전(200)' '적벽대전(208)' '비수대전(383)'이다. 그중에서 5호16국 시대(304~439)에 벌어진 비수대전은 전진(前秦)에 의하여 통일되었던 화북 지역을 북위(北魏)가 재통일할 때까지 다시 혼란 속에 빠지게 만든 전투였다. 그만큼 남북조시대의 대립이 지속되었기 때문에 한반도의 삼국, 특히 고구려가 그 틈을 타서 동북아시아의 강대국으로 성장할 수 있었다.

여느 장과 마찬가지로 이 전투가 벌어진 시대적 배경부터 살펴볼진대, 진(晉)나라가 멸망하게 된 팔왕의 난(八王之亂, 291~306)과 영가의 난(永嘉之亂, 307~312)부터 시작하자.

후한제국이 멸망한 후 수립된 위·촉·오 삼국정립의 형세를 무너뜨리고 천하통일의 대업을 이룬 나라는 위를 이은 진(晉)나라다. 제갈량의 맞수로도 유명했던 위나라의 사마의는 촉과의 대립을 이용해 군권을 장악하여 위나라 제일의 실력자로 등장했다. 사마의의 아들인 사마소가 진왕(晉王)을 칭한 후, 사마소의 아들인 사마염(司馬炎)은 허수아비에 불과했던 위나라 마지막 황제인 원제(元帝) 조환에게서 선양의 형식으로 나라를 넘겨받았다. 사마염은 국호를 진(晉)이라 칭했으니 바로 진나라 초대 황제인 무제(武帝)다.

진무제 사마염은, 위나라가 혈족들에게 권력을 주지 않았기 때문에 이성(異姓) 제후들의 반란이 일어날 때 무기력하게 멸망한 것을 지켜보았다. 이를 교훈삼아 자신의 황족들을 제후왕으로 각지에 분봉하여 그들이 강력한 군사력으로 제실을 보위하게 했다. 이와 같은 주나라 식의 봉건제도를 재현한 조치는 제후왕을 통제할 강력한 황제가 없으면 언젠가는 크고 작은 내란으로 이어질 것이 뻔했다. 아니나 다를까 무제가 죽자 각지에서 제후왕의 난이 일어났으니, 이것이 진나라의 멸망을 이끈 팔왕의 난과 뒤이어 이민족들이 벌인 영가의 난이다.

무제에게는 사마충(司馬衷)이라는 어리석은 황태자가 있었다. 아들이 워낙 아둔해서 무제는 한때 자신의 동생인 제왕(齊王) 사마유(司馬攸)에게 양위할 계획도 있었다. 하지만 황태자비인 가남풍(賈南風)의 수완으로 사마충은 가까스로 제위를 이어 2대 황제 혜제(惠帝)로 즉위할 수 있었다. 사마충이 백성들이 굶주린다는 소리를 듣고 한 말이 "쌀이 없으면 고기를 먹으면 되지 왜 굶는가?"라고 말했다고 한다.

황후가 된 가남풍은 남편과는 달리 야심과 지혜가 뛰어난 인물이었다. 그는 시어머니인 황태후를 비롯하여 수많은 원로와 제후왕을 무참히 살해했는데, 이 과정에서 제후왕의 손을 빌려 서로 싸우게 하는 이간책을 사용했다. 이러한 방법으로 일단 외척인 가씨의 천하는 10년을 이어갈 수 있었다. 하지만 그러는 사이에도 각지의 제후왕은 천하를 다시 사마씨의 세상으로 만들려고 기회를 엿보고 있었다. 그들은 10여 년 동안 숨죽이고 있다가 가남풍이 양자였던 황태자 사마휼을 살해한 사건을 계기로 들고 일어나 가씨 일족을 모조리 도륙하는 데 성공했다.

그런데 막상 가씨 일파를 물리치고 나자 그 뒤가 문제였다. 무제 사마염의 분봉정책으로 인해 제각기 강력한 군사력을 가지고 있던 제후왕들은 서로 황제가 되기 위하여 친족 간에 피비린내 나는 이전투구를 벌인 것이다. 이 내전은 8명의 왕들이 연관되어 있다 해서 '팔왕의 난'이라 일컬어진다. 팔왕의 난이 무려 15년 동안 지속되자 각 왕들은 부족한 자신들의 군사력을 보충하고자 자연스레 외세에 손을 내밀었다. 이 기회를 놓칠세라 그동안 통일된 중원제국(한·위·진)에 눌려 지냈던 이민족들은 중원에 발을 들여놓았다. 이러한 이민족들의 침입으로 쇠약해진 진나라는 결국 흉노에 의해 멸망하고 마는데 이 사건이 진나라 3대 황제 회제(懷帝)의 연호인 영가(永嘉) 때 일어났다고 하여 이를 '영가의 난'이라고 부르고 있다. 즉, 영가의 난은 팔왕의 난이 의도치 않은 산물이었던 것이다.

흉노(匈奴)는 한나라 때 북흉노와 남흉노로 나누어진 상태였다. 이 중 북흉노는 후한의 화제 때 두헌에 쫓겨 서쪽으로 이동했다. 일각에서는 이들이 게르만족의 이동을 일으킨 훈족의 조상일 것이라 추측하기도 한다. 그에 비해 남흉노는 한족에 동화되어 중원으로 이주하여 거주하고 있었다. 이 남흉노 선우(흉노의 임금)의 후손 중에 문무에 뛰어난 유연(劉淵)이란 귀족이 성도왕 사마영의 부하로 있었다. 유연이 망국인 한나라 황실의 성을 가지고 있었던 것은 외가 쪽이 한나라 공주의 피를 이어받았기 때문이었다.

팔왕의 난이 일어나자 흉노의 지도층들은 자신들의 제국을 다시 건설하려는 야심을 갖기 시작했다. 그들은 선우에 유연을 추대하기로 결의한 후 그를 모셔 오려 했다. 유연이 이에 호응하여, 흉노에 장례식이 있어 다녀오겠다며 말했지만 성도왕은 이를 거절했다. 그러나 성도왕이 병력 부족으로 어려운 처지에 있는 것을 알고, 흉노의 군대를 이끌고 오겠다고 말하니 이번에는 허락을 했다. 이렇게 빠져나간 유연이 자립하여 흉노에서 대선우에 올라 한왕(漢王)을 칭했고, 4년 후인 308년에는 황제를 칭했다.

그 후 유연은 중원 진출을 노리며 진나라의 수도인 낙양을 두 번 공략했으나 실패하고 죽었다. 그 뒤를 이어 태자 유화가 즉위했으나 곧바로 유총이 형인 유화를 죽이고 제위에 올랐다. 아버지와 마찬가지로 유능하고 야심이 컸던 유총은 낙양 함락의 꿈을 이루기 위해 사촌형제인 유연과 갈족의 수령 석륵으로 하여금 다시 낙양을 공격하게 하여 드디어 함락시키기에 이르렀다. 흉노군이 낙양성 안으로 들어가서 태자를 비롯한 3만 명을 베어 죽이고, 생포한 회제 또한 한나라의 수도 평양으로 끌고 가서 살해했다. 이에 진나라 황족들은 장안으로 달아나 진(秦)왕 사마업(司馬鄴)을 황제로 모시니 바로 진(晉)제국 4대이자 마지막 황제인 민제(愍帝)다. 하지만 이것은 쓰러져가는 거목이 내는 마지막 굉음이었을 뿐이다. 한나라 초대 황제 유연의 조카이자 양자인 유요가 장안을 공략하자 316년 민제가 항복하면서 진나라는 4대 51년 만에 멸망했다.

하지만 하늘이 정한 진제국의 운수는 아직 다하지 않았다. 진나라 제실의 피붙이인 낭야왕 사마예(司馬睿)가 강남으로 이주하여 망명정권을 세우면서 건강(建康, 지금의 난징)을 수도로 하는 진제국의 부흥을 선언한 것이다. 후한이 멸망하자 촉한이 건국되고, 북송이 멸망하자 남송이 건국되고, 명나라가 멸망하자 남명 정권이 수립된 것과 같다. 이때 낙양을 수도로 했던 진나라를 서진(西晉)이라 부르고 건강을 수도로 했던 진나라를 동진(東晉)이라 부르면서 구별하고 있다. 진나라는 전반적으로 부패하고 무기력했으며 무엇보다도 최초로 이민족에게 중원을 통째로 내준 나라이기에 중국인들에게 인기가 전혀 없는 제국이다.

동진(東晉)의 초대 황제가 된 원제(元帝) 사마예는 호족들의 눈에는 분명 이방인이었을 뿐이다. 그렇다고 그에게 이렇다 할 덕도 없었기 때문에 토착 호족들은 처음에는 사마예에게 인사조차 하지 않았다. 그런 사마예에게는 낭야 출신의 왕도(王導)라는 명참모가 있었다. 왕도는 사마예로 하여금 진제국을 잇도록 부추긴 인물이다. 사마예 또한 자신의 세력이 워낙 미약했기에 왕도로 하여금 정무를 담당하게 하고, 왕도의 사촌형인 왕돈(王敦)으로 하여금 군무를 총괄하게 했다. 이 때문에 동진 정권의 실세는 낭야 왕씨라 할 수 있었다. 나중에 왕돈이 원제의 뒤를 이은 명제 때에 반란을 일으켰지만 왕도가 왕돈의 사촌인데도 연좌되지 않았을 정도로 왕도는 제국의 실세였다.

왕도가 강남의 지방호족들을 다독이고 포섭하려는 각고한 노력이 결실을 거두면서 동진 정권은 차츰 강남에 뿌리를 내릴 수 있었다. 강남의 지방호족들이 이주자들인 사마씨와 왕씨의 연립정권에 굳이 따르지도 않으면서 또한 굳이 배척하지 않은 이유는 동진 정권이 남하할 때 이끌고 온 강력한 북방의 군사력 때문이었다. 이민족들이 화북을 유린해 만일 계속 이민족들이 강남으로 쳐들어온다면 사마씨와 왕씨의 군사력으로 그 침입을 막아낼 수 있으리라 기대했기 때문이다.

이제 다시 화북인 중원으로 돌아가보자. 사실 서진제국의 멸망에서부터 북위가 화북을 통일시킬 때까지, 5호16국 시대를 여기에서 구구절절 언급하는 것은 불필요할 것이다. 워낙에 많은 소국들이 서로 먹고 먹히는 일이 잦아서 너무 지엽적인 부분에 매달린다면 나무는 보지만 숲은 보지 못하는 우를 범할 것이기 때문이다. 우선은 전진(前秦)의 수립까지 주요한 사건 위주로 정리해보자.

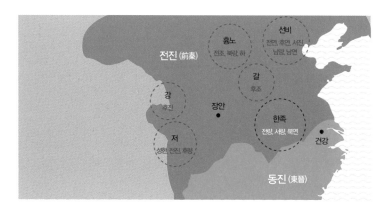

진을 멸망시킨 유총이 죽은 후 유총의 제국은 내분으로 나라가 분열되었다. 유총의 밑에 있었던 유요가 전조(前趙)를 세우고 갈족(羯族) 출신이었던 석륵이 후조(後趙)를 건국했다. 둘 다 나라이름을 조(趙)로 했는데 석륵이 유요보다 1년 늦게 나라를 세웠기 때문에 전조와 후조로 구분한다. 처음에는 둘이서 화북을 나눠 갖는데 주력하다가 그 다음에는 둘이서 화북을 독점하기 위해 싸우기 시작했다. 둘 다 효웅(梟雄)이었기에 혼전이 예상되었지만 유요가 석륵에게 허무하게 죽임을 당했고, 석륵이 화북의 대부분을 차지했다.

진(晉)나라부터 남북조시대 대부분의 국가들은 창시자는 대체로 유능하고 볼만했지만 후계자들이 무능하고 잔인하여 나라를 망치는 경우가 잦았는데 석륵의 후조 또한 그러했다. 석륵의 뒤를 이은 석호라는 인물이 굉장히 잔인한 인물이어서 백성들의 인심은 완전히 후조를 떠났다. 결국 석호의 양손자인 염민이라는 자가 갈족의 후조를 멸망시키고 제위에 올라 위(魏)를 건국했다. 하지만 염민 또한 잔인한 정책으로 일관했기에 불과 3년 만에 모용씨의 전연(前燕)에 멸망당했다. 선비족(鮮卑族)인 모용황(慕容皝)이 건국한 전연은 고국원왕 때 고구려를 침략하고 미천왕의 무덤을 파헤친 것으로 알려져 있다. 얼마 안 가 다시 이 전연을 멸망시킨 나라가 비수대전의 주인공인 전진(前秦)이다.

　　전진은 저족(氐族) 출신인 부건(苻健)이란 인물이 당시의 혼란을 틈타 장안(長安)을 수도로 하여 351년에 건국한 나라다. 부건이 죽은 후 태자인 부생(苻生)이 즉위했다. 그는 홀로 1만의 적을 당해낼 만큼 용맹하기 짝이 없었지만 성정은 너무나도 난폭한 인물이었다. 부생에게는 백성들의 신망이 높은 부견(苻堅)이라는 사촌동생이 있었다. 부생은 그런 부견을 시기하여 죽이려고 했기에 부견이 미리 선수를 쳐 부생을 죽이고 진천왕에 즉위했다.

　　고구려 소수림왕 때 승려 순도를 시켜 불교를 전해준 인물로서 국사책에도 실린 인물인 부견은 살육과 하극상이 난무했던 그 시대에 어울리지 않는 이상주의자였다. 저족·선비족·한족 등을 본거지에서 다른 민족의 거주지로 이주시켜 민족 융합을 꾀했으며, 여러 민족으로부터 차별 없이 인재를 받아들이고 중용했다. 또한 그

시대에 드물게 전쟁에서 패한 적장들도 너그러이 받아들였는데 대표적인 인물이 강족의 요장, 동진의 주서, 전연의 모용수 등이다. 얄궂게도 이들은 모두 나중에 부견을 배반하고 만다.

부견이 등용한 인물 중에서 가장 눈에 띄는 인물은 한족 출신인 왕맹(王猛)이다. 왕맹이 부견을 알게 되기 전에 동진(東晉)의 환온이란 장수가 군대를 이끌고 전진의 수도인 장안까지 이르렀다가 여의치 않아 회군한 일이 있었다. 이때 환온은 자신을 찾아온 왕맹과 이야기를 나눠보고 뛰어난 인물임을 알게 되었다. 이에 같이 동진으로 돌아가서 한족의 왕조에서 벼슬할 것을 청했는데 왕맹이 스승의 충고를 듣고 이를 거절한 일이 있었다. 왕맹이 꿈꾸었던 이상은 한족에 의한 중원 회복이 아니라, 오히려 부견과 마찬가지로 여러 민족이 어울려 더 이상 전란 없는 시대를 꿈꿨던 것 같다. 그러기에 부견이 왕맹을 만났을 때 둘은 서로의 생각이 일치하는 것을 알고 함께 쿠데타를 도모할 수 있었다.

황제가 된 부견은 모든 것을 왕맹에게 의지했고 틈날 때마다 "내게 왕맹이 있는 것은 유비에게 제갈량이 있는 것과 같다"고 말했다. 제갈량이 자신의 꿈이었던 한나라의 재건을 이루기 위해 유비를 선택하여 포부와 이상을 펼쳐나갔듯이, 왕맹 또한 부견을 통해 자신의 뜻하는 바를 이룰 수 있었기 때문에 충성을 다했다. 대내적으로 신분의 고하를 막론한 공정한 법 집행, 교육의 진흥, 수리시설의 개간, 농업과 양잠의 증진 등 내실을 튼튼히 했다. 대외적으로는 전연을 멸망시키는 등 화북지역인 중원을 완전히 석권하기에 이르렀다. 최초로 중국 대륙 전체를 차지한 이민족 국가는 원(元)나라이지만, 중화민족의 근원인 중원 전체를 통일한 최초의 이민족 국가는 전진(前秦)이다. 이제 천하에 남은 세력은 전진보다 국력이 미약한 양자강 이남의 동진(東晉)뿐이어서 천하통일도 얼마 남지 않은 듯이 보였다.

하지만 제갈량에 비유되던 왕맹은 정사에 심신을 다한 탓에, 제갈량처럼 50대 초반에 그리고 천하통일의 위업을 이루기 전에 세상을 떠나고 말았다. 임종에서 왕맹이 부견에게 올린 충언은 다음과 같다. "동진은 내부적으로 결속이 단단하고 군신 상하 간에 질서와 화목을 이루고 있습니다. 또한 동진은 장강(양자강)이라는 천혜의 지형을 가지고 있어 쉬이 정복할 수가 없습니다. 그보다는 (전연에서 귀순한) 모용수와 (강족의) 요장이 더 위험합니다. 선비족과 강족이 전진에 복속하긴 했으나 그들은 전진의 오랜 적이며 마음속으로 항복한 것은 아니므로 모용수와 요장은 뒷날 큰 후환이 될 것입니다. 차라리 그들을 없애는 것이 먼저입니다."

그러나 마음이 모질지 못했던 부견은 왕맹이 죽었을 때 그토록 비통해하면서도 모용수와 요장을 그대로 기용했다. 또한 왕맹이 죽은 후 7~8년이 지나자 차츰 천하통일을 마무리 지어 후대에 안정되고 평화로운 나라를 물려주고 싶은 마음이 생겼다. 부견은 동진 정벌군을 일으키기 위해 중신회의를 열었다. 중신인 권익과 장군 석월을 비롯한 대부분의 신하들은 장강의 험함이 있고 군신과 백성이 단합하는 동진을 정복하기 어렵다고 반대했다. 심지어 황태자 부굉(苻宏)과 지용을 겸비한 동생인 부융(苻融)도 아직은 때가 아니니 동진에서 내분이 일어날 때까지 기다려야 한다고 진언했다. 부융이 특히 동진 원정을 반대한 가장 큰 이유는 전진의 주력군이 남방으로 내려간 사이 그간 틈틈이 반란의 기회를 노리고 있는 갈족·선비족·강족 등 이민족이 변을 일으킬 것을 두려워했기 때문이었다.

그러나 부견은 여태까지의 수많은 정복전쟁을 모두 승리로 이끌어 군사적인 자부심이 대단했다. 동진 정복이라는 마지막 한 고비만 넘기면 천하통일을 이룰 수 있는데 어찌 거기에 마음이 쏠리지 않았겠는가. 중신회의를 열었던 것은 여러 의견을 수렴하여 합리적인 결정을 내리기 위함이 아니라 자신에게 동조할 신하를 찾기 위함이었다. 이때 부견에게 동진 정벌에 나서라고 강력히 권유한 자는 모용수(慕容垂, 326~396)였다. 모용수가 찬성한 이유는 부견을 위해서가 아니라 동진 정벌에 실패할 때 기회를 틈타 멸망한 연나라를 다시 건국하기 위함이었다. 그 속내를 알지 못하는 부견은 모용수를 그대로 믿고 결국 군대를 일으키기로 했다. 이렇게 하여 동원된 병력이 보병 60만, 기병 27만, 근위대 3만으로 모두 90만이었으며, 동생인 부융을 총사령관으로 삼아 장안을 출발했다. 파·촉 땅에 있던 강족의 요장에게도 사람을 보내 군대를 이끌고 장강을 따라 동쪽으로 진군하게 했으며, 유주(지금의 베이징 일대) 쪽에서도 군대를 남하하여 진군하게 했다. 이렇게 세 갈래로 진군하는 전진의 병력은 100만이 넘었고 식량과 군자금도 충분하니 벌써부터 천하통일을 완수한 듯 부견은 기고만장하여 다음과 같이 말했다. "동진왕을 장안에 데려와 짐의 고관으로 삼고, 사안은 이부상서로 임명하며, 환충은 시중에 임명할 것이다. 장안에 동진왕이 거주할 저택을 마련하도록 하라."

부견의 이러한 자신감은 외견상 충분히 그럴 만했다. 그도 그럴 것이 이전의 역사를 살펴본다면 목야대전에서 은나라 주왕이 동원한 병력이 70만이었으며, 춘추시대 오왕 부차가 월왕 구천을 무찌르기 위해 동원한 병력이 70만이었다. 나관중의 『삼국지연의』에서 실제보다 훨씬 부풀려진 것이겠지만 관도대전에서 원소가 80만, 적벽대전에서 조조는 60만, 이릉대전에서 유비는 70만의 병력을 동원했다. 그러니까 유사 이래로 부견이 일으킨 대군에 필적하는 군대가 동원된 적은 한 번도 없었으며, 이는 훗날 수양제가 고구려 침공을 위해 113만 대군을 동원할 때까지 단연 최고였다.

재미있는 점은 위에서 열거한 전투들은 모두 대군을 동원한 쪽의 완패로 끝났다는 것이다. 최종적으로 부견의 대군도 같은 처지가 되며, 이는 전투가 단지 숫자만으로 승패가 갈리지 않는다는 것을 나타낸다. 동진 토벌에 나선 전진군이 비록 대군이었지만 두 가지 문제가 있었다. 하지만 이미 승리에 도취한 부견은 애써 그것들을 무시하고 있었다.

첫째, 당시로서는 동진을 칠 대의명분이 없다는 것이다. 동진은 한나라 이래로 정통성이 있는 왕조였으며 동진 황제가 폭정을 하는 것도 아니었다. 전쟁이란 모름지기 출정의 명분이 있어야 하는 법이다. 그렇지 않으면 병사들은 목숨을 걸고 싸울 이유를 찾지 못하고 틈만 나면 달아나기 쉽다. 당태종 이세민이 고구려를 침략하기 전에 전쟁을 일으키는 이유를 조목조목 밝히고 시작했듯이, 무릇 전쟁은 대의명분이 뚜렷해야 백성들이 지지하며 병사들이 높은 사기로 싸우는 것이다.

둘째로 더 중요한 문제점은 전진이 외견상 중원을 통일했지만, 내면적으로는 여러 민족의 집합체라는 이질성을 극복하지 못하고 있었다는 점이다. 아직은 힘으로 다른 민족들을 정복하여 억누른 상태에 불과했기 때문에 그들은 마음속 깊이 복속하는 것이 아니었다. 정복당한 다른 민족들의 눈으로 보면 저족의 전진은 그저 5호의 하나일 뿐이며, 황제 부견은 자신들을 고향을 떠나 타지역으로 강제 이주시킨 원수일 뿐이었다.

한편 소식을 접한 동진의 조정은 적이 워낙 대군인지라 긴장할 수밖에 없었다. 하지만 동진은 승상인 사안(謝安)이 속한 주전파의 주장대로 부견에 맞서기로 결정했다. 당시 동진군은 북부군 8만과 서부군 10만으로 구성되어 있었는데 그중 북부군이 정예였다. 사안은 몸소 대도독이 되어 18만 군을 통솔하기로 했다. 먼저 동생인 사석(謝石)이 북부군을 지휘하게 하고 조카인 사현(謝玄)을 북부군 선봉으로 내세워 전진군의 주력에 맞서게 했다. 또한 호빈(胡彬)이란 장수에게는 수군 5000을 주어 비수(淝水) 강변의 수양성(壽陽城)을 지원하게 했다. 마지막으로 서부군은 환충(桓沖)이 지휘하게 하여 강족 요장이 이끌고 장강을 따라 내려오는 전진군을 막게 했다.

이때 사안이 구체적으로 어떤 작전으로 침략군을 무찌를 계획이었는지 사서에 전혀 언급되어 있지 않다. 실제로 사현이 출전하기 전에 삼촌 사안을 찾아보고 구체적인 전략을 물었지만 사안은 "걱정할 거 없다. 전략은 내 가슴속에 있다"고 말할 뿐이었다. 또한 서부군 사령관인 환충이 수도 방어에 충당하라고 정예병 3000을 애써 보내온 일이 있었다. 그러나 사안은 "건강을 방어할 병력은 충분하다"고 말하며 그마저 돌려보낼 뿐 구체적인 전략을 이야기하지 않으니 동진의 장군들은 불안하기 짝이 없었다.

383년 10월 전진군의 선봉을 맡은 부융이 30만 대군으로 군사상 요충지인 수양성을 함락시키면서 비수대전의 서막이 올랐다. 수양성을 지원하기 위해 동진의 수군을 이끌던 호빈은 어쩔 수 없이 수비에 용이한 근처의 협석(硤石)이란 곳으로 물러났다. 부융은 호빈을 추격하는 동시에 부장인 양성(梁成)에게 5만의 군사를 주어 협석의 동쪽인 낙간(洛澗)으로 보냈다. 이것은 동진의 북부군 8만 명이 서쪽으로 진격함을 막는 동시에 호빈에 대한 지원과 그의 퇴로를 차단케 하기 위함이었다.

이때 호빈이 북부군 사령관인 사석에게 군량미가 떨어져서 더 이상 협석에서 버틸 수 없다는 내용의 편지를 보냈는데 하필이면 이게 부융의 수중에 들어갔다. 부융이 이를 부견에게 알리자 부견은 얼마 안 되는 적을 신속히 무찌르기로 결심했다. 이 때문에 본대인 60만 대군을 항성(項城)에 남기고 자신은 경기병 8000을 이끌고 달려가 수양성의 부융과 합세했다.

부견은 본격적인 전투에 앞서 우선 항복을 권유하는 사신을 사석에게 보내기로 했다. 여기서 부견은 의도치 않은 한 가지 실수를 했다. 사신의 임무를 동진 출신의 항장(降將)인 주서(朱序)라는 장수에게 맡긴 것이다. 부견은 주서가 동진 출신의 장수이기에 사석을 잘 설득할 거라 기대했지만 결과는 반대였다. 주서는 몸은 전진에 있어도 마음은 언제나 동진을 향한 사람이었다. 사석을 만난 주서는 다음과 같이 진언했다. "전진의 본군이 이곳에 당도하기 전에 신속히 이곳에 있는 전진의 선봉대를 무찔러야 합니다. 만약 본군이 당도해 선봉군과 합류하여 100만의 전진군이 집결한다면 이기기가 어려울 것입니다. 지금 선봉군을 무너뜨리면 전진군은 사기가 꺾일 것이고 그다음 전투에도 큰 도움이 될 것입니다." 그리고 자신은 돌아가서 전진군 내부에서 동진에 호응하여 싸우겠다고 밀약

했다.

그러나 사석은 주서가 아무리 동진의 옛 신하였더라도 쉽사리 그를 믿을 수 없을뿐더러 부견이 직접 도착했다는 소리에 감히 나가 싸울 용기가 나지 않았다. 그러나 사염(謝炎)이란 부장이 주서의 의견에 따를 것을 사석에게 간청했다. 사석은 드디어 유뢰지(劉牢之)라는 장수로 하여금 정예 중의 정예 5000 정병을 거느리고 낙간에 진을 치고 있던 양성을 공격하게 했다. 전진군의 선봉 중에서도 선봉이었던 양성의 5만 병력은 밤중에 기습을 당했기 때문에 제대로 대처할 수가 없었다. 유뢰지가 거느린 동진군은 미리 둘로 나누어져 앞뒤로 낙간의 전진군을 공격했고 마침내 양성의 목을 베었다. 지휘관을 잃은 전진군이 앞다투어 달아나다가 강물에 빠져 죽은 병사가 1만5000명이나 되었다. 비수대전의 서전이라 할 수 있는 낙간 전투에서 전진군은 10분의 1밖에 안 되는 동진군에게 이토록 허무하게 무너지고 말았다.

첫 싸움에서 승리한 동진군은 여세를 몰아 비수 강변 동안까지 진출했다. 하지만 전진군이 비수 서안에 포진하여 동진군의 도하를 저지하고 있었기 때문에 더는 진격할 수가 없었다. 비수 서안에서 부융과 함께 있던 부견은 후속부대를 기다려 100만 대군이 일거에 공략할 계획이었다. 따라서 아직은 군이 비수를 건너 공격할 필요가 없어 여유 있는 입장이었다. 그와 반대로 동진군은 전진군이 총집결하기 전에 승부를 내야 할 입장이어서 급한 상황이었다.

그래서 동진의 선봉장인 사현이 부융에게 서신을 보내어 다음과 같이 결전을 촉구했다. "전진의 병사들은 깊이 들어와 있는데 강가 옆에 진을 치니 이것은 곧 지구전의 계책이지 속전속결의 뜻은 아니오. 만약 그대가 싸울 생각이 있다면 진영을 뒤로 옮겨 군사를 조금만 물린다면 우리의 병력이 강을 건너갈 수 있을 것이오. 그때 그곳에서 전투의 승부를 결정하는 것이 어떻겠소?"

전진의 장수들은 지금의 유리한 위치를 내줄 이유가 없으니 거절해야 한다고 했지만 평생을 전쟁터에서 잔뼈가 굵은 부견은 달리 생각했다. 일단 사현의 바람대로 뒤로 물러나다가 동진군이 도하하는 때를 노려 철기병대를 내보내 동진군을 몰살시키겠다는 계획이었다. 병법에서 도하 중인 적을 공격하는 것이 상식이다. 사현의 요구를 거절한 전진 장수들의 의견도 옳은 것이고 부견의 생각도 올바른 것으로 양쪽의 시비를 가릴 수 없다. 하지만 부견이 전혀 생각지 못한 부분에서 일이 묘하게 꼬여버렸다. 그리고 바로 여기에서 역사상 가장 어처구니없이 패배한 전투라고 기록할 만한 장면이 연출된다.

약속한 시간이 되어 부견은 진채를 뜯어 뒤로 물리면서 약간 뒤로 후퇴를 명령했는데 바로 이때 생각지도 못했던 이변이 일어났다. 일단 후퇴한 후 뒤로 돌아 동진군을 공격하기로 한 부견의 작전은 전진군의 수뇌부만 아는 사실이었기에 말단 병사들은 알 턱이 없었다. 이들 여러 민족 출신의 병사들은 반강제적으로 명분 없는 싸움터에 끌려나온 터라 애초부터 싸울 의지가 없었다. 이들 병사들은 후퇴 명령이 떨어지자 그렇잖아도 싸우기 싫은 참에 진짜로 싸움에 패해서 후퇴하는 줄로만 알았던 것이다.

부견은 원래 어느 정도 물러난 후 뒤로 돌아 동진군을 공격하라는 명령을 내릴 계획이었다. 그런데 그 명령이 내려지기 전에 동진군과 내통하기로 약속한 주서가 부하들과 계획한 대로 이리저리 돌아다니며 "전진군이 패했다. 빨리 도망쳐라" 외쳐댔다. 영문을 모르는 병졸들이 그 말을 듣고 달아나기 시작하자 전진군의 혼잡은 이루 말할 수 없는 지경이 되었다. 여기에 더해 강을 건넌 동진군 기병 8000이 기회를 놓치지 않고 무너지는 전진군에게 맹렬한 공격을 쏟아부었다. 이 어이없는 상황을 막기 위해 말을 달리던 총사령관 부융이 동진군에게 살해당하고, 황제인 부견도 화살에 맞는 지경에 이르자 이 패주의 물결을 막을 수 없었다. 이들이 달아나면서 부융의 선봉대에 합세하기 위해 오고 있던 후속부대들에게도 패전의 소식을 전하니 전진의 90만 대군 전체가 무너지면서 달아났다. 마침 늦은 가을이어서 굶주림과 추위에 8할이 죽고 부견이 장안에 들어갈 때는 겨우 10만의 병사가 남았을 뿐이라고 한다.

정말 어이없기 짝이 없는 종장이었다. 전진 황제 부견은 그때까지의 세계 역사를 통틀어 가장 많은 병력을 동원한 전투에서 그토록 어처구니없이 패하고 만 것이다. 이런 부견을 기다리고 있

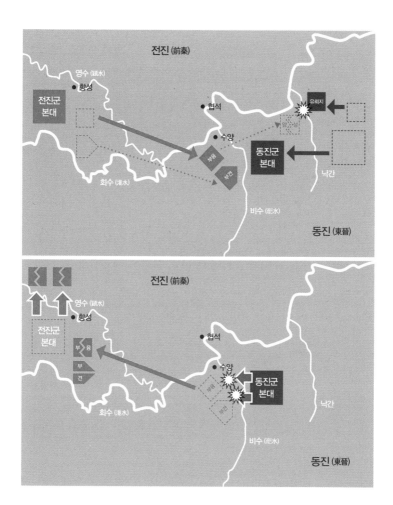

✱ 비수대전

전진의 부융이 수양을 점령하자, 수양으로 향하던 동진의 호빈은 협석으로 물러났다. 부융이 양성에게 5만을 주어 낙간을 지키게 했다. 부견은 수양이 함락된 소식을 듣고 항성에 본대를 남기고 8000명의 기병을 이끌고 수양에 있는 부융과 합류했다. 동진의 유뢰지가 낙간을 건너 기습하여 양성을 패퇴시켰고, 서전을 승리한 동진군 본대가 진격하여 비수를 사이에 두고 전진군 선봉과 대치했다. 동진군은 전진군 선봉이 본대와 합류하기 전에 먼저 공격했다. 부견은 약간 후퇴한 뒤 반격을 계획했지만, 그러나 이것이 의도와 다르게 전진군 선봉의 붕괴로 이어지고 말았다. 전진군 본대도 연이어 패주의 물결에 휩싸였다.

는 것은 그의 지배하에 있던 이민족들의 배반에 의한 제국의 붕괴였다.

　먼저 모용수가 부견을 모시고 장안으로 가는 중에 비수의 패배로 동요하는 북방 민족을 위무한다는 구실로 빠져나갔다. 그 후 모용수는 부견을 배신하고 후연(後燕, 384~407)을 건국했다. 후연은 단명한 왕조이긴 하지만 고구려 광개토대왕과의 항쟁으로 익히 알려진 나라다. 또한 강족의 요장도 칭제(稱帝)하고 진(秦)을 건국한 후 장안에 도읍했다. 이를 전진(前秦)과 구분하여 후진(後秦)이라 부른다. 또한 선비족 모용충이 한때 장안을 빼앗고 서연(西燕)을 건국했는데 이 왕조는 너무 단명했기에 5호16국에 포함시키지 않는다. 서연의 모용충이 장안을 빼앗았을 때 쫓겨난 부견은 오장산이란 곳으로 난을 피하다가 그곳까지 쫓아온 강족의 요장에게 결국 죽임을 당했다. 한때는 천하를 호령하던 그가 따스한 은덕을 베풀었던 신하에게 시해되고 만 것이다. 그 뒤로도 전진은 9년 정도 명맥을 이어가며 주로 후진과 힘을 겨뤘지만 결국 394년에 서진(西秦)의 공격을 받고 멸망하고 말았다.

　전진의 뒤를 이어 수많은 군소국가가 난립한 가운데 최종적으로 모용수의 후연과 요장의 후진이 화북의 쌍두마차로 대두했다. 후연은 서연을 멸망시키고, 후진은 전진을 멸망시켜 화북을 동서로 양분했다.(위에 언급했듯이 전진이 서진(西秦)에 멸망했다고 보는 견해도 있다.) 후연과 후진이 엎치락뒤치락하는 사이 최종 열매를 딴 것은 엉뚱하게도 선비족인 탁발규(拓跋珪)가 건국한 북위(北魏)다. 395년 참합피 전투에서 북위에게 대패한 후연은 남연(南燕)과 북연(北燕)으로 분열되었다. 이 중 남연이 먼저 동진의 유유(劉裕)에게 410년에 멸망당했고, 강족의 후진 또한 요장의 손자인 요홍에 이르러 3대 33년 만인 417년에 유유에게 멸망당했다.

사마씨의 서진제국이 317년에 멸망한 후 정확히 100년이 지나서 천하의 수도인 장안이 한족인 동진에 의해 탈환된 것이다. 동진의 유유는 남연과 후진을 정복하는 뛰어난 군사적 업적으로 송왕(宋王)에 봉해졌다. 그런데 이성 제후가 왕이 된다는 것은 제위를 찬탈하기 전에 마지막으로 밟는 수순이라는 것은 그전의 역사가 몇 번이나 증명한 바 있다. 아니나 다를까 송왕 유유는 420년 동진의 마지막 황제인 공제(恭帝)로부터 선양을 받아 송(宋)나라를 건국하게 된다.(960년 조광윤이 건국한 송과는 다르다.) 이로써 사마염이 건국한 진(晉)제국은 서진과 동진을 합쳐 155년간 지속되다가 공제(恭帝) 사마덕문에 이르러 완전히 멸망하고 말았다. 이후 강남에서는 송(宋), 제(齊), 양(梁), 진(陳)으로 이어지는 남조시대가 열리며 황하 유역의 북조와 대립하게 된다.

중국사에서 남북조시대란 북위가 북연과 북량을 멸망시켜 화북을 통일한 439년부터 수나라에 의해 천하가 통일되는 589년까지의 150년을 가리키거나, 혹은 남쪽에서 유유가 송나라를 건국한 420년부터 계산하여 169년을 가리킨다.

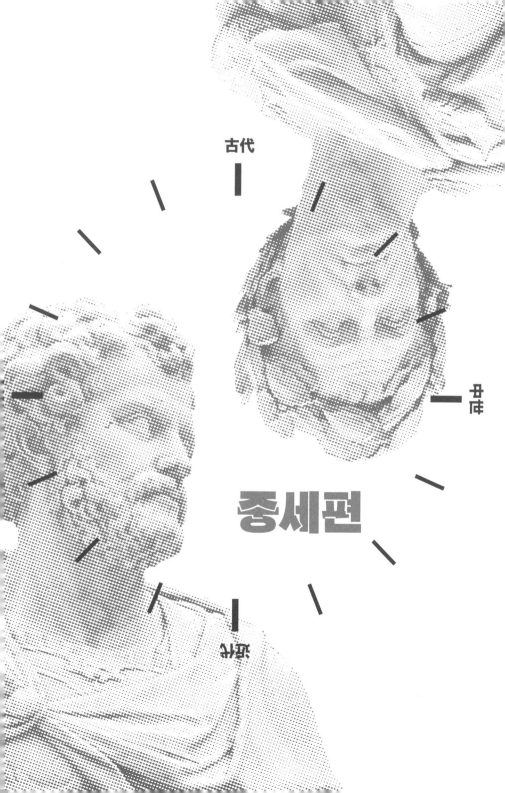

古代

중세

중세편

근대

제9장

야르무크 전투—널리 확산되는 이슬람교

앞서 다뤘던 불교와 기독교에 이어 이번에는 이슬람교와 관련된 전투를 다룰 차례다. 이슬람교는 중국의 서북방 소수민족인 회족이나 위구르족이 믿는 종교라 하여 회교(回敎)라고도 불려왔다. 또는 마호메트(Mahomet)가 창시했다고 하여 마호메트교라고도 부르지만 정작 무슬림들은 마호메트를 신의 예언자로 볼 뿐 결코 그를 신격화하지 않기 때문에 마호메트교라고 부르는 것에 강한 거부감을 갖고 있다. 마호메트라는 이름은 무함마드(Muhammad, 571~632)라는 원래의 이름을 서양식으로 부르는 것이다. 이전부터 마호메트라고 더 잘 알려져 있지만, 정확한 아랍어 표기법에 따라 무함마드라고 표기하는 것이 맞겠다.

이슬람교만큼 그토록 짧은 기간에 교세를 확장한 종교는 없다. 아랍제국은 무함마드가 사망한 632년까지 전 아라비아반도를 통일했다. 제국의 팽창은 그로부터 정확히 100년이 되는 732년 투르·푸아티에 전투에서 프랑크 왕국에게 패하면서 멈출 때까지 지속되었다. 불과 100년 만에 유럽·아시아·아프리카 3대륙에 걸친 대제국을 건설한 것이다. 그 영토만 놓고 보면 오히려 로마제국이나 페르시아제국의 전성기를 능가하며, 몽골이 13세기에 유라시아 대륙을 정복할 때까지는 최대의 제국이었다. 이슬람제국의 정복사업이 그토록 빠르고 광대하게 진행될 수 있었던 데에는 몇 가지 이유가 있다.

첫째, 당시의 국제적 정세가 아랍인들에게 유리한 상황이었다. 당시 아랍이 밖으로 뻗쳐 나가기 위해 반드시 넘어야 하는 두 거대 제국인 동로마와 사산조 페르시아는 오랜 전쟁을 통해 국력이 쇠약해진 상황이었다. 둘 다 서로를 결정적으로 무너뜨리지 못한 상태에서 벌이는 총력전으로 인해 피폐해졌기 때문에 신흥 제국인 아랍만 어부지리를 얻게 된 셈이다. 이 중에서 동로마제국은 비록 영토의 절반 가까이를 이슬람 세력에 잃게 되지만 콘스탄티노플의 든든한 성벽에 의지하여 끝까지 버텨낸다. 하지만 동로마제국에 패한 후 내란에 빠져 있던 사산조 페르시아제국은 아랍과의 싸움에 연이어 패전하면서 651년에 이르러 결국 멸망하게 된다.

둘째, 이슬람의 군대가 기동력을 갖춘 경기병 위주였다는 것에 주목해야 할 것이다. 로마제국은 중장보병이 군대의 중추였기 때문에 그 뛰어난 조직력과 개개인의 전투력에도 불구하고 영토 팽창에서 상대적으로 더딜 수밖에 없었다. 아랍인들은 목축생활을 하면서 낙타와 말 타기에 익숙한 상태였다. 그렇기 때문에 그들을 단합시킬 강력한 구심점이 있다면 바로 뛰어난 기병이 될 수 있었다. 이슬람의 주력이 기병이었기에 먼 곳까지 원정군을 파견할 수 있었던 것은 두말할 것도 없다.

셋째, 종교적인 이유를 빠트릴 수 없는데 이는 두 가지 면에서 살펴보아야 할 듯하다. 먼저 이슬람 병사들은 지하드라 불리는 성전에서 전사하면 곧바로 천국에 가서 보상받는다는 가르침에 목숨을 초개(草芥)같이 버리고 싸울 수 있었다. 이 세상에 종교적인 열정을 갖고 싸우는 군대만큼 무서운 군대도 없는 법이다. 그들이 비록 훈련이나 장비에서 동로마나 사산조 페르시아에 뒤질지라도 더욱 열성적으로 그리고 자진하여 싸운 이유다.

이와 더불어 살펴봐야 할 것은 당시 동로마제국의 국교였던 기독교의 교리 분열이다. 예수의 본성에 관하여 양성론(兩性論)을 지지하는 콘스탄티노플의 정통파와 단성론(單性論)을 신봉하는 시리아 및 이집트의 콥트교의 종교 갈등, 그리고 사산조 페르시아 지역의 기독교인이 주로 신봉한 네스토리우스 학파 등의 종교 갈등은 국력의 결집에 큰 걸림돌이 될 수밖에 없었다. 세금만 내면 종교의 자유를 보장하는 이슬람과는 달리, 동로마제국에서는 이단으로 치부된 자들에게 각종 박해를 가했다. 동로마에서 이단으로 박해

받던 단성론자는 교리상 삼위일체를 부정하는 아리우스 학파에 가까웠다. 이들은 자신들의 종교를 보장해주는 이슬람의 침입을 되레 환영했고, 이들 중 많은 이들이 삼위일체를 부정하는 이슬람교로 기꺼이 개종했다.

넷째, 불교나 기독교와 달리 초기의 이슬람은 신정일치의 사회였다는 것이다. 이 점은 아랍인들이 정치와 종교의 대립으로 인한 쓸데없는 국력의 누수를 줄였기 때문에 국외로 뻗어나가기 유리한 조건이었다. 이것은 중세 유럽이 교황과 황제의 대립으로 천년이나 정체되어 있었던 점과 비교된다.

이것들 말고도 더 많은 이유가 있겠지만 전쟁사를 쓰는 입장에서 반드시 추가해야 할 한 가지 요인이 더 있다. 그것은 비록 종교적인 열정은 높았지만 숫자도 무장도 빈약한 이슬람군을 이끌며 사산조 페르시아와 동로마를 상대로 단 한 번도 패하지 않았던 명장이 있었기 때문이다. 그는 역사상 몇 안 되는 진정한 상승장군이자 1400년에 걸친 이슬람 역사상 가장 뛰어난 장군인 할리드 이븐 알 왈리드다. 동로마와 사산조 페르시아가 아무리 노쇠했다 하지만 당시의 아랍인들이 그들을 정복한다는 것은 도저히 상상조차 할 수 없는 일이었다. 그러나 알라께서 패배를 허락하지 않았다고 하여 '알라의 검'이라고 불렸던 할리드 이븐 알 왈리드의 활약 덕분에 아랍인들은 아라비아반도를 뛰쳐나와 세계제국의 기틀을 다질 수 있었다. 그가 벌인 대부분의 전투에서 그는 많아야 2만~3만의 군대를 지휘했을 뿐이다. 그가 거둔 승리의 대부분이 숫자상 훨씬 우세하며 정예한 적을 상대로 거둔 것이었기에 더욱 돋보이지만 유감스럽게도 그는 비아랍권에서는 이름조차 생소한 장군이다.

할리드가 객관적인 열세를 극복하고 승리한 전투는 워낙 많지만, 가장 유명한 전투는 동로마제국에 완승한 야르무크 전투(636)다. 야르무크 전투는 이슬람에 맞서기 위해 사실상 전군을 동원한 동로마제국으로 하여금 시리아를 완전히 포기하게 만들었다. 이 전투의 승리로 아랍은 전후좌우로 마음껏 뻗어나갈 수 있었으니 가히 이슬람교 확산에 가장 기여한 전투라고 불러도 무방할 것이다. 할리드 이븐 알 왈리드의 출현과 그의 대표적인 승리였던 야르무크 전투의 설명에 앞서 무함마드가 이슬람교를 설립하게 된 시대적 배경부터 다루기로 하자.

아라비아(Arabia)는 대부분이 사막인 지대로 농사짓기 어려운 척박한 땅이기 때문에 가축을 거느리고 오아시스를 찾아 떠도는 유목생활을 하거나 인도와 이집트를 비롯한 동로마제국을 잇는 무역업에 종사할 수밖에 없었다. 무함마드가 태어난 6세기는 동로마제국과 사산조 페르시아제국 간의 항쟁이 한창 치열하던 때였다. 그래서 두 제국을 잇는 육로는 안전하지 못했기 때문에 아라비아반도를 남쪽으로 도는 해로가 발달하게 되었다. 메카(Mecca)와 야스리브(훗날의 메디나)는 그 덕에 발달한 대표적인 무역중계도시였다.

당시 아라비아반도는 정치적인 통일도 이뤄지지 않은 상태였지만 종교적으로도 원시 샤머니즘과 다신교를 신봉하고 있었다. 특히 메카는 여러 나라의 상인들이 섬기는 여러 신들의 신전이 있는 곳이었다. 그중에서 메카의 카바 신전은 아브라함이 건설했다고 전해지는데 거기에는 아랍인들이 모시는 360여 개의 신상이 있었다. 수많은 신들의 주신(主神)이자 무함마드의 출신 부족인 쿠라이시의 수호신인 알라도 그중 하나였다.

무함마드는 570년경 메카의 유력한 쿠라이시 부족에 속하는 하심 가에서 아버지 아브드 알라와 어머니인 아미나 사이에서 태어났다. 유복자로 태어난 그는 불과 6살 때 어머니를 여의었기 때문에 고아가 되어 할아버지 손에 맡겨졌다. 몇 년 후 할아버지마저 죽자 삼촌인 아브 탈리브 밑에서 자라게 되었다. 이렇게 해서 무함마드는 상인이었던 삼촌을 따라 시리아 등지를 오가게 되었고 이때 유일신교인 유대교와 기독교를 접하면서 영향을 받았다.

그가 자라 성인이 되었을 때 메카에서 손꼽히는 부유한 상인의 미망인이었던 하디자 밑에서 그녀의 재산을 관리하게 되었다. 이때 성실하고 유능했던 무함마드에게 호감을 가진 40살의 하디자가 25살의 무함마드에게 구혼하여 결혼을 하게 되니 무함마드는 졸지에 부를 얻게 되었다. 나중에 히라산(山)에서 무함마드가 명상을 하며 시간을 보낼 수 있었던 것도 경제적인 여유가 있었기 때문에 가능했던 일이다.

하디자가 619년 혹은 620년에 사망할 때까지 25년간 다른 아내를 두지 않고 하디자와의 사이에서 2남 4녀를 낳은 것을 보면 무함마드는 나름 행복한 결혼생활을 했던 것으로 보인다. 그러나 그의 자녀들은 나중에 무함마드의 사촌동생인 알리와 결혼하여 시아파의 시초가 되는 파티마라는 막내딸을 제외하고는 모두 다 무함마드보다 일찍 사망한다. 일찍 부모를 여의었던 무함마드는 아이들도 일찍 잃은 것에 대해 인생무상을 느꼈는지 히라산 동굴에 들어가 명상에 잠기는 시간이 많아졌다. 전해지기에는 그가 40세인 610년에 여느 때와 마찬가지로 히라산 동굴에서 명상에 잠겨 있을 때 가브리엘 천사에게서 계시를 받았다고 한다. 그때부터 무함마드는 자신이 알라의 사도임을 자처하면서 알라에 대한 절대복종을 비롯하여 우상 타파, 유아살해 금지, 만민 평등 등을 주장했다. 이렇게 해서 이슬람교가 성립하게 된 것이다.

무함마드가 유일신교를 설파하며 우상 타파를 주장하자 메카의 지배층들은 그를 박해하기 시작했다. 메카인들은 만신전(萬神殿)이라 부를 수 있을 정도로 카바 신전에다 갖가지 신상을 모셔놓고 메카에 순례를 오는 사람들을 상대로 막대한 수입을 올리고 있었기 때문이다.

무함마드가 메카에서 포교의 어려움에 부딪힐 때쯤에 야스리브라는 도시에서 시민들의 다툼을 해결해주면 무함마드와 추종자들을 받아주겠다는 제안이 들어왔다. 그리하여 무함마드는 나중에 1대 칼리프(caliph)가 되는 아부 바크르를 비롯하여 70여 명의 추종자와 함께 메카에서 야스리브로 도피했다. 그들이 밤중에 도망칠 때 하늘에는 초승달과 별이 떠 있었다고 한다. 그때부터 초승달은 이슬람의 상징이 되어 현재 이슬람 국가의 국기에 별 모양과 함께 들어가 있다. 현재 전 세계에서 통용되는 그레고리우스력인 양력으로 서기 622년에 일어난 이 사건을 '헤지라(Hegira)'라고 하며 이슬람력 원년으로 보고 있다. 현재도 많은 이슬람 국가들은 1년에 11일 정도 날짜가 부정확함에도 불구하고 태음력인 이슬람력을 양력과 병용하고 있다.

무함마드가 야스리브로 이주한 후 이 도시는 '예언자의 도시'라는 의미를 가진 메디나(Medina)로 개명되었다. 메카에서는 박해를 받으며 포교했던 것과 달리 메디나에서는 마음대로 포교를 계속할 수 있었다. 이러한 가운데 무함마드의 행보에서 눈에 띄는 것은 움마(Umma)라 불리던 이슬람 공동체의 건설이다. 움마는 혈연 중심의 부족적인 개념을 탈피하여 이슬람이라는 종교 아래에 모든 사람을 결집시킬 수 있었다. 그뿐만 아니라 움마는 무함마드에게 사법·행정권과 사실상의 군사권까지 부여함으로써 왕과 다름없이 만들어준 신정체제였다.

이후 무함마드는 메카군과의 세 차례에 걸친 전투 끝에 메카를 정복하는데, 이 과정에서 희대의 명장인 할리드 이븐 알 왈리드를 얻게 되었다. 할리드는 무함마드와 같은 쿠라이시 부족 출신이며 지혜와 용맹함을 갖춘 인물로 당시 쿠라이시 부족의 기병대장이었다. 무함마드가 메카와 맨 처음 싸울 때 할리드는 무함마드에 대항해서 싸웠다. 이런 그가 느닷없이 무함마드의 추종자로 변모한 것은 그의 형 때문이었다. 그때 할리드의 형이 이슬람교로 개종하여 무함마드의 밑에 있었는데 할리드에게 무함마드에게 투항할 것을 권유한 것이다. 심사숙고한 끝에 할리드는 형의 뜻에 따르기로 하고 무함마드를 찾아갔다. 무함마드 또한 할리드가 뛰어난 인물임을 알아차리고 그를 이슬람교에 귀의시키려고 노력했다. 이 노력이 결실을 맺어 할리드는 이슬람교를 받아들였고 나중에 무함마드가 메카를 함락시킬 때 함께 메카에 입성했다.

무함마드가 메카에 들어와 아브라함과 천사의 그림까지 포함하여 카바 신전에 있는 모든 우상을 때려 부순 때가 630년이며 2년 뒤인 632년 무함마드가 사망한다. 그는 후계자를 지명하지 않은 채 사망했기 때문에 예언자인 무함마드의 대리인이라는 의미를 가진 칼리프들이 통치하는 이른바 '족장 칼리프 시대 내지 정통 칼리프 시대(632~661)'가 열리게 되었다. 이는 아부 바크르, 우마르, 우스만, 알리 네 칼리프가 통치한 시기이며 세습왕조인 우마이야 왕조(Ommiad, 661~750)가 등장하기 전까지를 가리킨다. 정통 칼리프 시대가 우마르의 통치에 접어들면서 알라의 검이라 불리게 된 할리드 이븐 알 왈리드의 눈부신 활약은 이슬람의 팽창에 결정적인 공헌을 하게 되었다.

　　무함마드의 사후 후계자 자리를 놓고 다툼이 생기자 내분을 우려한 이슬람 원로들은 합의를 통해 무함마드의 친한 친구이자 장인이기도 한 아부 바크르(573~634)를 칼리프에 추대했다. 아부 바크르가 칼리프에 추대되자 직면한 과제는 스스로를 예언자라 사칭하면서 아라비아반도 곳곳에서 반란을 일으키며 아부 바크르에 맞서는 세력들이었다. 아부 바크르는 할리드로 하여금 이를 진압하게 했다. 할리드는 툴라이하, 말리크, 무사일리마와 같은 쟁쟁한 경쟁자들을 제압하면서 '리다(배교) 전쟁'이라 불리는 아라비아반도 통일전쟁을 불과 3개월 만에 끝냈다. 이제 신정일치 체제하의 응결된 힘과 그것을 이끌어낼 수 있는 뛰어난 명장을 보유한 아랍인들이 응축된 힘을 반도 밖으로 내쏟게 된 것은 자연스런 수순이었다. 당시 아라비아반도는 인구가 폭발하면서 분출될 출구를 찾고 있었는데 쿠란은 같은 교도 간의 전쟁을 금지하고 있었기 때문이다.

　　그러나 아랍이 반도라는 좁은 울타리 밖으로 뛰쳐나가기 위해서는 동로마와 사산조 페르시아제국을 넘어서야 했다. 이 두 거대제국은 이슬람 세력이 아무리 종교적인 열정이 넘친다 하더라도 부담이 가는 강대국임에 분명했다. 이제껏 흔히 그랬던 것처럼 국경지역의 침략과 약탈이라는 몇 번의 전초전과 탐색전을 거쳐 이제는 해볼 만하다는 판단이 서자 아부 바크르는 이라크로는 1만8000명의 군대를, 시리아에는 2만3000명의 군대를 파견했다. 정복전쟁에 동원된 군대치고는 장비와 병력에서 빈약한 것은 분명했다. 하지만 그들은 주로 낙타병 및 기병이었기에 불리하면 곧바로 배후의 사막으로 도주할 수 있다는 장점이 있었다. 설령 패하더라도 아랍군에 비해 중무장했으며 사막을 알지 못하는 두 제국의 군대가 사막으로 침공할 가능성은 없다시피 했으니 밑져야 본전인 원정이었다.

　이때 이라크 방면 원정대를 지휘한 할리드가 사산조 페르시아를 무찔렀던 무수히 많은 전투는 일일이 열거할 필요는 없을 것이다. 놀라운 것은 훈련도 안 된 소수의 병력을 이끌고 적지에 쳐들어가 단 한 번도 패하지 않고 이뤄냈다는 점이다. 이것은 알렉산드로스, 카이사르, 칭기즈칸이 이끌었던 군대가 고도로 훈련되고 조직화되어 있었다는 점에서 감히 비교가 되지 않는다.

　무함마드의 사후 다음 연도인 633년에 이뤄졌던 할리드의 이 눈부신 전공으로 사산조 페르시아는 풍요로운 이라크를 아랍에게 잃고 말았다. 한편 시리아 방면의 원정대는 아부 우바이다 장군이 지휘했는데 이 원정군은 시리아의 아즈나다인이란 곳에서 막혔다. 어쩔 수 없이 아부 바크르는 최상의 카드인 할리드로 하여금 서부로 이동하여 동로마를 무찌르라는 명령을 내렸다. 이에 할리드는 그의 휘하 병력의 절반인 9000명을 이끌고 당시 통과가 불가능하다고 알려진 시리아 사막을 돌파하기로 하고 18일 만에 800킬로미터를 주파하는 놀라운 기동력을 보여주었다. 거기서 그는 곧바로 아즈나다인에 있는 동로마군을 상대하기 전에 동로마의 위성국으로서 기독교 국가인 남쪽의 가산 왕조를 정복하기로 계획했다. 이것은 추후 동로마와의 싸움에 전력을 다할 수 있게끔 배후를 정리하기 위해서였다. 할리드가 남쪽으로 진군하여 가산 왕조의 수도인 보스라를 함락시킨 후 아즈나다인의 동로마군마저 격퇴하니 비로소 아랍군은 다마스쿠스를 안심하고 공격할 수 있는 발판을 마련했다.

634년 할리드는 다마스쿠스(Damascus)를 포위 공격하여 점령했다. 그는 공성전을 알 턱이 없는 사막의 유목민족을 이끌고 가산 왕국의 견고한 수도였던 보스라와 시리아 최대의 요새인 다마스쿠스와 에메사 등의 공성전도 거뜬히 성공시킨 것이다. 실로 감탄이 절로 나올 수밖에 없는 대목이다.

다마스쿠스 공성전 도중 1대 칼리프인 아부 바크르가 죽고 2대 칼리프로 우마르(586~644)가 즉위했다. 쿠라이시족 출신인 우마르는 무함마드의 또 다른 장인이었다. 아부 바크르가 2년의 짧은 즉위기간 동안 아라비아반도를 통일하고 대원정을 위한 발판을 마련했다면, 우마르는 10년의 넉넉한 재위기간 동안 활발한 정복 활동을 통해 이슬람제국을 실질적으로 건설한 인물이다. 우마르 때에 이르러 동로마가 시리아 및 팔레스타인을 완전히 단념했으며 사산조 페르시아제국도 사실상 멸망하고 만다.

우마르 또한 다방면에 뛰어났던 인물로 평가된다. 하지만 우마르는 리다 전쟁 당시 할리드가 이슬람에 우호적이며 경건했던 말리크라는 인물을 임의로 처형했던 이유로 할리드와는 개인적으로 사이가 안 좋았다. 더구나 할리드의 비할 데 없는 전공으로 그가 칼리프를 넘는 존경을 받자 자연스레 할리드를 경계하게 되었다. 이에 우마르는 즉위 즉시 할리드를 해임하고 군 지휘권을 부사령관이자 원래의 시리아 원정군 사령관인 아부 우바이다에게 넘겼다. 이 소식을 전해 들은 할리드의 장군들과 병사들은 분노에 휩싸였지만 할리드는 아무런 불만 없이 물러났다. 그러나 아부 우바이다는 할리드를 존경했던 터라 이후의 군사작전에서도 할리드를 곁에 두고 그의 조언을 항상 구했다. 또한 다른 이슬람 장군들도 암묵적으로 할리드에게 충성을 다했으니, 할리드는 여전히 실질적인 이슬람군의 지휘관이나 다름없었다. 그러한 가운데 시리아의 에메사마저 이슬람에 함락되자 동로마는 총력을 기울여 반격에 나서기로 했다.

한 가지 할리드에게 행운이었던 것은 동로마 황제인 헤라클리우스(Heraclius 575~641)가 병을 앓고 있었기에 직접 전장에 나서지 않았다는 것이다. 1000년 역사의 동로마제국에서 가장 뛰어난 정복 군주 세 사람을 꼽으라면 유스티니아누스, 헤라클리우스, 그리고 바실리우스 2세를 꼽을 수 있다. 동로마의 역사를 돌이켜보면, 게르만족·불가리아·이슬람제국·슬라브족·투르크족 들에게 야금야금 영토를 뺏기면서도 제국이 쓰러질 때쯤마다 등장한 이 세 황제가 영토를 다시 대폭 확보한 덕에 1000년을 지탱했던 듯싶다.

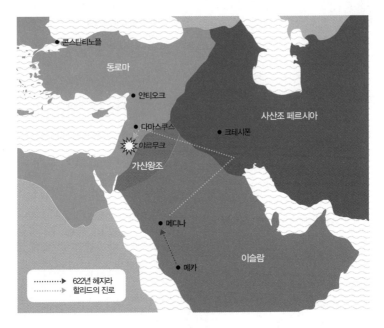

콘스탄티노플

동로마

안티오크

다마스쿠스

사산조 페르시아

크테시폰

야르무크

가산왕조

메디나

메카

이슬람

622년 헤지라
할리드의 진로

✖ 할리드의 진군

    카르타고 총독의 아들이었던 헤라클리우스가 잔인한 전임 황제 포카스를 죽이고 100여 년간 지속되는 헤라클리우스 황조를 연 때가 610년이다. 당시 동로마제국은 여러 이민족의 침입으로 넝마가 된 상태였다. 아바르족과 슬라브족은 북쪽에서 발칸반도를 완전히 유린하고 있었다. 동쪽에서는 사산조 페르시아가 시리아·이집트·팔레스타인을 뺏는 정도에 그치지 않고 아예 제국의 수도인 콘스탄티노플의 코앞에서 진을 치고 있던 형편이었다.

이러한 위기 속에서 즉위한 헤라클리우스는 확실히 전쟁의 천재였다. 그는 사산조 페르시아에게 뺏겼던 동방의 모든 영토를 되찾았으며 아바르족 등을 북방으로 내쫓고 발칸반도에 대한 지배권을 공고히 했다. 위대한 전쟁영웅 헤라클리우스 황제 덕분에 그야말로 빈사 직전이었던 동로마제국은 순식간에 전성기였던 유스티니아누스 대제 시절의 영토로 복귀한 것이다. 그러나 그의 치세 말년에 등장한 이슬람제국은 그가 그토록 애쓰며 회복한 제국의 동방영토 대부분을 앗아가는 크나큰 불행을 안겨주었다. 이로 인해 헤라클리우스 황제의 병세가 더욱 깊어져 죽고 말았다. 하지만 그가 실시한 각종 행정·군사·재정개혁을 토대로 동로마제국의 기초가 튼튼히 다져진 덕에 사산조 페르시아와 달리 그 후 800여 년을 존속할 수 있었다.

이슬람의 침입을 보고받은 헤라클리우스 황제는 병이 깊었기 때문에 직접 전장에 나설 수 없었다. 어쩔 수 없이 그는 동생인 테오도루스를 지휘관으로 하여 각지에서 모집한 대군을 안티오크에 집결시킨 후 이슬람군을 격퇴케 했다. 할리드는 애써 점령했긴 하지만 에메사와 다마스쿠스에서 동로마군에 맞서기는 어렵다고 판단했다. 아깝지만 위의 두 도시를 포기하고 군대를 온전히 보존한 채 남쪽으로 일단 후퇴하여 야르무크(Yarmuk)강 남안에 집결한 후 동로마군을 기다렸다. 야르무크강은 갈릴리호수 근처에 있는 요르단강의 우측 지류다. 아부 우바이다로부터 총사령관의 직을 위임 받은 할리드가 그곳에 주둔한 이유는 근처에 산과 계곡이 많아 중무장한 동로마군이 활약하기에는 불리하지만 상대적으로 경무장한 아랍군에게는 유리한 지형이었기 때문이었다. 게다가 그곳은 아라비아반도와 더욱 가까워 보급이 용이하며 혹시 패할 경우 도주에도 제격이었다. 곧 동로마군도 이곳에 도착하여 할리드의 이슬람군과 6일간 싸우게 되었다. 이 전투야말로 이슬람교 확산에 가장 공헌한 할리드 장군의 대표적인 승리인 야르무크 전투(636)이다.

여기서 양군의 병력은 공신력 있는 기록이 없기 때문에 대략적인 추정치로 유추할 수 있을 따름이다. 동로마군이 10만 내지 20만, 심지어 40만에 달한다는 기록도 있지만, 현대에 와서는 4만 정도로 보고 있다. 이슬람군은 7천에서부터 시작하여 2만 정도까지로 추정된다. 아무튼 이슬람군이 동로마군에 열세였다는 것은 분명하다. 비록 이슬람군은 장비와 숫자에서 불리했지만 할리드의 지휘 아래 단결한 상태였고 종교적인 열정으로 사기가 드높았다. 그에 비해 동로마군은 테오도루스와 총사령관을 맡은 아르메니아 국왕 바한 사이의 협조가 매끄럽지 못한 상태였다. 더구나 제국군은 동로마, 유럽, 아르메니아, 가산 왕조, 슬라브족 등의 혼성군이었기 때문에 아랍군보다 단결력이 부족한 상황이었다. 하지만 동로마군 또한 정예하며 대군이었기 때문에 할리드는 신중을 기할 수밖에 없었다.

먼저 양측의 포진을 알아보자. 아랍군이 먼저 포진한 후 동로마군도 그에 대응하여 포진했기 때문에 아랍군을 먼저 살펴보면, 할리드는 우선 보병을 4개의 부대로 나눠 좌우로 나란히 배치했다. 그 후 기병을 5개의 부대로 나눠 각각 1개의 기병부대를 4개의 보병부대 후방에 위치시키고 앞에 있는 보병을 지원하게 했다. 남은 최정예 1개 기병부대는 예비대로서 가장 중요한 순간에 투입하기로 했다. 여기에서 이슬람의 우측을 지휘한 자가 나중에 불과 4000의 병력으로 이집트를 정복하게 되는 아므르 이븐 알 아스다. 이에 대응하는 동로마군도 보병과 기병을 각각 4개 부대로 나누어 보병을 좌우로 나란히 배치한 후 기병을 각각 1개 부대씩 보병의 후방에 배치해두었다. 별도의 예비대를 운용한 아랍군과 달리 동로마군은 예비대를 따로 편성하지 않았다. 유사시 승리를 굳히거나 돌방상황에 대비할 수 있는 예비대를 두지 않았던 것은 동로마 측의 실수였다.

여러 날의 탐색전이 계속되면서 대치국면이 이어졌다. 드디어 636년 8월 중순경부터 6일간에 걸친 전투의 막이 올랐다. 첫째 날, 양측은 용사들끼리의 일기토 대결에서 시작해서 소규모의 병력만 충돌하는 양상으로 전개되었다. 당시 본격적인 전투에 앞서 장군들끼리의 단기(單騎) 대결은 근동에서 흔한 모습이었다. 심지어 헤라클리우스 황제도 페르시아 원정 당시 일대일 대결에서 빼어난 용맹을 선보이며 적장을 목 벤 일이 있었고, 할리드 이븐 알 왈리드도 일기토 대결을 마다하지 않기로 유명했다. 하지만 할리드는 아직은 별 틈이 보이지 않는 동로마의 진형을 깨트릴 수 없다고 판단했기 때문에 우선 방어에 치중하기로 했다.

둘째 날, 동로마의 바한이 무슬림의 일출 예배시간에 맞춰 기습공격을 펼쳤지만 이를 예상한 할리드의 반격에 막혀 이번의 공격은 무위로 그쳤다. 급습에 실패하자 바한은 중앙은 견제하고 전력을 강화한 양익이 공격하는 전술을 시도했다. 유목민족은 이동 시 가족과 전 재산을 가지고 움직이는 습성이 있다. 이날의 전투에도 아랍 병사들은 아낙들의 격려에 힘입어 둘째 날의 위기를 넘길 수 있었다.

셋째 날, 동로마군은 진격이 느렸던 우측보다 공격이 더 잘 통했던 좌측에서 승부를 내기로 결심하고 아랍군의 우측을 맹렬히 공격했다. 하지만 할리드가 예비대인 기병을 효율적으로 운용하여 이를 격퇴하니 이날도 양측 다 소득 없이 물러났다. 이 셋째 날까지는 국지적으로는 아랍군이 승리하지만 대국적으로는 아랍군이 밀리는 형세였다.

넷째 날, 바한은 어제와 같이 아랍군의 우측에 더 강력한 공세를 가하면 아랍군을 우측부터 무너트릴 수 있다고 기대했기 때문에 어제와 동일한 전략으로 나왔다. 그러나 이를 예측한 할리드는 매복하고 있다가 동로마군을 끌어들인 후 기습을 가하여 전투의 전기(轉機)를 마련하기로 했다. 예상했던 대로 동로마군이 아랍군의 우측에 공격을 가해 오자 할리드는 우선 우측 부대를 후퇴시켰다. 동로마군 좌측 부대는 아랍군이 더 이상 견디지 못하고 패주하는 것으로 오인하고 기회를 놓칠세라 단독으로 할리드의 우측 부대를 뒤쫓았다. 이로 인해 동로마군 좌우의 전열이 끊어지게 되었고 자연스레 좌측 부대는 양쪽 측면이 노출되었다.

이때 할리드가 기병대를 둘로 나눠 진격해 들어오는 동로마군 좌측 부대의 텅 빈 양옆을 공격했다. 또한 달아나던 아랍의 우측 부대도 뒤돌아 공격하니 삼면으로 공격받은 동로마의 좌측 부대는 추격하던 길을 따라 그대로 패주했다. 전투에서 개별적인 용맹함보다 집단으로 움직이는 조직력이 더 중요함을 드러내는 대목이다.

동로마군의 좌측에서 달아나는 아랍군의 추격에 먼저 나선 것은 기병이었는데, 이들이 보병의 지원 없이 무턱대고 진격한 것이 화근이었다. 보병의 엄호가 없는 기병은 천적인 장창보병을 만났을 경우 방어에 취약하기 짝이 없다. 동로마 기병은 보병을 뒤로 남겨놓고 단독으로 진격하다가 매복한 할리드의 급습을 받고 기병이 먼저 무너진 후 고립된 보병마저 차례로 무너진 것이다.

다섯째 날, 전날의 공격이 대실패로 끝난 바한이 군대의 재정비를 위해 며칠간의 정전을 위한 사절을 보내면서 별다른 충돌 없이 지났다. 그러나 이미 대세가 이슬람군에 기운 것을 깨달은 할리드는 정전협상을 일축하고 다음 날 있을 대공세를 위해 두 가지 행동을 취했다. 하나는 기병대 전체를 하나로 묶어 강력한 공세를 준비한 것이고, 또 하나는 500명의 기병대를 몰래 우회시켜 동로마군의 퇴각이 예측되는 길목인 강의 다리를 점거하며 동로마군의 퇴로를 차단한 것이었다.

마지막 여섯째 날, 이날은 날씨마저 이슬람을 도왔다고 한다. 함신(khamsin)이라 불리는 거대한 모래폭풍이 남쪽에서 불어오기 시작한 것이다. 아랍 병사들은 모래폭풍을 등지고도 싸울 수 있었지만, 동로마군은 눈도 뜰 수가 없을 지경이었다. 사실 야르무크 전투의 마지막 날, 이 모래폭풍의 등장은 전투의 극적인 효과를 위해 각색된 것이라고 볼 수 있다. 야르무크 전투는 양측의 정확한 병력은 물론 정확한 전투 개시일도 밝혀지지 않았을 뿐만 아니라, 전투 전개 과정도 추정에 많은 부분을 의존하는 실정이다. 함신이라는 모래폭풍을 설령 등 뒤로 받는다 하더라도 몸을 가눌 수조차 없고, 그 혼잡 속에서는 누가 적이고 누가 아군인지조차 분간할 수도 없다. 이슬람 역사상 매우 중요했던 야르무크 전투가 알라의 뜻으로 승리한 듯이 후대에 남기기 위해 지어낸 것이 모래폭풍 함신일 것이다.

어쨌든 기회를 놓치지 않는 할리드의 선공으로 마지막 전투가 시작되었다. 그는 8000여 명의 이슬람 기병을 총집결시킨 후 동로마군의 좌측부터 공격하기 시작했다. 한 덩어리로 뭉친 아랍 기병들은 우선 동로마 기병대를 먼저 무찌르기로 하고 분산되어 있던 동로마 기병대를 하나씩 격파하기 시작했다. 이를 지켜본 바한 또한 대응하여 동로마의 기병대를 한군데로 집결시킨 후 대응하려 했다.

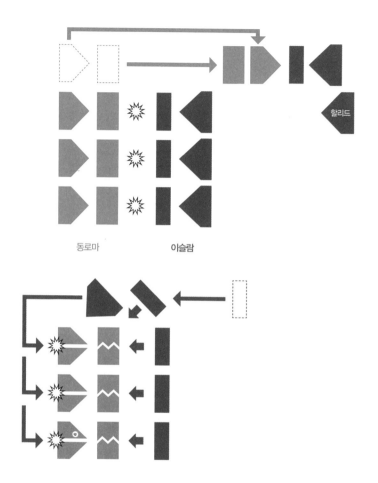

동로마 　　　　이슬람

할리드

✶ 야르무크 전투

동로마군과 이슬람군은 보병과 기병을 4개의 부대로 나눠 배치했는데, 단 할리드는 1개의 기병부대를 예비대로 편성해뒀다. 동로마군이 전 전선에 걸쳐 공세를 가하기 시작했고, 특히 이슬람군의 우익을 집중 공격했다. 동로마 좌측 기병대가 동로마 좌측 보병을 앞질러 후퇴하는 아랍군 우익을 추격했다. 동로마군의 좌측을 깊숙이 끌어들인 아랍군이 반격에 나서자, 아랍의 기병부대가 동로마 좌측 기병대를 양쪽에서 공격하여 격멸했다. 이어 기병의 엄호를 받지 못하게 된 동로마군 좌측 보병도 격파했다. 할리드가 아랍의 기병을 집결시킨 후 동로마군의 좌익에서 배후로 기동하여 동로마의 기병을 각개 격파했다.

하지만 중무장한 동로마 기병대에 비해 경무장한 아랍 기병이 훨씬 빨랐다. 동로마 기병대는 모조리 도륙당하거나 도주하고 어느 순간에 전장에는 동로마 보병만이 남게 되었다. 기병의 엄호를 받지 못하는 보병이 기병과 보병의 협동전술을 구사하는 아랍군을 당해낼 수는 없었다.

결국 동로마군은 좌측부터 무너지기 시작했고, 곧이어 전군이 패주의 물결에 휩싸였다. 그러나 동로마군의 퇴로마저 이미 선발대로 보낸 이슬람군에 의해 차단된 상태였다. 이날 4만에 가까운 동로마군은 야르무크강 일대에서 전멸했다. 동로마의 테오도루스도 이날 전사했고, 총사령관 바한 또한 도주했다가 결국에는 붙잡혀 처형당했다.

할리드는 야르무크 전투 이전에도 무수히 많은 전투에서 훨씬 강력한 사산조 페르시아군과 동로마군을 상대로 눈부신 승리를 거뒀다. 하지만 이 야르무크 전투야말로 동로마로 하여금 시리아 일대를 완전히 단념할 수밖에 없게 만든 이슬람의 초기 팽창에서 가장 중요한 전투로 평가받고 있다. 덕분에 이슬람 세력은 이때부터 마음 놓고 사산조 페르시아와 팔레스타인 및 이집트를 향해 진군할 수 있게 되었기 때문이다.

이날의 패전을 전해 들은 동로마제국 황제 헤라클리우스는 예루살렘에 놓아두었던 성(聖)십자가를 수도인 콘스탄티노플로 옮겨 왔다. 더 이상 동원할 수 있는 병력도 거의 없던 그가 이제 할 수 있는 것이라고는 지금의 터키에 아랍을 방어하는 요새를 연이어 건설하는 일뿐이었다. 동로마제국의 중흥을 이루었던 이 위대한 황제는 할리드로 인하여 평생 애써 이룬 것을 잃은 것이다. 황제는 연이은 패전에 그의 신이 자신을 버렸다고 두려워한 나머지 병이 더 깊어져 5년 후 숨을 거두고 만다.

제10장

콘스탄티노플 공방전—비밀스런 무기가 사용된 전투

만약 자국에 다른 나라에서 제조 비법을 알지 못하는 가공할 무기를 보유하고 있다면 절대 그것을 다른 나라와 공유하지 않으려고 할 것이다. 인류 최초로 철제 무기를 사용한 히타이트제국(Hittites)은 기껏해야 청동제 무기를 사용하는 타국을 쉽게 제압하면서 동양의 강대국으로 군림할 수 있었다. 히타이트는 멸망할 때까지 외국인들의 수도 출입을 금지하면서 철제무기 제조법을 철저히 비밀에 부쳤다. 이와 같이 철기 야금술을 독점한 히타이트가 멸망한 후에야 그 제조법이 사방으로 퍼지게 되었다.

그런데 히타이트와 달리 1300여 년이 지난 오늘날까지 그 제조 기법이 철저히 비밀에 감춰진 무기가 있다. 그것은 바로 '그리스의 불'이라 불리며 동로마제국이 이슬람군을 무찌르는 데 크나큰 기여를 한 화염무기다. 그 제조법이 어찌나 철통같이 보안이 유지되었는지 그 구성 성분을 지금까지도 정확히 알 수가 없을 지경이다. 1453년 콘스탄티노플이 오스만제국에 의해 함락될 때 마지막으로 사용됐다는 '그리스의 불'은 그 후 자취를 감추며 영원히 비밀로 남게 되었다.

　　동로마제국이 병력에서 압도적으로 우세했던 이슬람군을 무찌르며 1000년을 존속할 수 있었던 데에는 몇 가지 요소가 있었다. 그것은 질에서 앞서는 잘 훈련된 중무장기병과, 콘스탄티노플이라는 난공불락의 요새 그리고 그리스의 불이라는 비밀 병기다. 테오파네스(Theophanes, 758~817)에 따르면 끝내 정체를 알 수 없었으며 이슬람군에게 악몽과도 같았던 그리스의 불은 7세기에 시리아 출신의 칼리니쿠스(Callinicus)라는 유대인이 처음 만들었다고 한다. 칼리니쿠스가 이슬람의 침공을 피해 콘스탄티노플로 이주하면서 그 비법을 동로마군에게 전수했다고 알려져 있는데, 기존 것을 그가 개량한 것이라고도 전해진다. 이 불은 물을 부어도 꺼지지 않으며 수면뿐 아니라 심지어 수중에서도 불이 계속 타오르는 특성이 있기 때문에 주로 해전에서 유효하게 사용되었다.

　　10세기 마르쿠스 그라이쿠스에 따르면 그리스의 불을 만드는 제조 방법은 다음과 같다. "순수한 황, 주석, 고무, 역청, 녹인 초석, 석유, 송진을 준비한다. 이것들을 끓이고서 밧줄에 스며들게끔 해 불을 붙인다. 이 불은 소변, 식초, 모래로만 끌 수 있다"라고 기록했다. 그 밖에도 나프타를 사용해서 만들었다고도 하는 등 그리스의 불의 제조 공식에 대한 다양한 추측이 있다. 그러나 어느 것 하나 정확하지 않고 글자 그대로 추정에 불과하다. 9장에서 이슬람 세력이 기지개를 켜는 여명의 순간을 읽었다면 이번 장은 이슬람의 팽창이 콘스탄티노플이라는 장벽에 가로막히는 장면이다. 이번 10장에서는 우스만(Uthman, 577~656)이 3대 칼리프로 선출된 일부터 시작하여 717년 콘스탄티노플 공방전까지 다룰 것이다. 내용에서 9장과 10장은 자연스레 하나로 이어지는데 흐름상 이슬람 쪽을 먼저 살펴보면서 이야기를 시작하기로 하겠다.

이슬람 역사상 최고의 명장이라는 할리드 이븐 알 왈리드가 642년에 죽고, 2년 뒤에는 2대 칼리프 우마르 또한 페르시아 출신의 아부 루울루아라는 기독교 노예의 손에 암살되고 말았다. 아이러니한 일은 누구보다도 노예 해방과 인권 향상에 노력한 인물이 우마르였다는 것이다. 10년간 대제국 건설에 박차를 가했던 이 위대한 칼리프에 이어 3대 칼리프에 오른 이는 쿠라이시 부족의 일원인 우마이야 씨족 출신의 우스만이었다. 그런데 우마이야 씨족은 무함마드가 헤지라 이후 메디나군을 이끌고 메카군과 싸울 때 최후까지 무함마드에 저항한 가문이다. 다행히 무함마드에 항복하고 이슬람교로 개종했지만 한때 예언자에게 적대적이었다는 사실은 후일 이슬람에 잠재적인 후환이 될 수 있는 문제였다.

우스만의 통치하에서 가장 눈여겨볼 만한 일은 이슬람의 경전인 쿠란이 편찬된 일이다. 무함마드의 가르침은 생전에는 동물뼈, 양피지, 잎사귀 등에 기록되었고, 1대 칼리프인 아부 바크르 때부터 쿠란이 편찬되었다. 결국 우스만 대에 와서 최종적으로 쿠란을 집대성하는 작업을 시작하여 그간 여기저기 흩어져 있던 쿠란 구절들을 모은 후 내용상 빼야 할 부분은 없애고 『우스만 본』이라 불리는 정본을 확정했다. 이것은 예수 사후 20여 년 뒤인 기원후 50년대부터 「복음서」가 기록되기 시작됐던 기독교의 역사와 유사하다. 오늘날 『신약성경』 27권은 콘스탄티누스 대제 시절 알렉산드리아 총대주교였던 아타나시우스가 정경(正經)화 작업을 완성함으로써 367년에야 최종적으로 정립된 것이다.

다른 종교의 경전들과 달리 아랍어로 기록된 쿠란은 교리에 의해 다른 언어로 번역되는 것을 금하고 있다. 가톨릭 또한 성경을 다른 언어로 번역하는 것을 금지했지만 루터의 종교개혁 이후 여러 외국어로 활발한 번역 작업이 이뤄져온 것과는 사뭇 다르다. 아무튼 쿠란이 글자 하나 틀리지 않고 그대로 전해진 덕분에, 편찬 당시 아름답기로 유명했던 아랍어의 운율과 어휘를 1400년이 지난 지금도 생생하게 읽을 수 있다고 한다.

우스만 또한 전임 칼리프와 마찬가지로 정복사업을 계속 이어나갔다. 그의 치세에서 특히 중요했던 팽창은 사산조 페르시아를 완전히 멸망시킨 일이다. 사산조 페르시아의 마지막 왕인 야즈데게르드 3세가 651년에 피살됨으로써 한때 동로마제국과 함께 세계를 밝히는 두 개의 횃불임을 자처했던 유서 깊은 제국도 드디어 막을 내렸다. 이는 안중에도 없었던 사막의 유목민족에 의한 것이었다.

그러나 위와 같은 우스만의 업적에도 불구하고 그의 칼리프 재위 12년에 걸쳐 이슬람에 어두운 그림자가 서서히 드리워지기 시작했다. 그것은 우스만이 자신의 출신 가문인 우마이야 씨족을 우대하는 것에서 비롯되었다. 그가 전에 없이 광대해진 이슬람제국을 효율적으로 통치하기 위해 선택한 수단이 그나마 믿을 수 있는 친족에게 의지했던 것일 수 있다. 또는 그의 가문이 무함마드에게 끝까지 저항하다가 힘에 부쳐 어쩔 수 없이 항복했던 마음 한구석의 응어리가 3대 칼리프에 오른 우스만으로 하여금 친족을 감싸도록 만들었는지도 모를 일이다.

그의 족벌정치 중에서 특히 눈에 띄는 점은 우스만의 6촌 동생으로 시리아 총독이었던 무아위야(602~680)의 급성장이었다. 무아위야는 위에서 말했지만 무함마드가 메카를 정복할 때 최후까지 저항했던 우마이야 가문의 수장인 아부 수피안의 아들로 후일 우마이야 왕조를 개창하는 인물이다. 무아위야는 1대 칼리프인 아부 바크르의 시리아 원정 때 세운 무공으로 640년경에 시리아 총독이 되었다. 그는 이후 차츰 독자적으로 세력을 키워 어느덧 중앙에서도 섣불리 건들 수 없는 거대한 세력을 형성하기에 이르렀다. 그와 더불어 우스만이 유능한 이집트 총독인 아므르 이븐 알 아스를 해임하고 친척인 압둘라를 이집트 총독으로 임명한 것은 파멸의 씨앗을 뿌린 것이었다. 압둘라의 폭정으로 인해 성난 폭도로 변한 이들이 새벽 기도를 드리고 있는 우스만을 살해하고 만 것이다.

우스만에 이어 4대 칼리프로 선출된 이는 무함마드의 사촌이자 사위인 알리다. 문제는 전부터 칼리프 자리를 원했던 알리가 아직 우스만의 암살 배후가 밝혀지지 않은 상태에서 칼리프로 선출되었던 일이다. 그와 함께 알리가 우스만 암살범을 무사히 석방한 일은 그가 우스만 암살의 배후에 있음을 의심케 하기에 충분했다. 이로 인해 우마이야 가문의 무아위야를 중심으로 반(反)알리 세력들이 결집하여 알리에 대항하면서 우스만의 죽음에 대한 복수를 다짐했다.

결국 알리와 무아위야는 군대를 동원하여 유프라테스강 근처에서 싸웠지만 승부를 가르지 못하고 협상을 통해 이슬람제국의 동쪽은 알리가, 서쪽은 무아위야가 통치하기로 합의했다. 알리의 이러한 결정은 정통 칼리프인 알리에게 상대적으로 손해였다. 그러자 알리의 유화책을 개탄하던 지지자들 중 일부가 알리에게서 이탈하여 새로운 세력을 이뤘다. 그리고 그들 중 하나가 알리를 독검으로 찔러 살해하니 4대에 걸쳤던 정통 칼리프 시대는 알리가 사망한 661년에 끝나고 말았다.

알리에게는 하산과 후세인이라는 두 아들도 있었지만 그들은 정치적·군사적으로 빼어났던 무아위야의 상대가 될 수 없었다. 하산이 뒤를 이어 몇 달간 잠깐 칼리프 자리에 추대됐지만 자신의 세력이 미약함을 이미 깨닫고 있었다. 결국 그는 거액의 연금을 받는 조건으로 무아위야에게 양위한 후 메디나에서 은둔하며 여생을 보내고 말았다.(그의 죽임이 독살이라는 견해도 있다.) 이렇게 최종적으로 무아위야가 이슬람의 유일한 칼리프로 예루살렘에서 등극하게 되었다.

여기서 무아위야는 앞으로는 선출에 의해서가 아니라 세습을 통해 칼리프 자리가 이어질 것임을 선언했다. 이른바 정통 칼리프 시대가 끝나고 우마이야 가문에 의하여 다마스쿠스를 수도로 하는 우마이야 왕조(661~750)가 성립된 것이다. 그 자신이 원래부터 야심만만한 인물이었을 뿐 아니라 총독으로 재임하면서 보고 들은 것이 고대부터 전제군주정으로 일관된 시리아였기 때문에 그가 세습왕조를 꿈꾼 것이 자연스러웠을 것이다. 흔히 영어로는 옴미아드 왕조라고 부르며, 아랍어로는 우마이야 왕조라 불리는 이 왕조는 750년에 아바스 왕조에 의해 멸망할 때까지 14명의 칼리프를 배출하면서 89년간 지속하게 된다.

새로운 왕조를 열 때 찬탈에 따른 치부를 가리고 반대파의 관심을 밖으로 돌리기 위해 정복전쟁을 벌이는 경우가 있다. 야심차고 뛰어난 무장이었던 무아위야는 선대로부터 이어온 활발한 정복전쟁을 계속했다. 그가 새로 얻은 영토는 현재의 북아프리카 알제

리 지역과 아프가니스탄까지 이른다. 그러나 동로마제국이야말로 이교도와의 성전(聖戰)이라는 명분과, 엄청난 부와 영토라는 실리가 있는 가장 탐나는 목표임에 분명했다. 더군다나 무아위야가 만약 역사상 가장 유서 깊은 이 제국을 정복한다면 정적들의 입을 모두 다물게 할 수도 있을 터였다. 그러기 위해서 넘어야 할 가장 큰 장애물이 단연 콘스탄티노플을 함락시키는 일임을 무아위야도 잘 알고 있었다.

그렇게 해서 실행된 우마이야 왕조에 의한 콘스탄티노플 공략은 674년~678년에 이뤄진 1차 공격과, 717년~718년에 이뤄진 2차 공격으로 분류할 수 있다. 정확히는 668년 무아위야의 아들인 야지드가 직접 아랍군을 이끌고 콘스탄티노플을 공격했다가 물러난 것을 포함하면 3차에 걸쳤다고 할 수도 있다. 하지만 668년의 공략은 아랍으로서는 맛보기에 불과했고 육상에서의 공격에 국한되어서 인지 보통은 위에 말한 1차와 2차로 분류한다.

콘스탄티노플은 아랍군의 침략 이전에도 훈족의 아틸라 대왕이나 페르시아-아바르 연합군의 침략을 받은 적이 있다. 이후에도 불가르족이나 슬라브족의 침략을 받은 적이 있지만 그들 중 누구도 콘스탄티노플 성벽을 넘을 수가 없었다. 그들은 대신에 발칸반도를 약탈하고 불을 지르는 것으로 분풀이를 할 뿐이었다. 1453년 오스만제국에 의해 동로마제국이 완전히 멸망할 때까지 1000년 넘게 제국을 지탱해준 데에는, 역사상 가장 굳건한 성벽이었다는 콘스탄티노플과 역사상 가장 비밀스런 무기인 그리스의 불이 큰 역할을 했다.

서두에서 그리스의 불에 대한 이야기는 했으니 이번에는 콘스탄티노플(Constantinople)에 대해 알아보자. 보스포루스 해협에 위치한 콘스탄티노플은 터키 이스탄불의 옛 이름이다. 콘스탄티누스 대제가 이전에는 비잔티움(Byzantium)이라 불리는 곳으로 330년에 천도하면서 자신의 이름을 따서 콘스탄티노플이라는 도시를 세우게 되었다. 콘스탄티노플은 동쪽이 바다로 돌출한 삼각형 도시다. 동쪽과 남쪽은 마르마라해(海)라 불리는 바다로 둘러싸여 있고 북쪽은 황금뿔 또는 금각만(金角灣)이라 불리는 만(灣)에 면해 있다. 동로마인들은 전시에는 이 만의 입구를 500미터 길이의 쇠사슬로 막아 적의 진입을 봉쇄했다. 결국 서쪽 6.5킬로미터 정도만 육지와 연결된 셈이다. 콘스탄티노플은 도시 전체가 견고한 성채와 해자로 둘러싸여 있는 데다 지리적인 위치 자체가 공성하기에 부담을 주는 구조였던 것이다. 콘스탄티노플의 가장 내부에는 이미 고대부터 있었던 비잔티움 성벽이 있었고 그 바깥쪽 왼편에는 콘스탄티누스 대제가 직접 세웠기 때문에 콘스탄티누스 성벽이라 불리는 성벽이 있었다. 그러나 콘스탄티노플이 제국의 수도가 되면서 비대해진 수도를 콘스탄티누스 성벽으로 방어하기에는 충분하지 못했다. 따라서 413년 테오도시우스 2세의 섭정이었던 안테미우스라는 인물이 왼쪽 바깥에 새로 성벽을 하나 더 건설하기 시작하여 42년에 걸쳐 축조되었다. 흔히 콘스탄티노플의 난공불락이라는 성벽이란 이때 건설된 11개의 출입문과 190여 개의 망루를 보유한 가장 바깥쪽 성벽인 테오도시우스 성벽을 말한다.

이 테오도시우스 성벽은 해안가의 성벽이 보통 단일 구조로 되어 있는 것과 달리 3겹의 성벽으로 이뤄져 있다. 흔히 비잔티움 성벽, 콘스탄티누스 성벽, 테오도시우스 성벽, 이 세 성벽을 지칭하는 것으로 잘못 알려져 있지만, 사실은 테오도시우스 성벽 자체가 3겹의 성벽으로 되어 있었던 것이다. 이 3겹의 성벽 구조를 살펴본다면, 가장 바깥쪽에 있는 1.5미터 높이의 흉벽 또한 만만찮아서 너비 20미터, 깊이 10미터의 해자를 건너야 했다. 그 후 부딪혀야 하는 외벽은 너비 2미터, 높이 5미터~9미터다. 이 외벽을 넘으면 다시 너비

5미터, 높이 12미터의 내벽을 넘어야 했다. 이 3중의 벽을 넘는 동안 온갖 무기와 화살이 공격자에게 쏟아졌으며, 공격자들이 안쪽으로 공성용 무기 및 사다리를 운반하는 것조차 어려웠을 것은 쉽게 짐작할 수 있다.

공성전에서 등장하는 장면이 간혹 밑에 땅굴을 파서 잠입한다고도 하지만 콘스탄티노플은 지대가 암반이 많아서 그마저도 어렵다. 성을 포위하여 성내의 군민을 아사시킨다는 이야기도 종종 있지만 콘스탄티노플은 바다로도 보급이 얼마든지 가능하다. 그 때문에 공격하는 측이 완전한 포위를 하기 위해서는 육군은 물론 해군까지 동원해야 하는 어려움이 있다.

이슬람군은 먼저 이오니아해의 로도스·키프로스·크레타와 같은 주요 섬을 점령했다. 마침내 674년 무아위야의 명에 의해 20만으로 추정되는 대군이 1차 콘스탄티노플 공략을 시작했다. 이때 동로마 황제는 헤라클리우스 황제의 증손자인 22살의 젊은 콘스탄티누스 4세였다.

이슬람군은 일단 콘스탄티노플에서 80킬로미터 떨어진 키지쿠스를 점령하여 이곳을 공격을 위한 거점으로 삼았다. 674년의 첫 공세가 실패했지만 이슬람은 발흥 이후 여태까지 불패가도를 달려왔기에 쉬이 패배를 인정할 수 없었다. 이슬람군은 678년까지 총 다섯 차례에 걸쳐 매년 한 번씩 콘스탄티노플을 공격했다. 하절기에는 공격하고 동절기에는 키지쿠스에 있는 보급기지로 돌아가 휴식을 취하며 전력을 보강한 후 다음 해에 다시 콘스탄티노플을 들이치는 패턴이었다.

이번 콘스탄티노플 공성전의 별다른 점은 역사상 다른 콘스탄티노플 공략이 주로 육지를 통해 이뤄졌지만, 우마이야 왕조의 경우는 주로 해상을 통한 공격이었다는 점이다. 이때 그리스의 불은 육지보다 더욱 위력을 발휘할 수 있는 곳이 바다였기 때문에 이슬람 함대를 무찌르는 데 큰 역할을 할 수 있었다. 5년간 지속된 전투에서 동로마 해군은 그리스의 불을 아랍 함대에 뿜어대었고, 물을 부어도 꺼지지 않는 이 무기가 아랍군에게 패배를 안겨주었다.

무아위야도 결국 실패를 인정하고 678년 퇴각했으나, 귀환하는 함대가 폭풍을 만나 무사히 돌아온 병력은 5만 명도 안 되었다. 이어 육지에서도 아랍군이 소아시아반도에서 동로마군에게 패배했다는 소식이 무아위야에게 전해졌다. 결국 무아위야는 679년 콘스탄티누스 4세와 30년의 평화조약을 체결했다. 그간 점령한 영토를 동로마에 돌려주며 해마다 3000파운드의 금과 50명의 노예 그리고 50필의 말을 보내겠다는 조건이었다. 다음 해인 680년에 우마이야 왕조의 창시자인 무아위야가 죽었고, 아들인 야지드가 칼리프를 계승했지만 이 평화조약은 그런대로 잘 지켜지게 되었다.

하지만 이슬람으로서는 아라비아반도를 뛰쳐나온 이후 처음으로 꺾임을 당한 것에 그대로 가만히 있지 않았다. 세기가 바뀌어

30년 평화조약의 유효기간도 지난 717년, 우마이야 왕조의 7대 칼리프인 술레이만은 기독교 세계의 멸망을 공언하면서 재차 콘스탄티노플로 쳐들어가기로 결심했다. 이를 위해 동생인 마슬라마로 하여금 우선 8만 명의 육군을 이끌고 소아시아반도를 통해 육로로 쳐들어가게 했다. 동시에 12만 명의 해군을 태운 1800~2600척 정도로 추정되는 함대를 보내 해상에서 콘스탄티노플을 포위 공격하게 했다. 3만의 수비군이 지키는 콘스탄티노플을 공략하기 위해 또다시 20만의 대군이 동원된 것이다.

717년 8월 15일부터 시작된 공성전에서 마슬라마는 육군이 콘스탄티노플 성벽을 뚫는 데 실패하자 이번에는 해상봉쇄를 결심하고 콘스탄티노플을 굶겨 죽이기로 결심했다. 콘스탄티노플에 대한 보급을 완전히 차단하기 위해서는 동로마가 항복할 때까지 1년 내내 포위하는 장기전을 치러야 했다. 이를 위해 마슬라마는 674년~678년의 1차 침략 때는 여름에만 전투를 했던 것과 달리, 이번 2차 침략은 겨울에도 전투를 계속하기로 결정하고 그에 대비해 식량과 군수물자도 잔뜩 비축해두었다. 마침내 2주 뒤에 도착한 이슬람 해군이 해상마저 포위하자 콘스탄티노플에 대한 포위는 육지와 바다 양쪽에서 완벽하게 이뤄졌다.

717년의 동로마는 101년간 지속된 헤라클리우스 황조가 무너지고 7년간의 혼란이 계속되다가 레오 3세(Leo III, 685~741)가 즉위한 바로 그해였다. 즉, 레오 3세는 이사우리아(소아시아의 중남부지역으로 레오 3세의 출신지) 황조(717~802)의 시조가 되는 인물이다. 그는 800년 샤를마뉴(Charlemagne) 대제에게 서로마제국 황제의 관을 씌워준 교황 레오 3세와 동명이인이다. 동로마 황제 레오 3세는 아랍인 최후의 콘스탄티노플 공격을 막아낸 영웅이기도 하지만, '성상파괴령'을 내려 오래 풀리지 않을 종교적인 숙제를 자신의 제국에 던진 인물로도 유명하다.

그의 전임 황제는 테오도시우스 3세였다. 원래 직업이 징수관이었던 그는 황제가 되고 싶지 않았는데도 얼결에 그리고 억지로 황제에 추대되었다. 레오 3세가 반란을 일으키자 그는 신변 안전을 보장받고 수도원으로 들어가면서 미련 없이 제위를 레오 3세에게 넘겼다. 레오 3세는 그렇게 즉위한 첫 해부터 이슬람 전쟁을 지휘하게 된 것이다.

이와 같은 동로마제국의 급박했던 상황에서 이번 전쟁에 큰 영향을 끼친 것은 그해 겨울이 엄청나게 혹독한 겨울이었다는 것이다. 더운 지방 출신의 유목민족이기에 추위에 약한 이슬람군은 동로마인들보다도 상대적으로 더 어려운 상황이었다. 여기에 굶주림과 질병까지 더해지니 이슬람군의 사기는 갈수록 떨어지게 되었다.

상황이 동로마에 유리해지자 레오 3세는 강한 조류가 이슬람의 함대를 뒤흔든 때를 노려 동로마 해군을 출격시키며 연일 이슬람 해군을 공격했다. 이때도 그리스의 불이 승리에 큰 기여를 했다.

거기다가 이슬람군은 해군제독 술레이만(칼리프인 술레이만과 동명이인)까지 병사하니 자연히 해상봉쇄는 느슨해졌고, 콘스탄티노플은 흑해로부터 충분한 보급을 받을 수 있게 되었다. 이슬람의 또 다른 재앙은 칼리프인 술레이만이 답보 상태인 전황을 타개하고자 직접 지원군을 이끌고 나서다가 도중에 전사해버린 것이다. 그는 임종에 즈음하여 사촌인 우마르 2세를 다음 칼리프로 지명했다.

새로이 칼리프가 된 우마르 2세는 다음 해 봄이 되어 이집트로부터 5만 명의 병력과 수백 척의 함대를 지원군으로 보내 이번에야말로 동로마를 끝장내기로 결심했다. 그런데 이 함대의 노잡이와 승무원 중 많은 이들이 강제 징용된 기독교인이었다. 이들 중 몇몇이 탈출에 성공하여 레오 3세에게 달려가 노잡이들 대부분이 기독교인이며 동로마에 항복을 바란다고 알렸다. 레오 3세는 즉시 이슬람 함대를 공격했다. 이어서 배신한 기독교 노잡이들에 의하여 이슬람 함대가 일망타진되면서 제해권은 동로마로 넘어가게 되었다.

한편 레오 3세는 동로마 혼자만의 힘으로는 콘스탄티노플을 지키기가 힘들다 판단하고 동맹군을 찾았다. 그는 불가리아에 사자를 보내 콘스탄티노플이 함락되면 다음 차례는 불가리아라고 겁을 주었다. 불가리아도 콘스탄티노플을 점령하는 영광을 타민족에게 뺏기고 싶지 않았기 때문에 기꺼이 참전하기로 했다. 이렇게 되자 콘스탄티노플 성벽 앞에 참호를 파고 성벽을 바라보고 있었던 이슬람군은 이번에는 등 뒤에도 참호를 파면서 앞뒤로 적을 상대해야 하는 판국이 되었다.

마침내 불가리아군이 이슬람군의 후방을 공격하니 이슬람 군은 이때 2만2000명의 사망자를 내었다. 여기에 레오 3세는 프랑크 군이 콘스탄티노플을 구원하기 위하여 진군 중이라는 소문을 퍼트 렸다. 더 이상 버틸 수 없게 된 마사르마는 드디어 철군령을 내리고 말았다. 화불단행(禍不單行)이라고 하던가. 이슬람 함대는 귀환 도중 에 폭풍우를 만나 무사히 귀환한 것은 단 다섯 척뿐이었고, 포위전 에 참전한 병력 중 겨우 3만 명만 살아 돌아왔을 뿐이었다. 콘스탄 티노플 방어전을 성공리에 마친 레오 3세가 그 후 소아시아의 프리 지아에서 이슬람군을 다시 무찌르니 이로써 아랍의 대규모 침략은 영원히 끝나게 되었다. 후일 동로마를 괴롭히고 멸망시킨 것은 아랍 인이 아니라 투르크인이다.

두 차례에 걸쳐 콘스탄티노플이 이슬람군을 막아내어 유럽 의 기독교 문명을 지켜낸 모습은 수백 년 후 유럽의 다른 제국의 수 도에서 똑같이 재현된다. 오스만제국이 1529년과 1683년 두 차례에 걸쳐 대규모로 오스트리아의 수도인 빈(Wien)을 침략했지만 실패 한 것이다.

콘스탄티노플 공성전의 경우 당시의 유럽 국가는 갓 태어나 서 걸음마를 배우는 아이 수준이었다. 만약 콘스탄티노플이 무너 졌다면 전 유럽의 이슬람화도 가능한 상황이었다. 하지만 빈 공성전의 경우는 유럽이 십자군전쟁, 백년전쟁, 30년전쟁 등을 겪은 후 급성장하는 단계였기 때문에 빈이 무너졌어도 이슬람 세력에 그렇게 호락호락 당하지 않을 정도는 되었다. 그런 의미에서 콘스탄티노플 공방전 당시의 동로마제국은 유럽 유일의 황제로서 역할을 톡톡히 했다고 할 수 있다.

동로마제국은 서유럽과 인종, 종교, 문화 면에서 약간 다르기 때문인지 유럽사에서 방계로 취급되며 그다지 높은 관심과 평가를 받지 못하고 있었다. 하지만 지금의 기독교권 유럽을 있게 해준 것이 바로 1000년간이나 이슬람을 막는 방파제 역할을 했던 동로마제국이었다는 것은 누구나 인정할 만한 사실이다.

국력을 쏟아부어 야심차게 행했던 대규모 원정이 실패한 후 당해 제국이 쇠락하는 현상은 역사에서 그리 드문 일이 아니다. 네 차례에 걸친 고구려 원정 후에 수나라가 망했고, 십자군 원정 후에 드세었던 교황권과 귀족 세력이 몰락했으며, 빈 공략에 실패한 오스만제국 역시 그때를 기준으로 내리막길을 걷기 시작했다. 콘스탄티노플 공성전에 실패한 우마이야 왕조 또한 그로 인한 충격의 여파 때문인지 그때부터 쇠퇴하기 시작하다가 750년 무함마드의 일족인 아바스(Abbas) 가문에 의해 멸망하고 만다.

제11장

제1차 십자군 원정 — 최장 기간 이어진 전쟁

인류의 역사와 함께해온 전쟁의 배경에는 이데올로기·종교·인종·경제적 이해관계 등 다양한 유발 요인이 있을 것이다. 그 원인이 무엇이건 승리하기 위해 또는 패배하지 않기 위해 자국의 모든 것을 쏟기도 하는 전쟁이 장기전으로 치달을수록 당사국들이 피폐화되는 것은 당연지사다. 인류 역사에는 유감스럽게도 단기간 내에 서로 끝장을 보지 못한 채 오래 지속된 전쟁도 많다. 포에니전쟁(기원전 264~기원전 146)은 무려 118년간 이어졌으며, 영국에서 벌어진 장미전쟁(1455~1485)과 유럽에서 벌어진 종교전쟁(1618~1648)은 30년 지속되었다. 영국과 프랑스 간의 백년전쟁(1337~1453)은 말할 것도 없는 장기간 전쟁의 표본이다.

이번 장에서 이야기할 십자군전쟁은 이 세상에서 가장 길었던 전쟁으로 일컬어진다. 십자군전쟁은 1096년 시작해서 1291년 십자군 최후의 보유지인 아크레(Acre)가 이슬람 세력에 함락되면서 끝났으니 무려 195년에 걸친 셈이다. 다만 십자군전쟁이 그 기간 내내 쉬지 않고 진행된 것은 아니다. 학자에 따라 7차~10차에 걸쳐 진행된 십자군전쟁은 특히 성지 예루살렘을 비롯한 팔레스타인 지역을 이슬람 세력으로부터 빼앗기 위한 십자군 원정으로 그 범위를 좁힌다면 대부분 2~3년간 지속된 게 고작이다.

십자군 원정이 정치·경제·문화 모든 면에서 당시 유럽보다 뛰어났던 이슬람 세계에 특별한 영향을 줬다고 말하기는 힘들다. 오히려 유럽인들 입장에서는 자신들보다 앞선 선진 문물을 보유하던 이슬람 세계를 접하면서 우물 안 개구리 신세에서 벗어나게 된 사건이었다. 무릇 영용한 자보다는 범상한 자가 상대에게서 배울 게 많은 법이고, 그 둘의 차이가 갈수록 좁혀진다는 것은 역사가 무수히 증명한다.

십자군 원정이 서양에 끼친 영향과 결과는 그것을 맨 처음 기획했던 교황이 바란 바는 결코 아니었다. 교황은 대규모 전쟁을 주도하면서 세속권력마저 통제하고자 했지만, 오히려 교황권의 쇠락으로 끝났기 때문이다. 하지만 중요한 것은 십자군전쟁을 겪은 유럽이 이제는 봉건제도라는 낡은 틀에서 벗어나면서 중세라는 기나긴 암흑의 터널을 빠져나올 수 있었다는 점이다. 십자군전쟁은 유럽인들이 동방을 접한 후 넓은 시야를 갖게 되면서 동서 무역의 확대에 이어 르네상스로 이어지게 된 사건이었다. 즉, 세계 역사가 근대로 접어들게 된 계기는 십자군 원정이었던 것이다.

이토록 세계사에 큰 영향을 끼친 십자군전쟁은 다소 허탈하게도 기독교 측이나 이슬람 측에서 국운을 걸며 전력을 다한 게 아니라, 여력을 모아 부딪치는 정도의 변두리 전쟁이었다. 하지만 십자군전쟁도 역사에 남을 몇몇 영웅을 낳기도, 적지 않은 에피소드를 남기기도 했다. 그중 왕들의 전쟁이라 불리는 제3차 십자군 원정에서는 살라딘과 사자왕 리처드의 대결과 우정이 유명하다. 4차 십자군 원정에서는 원정에 나선 아이들을 노예로 팔아 치우기도 했고, 같은 기독교 세력에 의해 콘스탄티노플이 함락되는 뜻밖의 장면도 있었다.

비록 십자군전쟁이 가늘고 길었던 전쟁이긴 하지만 200년을 지속했던 그 장대한 서사시를 여기에서 단지 1개의 장으로 모두 담기란 무리일 것이다. 우선 이번 장에서 제1차 십자군 원정을 다루기로 하겠다.

십자군 원정의 배경은 처음에 원군을 요청했던 동로마와 그에 응했던 서유럽의 사정을 둘 다 살펴봐야 할 것이다. 십자군 원정이 시작된 1096년 그쯤에서 가장 유명한 사건이라면 동로마는 1071년 셀주크 투르크에 패배한 만지케르트 전투고, 서유럽은

1077년 카노사의 굴욕이다. 1066년에 있었던 정복왕 윌리암의 영국 정복은 제외하자.

먼저 일어났던 만지케르트 전투에서 동로마제국의 로마누스 4세가 셀주크제국에게 패한 사건은 단순한 패배 이상의 의미를 동로마제국에게 안겨주었다. 1000년 동로마의 역사에서 가장 뼈아픈 패배 둘은 야르무크 전투와 만지케르트 전투일 것이다. 동로마가 만지케르트 전투에서 패배한 결과 소아시아반도를 상실함으로써 제국은 커다란 물적·인적 자원의 보고(寶庫)를 잃게 된 것이다. 다행히 셀주크 투르크의 주된 관심사가 동로마가 아닌 이집트의 파티마 왕조였기 때문에 발칸반도마저 위협받지 않은 것이 불행 중 다행이었다.

그렇더라도 그 후 380년 정도 동로마제국이 존속한 것은 그야말로 겨우 버티는 데 지나지 않았다. 만지케르트 전투 이후 동로마제국은 조금씩 제국의 영토를 갉아먹는 이슬람 세력에 고질적인 병력 부족으로 제대로 대처할 수 없었다. 단지 용병으로 겨우 버티면서 서서히 몰락해간 것이다. 그리고 그때 기독교인이 주류였던 지금의 터키 지역은 이슬람으로 하나둘씩 개종하여 지금에 이르고 있다.

서유럽에서는 서임권(敍任權), 그러니까 성직자 임명권을 둘러싸고 교황 그레고리우스 7세(Gregorius VII)와 신성로마제국 황제인 하인리히 4세(Heinrich IV)가 대립한 결과 교황권의 승리로 끝났던 카노사의 굴욕이라는 사건이 있었다. 카노사의 굴욕이란 교황이 자신에게 맞섰던 황제 하인리히 4세를 파문시키자, 황제가 교황의 용서를 구하기 위해 북부 이탈리아에 카노사 성으로 찾아가 맨발로 추운 겨울에 3일이나 빌었던 일이다. 이는 27살의 혈기왕성했던 황제가 독일의 제후들이 자신에게 등을 돌리자 어쩔 수 없이 교황에게 무릎을 꿇었던, 세속권력에 대한 교황권의 우위를 상징하는 사건이었다. '교황은 태양, 황제는 달'이라는 명구가 나올 만큼, 인노켄티우스 3세(제4차, 제5차 십자군 원정을 일으킨 교황)에 이르러 교황권은 절정에 이른다.

그러나 1077년의 사건으로 교황이 황제를 완전히 영구적으로 압도한 것은 아니었다. 하인리히 4세가 권토중래하여 7년 후 로마를 점령하고 그레고리우스 7세를 폐위시키는 복수에 성공한 것이다. 하인리히 4세가 클레멘스 3세를 대립교황의 자리에 앉히니, 달아난 그레고리우스 7세와 함께 2명의 교황이 동시에 존재하는 셈이었다. 그레고리우스 7세는 도피처였던 이탈리아 남부 살레르노라는 곳에서 사망했다. 그 뒤를 이은 빅토르 3세가 만 2년 재임 후 선종했으며, 그다음으로 교황에 오른 이가 바로 십자군 원정을 제창한 우르바누스 2세다.

우르바누스 2세(Urbanus II)는 그레고리우스 7세와 같은 프랑스 클뤼니 수도원 출신이며 선임 교황과 같은 노선을 걸었다. 따라서 우르바누스 2세는 대립교황인 클레멘스 3세를 옹호하는 하인리히 4세와 대립각을 세울 수밖에 없었으니, 어느 모로 보나 우르바누스 2세는 그레고리우스 7세의 후계자라고 봐도 무방할 것이다.

그러나 우르바누스 2세가 선배인 그레고리우스 7세와 다른 점도 있었다. 교황권을 공고화하기 위해 그레고리우스 7세는 하인리히 4세와 1승 1패씩 주고받는 정면대결을 택한 것에 비해, 우르바누스 2세는 우회적인 방법으로서 십자군 원정을 일으켰다는 것이다. 그것은 전임 교황이 끝에 가서 그토록 허무하게 무너지는 것을 지켜본 우르바누스 2세가 황제가 거느린 막강한 세속군대와의 정면대결을 힘겹게 여겼기 때문일 수도 있다. 그도 그럴 것이 당시의 정치적 상황이 우르바누스 2세에게 그다지 우호적인 상황이 아니었던 것이다.

종교 지도자가 확고한 권위를 누리고자 한다면 막강한 군사력을 보유한 세속 군주의 후원이 필요할 때가 많다. 이슬람 아바스 왕조의 칼리프 뒤에는 셀주크제국의 술탄이 있었고 위에서 말한 대립교황 클레멘스 3세의 뒤에는 하인리히 4세가 있었듯이, 우르바누스 2세의 권좌를 받쳐주는 것은 남부 이탈리아와 시칠리아를 다스리던 노르만인들이었다. 그런데 이 노르만인들이 우르바누스 2세가 즉위하기 몇 년 전까지만 하더라도 당시 동로마제국과 한창 전쟁을 벌이는 와중이어서 이탈리아의 정치적 상황에 집중할 여건이 안 되었던 것이다.

이런 상황에서 우르바누스 2세가 굳이 하인리히 4세를 직접 자극할 이유가 없었다. 그렇더라도 자신이 유일하고 합법적인 교황으로서 로마의 라테란 궁전에서 살고 싶었을 것이다. 그런 상황에서 우르바누스 2세가 이용한 카드는 바로 동로마제국이었다. 사실 이런 기회는 그레고리우스 7세가 재위하던 때에도 있었다. 다만 여유가 있었던 그레고리우스 7세와 달리, 급박했던 우르바누스 2세는 이를 놓치지 않고 활용하려고 했다.

그 기회는 다름 아닌 1095년에 열린 피아첸차 공의회에 동로마제국의 알렉시우스 콤네누스 황제(Alexius Comnenus, 1057~1118)가 외교 사절을 보내 이슬람 세력으로부터 기독교 세력을 보호하기 위한 원군 파병을 요청한 것이다. 그레고리우스 7세의 재임 시에도 동로마의 원군 요청은 있었지만 서유럽 내부의 투쟁에 골몰하느라 소홀했던 것인 데 반해, 우르바누스 2세는 이를 기회로 삼기로 했다. 자신의 주도하에 이슬람 타도를 기치로 내걸어 성전을 성공시킨다면 신성로마황제와 대립교황에 의해 견제 받는 자신의 입지를 탄탄하게 할 수 있기 때문이었다.

당시 로마가 대립교황의 수중에 있었기 때문에 우르바누스 2세는 1095년 프랑스 중부지역의 클레르몽(Clermont)에서 공의회를 개최했다. 그가 행한 정확한 연설문이 원문 그대로 전해지지는 않는다. 전해지는 것은 후대에 작성했을뿐더러 그마저 작자마다 내용이 서로 다르다. 하지만 정황상 교황이 동방으로 진군하여 이교도에 대한 성전을 벌일 것을 부르짖었고 대중이 이에 호응했던 것은 분명하다.

여기서 주목할 점은 교황이 십자군 원정의 명분으로 셀주크제국이 예루살렘을 점령한 후 순례자들을 박해하는 것을 강조한 것이다. 기독교인들에게 관대했던 이집트 파티마 왕조와는 달리 셀주크제국이 파티마에게서 예루살렘을 빼앗을 때 기독교인들을 박해한 것은 사실이다. 하지만 교황이 행한 연설의 요점은 동로마제국의 입장과는 다르다. 동로마는 당장 눈앞에 닥친 셀주크제국의 침공으로부터 제국을 지켜내기 위해 소아시아반도를 회복하는 것이 급선무였다. 동로마에게 야르무크 전투 이후 영원히 잃어버린 머나먼 예루살렘은 언감생심이었다. 이것은 십자군 원정이 시작되기도 전에 같은 기독교권 국가끼리의 불화를 예고하는 징조임에 틀림없었다. 아무튼 클레르몽 공의회에서 십자군 원정이 결정되었고, 다음 해인 1096년 성모(마리아)승천 대축일인 8월 15일에 원정을 시작하기로 결정했다.

그런데 십자군이 정식으로 편성되어 약속된 날짜에 출발하기도 전에 이른바 '군중 십자군'이라 불리던 일단의 무리가 먼저 성지 예루살렘의 탈환을 목표로 콘스탄티노플을 향해 출발했다. 이들을 이끈 이는 '은자(隱者) 피에르(Pierre)'라고 불리는 프랑스 아미앵 출신의 수도사였다. 그는 사람들을 혹하게 하는 데 소질이 있었던 모양이다. 그가 당나귀를 타고 북프랑스와 플랑드르 지역을 순회하며 성지 예루살렘을 이교도로부터 탈환하자고 부르짖자 순식간에 5만 명으로 추정되는 사람들이 그의 밑에 들어왔다.

여기서 중요한 것은 5만 명이 군인들이 아니었다는 것이다. 여성·아이·노약자까지 포함하는 이들은 신앙과 의욕은 앞섰지만 훈련이나 경험은커녕 병참이라는 군사행동의 기초적인 개념도 없었다. 그래도 열정 하나에 이끌려 피에르의 지휘하에 진군해나갔지만 애초부터 보급도 없이 행군했기에 약탈에 의존하는 경우도 있었다. 그들 중 일부는 헝가리의 어느 한 마을에서 살인 및 약탈 등 말썽을 일으키더니 베오그라드에서도 그러한 행태를 답습했다. 지금의 세르비아 니시라는 마을에서는 사소한 일로 주민과 시비가 붙은 끝에 동로마제국 군대와도 충돌을 일으켰다. 오합지졸에 불과한 군중 십자군이 훈련된 동로마 군대를 당해 낼 수 없었다. 니시에서 1만여 명이 죽임을 당하고 남은 4만여 명은 불가리아의 소피아에 모였다. 거기서부터는 동로마의 길안내를 받으며 8월 1일 무사히 콘스탄티노플에 도착할 수 있었다.

알렉시우스 황제에게 클레르몽 공의회부터 군중 십자군까지의 일은 다소 엉뚱한 일이었다. 성지 예루살렘의 해방이 아니라 셀주크제국에게 빼앗긴 소아시아반도를 되찾길 원하는 황제는 십자군이 아니라 자신의 지휘하에 바로 전선에 투입할 수 있는 용병을 원했던 것이다. 알렉시우스 콤네누스 황제는 104년에 걸친 콤네누

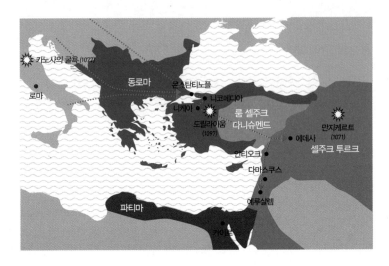

✖ 제1차 십자군의 진로

스 황조의 시조다. 치열한 궁중암투 속에서 암살과 하극상이 난무했던 동로마제국의 역사를 돌이켜볼 때, 100년 넘는 황조의 시조가 될 정도면 그 능력은 일단 인정해야 할 것이다. 그는 제위에 오르기 전인 십대 때부터 장재(將材)를 발휘하여 무수한 전투에서 많은 승리를 거뒀다고 알려져 있다.

알렉시우스가 제위에 오른 후에도 동로마는 서쪽의 노르만족, 동쪽의 셀주크제국, 북쪽의 페체네그족으로부터 끊임없는 외침에 시달렸다. 그가 이이제이(以夷制夷)와 동맹정책을 적절히 구사하여 위기들을 극복한 것을 보면 외교관으로서의 능력도 뛰어났던 듯하다. 베네치아 및 하인리히 4세와 연합하여 노르만족을 격퇴했고,

셀주크제국을 무찌르기 위해 십자군을 이용했으며, 쿠만족과 연합하여 페체네그족을 크게 무찔렀던 것이 그 사례다. 반면에 알렉시우스 황제에게는 37년이라는 기나긴 재위기간 중 족벌정치와 여자들의 치맛바람에 이끌리는 폐단도 있었다. 또한 십자군 원정 때에는 근시안적인 행태로 십자군을 우군으로 삼고도 제국의 팽창에 충분히 활용하는 것에 실패하기도 했다. 한마디로 그는 위기에 처한 제국을 구하는 데는 기여했지만, 제국을 확장시키는 면에서는 부족했던 것으로 보인다.

50살이 다 된 노련한 알렉시우스의 눈에 밀려드는 서유럽의 원군이 자신의 기대치에 한참 못 미치는 것이 당연했다. 그간 군중 십자군이 각지에서 벌인 행패를 듣고 또 직접 눈앞에서 그들을 보니 차라리 없느니만 못한 자들임을 대번에 알 수 있었다. 이 어중이 떠중이들을 대표하는 피에르를 만난 자리에서 예루살렘에 속히 가고 싶다는 말을 들은 황제는 흔쾌히 보스포루스해협을 건널 배편을 제공함과 동시에 식량과 옷까지 제공하면서 그들을 보내줬다.

분명히 황제는 그들이 셀주크제국군과 싸운다면 몰살될 것을 뻔히 알고 있었을 것이다. 니시에서 동로마제국군에게조차 순식간에 1만 명이 몰살당한 그들이 무슨 수로 용맹한 셀주크군을 상대할 수 있겠는가. 군중 십자군이 셀주크제국군에게 몰살당한 것을 확신하면서 안내자도 붙여주지 않고 소아시아반도로 보낸 것인지,

아니면 황제가 말렸음에도 군중 십자군이 제 발로 사지에 기어들어갔는지는 알 수가 없다. 하지만 알렉시우스 황제는 군중 십자군이 정예한 셀주크제국군의 적수가 되지 못하니 전투는 가급적 피하면서 서유럽에서 제후들이 십자군 본대를 이끌고 올 때까지 기다릴 것을 피에르에게 충고했다고 한다.

이로 미루어 짐작컨대 비록 황제가 군중 십자군의 비참한 말로를 원했던 것은 아니었겠지만 그에게 더 중요한 것은 제국과 신민의 안위였다. 제국의 본토에 머물게 해봤자 지금 현재도 (군중 십자군 중 일부이긴 하지만) 약탈·살인·강간 등 온갖 문제를 일으키며 식량만 축내는 군중 십자군은 좋은 말로 타일러봐야 고향으로 돌아갈 사람들도 아니었다. 고향의 가난한 생활에서 벗어나 신앙과 동방의 부를 찾아 성지 회복의 길에 나선 이들이 제 발로 죽음의 길을 찾아가는 것은 안타까운 일이다. 그렇더라도 군중 십자군을 죽음으로 내몬 황제를 교활하거나 비열하다고 말할 수는 없다. 당시 상황에서 결국 그들이 원하는 대로 죽음의 땅으로 보낼 수밖에 없던 것이 황제의 입장이었기 때문이다.

콘스탄티노플에 오래 머무르는 것은 동로마나 군중 십자군이나 둘 다 원하지 않았던 모양이다. 군중 십자군은 도착한 지 5일 만에 동로마의 적극적인 협력으로 소아시아반도로 건너갔다. 니코메디아에 이른 군중 십자군은 불화를 일으켜 독일계와 프랑스계로 나뉘어 각자 행동하게 되었다. 그 후 군중 십자군은 '룸셀주크제국'

의 술탄 킬리지 아르슬란에게 각개 격파되어 병력의 대다수를 잃는 안타까운 종말을 맞이하고 말았다.

금방 '셀주크제국'이 아니라 '룸셀주크제국'이라고 명명한 것은 당시 셀주크제국이 사분오열되어 있었기 때문이다. 셀주크제국은 술탄 알프 아르슬란이 만지케르트 전투에서 동로마제국군을 결정적으로 무찌른 후 그의 아들인 말리크샤에 이르러 전성기를 맞이했다. 하지만 대개의 유목민족들은 장자상속이 아닌 균등상속을 하는 습성이 있어서 기껏 대제국을 이뤄놓고도 허무하게 사분오열되는 경우가 많았다. 몽골제국에서 4개의 칸국이 독립해나간 것도 그렇거니와, 나중에 이집트에서 아이유브 왕조를 창시하는 살라딘조차 사후에 자신의 왕국이 혈족들에 의해 분열되는 것을 방지할 수 없었다.

말리크샤의 죽음 뒤 셀주크제국의 분열 양상은 대체로 이러했다. 셀주크제국의 발원지인 이란과 아프가니스탄 부근은 그를 뒤이은 마흐무드 1세를 포함한 4명의 아들들에 의해서 나뉘어졌다. 반면에 소아시아반도와 시리아 쪽은 그의 친척들이 점유한 형국이었다. 그렇게 쪼개진 셀주크제국에 수많은 술탄이 대립하면서 혈족인 그들끼리 아옹다옹하니 이것이야말로 제1차 십자군이 성공했던 가장 큰 이유였다. 룸셀주크제국은 그렇게 해서 건설된 투르크 족 국가들 중의 하나며, 정확히 말해 제국이라기보다는 토후국쯤으로 보면 될 듯하다. 여기서 '룸'이란 말은 페르시아어로 '로마'를 가리키며 이 제국이 위치한 아나톨리아 지방이 동로마제국의 오랜 영역이었기 때문에 그리 명명되었다. 지금의 소아시아반도에 해당하는 아나톨리아 지방에서 당대의 양대 세력은 룸셀주크 왕조와 다니슈멘드 왕조였다. 얼마 전만 해도 앙숙이었던 이 두 세력은 십자군이 침입하자 힘을 합쳐 십자군에 대항하기로 했다.

예상했던 대로 군중 십자군은 허무하게 무너졌지만 정식으로 발족된 정규 십자군은 유럽 각지를 출발하여 속속들이 콘스탄티노플에 도착했다. 그런데 이들 중에 마땅히 성전(聖戰)을 이끌어야 할 황제나 왕 급의 거물이 없었다. 기껏해야 공작이나 백작 급의 제후들만 있었는데 여기에는 그럴 수밖에 없는 사정이 있었다.

우선 서유럽 유일의 황제인 하인리히 4세는 우르바누스 2세와 사이가 안 좋았다. 프랑스 왕 필리프 1세(Philippe I)는 기독교에서 금지한 이혼 문제로 교황에 의해 파문된 상태였으므로 도덕적인 결격 사유가 있었다. 영국 노르만 왕조의 정복왕 윌리암 1세의 뒤를 이은 윌리암 2세는 복잡한 국내 정세 때문인지 도통 십자군 원정에 관심이 없었다. 윌리암 2세는 그렇잖아도 형이지만 정적인 노르망디 공작 로베르가 십자군 원정에 참가해서인지 더더욱 관여할 생각이 없었다. 마지막으로 이베리아반도의 여러 왕들은 그들 나름의 성전인 레콩키스타를 수행하고 있었으므로 제 코가 석자였다. 이런저런 사정으로 제후 급으로 구성된 십자군은 네 지역에서 콘스탄티노플을 향해 출발했다. 그러면 콘스탄티노플에 도착한 순서대로 하나씩 주요 인물의 면면을 살펴보자.

첫째, 프랑스 왕 필리프 1세의 동생인 위그 백작(Hugh, 1053~1101)이다. 그는 거만하고 허풍도 있다고 알려져 있었다. 하지만 당시 후진지역이던 서유럽에 있다가 화려한 콘스탄티노플을 보고 주눅이 들어 바로 동로마 황제에게 망설이지 않고 충성 서약을 한 인물이다. 북부 프랑스 지역의 군대를 소집해서 참전했지만 거느린 병력이 그다지 많진 않았다.

둘째, 샤를마뉴 대제의 후손인 하(下)로렌 공작 고드프루아(Godefroy de Bouillon, 1060~1100)다. 그는 여태껏 신성로마제국 하인리히 4세에게 변함없이 충성을 바친 인물이다. 열렬한 황제파로 교황 그레고리우스 7세에게 끝까지 대적했던 그가 십자군 원정에 참가한 자체가 의외다. 그는 아버지의 네 아들 중 둘째였다. 고드프루아 공작은 이번 원정에 셋째인 불로뉴 백작 외스타슈와, 영지가 없어 백수였지만 이번 원정의 가장 큰 수혜자가 되는 막내 동생 보두앵(Baudouin, 1058~1118)과 동행했다. 고드프루아가 차남의 신분으로 과거에 어렵게 얻었던 자신의 영지에서 탄탄한 입지를 굳히지 못했기 때문에 택한 것이 십자군 원정이라는 추측도 있다. 참고로 성지 탈환 후 건국된 예루살렘 왕국은 고드프루아 가문에서 열리게 된다. 그는 지금은 프랑스 영토이지만 당시는 신성로마제국 땅인 로렌 지역의 병력을 이끌고 있었다.

셋째, 노르만족 출신으로 남부 이탈리아 풀리아 공작 보에몽(Bohemond, 1050?~1111)이다. 그는 거구의 몸집에 남자다운 풍채를 지녔으며 전투에 능숙한 인물이었다. 부친인 로베르 기스카르와 함께 몇 년 전까지만 해도 동로마를 멸망시키기 위해 누구보다도 열심히 싸웠던 인물이다. 그런 그가 얄궂게도 이번에는 동맹자로서 알렉시우스 황제 앞에 나타난 것이다. 보에몽과 대면한 황제가 보에몽이 동로마를 상대로 벌인 과거의 행적을 힐난한 것은 당연했다. 하지만 넉살 좋은 보에몽은 상대의 반응을 굳이 신경 쓸 인물이 아니었다.

그의 아버지는 자신의 어머니와 이혼하고 새로 얻은 아내에게서 낳은 아들에게 시칠리아를 물려준 상태였다. 그렇게 되자 보에몽은 비록 공작의 신분이지만 얼마 안 되는 자신의 영토에 큰 불만을 품고 있던 참이었다. 모험을 좋아하는 바이킹의 피를 이어받았던지 그는 흔쾌히 명분과 실리가 따르는 십자군 원정에 동참했다. 그와 동행한 인물 중에 외조카인 탕크레디는 무적을 자랑하며 소수의 병력으로 누구보다도 뛰어난 무공을 세우게 되는 20대의 열혈남아다. 그야말로 외숙부와 외조카 둘 다 전투를 위해 태어난 노르만 용병의 표본이었다.

넷째, 남부 프랑스 툴루즈 백작 레몽(Raymond de Toulouse, 1052~1105)이다. 가장 연장자이면서 자금력도 풍부해서인지 가장 많은 병력을 이끌 수 있었다. 교황 우르바누스 2세가 십자군을 제창하기 전에 함께 깊이 상의했던 인물이다. 그만큼 교황이 심리적으로 의존하는 인물이었다. 실제로 교황의 대리인 자격으로 참가한 주교 아데마르는 레몽과 동행했다.

　레몽은 나이도 가장 많고 이교도와 싸운 경험이 있는 유일한 인물이었기 때문에 사령관 직책을 당연시했다. 당시 싸워야 할 성전의 대상으로서 이교도라면 바로 밑의 스페인에도 있었다. 그런데도 굳이 멀리까지 원정을 떠난 것은 최고사령관으로서, 그리고 정복자로서 이름을 남기고 싶은 명예욕 때문만은 아닐 것이다. 아마도 인생의 끝자락에 다다르면서 느꼈을 성지 탈환을 위한 숭고한 종교적인 신념일 수도 있다.

　다섯째, 마지막으로 도착한 것은 노르망디 공작 로베르, 블루아 백작 에티엔, 플랑드르 백작 로베르다. 혈족인 이들은 함께 도착했다. 위에서 말한 첫째에서 넷째까지는 1차 십자군 원정의 주요 인물들이지만, 다섯째로 언급한 세 명은 그 역할이 크지 않다.

　이들을 콘스탄티노플에서 맞이한 알렉시우스 황제가 서유럽 제후들에게 우선 요구한 것은 충성서약이었다. 황제가 맨 처음 구상한 것과 작금의 형세가 다르게 돌아가는 판국이라 비록 공수표에 그칠지 모르지만 최소한이나마 주군과 신하의 형식이라도 갖추자는 심리였다. 황제는 서유럽이 충성서약에 기반을 둔 봉건사회라는 것을 잘 알고 있었다. 충성서약을 통해 자신이 제후들의 명목상이나마 주인이 된다면, 그 후 벌어질 오리엔트의 정치적 지각 변동에서 일단 우위를 점할 수 있으리라 생각한 것이다.

위그 백작은 시원하게 서명했지만 고드프루아 하(下)로렌 공작은 입장이 달랐다. 그는 신성로마제국 하인리히 4세에게 충성을 다해왔고 충성서약을 한 인물이었기 때문에 동로마 황제에게 같은 맹세를 할 수 없었다. 그는 이 문제를 두고 무려 4개월이나 옥신각신했고 심지어 동로마와 전투도 벌였다. 하지만 결국 힘에 밀려 어쩔 수 없이 서명한 후 보스포루스해협을 건너 소아시아로 들어갔다. 그다음 들어온 보에몽은 자신을 오리엔트 방면 사령관으로 임명해달라는 뻔뻔함과 여유까지 보이면서(물론 황제는 그의 부탁을 들어주지 않았다) 그런 맹세 따위는 휴지 조각으로 생각했던지 서약서에 자신의 이름을 시원하게 적어넣었다.

마지막 인물인 레몽은 고드프루아처럼 처음에는 완강히 황제의 요구를 거부했다. 하지만 저 멀리 앞서가는 다른 십자군을 빨리 따라잡아야겠다는 일념이 그의 머릿속을 지배하자 더 이상 시간을 지체할 수 없었던지 황제에게 수정조항을 제시했다. 황제도 네 거두 중 마지막 인물이라고 생각했던지 양보를 했고, 이렇게 해서 레몽은 알렉시우스에게 충성서약을 했다.

신하가 된 서유럽 제후들에게 나중에 화끈한 지원도 해주지 않으면서 충성의 맹세를 받아낼 궁리나 하는 알렉시우스 황제를 교활하거나 속이 좁다고 보는 시각도 있지만, 그렇게 생각할 것은 없다. 종교적인 열정보다는 세속적인 잇속을 좇아 동방에 건너온 제후들의 속성과 의도를 파악하고 있는 황제에게는 이들에 대한 신용이 처음부터 없었을 것이다. 가장 중요한 것은 다시 말하지만 제국과 신민의 안위다. 그리고 그다음이 잃어버린 제국의 옛 영토를 회복하는 것이다. 명색만 제국이지 실제 군사력이 약한 황제가 비록 그들을 이용했고 그중 한 방편이 충성서약을 받아내는 것이라 한들 황제를 탓할 수 있겠는가.

막강한 군사력을 지닌 십자군들이 나중에 변심하여 황제에게 비수를 들이댈지 전혀 알 수 없는 상황에서 충성서약이야말로 현명하고 당연한 조치였을 수 있다. 실제로 훗날 제4차 십자군 원정(1202~1204) 당시 십자군이 동로마제국을 멸망시킨 것은 알렉시우스의 조치가 꼭 틀리지만은 않았다는 것을 방증한다.

소아시아반도로 건너간 십자군은 먼저 유서 깊은 고도이자 룸셀주크의 수도인 니케아(Nicaea)를 포위했다. 당시 룸셀주크의 술탄인 킬리지 아르슬란은 16세의 소년이었다. 혈기 넘치는 그는 작년에 군중십자군을 무찌른 경험이 있어서인지 십자군이 온다는 소식을 듣고도 대수롭게 생각하지 않고 다니슈멘드와 신나게 전쟁 중이었다. 그런데 그 질과 양에서 이전과 다른 십자군이 니케아를 포위했다는 소식을 듣자 술탄은 다니슈멘드와 휴전하고 바로 십자군을 공격했다. 킬리지 아르슬란은 니케아를 포위한 십자군을 공격했지만 니케아 성벽 밖에서 벌어진 전투는 십자군의 승리로 끝났다. 술탄은 패배해 도주했고 니케아가 이제 곧 십자군에게 함락되는 건 시간문제였다. 이때 황제 알렉시우스는 수하 장군으로 하여금 니케아 주민과 비밀리에 협상을 하여 피 흘리지 않고 동로마가 니케아를 점령할 수 있도록 지시했다. 킬리지 아르슬란은 어차피 투르크족이 유목민족이라 고정된 수도가 중요치 않았기 때문에 수도를 코니아로 옮겼다. 그리고 동로마와의 협상은 니케아 시민들이 자체 판단하도록 수비대에게 결정을 위임했다.

문제는 항복한 시민들의 신변을 보장한다는 이 협상이 십자군을 배제한 채 알렉시우스와 니케아 주민 간에 단독으로 진행되었다는 것이다. 결국 1097년 6월에 니케아는 동로마의 수중에 떨어졌지만 이 사건으로 알렉시우스와 십자군과의 불신은 깊어질 수밖에 없었다.

한편 얕봤던 십자군에게 서전에서 패배한 젊은 술탄은 그때까지 적대했던 다니슈멘드에게 십자군을 공동의 적으로 인식시키고 지원을 얻었다. 그 후 아나톨리아에 있는 투르크족의 전 병력을 모았는데 그 수는 기록에 따라 15만 명, 과장하면 30만을 넘었다고도 한다. 하지만 실상에 근접한 유력한 숫자는 3만 명 정도다. 그들은 도릴라이움(Dorylaeum)이란 곳에서 매복하고 십자군을 기다렸다.

당시 십자군은 보급과 이동의 편의를 위해 두 개의 부대로 나뉘어 안티오크로 진군하는 중이었다. 십자군의 앞선 부대는 보에몽이 지휘했고 두 번째 부대는 레몽과 고드프루아 및 위그의 부대였다. 이 중에서 보에몽의 부대가 먼저 킬리지 아르슬란의 급습을 받았다. 셀주크군은 육탄전을 피하면서 화살을 날리고, 적이 반격하면 달아나는 단순하지만 효과적인 유목민족 특유의 '히트 앤드 런(hit and run) 전법'을 구사했다. 소나기 같은 화살이 주력인 강철갑옷으로 무장한 십자군 중장기병에게는 별다른 타격을 가할 수 없었지만, 십자군의 경무장보병은 속수무책으로 당할 수밖에 없었다. 시간이 갈수록 피해가 늘어나는 것은 십자군 쪽이었다.

그러나 선발대가 이와 같이 버텨주는 사이에 도착한 후발대가 투르크군의 측면을 공격하자 차츰 전세는 뒤집어졌다. 여기에 더해 아데마르 주교가 이끄는 제3의 부대가 투르크군의 후방을 공격하자 투르크군은 거의 궤멸에 가까운 타격을 입었다. 이 도릴라이움 전투(1097)에서 십자군이 승리하면서 안티오크로 가는 길이 훤하게 열리게 되었다.

안티오크(Antioch)는 현재 인구 10만 명이 겨우 넘는 소도시지만, 로마제국이 시리아를 속주로 만들었을 때는 정치·경제·종교·군사의 중심지였을 정도로 번영을 자랑했었다. 안티오크는 사도 바울이 포교의 교두보로 삼았던 곳이어서인지 지금도 한국의 웬만한 도시에는 안디옥이라는 교회가 있다. 십자군의 최종 목표는 물론 예루살렘이었다. 하지만 안티오크는 예루살렘으로 향하는 길목의 중심이라는 전략적인 관점에서뿐만 아니라, 이와 같은 종교적 의미에서도 응당 명색이 십자군이라면 반드시 함락시켜야 하는 도시였다.

십자군 주력이 안티오크로 향하는 사이에 보두앵과 탕크레디 두 젊은이는 별동대를 이끌고 에데사(Edessa)로 향했다. 흑해와 카스피해 사이에 있는 아르메니아나 조지아는 지금도 그렇지만 과거에도 기독교인이 다수 살고 있었다. 그곳에 거주하는 기독교인들의 지지를 이끌어내는 임무를 안고 있었던 두 젊은이는 길목에 위치한 교통의 요충지 에데사로 향한 것이다.

에데사의 주인인 토로스는 모술(지금의 이라크 북부에 위치한 바그다드 다음의 이라크 제2의 도시)의 군주와 전쟁 중이었는데, 십자군의 진군 소식을 듣고 보두앵에게 도움을 청했다. 토로스는 뭐에라도 홀렸는지 에데사에 입성한 보두앵의 늠름한 모습을 믿음직스러워하면서 보두앵을 자신의 양자로 삼았다. 그로부터 얼마 지나지 않아 토로스가 의문사하게 되었다. 확증은 없지만 보두앵이 유력한 배후자였거나 방관자였던 것으로 보인다. 그렇게 해서 보두앵은 에데사의 주인이 되었고, 곧 최초의 십자군 국가라 할 수 있는 에데사 백국이 건설되었다.

십자군 측에서 에데사를 점령한 것은 무척 중요한 의미가 있다. 교통 및 군사상 요지인 에데사를 점령함으로써 후일 시리아 및 팔레스타인 연안에 건국되는 십자군 국가들이 북쪽 이슬람의 침입으로부터 보호되었던 것이다. 실제로 얼마 후 모술의 지배자인 카르보가가 대규모의 이슬람 연합군을 이끌고 안티오크의 십자군을 무찌르러 떠났을 때 거쳤던 곳이 에데사다. 이때 보두앵이 에데사에서 카르보가의 발목을 3주간이나 잡아줬다. 카르보가가 에데사 공략을 포기하고 안티오크에 도착하기 불과 3일 전에 십자군은 안티오크를 함락했고, 안전하게 성안에서 카르보가를 상대로 공성전을 치를 수 있었다.

한편 도릴라이움 전투에서 완패한 셀주크군은 화살에 끄떡도 않는 갑주로 중무장한 십자군과의 정면대결을 피하고 초토화 전술과 게릴라 전술로 바꾸면서 안티오크로 향하는 십자군을 훼방했다. 이로 인하여 십자군에게 무엇보다도 괴로운 것은 식량난이었다. 애초부터 동로마제국이 식량을 뒤에서 대주면 그걸로 해결하거나 아니면 현지 조달을 하겠다는 안이한 생각으로 떠난 원정이었다. 그런데 그게 둘 다 이뤄지지 못하니 이제는 가장 기초적인 먹는 문제가 현실로 다가왔다. 니케아를 떠난 지 무려 4개월이나 걸려서 안티오크에 도착한 후 성을 포위하긴 했지만 벌써부터 배고픔에 지쳐 있었다. 안티오크는 높은 성벽과 깊은 해자뿐만 아니라 400여 개의 망루를 가진 성이었다. 성주 또한 이를 믿고 결사항전을 부르짖으며 여기저기의 이슬람 지도자들에게 원군을 요청했다. 이때 이슬람이 합심했다면 십자군을 무찌르는 것은 식은 죽 먹기였을 테지만 이슬람 또한 십자군 못지않게 내홍을 겪고 있었다.

당시 셀주크와 함께 이슬람의 양대 세력이라 할 수 있는 이집트의 파티마 왕조는 수니파인 셀주크와는 다른 시아파였기 때문에 주적을 셀주크로 여기면서 오히려 십자군에게 동맹을 신청했다. 셀주크가 십자군에게 연패하는 틈을 타서 셀주크에게 뺏겼던 예루살렘을 파티마 왕조가 되찾은 것도 이때쯤이었다. 그뿐만 아니라 시리아 방면의 알레포 성주는 권력을 독차지하려는 야욕으로 친동생들을 죽인 일이 있었다. 그때 달아난 동생 하나가 다마스쿠스를 기반으로 친형과 목숨을 걸고 싸우고 있었기 때문에 시리아 또한 분열된 모양이었다. 이와 같이 유일하게 십자군 원정이 성공했던 1차 원정은 십자군의 자력이라기보다는 적의 분열에 기인한 바가 크다고 할 수 있다.

그러나 굶주림으로 이미 체력이 바닥난 십자군은 안티오크를 쉬이 함락시킬 수가 없었다. 공성전을 하기보다는 오히려 식량을 얻기 위해 더 분주하는 모습이었다. 갈수록 식량 문제로 탈영하는 병사들까지 생기면서 나중에는 인육을 먹는 병사까지 생기는 지경에 이르렀다.

이때 불가능할 듯 보였던 안티오크 함락을 이룬 인물은 보에몽이다. 성벽을 지키던 아르메니아 출신인 투르크군 지휘관 하나가 어떤 이유에서인지 아군을 배신하기로 결심했고, 보에몽이 이자를 매수하는 데 성공했던 것이다. 그가 약속된 시간에 십자군에게 사다리를 걸쳐주자 십자군은 성벽에 올라가 안에서 문을 열어주었다. 이렇게 해서 1098년 6월 3일 십자군은 안티오크에 잠입하여 성을 함락시키는 데 성공했다. 안티오크 성주는 도망치다가 살해되었다. 십자군은 거의 아사 직전이었기 때문에 눈이 뒤집혀서 관용을 베풀 여유가 없었던 것인지, 아니면 천성이 원래 그런 자들이었는지 주민들을 보이는 대로 무자비하게 살해했다.

위에서 말했듯이 모술 성주인 카르보가가 이슬람 대군을 결집하여 안티오크를 포위하는 십자군을 공격하기 위해 성이 함락된 후 3일이라는 간발의 차이로 뒤늦게 안티오크에 도착했다. 이때 안티오크 인근에는 블루아 백작 에티엔이 있었다. 그는 성내에 식량이 없다는 소리와 엄청난 투르크군이 집결했다는 소리를 듣고는 겁에 질려 곧바로 귀국길에 올랐다. 우연찮게도 귀국 도중에 에티엔 백작은 안티오크를 접수하기 위해 진격 중이던 동로마 황제 알렉시우스 1세를 만났고 자신이 들은 것을 그대로 황제에게 전했다. 그러자 황제는 십자군을 버리고 콘스탄티노플로 돌아가버렸다.

이 소식이 안티오크에서 지원 병력과 보급을 기다리던 십자군에게 그대로 전해졌다. 그들이 황제에게 느꼈을 분노와 배신감은 당연했다. 그들은 황제를 향한 충성을 그 자리에서 철회했다. 이어진 안티오크 성 밖에서 벌어진 회전에서 십자군은 카르보가의 지원군을 대파했다. 카르보가의 이슬람 연합군은 서로의 이해관계가 얽혀 단합이 안 되었는데 이게 그들의 패인이었다. 한쪽이 패주하자 나머지도 군이 싸우지 않고 패주의 물결에 휩싸인 것이다.

　적을 무찌르자 이제는 누가 안티오크의 주인이 되느냐는 언쟁이 벌어졌다. 에데사를 차지한 보두앵처럼 보에몽 또한 안티오크를 차지하고 싶었다. 실제로 보에몽 자신이 안티오크 함락의 1등 공신이었기 때문에 그 소유를 주장했지만, 그 전부터 보에몽과 사사건건 대립했던 레몽은 이에 격렬히 반대했다. 결국에는 보에몽이 안티오크를 갖는 대신 예루살렘으로 향하는 십자군을 레몽이 주도한다는 타협안이 이뤄졌고, 문제는 이렇게 일단락되었다. 에데사 백국에 이어서 또 다른 십자군 국가인 안티오크 공국이 보에몽에 의해 건국된 것이다.

　이듬해인 1099년 1월 레몽을 선두로 하여 고드프루아 및 로베르 등이 예루살렘을 향해 출발했다. 이들의 수는 그간 전사한 병력과 뒤에 남겨야 했던 병력을 빼면 다 합쳐봐야 겨우 1만2000 남짓한 소규모 군대였다. 이들에게는 보급도 불충분했지만 사기만큼은 드높았다. 식인종으로 소문난 십자군과 싸우지 않으려 했는지 행군로에 있는 도시들도 이전보다는 십자군에게 우호적이었다. 십자군은 6월에 드디어 최종 목표지인 예루살렘에 도착했다.

　다시 언급하지만 그때는 예루살렘이 셀주크제국의 손에서 파티마 왕조로 넘어간 상태였다. 예루살렘 방어군 사령관은 이흐티카르 앗 다울라라는 인물이었다. 그는 기독교·유대교·이슬람교의 성지인 이 도시를 지키기 위해 결사 항전하기로 마음먹었다. 우선 주군인 이집트의 칼리프에게 원군을 청함과 동시에 식수와 식량을 저장하고 배반의 가능성이 농후한 기독교인을 쫓아내는 등 만반의 준비를 갖추었다. 물론 들판의 가축을 성안에 모두 들이고 물이 귀한 그 지역에서 십자군을 괴롭히기 위해 우물마다 독을 풀어놓는 것도 잊지 않았다.

십자군은 식수 조달이 어렵고 이집트 원군도 신경이 쓰였기 때문에 시간이 걸리는 포위전이 아닌 공성전을 택할 수밖에 없는 입장이었다. 그들은 『구약성경』에서 여호수아가 여리고 성을 무너트리기 위해 일곱 번 성을 돌았던 흉내를 내며 예루살렘 성을 걸어서 도는 퍼포먼스까지 연출했다. 기적을 바랐겠지만 물론 그게 통할 리 만무했다. 결국 십자군은 효과적으로 성을 공략하기 위해서는 성벽 높이의 공성용 탑이 필요하다는 결론을 내렸다. 문제는 예루살렘 주위에서 쓸 만한 나무가 없다는 것이었다.

이번에도 필요할 때마다 소수의 병력으로 눈부신 활약을 펼쳐온 탕크레디가 사마리아에서 목재를 구해 와 두 개의 탑을 만들 수 있었다. 십자군은 두 개의 탑을 중심으로 공격을 시작했고, 수비군은 격렬하게 저항하며 그중 하나를 불태울 수 있었다. 하지만 십자군은 나머지 한 개의 탑을 통해 성벽을 넘었고, 밖에 대기하던 십자군은 안으로 잠입한 아군이 열어준 성문을 통해 성안으로 쏟아져 들어왔다. 그렇게 해서 예루살렘 성은 기어이 십자군에게 함락되고 말았다.

성안으로 난입한 십자군이 여호수아를 본뜬 것은 성 밖을 걸어서 돌았던 것만이 아니었다. 여호수아가 여리고 성에서 기생 라합과 그녀의 가족을 제외한 모든 사람들을 도륙했듯이, 십자군 또한 후대의 사람들이 치를 떨 만큼 성내 주민을 잔인하게 학살했다. 최후에 항복한 대가로 성주를 비롯한 소수의 사람만이 살아남아 탈출에 성공할 수 있었지만, 성내의 주민 전원이 남녀노소 가리지 않고 학살되었던 것이다. 어떤 곳에서는 피가 발목까지 차오르고, 다른 곳에서는 피가 무릎에 닿을 정도였다고 하니 그 참상을 미루어 짐작할 수 있을 것이다.

3년에 걸쳤던 제1차 십자군 원정의 대미를 장식한 예루살렘 공성전은 6월 7일부터 시작되어 7월 15일 끝났으니 40여 일이 걸린 셈이다. 아쉬운 점은 정작 십자군 원정을 제창했던 우르바누스 2세가 예루살렘을 함락시킨 날로부터 2주일 후인 7월 29일에 그 사실을 알지 못한 채 사망했다는 것이다.

이제 예루살렘을 누가 통치할 것인가 하는 문제가 남게 되었다. 강력한 후보로 오른 인물은 가장 연장자이며 거느린 병력도 많은 레몽 백작이었는데, 웬일인지 레몽은 그 자리를 사양했다. 그가 예루살렘 왕위를 사양했던 명확한 이유는 알려지지 않고 있다. 가장 그럴듯한 설명은 그가 인덕이 부족해서 제후들에게 신망을 얻지 못하고 있다는 점을 스스로도 알고 있었다는 것이다. 레몽은 동로마 황제에게 충성서약을 끝까지 거부했으면서도, 다른 제후들과 달리 줄곧 황제를 옹호는 발언을 일삼았기 때문에 제후들의 빈축을 사고 있었다. 거기다가 십자군 원정 내내 보에몽과 앙숙관계로 지내면서 불화를 빚어온 것도 그에 대한 평판을 좋지 않게 만들었다.

레몽은 이러한 몇 가지 이유로 동료들에게 존경과 사랑을 못 받고 있다는 것을 충분히 알고 있었다. 그래서 가장 유력한 후보인 자신이 형식상 일단 몇 번 예루살렘 왕위를 고사하면 감히 다른 제후들도 그 자리를 원하는 내색을 하지 않을 것인데, 그때 최종적으로 마지못해 왕위를 수락하는 모양새를 갖추자는 것이 그의 본심이었다는 것이다.

그런데 레몽의 기대와는 달리 레몽을 애초부터 달갑지 않게 여기던 제후들이 얼씨구나 하고 일제히 고드프루아 공작을 추천했다. 고드프루아는 약간의 망설임 끝에 왕위를 수락하고 말았다. 아마도 겸손하고 온화한 성격과 더불어 여태껏 모나지 않았던 점에서 여러 제후들에게 높은 점수를 받았던 모양이다. 이를 나쁘게 말하면 여럿이서 자신들이 다루기 쉬운 이를 왕위에 앉힌 셈이다. 1204년에 제4차 십자군이 동로마제국을 멸망시키고 건설한 라틴제국(1204~1261)의 황제에 안중에도 없었던 유순한 플랑드르 백작 보두앵을 앉힌 것도 같은 맥락이다.

스스로를 십자군 사령관으로 생각해왔던 레몽에게 이는 받아들일 수 없는 일이었다. 그렇다고 이제 와서 돌이킬 수도 없는 일이었다. 분노와 허탈로 뒤덮인 그에게는 꿩 대신 닭이라고, 나중에 그에 의해 트리폴리 백국이 건설된 것이 그나마 위안거리가 되었을 것이다. 야생마와 같은 탕크레디도 눈부신 활약에 걸맞게 고드프루아에 의해 갈릴리 공작에 임명되어 자신의 영토를 갖게 된다.

고드프루아는 왕으로 추대되었지만 감히 자신이 예수가 목숨을 잃었던 장소의 왕이 될 수는 없다고 주장하면서 왕이라는 직함 대신에 '성묘의 수호자'라는 명칭을 썼다. 그러나 형식적으로는 왕이 아니었을지라도 실질적으로는 왕이었기 때문에 그를 예루살렘 왕국의 초대 왕으로 보기도 한다. 고드프루아가 병이 들어 불혹의 나이로 1100년에 사망하고 예루살렘에 묻히자, 그의 동생인 에데사 백작 보두앵이 뒤를 이어 예루살렘 왕위에 올랐다. 막내였기 때문에 유럽 내 별다른 영토도 없었던 보두앵이 유일한 십자군 왕국의 주인이 되는 행운을 갖게 된 것이다. 참고로 제1차 십자군 원정에서 4개의 십자군 국가(에데사 백국, 안티오크 공국, 예루살렘 왕국, 트리폴리 백국)가 성립되지만 그중 예루살렘 왕국이 유일한 왕국이다. 더구나 보두앵은 형과 다르게 스스로 '예루살렘 왕'이라는 직함을 사용했으니 십자군 최초의 왕이라고 부를 수도 있다. 에데사 백작 보두앵이 예루살렘 국왕으로 옮겨 오면서 자리가 비워진 에데사 백국은 보두앵의 사촌동생으로 함께 십자군 원정에 종군했던 동명이

인인 보두앵에게 돌아갔다.

한편 예루살렘 왕위를 놓쳐 분루를 삼킨 레몽 백작은 그와 절친한 동로마 황제 알렉시우스에게 돌아가 있다가 트리폴리를 공략한다. 하지만 당시의 전투에서 입은 부상으로 인해 1105년에 사망하고, 그의 후임에 의해 트리폴리 백국이 건설되기에 이르렀다.

마지막으로 그 일생 자체가 파란만장했던 안티오크 공국의 보에몽의 이야기를 할 차례다. 보에몽은 이후 이웃한 술탄 다니슈멘드와의 전투 중에 포로로 붙잡히게 된다. 술탄은 이 야심차고 교활하다고 소문난 안티오크 공작을 처형하지 않고 감옥에 집어넣었다. 보에몽의 몸값으로 많은 금액을 요구하기 위해서였다. 실제로 이 공작을 갖기 위해 여럿의 흥정이 오고 갔지만 최종적으로 돈을 지불한 것은 예루살렘 국왕인 보두앵이었다.

3년의 포로생활 뒤 돌아온 보에몽은 외조카인 탕크레디를 안티오크 공국의 섭정으로 임명한 후 새로운 십자군을 일으키기 위해 유럽으로 건너갔다. 성공적인 십자군 원정에 고무되었는지 이번에는 무려 3만5000여 명의 병력이 그의 휘하에 모여들었다. 문제는 그가 병력을 이끌고 동방으로 향하지 않고 동로마제국 황제 자리를 노리며 아드리아해를 건너 동로마를 공격한 것이다. 26년 전에 그의 아버지 로베르 기스카르가 그랬던 것처럼 두라초(과거에는 디라키움으로 불림)를 함락한 후 동쪽으로 진군해 콘스탄티노플을 점령하겠다는 계획이었다. 그러나 알렉시우스 황제가 직접 육군을 이끌고 그를 상대했으며, 베네치아 해군은 보에몽이 아드리아해를 봉쇄할 것을 우려하며 동로마와 동맹을 맺게 되었다. 이들이 바다와 육지 양쪽에서 보에몽을 협공하니 힘에 부친 보에몽은 황제에게 항복할 도리밖에 없었다.

비록 알렉시우스 황제는 두 번이나 자신의 제국을 노린 보에몽에 대한 개인적인 원한이 깊었지만 감정에 치우쳐 포로로 잡힌 이 안티오크 공작을 처형하지는 않았다. 냉정하게도 황제는 다시 대면한 보에몽으로 하여금 다시 한 번 충성서약을 하도록 하고 안티오크의 종주권이 영원히 동로마에 있음을 확인하는 문서에 서명하도록 했다. 실의에 찬 보에몽은 다시 아드리아해를 건너 자신의 영지로 돌아갔고, 1111년에 이탈리아 남부의 바리(Bari) 성에서 죽음을 맞이했다. 재미있는 점은 보에몽이 사망한 바리 성이 그의 아버지인 로베르 기스카르가 1071년에 점령한 곳이며 동로마제국이 이탈리아에서 보유했던 마지막 땅이라는 것이다. 이로써 1101년에 사망한 위그 백작을 포함하여 제1차 십자군의 거두 네 명이 모두 사망하게 되었다.

한편 안티오크 섭정을 맡고 있던 탕크레디는 외삼촌인 보에몽이 알렉시우스 황제와 맺은 조약을 콧방귀를 뀌며 무시해버렸다. 용맹한 탕크레디에게는 동로마를 막아낼 군사적 역량과 자신감이 있었다. 알렉시우스 황제도 그를 어찌할 도리가 없다고 생각하고 이제는 산적한 국내 문제에나 신경 쓰기로 마음먹었다. 이렇게 해서 안티오크 공국은 동로마제국령이 아닌 어엿한 십자군 국가로 남게 되었고 여러 십자군 국가와 병존할 수 있게 되었다. 아쉽게도 탕그레디 또한 외삼촌인 보에몽이 사망한 지 불과 1년 후인 1112년, 40살이라는 한창 나이에 병에 걸려 죽고 만다.

제12장

파양호대전─최대 규모의 수전

역사상 가장 규모가 큰 해전이라 한다면 3차 페르시아전쟁 당시 살라미스(Salamis) 해전(기원전 480), 원나라가 남송을 멸망시킨 애산(厓山) 해전(1279)을 꼽을 수 있다. 이 두 해전에 참여한 병력은 둘 다 20만에 달하며, 무려 1000척 이상의 전함이 동원된 해전사의 양대 산맥이라 할 수 있을 것이다. 세계 3대 해전이나 세계 4대 해전을 일컬을 때 흔히 거론되는 레판토 해전이나 칼레 해전, 트라팔가 해전은 위에서 얘기한 두 해전에 비해 규모와 병력에서 한참 못 미친다.

목선의 시대가 끝나고 철갑함의 시대가 열리면서 있었던 가장 유명한 해전은 미드웨이(Midway) 해전(1942)이다. 하지만 제2차 세계대전에서 태평양전쟁도 끝나가는 무렵인 1944년 10월 필리핀의 레이테섬 근처에서 일본과 미군 사이에서 일어났던 레이테

(Leyte) 해전(1944)은 병력과 규모 면에서 단연 최고였다. 여기에서 양측 합쳐 항공모함만 거의 40여 척이 동원되었고, 참가한 병력도 20만에 가까운 것으로 알려져 있다. 동원된 병력 및 군함의 배수량에서 이 레이테 해전의 기록은 아마도 깨지지 않으리라 여겨진다.

그러나 역사에서는 살라미스 해전, 애산 해전, 레이테 해전을 능가하는 '물 위에서의 전투'가 딱 한 번 있었다. 엄밀히 말해서 해전이 아니라, 바다가 아닌 대륙 내 호수에서 일어났던 전투다. 즉 해전이라 할 수는 없고, 수전(水戰)이라 불러야 정확하겠다.

이 수전은 원나라 말엽 드넓은 중국 대륙의 양자강 이남에 있는 파양호(鄱陽湖)에서 당대 군웅인 주원장(朱元璋, 1328~1398)과 진우량(陳友諒, 1320~ 1363) 간에 벌어진 전투다. 파양호 전투는 주원장이 그의 생애에서 가장 강력했던 적을 꺾고 양자강 유역을 장악하게 되는 전투였다. 그에게는 파양호 전투야말로 후일의 대명제국을 건설하는 데 가장 분수령이 되었던 전투였던 것이다. 이는 역사상 가장 대규모의 수전이기도 하다. 그도 그럴 것이 진우량의 60만 대군과 주원장의 20만 대군이 배에 올라타서 싸웠으니 도합 80만의 수군이 참여한 셈이다.

그러나 파양호대전은 당시 중원이 아닌 양자강 일대 군벌 간의 전투였을 뿐, 천하의 주인이었던 원제국을 상대로 극적인 승리를 얻어낸 전투가 아니어서인지 그 규모에 비해 그다지 알려지지 않은 듯하다. 더구나 후한 말의 적벽대전이 나관중의 『삼국지연의』를 통해 널리 알려져 있지만, 파양호대전은 그만큼 재미나게 기록해 남긴 사람도 없기 때문에 많은 이들에게 더더욱 생소할 수 있다. 이번 장에서는 명나라 창업자인 주원장이 천하의 주인이 되는 데 가장 결정적이었던 파양호대전을 중심에 두고 원말명초의 정치사와 시대상을 이야기하기로 하겠다.

중국사에서는 주변 민족이 중원에 진출하여 눌러앉은 이후 중국화되어 오히려 피정복민인 중국인에게 문화적으로 흡수되는 경우가 흔했다. 몽골의 경우는 원나라를 건국한 세조 쿠빌라이 칸(1215~1294)이야말로 앞장서서 몽골의 중국화를 추진했던 인물이다. 그가 몽골의 수도를 대도(지금의 베이징)으로 옮기고 국호를 중국식인 원(元)이라 정한 것이 그 사례다. 마찬가지로 태자를 책봉하는 것도 한 가지 예라 할 수 있다. 원래 몽골족은 '쿠릴타이'라는 원로 회의를 통해 칸을 추대했지만, 이제는 중국 식인 책봉의 형식을 통해 아들에게 황위를 물려주기로 한 것이다. 그런데 세조의 황태자인 친킴이 세조보다 일찍 죽었기 때문에 친킴의 셋째 아들이 세조를 뒤이어 2대 황제인 성종으로 즉위했다.

유목민족들은 자신들의 지도자를 선출할 때 정착민족보다 불필요한 유혈 사태를 만들어내는 경향이 많았다. 그래서 기껏 일구어놓은 대제국이 후계자 싸움으로 어이없게 사분오열되는 경우가 많았다. 정착민족은 장자상속이 보편화되어 후계자가 확실한 데 반해, 유목민족은 형제상속이 흔한 일이었기 때문일 것이다. 이것은 쿠빌라이 칸이 아무리 중국화를 시도했다고 하지만 그대로 원나라 황실에도 적용되었다. 성종이 사망한 1307년부터 원나라 마지막 황제인 순제가 즉위한 1333년까지 형제나 친족 간의 황위싸움으로 26년 동안 무려 9명의 황제가 바뀐 것이다. 이는 왕조가 망하기 전에 흔히 일어나는 말기적 증상이라 할 수 있다.

그나마 마지막 황제인 순제(順帝, 1320~1370)는 35년이라는 긴

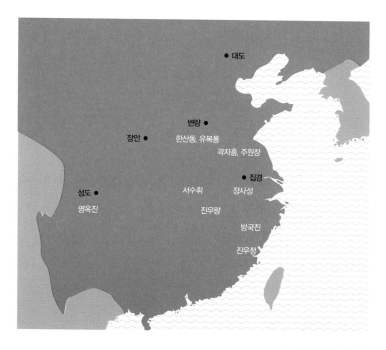

✖ 원나라 말 각지의 반란

재위기간 동안 황위의 안정을 이루고 쇠약해져가는 제국을 다시 세우기 위해 노력했다. 하지만 나중에는 그가 등용한 명재상 톡토를 잃은 후 실의에 빠졌는지 라마교에 탐닉하여 나라를 망치는 등 마지막까지 현군의 모습을 보여주진 못했다.

설상가상으로 그의 치세 기간에 홍수·가뭄·전염병 등 각종 천재지변으로 인하여 전국에 기근으로 굶어죽는 이가 속출했다. 이 중 눈여겨볼 만한 것은 1351년에 일어난 황하강의 범람으로 인한 대홍수였다. 원 정부는 재해를 복구하는 치수사업을 위해 하남지역의 민간인 17만 명을 징용했다. 이와 때를 맞춰 원나라를 실질적으로 무너뜨린 홍건적이라 불리는 무리가 원에 대해 반기를 들기 시작했다. 이것은 진나라와 수나라가 백성을 강제징용하자 이들이 반란의 무리에 가담하면서 제국이 멸망한 것과 같다고 할 수 있다.

그간의 민족차별정책에 대한 불만과 가렴주구에 지쳐 있던 백성들은 전국 곳곳, 특히 회하강과 양자강 유역을 중심으로 원나라에 반란을 일으켰다. 이는 그만큼 그 지역에 대한 차별과 수탈이 심했기 때문이기도 하지만, 그 지역이 원나라의 군사력이 그만큼 미치기 힘든 먼 곳이었기 때문이다. 그럼 여기서 먼저 가마솥같이 들끓었던 주요한 반란 세력들을 그들이 거병한 순서대로 대략 살펴보기로 하자.

첫째, 1348년에 절강성(浙江省)에서 일어난 방국진(方國珍)이다. 소금장사 출신이었던 방국진은 원나라 말 최초로 반란을 꾀한 인물로 역사에 기록되었는데 그 시작이 자못 엉뚱했다. 그 근처에서 일단의 무리들이 해적질을 하다가 관가에 붙잡힌 일이 있었다. 그런데 이들은 방국진에 대한 사사로운 원한 관계 때문인지 그를 연루시켜 고발했다. 관가에 붙잡히기 전에 방국진은 고발자를 죽이고 해상으로 달아났다. 이렇게 하여 방국진은 본의 아니게 해적질을 하게 되었으니, 소문이 소문을 낳는다는 말 그대로 되어버린 셈이다.

조정에서는 방국진을 토벌하기 위해 군대를 보냈는데, 그가 토벌군을 격파하자 이번에는 관작을 주어 회유하려고 했다. 그러나 방국진은 계속 해적행위를 일삼았다. 그가 그 후에도 자신을 토벌하려는 토벌군을 계속 격파하니 원나라 조정은 그에게 벼슬을 계속 올려주고 말았다. 다만 그는 처음부터 반란을 일으키고 싶어서 일으킨 것이 아니었기 때문에 처음부터 원제국을 무너뜨리겠다는 거대한 야망을 가진 것은 아니었다. 이후의 움직임을 봐도 군웅 중에서 그리 주목할 인물은 아니라 할 수 있다.

둘째, 1351년 봄에 하남(河南) 일대를 중심으로 일어났으며 원말 반란의 가장 핵심적인 세력이라 할 수 있는 홍건적의 무리다. 이들을 이끌었던 인물은 백련교도(白蓮敎徒)인 유복통(劉福通)이란 인물이다. 미륵불을 받드는 백련교는 불교의 일파다. 어떤 사람은 백련교를 명교(明敎)라고도 부르며, 또 어떤 사람은 명교란 다름 아닌 중국에 들어온 페르시아의 마니교를 가리키는 것이라고 한다. 훗날 주원장이 국호를 '명(明)'이라고 정한 것은 그가 젊은 시절 백련교도, 즉 명교의 신자였기 때문이었다고도 한다.

　　백련교도는 간간이 원나라에 대해 반란을 일으켰고 당국의 탄압을 받아서인지 비밀결사의 형태로 존속되어왔다. 백련교도들이 원말에 몽골족에 대항해 반란을 일으켰고, 훗날 청나라 가경제(嘉慶帝) 때도 반청을 기치로 내걸고 '백련교의 난'을 일으킨 것을 보면 민족주의적인 요소도 강했던 듯하다.

　　유복통은 반란을 일으킨다면 많은 병력을 끌어 모으기 위한 정신적인 지주가 필요하다고 보았다. 직접 자신이 전면에 나서고 싶었겠지만 그보다는 대대로 백련교의 핵심적인 역할을 수행해온 한산동(韓山童, ?~1351)이 그 자리에 적합할 것이라 생각하고 그를 지도자로 세웠다. 하지만 이후의 일은 유복통의 뜻대로 전개되지 않았고 자신도 끝내 덧없는 죽음을 맞이하게 된다.

　　유복통은 백련교도만으로는 부족하고 한인들 전체의 지지를 얻는 것이 필요하다고 판단했다. 그래서 한산동이 사실은 북송 황제 휘종의 8대손이며 마땅히 전 중국의 주인이 되어야 한다는 소문을 퍼뜨렸다. 이렇게 하여 한산동과 유복통을 중심으로 하는 봉기군이 비밀리에 결성되었다. 그들은 아군을 식별하기 위한 표시로 그들의 머리를 붉은 수건으로 동여매었다. 송나라를 상징하는 색이 붉은 색이었기 때문인데, 이로 인해 그들은 홍건군이라 불리게 되었다.

그런데 그들이 본격적으로 거사하기 전에 비밀이 탄로나 관군의 급습을 받았다. 미처 도망치지 못한 한산동은 붙잡혀 죽임을 당했고, 한산동의 아들인 한림아(韓林兒, ?~1366)는 그의 어머니와 함께 무안의 산중으로 간신히 도망쳤다. 관군으로부터 도주한 유복통은 고향인 안휘성(安徽省) 영주로 돌아가 난을 일으켰다. 그 후 주고라는 곳을 근거지로 삼아 주위로 세력을 확장하니 그 수가 금세 10만에 이르렀다.

원나라에서 이들 반란군을 쉽게 무찌르지 못하자 원나라가 무적이 아님을 깨달은 수많은 군웅들이 이때부터 본격적으로 들고 일어났다. 4년이 지난 1355년 유복통은 무리의 구심점이 필요함을 절실히 느끼고 한산동의 아들인 한림아를 맞아들여 소명왕(小明王)이라 칭하게 했다. 이후 소명왕은 송나라를 건국하고 황제를 칭하게 되었다. 송의 수도는 지금의 안휘성에 속하는 박주(亳州)이며, 연호는 용봉(龍鳳)이라 했다.

셋째, 한산동의 반란과 같은 해인 1351년 8월에 기의한 서수휘(徐壽輝, ?~1360), 진우량(陳友諒, 1320~1363), 예문준(倪文俊, ?~1357), 명옥진(明玉珍, 1331~1366)의 무리다. 호북성 포목상 출신인 서수휘가 빈농구제를 목표로 군대를 일으키자 그에 호응하여 삽시간에 수십만의 병력이 모여들었다. 그는 기수를 점령해 수도로 삼고 황제를 칭했고, 나라 이름은 천완(天完)으로 했다. 천완이라고 나라 이름을 정한 것은 대원(大元)제국의 국명 위에 각각 한 일(一) 자와 집 면(宀)

자를 올려놓아 대원제국을 눌러 없애겠다는 의미였다.

　　그러나 서수휘가 원나라 조정의 토벌군에 크게 패해 한양으로 천도하면서 실권은 승상인 예문준에게 넘어갔다. 예문준은 스스로 황제가 되고자 서수휘를 죽이려고 했으나 사전에 발각되어 도망치다가 오히려 자신의 부장이었던 진우량에게 죽임을 당했다. 이제 천완의 실세로 등장한 진우량은 황제인 서수휘를 강주로 다시 천도케 한 후 스스로 한왕을 자칭했다. 칭왕한 것은 대개 칭제하기 전의 단계이므로 진우량은 벌써부터 서수휘를 배신할 뜻을 품은 것이나 다름없었다. 아니나 다를까 다음 해에 진우량은 서수휘를 죽이고 국호를 한(漢)으로 정한 후 황제가 되었다. 한나라의 건국이 이와 같이 배신과 음모로 얼룩지긴 했어도 한나라는 군웅들 중에서 영토가 가장 넓고 군사력도 가장 강력한 나라였다.

　　명옥진은 인격과 능력을 고루 갖춘 서수휘의 부하였다. 훗날 천하를 쟁취하는 주원장을 포함해 원말에 봉기한 수많은 군웅들은 무능하거나 인격적인 결함이 있어서 제왕의 자질을 갖췄다고 보긴 어렵다. 오직 명옥진만이 덕과 능력을 갖춘 유일한 인물이었다. 그는 당시 중경을 공략해 근거지로 삼은 후 서쪽인 촉과 농으로 천완의 세력을 넓혀가고 있었다.

　　그러던 중 진우량이 서수휘를 철퇴로 때려 죽이고 황위에 올랐다는 소식을 듣자 자립하여 농촉왕(隴蜀王)이 되었다. 2년 후 부하들의 추대를 받아 제위에 올라, 나라 이름을 하(夏)라 정하고 수도는 중경(重慶)으로 정했다. 명옥진이 생산을 장려하며 백성을 위무한 결과 그의 나라는 태평성대를 누렸다. 아쉽게도 그가 재위 5년 만에 36살의 젊은 나이로 병사하자 10살 난 그의 아들 명승(明昇)이 뒤를 이었다.

넷째, 1352년 호주에서 일어난 곽자흥(郭子興, 1312~1355)의 무리다. 이들은 애초에는 홍건군이 아니었고 단지 홍건군의 반란에 힘입어 일어난 세력이었다. 하지만 그들은 나중에는 스스로를 홍건군이라 불렀다. 그렇지만 한림아의 송나라 정권에 복종한 것은 아니었으며 그렇다고 그들과 연합정권을 수립하지도 않은 독립적 성격을 갖고 있었다. 곽자흥이 봉기한 바로 그해에 한 험상궂게 생긴 젊은이가 그에게 찾아와 몸을 의탁했다. 바로 훗날 명태조가 되는 주원장이다.

주원장은 1328년 남경 근처의 안휘성 봉양에서 빈농이었던 주세진의 막내아들로 태어났다. 원래 이름은 중팔(重八)이었고 뒤에 흥종(興宗)으로 개명했으며 곽자흥에게 가담할 때쯤 원장으로 다시 고친 것이다. 그는 17세 때 전염병으로 부모형제를 잃고 황각사(皇覺寺)에 들어가 중이 되었다. 불심이 깊어서가 아니라 굶어 죽지 않기 위해서였다. 그나마 절은 부호나 신자에게서 받는 양식이 있어 형편이 나았던 것이다.

그러나 당시의 극심한 기근으로 절마저 식량이 떨어지자 그는 절을 나와 3년간 회서(淮西) 지역을 떠도는 탁발승이 되었다. 그

사이에 각 지역의 풍습과 지리 그리고 인심을 알게 되었으며 강인한 체력도 키울 수 있었다. 주원장이 그 후 다시 황각사로 돌아와 염불을 외고 있을 때 친구인 탕화(湯和)에게서 반군에 합류하라는 편지를 받았다. 그러던 어느 날 절 바깥에서 들려오는 반군의 함성 소리를 듣고 드디어 주원장은 반군에 합류하기로 결심했다. 그래서 선택한 반군이 바로 가장 가까이 있던 유력자 곽자흥이 이끄는 반군이었다.

맨 처음 주원장이 곽자흥에게 찾아갔을 때 무서운 외모 때문에 첩자로 오인되어 문지기에게 체포되고 말았다. 지금 전해지는 주원장의 두 초상화 가운데 하나는 온화한 인상의 그림이고 하나는 아래턱이 튀어나온 흉물인 그림이다. 분명히 주원장은 후자에 가까운 인물이었을 것이다. 체포된 주원장을 만나본 곽자흥은 이상하게도 주원장의 기괴한 외모와 당당한 태도에 끌렸는지 그를 풀어주고 우선 10명의 병사를 거느리게 했다.

주원장은 용맹·지혜·임기응변·솔선수범·겸손 등을 고루 갖췄다고 한다. 그는 잇따라 공을 세우면서 차츰 곽자흥의 측근으로 성장했다. 이런 주원장에게 곽자흥이 자신의 양녀를 아내로 주어 사위로 삼았다. 이 여성이 훗날 주원장이 그토록 사랑했던 마(馬) 황후다. 일자무식이자 극빈층이었던 주원장은 자신의 재능을 펼칠 수 있었던 난세를 만나 이렇게 한 계단씩 권력의 정상부로 접근하게 되었다.

세계사를 통틀어 주원장만큼 최하층 신분에서 왕도 아닌 황제가 되어 300년 가까이 지속되는 대제국을 수립한 인물은 드물다. 남북조시대 유유(劉裕)가 건국한 송나라와 같이 국지적이고 단명했던 왕조들을 제외한다면 중국사에서 귀족이 아닌 자로 황제가 된 인물은 유방과 주원장 단 둘이다. 평민 출신이었던 유방과 달리, 주원장이야말로 더 이상 밑으로 내려갈 수도 없던 처지에서 더 이상 올라갈 수도 없는 신분에 오른 입지전적의 대표적 인물이라 할 수 있다.

다섯째, 1353년 강소성(江蘇省) 태주에서 봉기한 소금 장수 출신인 장사성(張士誠, 1321~1367)이다. 당시에는 원나라 재정 수입의 상당 부분이 강남의 소금을 통해 이뤄지고 있었기 때문에 그는 소금운반업으로 상당한 재산을 모을 수 있었다. 그는 사람이 좋고 나눠 주기를 좋아해 따르는 사람이 많았다. 하지만 장사성이 재산은 많았지만 장사치라는 신분상 한계가 있었는지 지주들이 그를 업신여기곤 했다. 구의(丘義)라는 지주가 특히 그러했다. 분을 참지 못한 장사성은 마침 각지에서 들려오는 반군의 소식을 듣고 그를 따르는 18명의 장사와 함께 구의를 비롯한 그간 원수진 자들을 죽여버렸다.

개인적인 원한 관계에서 시작되었던 보복의 여파가 커지자 장사성은 아예 원 정부에 대한 반란을 계획했다. 자신을 따르는 무리를 모으기 시작했는데 갑부에다가 평소에 인망도 좋았기 때문에 순식간에 많은 부하들을 모을 수 있었다. 그 후 군사적 요충지인 고우를 장악한 후 주(周)라는 나라를 세우며 스스로를 성왕(誠王)이라 칭했다.

장사성의 주나라는 가장 풍요로운 지대를 장악했기에 경제적으로 가장 부유한 국가라 할 수 있었다. 장사성이 다른 주요 반란 세력과 다른 점은 원나라에게서 관작을 수여받고 꾸준히 양곡을 바친 점이나, 홍건군의 한 일파인 주원장을 비롯한 반란군에 맞선 것에서 알 수 있듯이 홍건군과는 무관한 독립 세력이었다는 것이다.

이상으로 원말 반군의 주요 세력을 살펴보았다. 원나라 토벌군의 첫째 목표는 이들 중에서 원나라 수도인 대도(大都)와 가장 가까웠고 반군의 핵심 세력이었던 한림아의 송나라였다. 원나라 또한 이번 반란을 여느 때와 달리 제국을 전복시킬 수도 있는 위기로 보고 유능한 승상이었던 톡토와 명장인 차간테무르를 토벌군 사령관으로 내보냈다. 원군은 연전연승하며 송군을 무찔렀다. 원군의 맹공을 못 견딘 유복통은 수도인 박주를 버리고 안풍으로 도망쳤다가 다시 변량으로 도망쳤다.

유복통은 여기에서 원군의 공격으로 단번에 송군이 괴멸되는 것을 막기 위해 군대를 세 갈래로 나누어 반격을 가하기로 결정했다. 분산된 홍건군의 방향을 따라 그들을 편의상 동로군, 중로군,

서로군으로 지칭하겠다. 그중 가장 강력했던 동로군은 모귀(毛貴)가 이끌었으며 이들은 산동을 거쳐 대도를 공략했지만 실패하고 산동의 제남으로 내려가 주저앉고 말았다. 중로군은 만리장성을 넘어 내몽골까지 들어가 원나라의 여름철 수도인 상도(上都)까지 함락시켰다. 그 후 요동으로 진출했지만 원군의 반격에 쫓겨 고려에 침입하기도 했다. 고려 말 공민왕 시절 1359년 홍건적 4만의 1차 침입, 1361년 홍건적 10만의 2차 침입이 있었지만 이들을 이승경과 정세운이 각각 격퇴한 것으로 되어 있다. 이때의 홍건적이란 바로 중로군을 가리킨다. 마지막으로 서로군은 사천성과 감숙성으로 향해 진군해나갔다.

얼핏 보면 유복통의 홍건군이 고려에서 서촉까지 드넓은 지역을 점유한 듯 보인다. 하지만 이들은 뚜렷한 목표를 갖고 공조하여 싸운다는 개념도 없이 각자 제멋대로 움직이는 무리들에 불과했다. 그 때문에 조직력을 갖춘 원군에 의해 하나씩 각개 격파되어갔다. 드디어 차간테무르가 대군을 동원하여 한림아와 유복통이 있는 변량을 공격하자, 포위된 지 100일 만에 한림아와 유복통은 가까스로 빠져나와 안풍으로 달아나고 말았다.

그런데 안풍에 있게 된 송의 한림아와 유복통의 홍건군을 공격한 것은 장사성이었다. 앞서 말했듯이 장사성은 홍건군이 아니었고 종종 원 정부에 대량으로 군량을 보내는 등 원나라에 협조적이었다. 어떤 이는 그가 이번에도 원나라로부터 충심을 확인받고 싶어 부장인 여진(呂珍)을 보내 안풍을 공격하게 한 것이라고 말한다. 그러나 주의할 점은 장사성이 이전에 주나라 성왕을 일컬었다가 안풍을 공격한 1363년에 새로이 오왕을 칭하며 원나라에 양식 바치는 것을 중단했다는 점이다. 이 일로 미루어보아 장사성은 순전히 안풍 일대를 세력권에 편입시키기를 원한 것으로 보인다.

안풍을 포위당한 홍건군은 근처인 집경(集慶, 지금의 난징)의 오국공(吳國公) 주원장에게 구원을 요청했다. 주원장 입장에서도 안풍이 함락되면 자신의 바로 동쪽에 이웃한 장사성의 세력이 강해질 것이 뻔했다. 더욱 강력해질 장사성의 세력과 나중에 전면적으로 맞서기보다는 완충지를 갖는 게 나았기 때문에 주원장은 구원군을 파견하기로 결심했다. 그러나 주원장의 구원군이 도착하기 전에 유복통이 죽임을 당하고 말았으니 홍건군을 일으켰던 영웅의 말로는 이러했다. 그러나 늦긴 했지만 주원장이 다행히 여진을 무찔렀고, 명목상이나마 자신의 주군인 한림아를 구출하여 저주(滁州)에 머물게 했다.

여기서 주원장이 곽자흥 밑에 있다가 어떻게 집경을 차지하며 오국공의 자리에 오르게 되었는지 그 경과를 살펴보기로 하자. 곽자흥이 반군을 일으키자 그의 근거지라 할 수 있는 호주(濠州) 또한 원나라 토벌군의 공격을 받게 되었다. 이 과정을 전후해서 곽자흥 진영에서는 지도부의 내분이 있었다. 『명사(明史)』의 기록을 보면

중세편

곽자흥의 성격에는 장단점이 뚜렷했는데, 여럿을 통합하는 지도자로서의 자질은 부족했던 듯싶다. 그는 괴곽하고 사나우며 남의 참소를 곧이곧대로 믿는 단점이 있었는데, 심지어 심복인 주원장조차 경계했기에 때로는 둘 사이에 위기의 순간도 있었다. 나중에 주원장이 그의 사위가 됨으로써 둘의 위기는 해소됐지만 주원장도 곽자흥에게 내심 실망했거나 장인의 옆에 있기가 불안했던지 서달·탕화와 같은 심복을 거느리고 남하하여 독립하기로 했다.

이렇게 하여 주원장은 남하하기 시작했고, 그 과정에서 싸워 이긴 원군의 항복을 받아들여 병력을 늘리게 되었다. 이때 그의 가장 큰 수확은 이선장(李善長, 1314~1390)이라는 참모를 얻게 된 일이다. 사실 주원장에게는 맹장은 있었지만 이들을 부릴 책사가 없었는데 이때에 이르러서야 이선장이라는 인물을 얻은 것이다.

주원장의 명 건국에 가장 기여한 군사(軍師)는 이선장과 유기(劉基, 1311~1375) 둘이다. 이선장은 주원장이 남하하면서 저주라는 곳을 공격할 때 주원장에게 스스로 찾아온 인물이며, 유기는 주원장이 집경을 장악한 후 여러 번 초빙한 끝에 얻게 된 인물이다. 주원장은 특히 이선장과의 만남이 있었던 때부터 천하통일을 이루기 위한 야망과 자신감을 가졌던 것으로 보인다.

이선장을 만난 주원장이 천하의 정세에 대해 하문한 일이 있었다. 이에 이선장은 그가 한고조 유방을 본받으면 천하를 얻는 일이 그리 어렵지 않을 것이라고 대답했다. 그와 함께 집경을 점령하여 기반으로 삼을 것을 권했고 주원장은 이를 그대로 실행했다. 한 고조 유방이 가는 곳마다 민폐를 끼치지 않아 민심을 얻었듯이, 주원장은 언제나 군기를 엄격하게 유지하여 민심을 얻을 수 있었다. 이는 극빈층으로 자란 그가 농민들의 참상을 보고 들으면서 충분히 그들의 고통을 공감하고 있었기 때문이기도 했다. 또한 주원장은 양자강 유역에 도읍했던 여러 왕조(오, 동진, 남조 등)들의 수도였던 집경을 원나라에게서 빼앗은 후 이를 응천부(應天府)로 개명하여 자신의 근거지로 삼았다. 참고로 후일 명나라가 건국되면서 응천부는 남경(南京)이라는 이름을 갖게 된다.

한편 주원장이 남하할 당시 곽자흥이 병사하고 곽자흥의 아들은 집경을 점령하기 위한 전투 중에 전사하고 말았다. 이로써 곽자흥 휘하의 홍건군은 자연스레 주원장에게 속하게 되었다. 한림아가 이러한 주원장을 오국공에 봉하니 이제 주원장은 양자강 일대에서 누구도 무시할 수 없는 세력을 갖게 되었다.

주원장이 천하를 통일해서 황제가 되기에는 넘어야 할 난관이 한둘이 아니었지만, 양옆에서 에워싼 둘이 당장 큰 위협이었다. 첫째는 전국을 통틀어 가장 부유하다는 소주(蘇州)와 항주(杭州)를 차지한 장사성이다. 하지만 장사성과 그의 일파는 처음 기의를 일으킬 때의 장한 뜻은 사라지고 지상천국이라 불리던 소주와 항주의 풍요로움에 젖어 사치와 향락에만 빠져 살고 있었다. 둘째는 양자강 상류를 차지하고 있어 지리적 우위를 점했을뿐더러 가장 강력한 군사력을 지닌 진우량이다. 진우량이 상관인 예문준과 서수휘를 차례로 죽이고 한나라 황제에 올랐다는 말은 앞서 이야기했다. 진우량은 벌써부터 칭제(稱帝)했고 군사력도 강해서인지 야심도 그만큼 컸다.

진우량은 원교근공(遠交近攻)의 원칙에 따라 장사성에게 가운데에 위치한 주원장을 협공하자고 제안했다. 이게 성사된다면 뾰족한 대책이 없었기에 주원장의 부하들 중에는 항복하자는 자도 있었고 다른 곳으로 일단 후퇴하자는 자도 있었다. 하지만 유기가 다음과 같이 헌책했다. "동쪽의 장사성은 신경 쓰지 말고 오로지 서쪽의 진우량을 공격해야 합니다." 유기는 향락에 빠진 장사성이 구태여 배신을 밥 먹듯이 하는 진우량을 도우러 올 것이라고는 예상치 않았던 것이다. 유기의 예측은 나중에 정확히 맞아 떨어졌다.

유기라는 인물은 앞서 몇 줄 소개했다. 그는 자가 백온(伯溫)이며 절강성(浙江省)의 청전현 출신으로, 남인에 대한 차별이 엄청났던 원나라 시대에 불과 23세 때 진사에 급제한 수재로 모든 면에서 박학다식하며 원나라 정부에 절대 충성하는 인물이었다. 원 정부가 해적인 방국진에게 벼슬을 내리자 유기는 반란을 일으킨 자는 모조리 주살해야 한다고 주장하며 조정에 맞서다가 벼슬을 내놓고 고향에 내려온 적이 있었다. 그는 처음 주원장을 포함한 홍건군을 도적떼라고 부르며 주원장에게 협조하기를 거부했고, 오히려 민병을 조직해 반란군과 맞서며 원나라에 충성할 뿐이었다. 하지만 유기는 점차 주원장이 자신이 속한 지주계층의 이익을 대변한다는 것을 알게 되었다. 이후 주원장의 정성을 다한 초빙을 받자 결국 주원장을 위해 일하기로 결심했다. 이를 보면 주원장이 처음에는 농민 등 빈민의 이익을 대변하다가 어느새 그 자신이 관료지주층과 결탁해가고 있음을 알 수 있다.

유기는 장사성을 먼저 공격한다면 야심찬 진우량이 반드시 서쪽에서 협공할 것을 염려했기에 이것은 상책이 아니라고 보았다. 반대로 전력을 다해 먼저 진우량을 격파한다면 강 하류에 위치한 장사성은 더 이상 두려워할 존재가 아니라고 봤다. 이에 동의한 주원장은 양자강 상류로 거슬러 올라가 우세한 수군을 지닌 진우량과 싸우는 무리한 전략보다는 진우량이 스스로 쳐들어오게 하여 주원장이 유리한 장소에서 싸울 계획을 세웠다. 그래서 이전에 진우량의 친구였단 강무재(康茂才)라는 자로 하여금 거짓항복을 하게 했다. 강무재는 진우량을 찾아가 자신이 안에서 호응할 테니 지정된 시간과 장소에 주원장을 공격하여 응천부를 점령하라고 진우량을 꾀어냈다. 진우량은 크게 기뻐하며 강무재의 말에 따랐다. 하지만 미리 진우량의 공격로를 알고 매복해 있던 주원장의 군대에게 크게 패하고 말았다. 파양호대전 2년 전에 있었던 진우량과의 이번 전투에서 대승한 주원장은 승세를 타면서 태평·안경·강주를 세력권에 넣었다. 송나라 소명왕 한림아가 주원장을 오국공에 봉한 것은 바로 이때쯤이었다.

진우량을 무찌르고 오국공이 된 지 2년이 지난 시점에, 주원장이 원군의 맹공에 쫓긴 한림아와 유복통을 구해내기 위해 안풍으로 진군했지만 유복통은 이미 죽었고 한림아만 구출해냈다는 이야기는 앞에서 했었다. 사실 유기는 이 안풍 구원 작전을 반대했다. 그 이유는 유명무실한 한림아는 무시해도 좋은 존재인데도 안풍을 구하러 간 사이에 진우량이 공격해 들어온다면 위험하다고 생각했기 때문이었다. 아니나 다를까 진우량은 주원장이 안풍으로 가고 응천부가 비어 있는 이 좋은 기회를 놓치지 않았다.

진우량은 전력을 다해 주원장을 공격하기로 결정한 후 우선 파양호(鄱陽湖) 남단에 있는 홍도(洪都)를 포위 공격했다. 그런데 진우량이 곧바로 응천부를 공략하는 상책을 버리고 홍도를 공략하는 하책을 택한 것은 치명적인 실수였다. 그마저도 홍도를 지키던 주문정(朱文正)이란 장수가 무려 85일간이나 버티는 바람에 진우량은 그만 발이 묶여버렸다. 그사이에 주원장이 안풍에 있는 자신의 군대를 이끌고 파양호에 이르자, 진우량은 어쩔 수 없이 홍도에 대한 포위를 풀고 주원장과 맞서게 되었다.

주원장과의 전투에 임한 진우량의 결의는 대단한 것이었다. 최근에 대국적으로 주원장에게 밀리는 상황에서 이대로 가다간 결국 한나라가 멸망할 것이라고 생각하여 자신이 보유한 전군을 동원했다. 심지어 아들들까지 거느리고 전투에 임한 진우량은 이번 전투에 모든 것을 걸어보겠다는 생각이었다.

그는 먼저 대형 전함 수백여 척을 만들었다. 『명사』를 보면 "큰 전선을 이어 진을 형성하고 배의 높이가 10여 장이나 되어서 서로 이어진 것이 수십 리에 이르렀으며 깃발·창·방패를 바라보면 실로 산과 같았다"라고 나와 있다. 배에는 붉은 칠이 되어 있고 배마다 3층으로 만들어 말들이 달릴 수 있으며, 위층에서 말하는 것을 아래층에서 못 알아들을 정도였다고 한다. 여기에 탑승한 병력이 무려 60~65만 명이었으니 주원장의 20만 명보다도 막강한 병력이었다.

주원장은 결전이 시작되자 우선 파양호로 들어가는 요충지인 호구라는 곳에 진을 쳤다. 이어 양자강으로 통하는 길목에 복병을 배치하여 파양호 깊숙이 들어와 있던 진우량의 퇴로를 막아버렸다. 진우량은 함선의 크기와 병력에서 앞섰으므로 결전을 두려워할 이유가 없었기에 당당하게 부딪쳐왔다. 이 거대한 진우량의 전함에 기겁하여 도주하려는 장수들이 생기자 주원장 스스로 칼을 빼들고 10여 명의 목을 베며 독려하니, 주원장의 군대는 죽기로 싸울 것을 결심했다.

무려 36일간이나 계속되었다는 이 파양호대전에서 양측은 처음에는 엎치락뒤치락 반전에 반전을 거듭하며 용맹하게 싸웠다. 언뜻 보아 주원장의 군대는 병력상 열세였지만, 상하 간 결속이 강했으며 양자강과 홍도에서 보급이 원활해 배불리 먹으면서 싸울 수

중세편

있었다. 또한 주원장군의 전함이 소형이지만 그만큼 조종이 쉬워 공격과 후퇴가 자유로우니 무조건 불리하다고만 할 것도 아니었다.

그에 반해 진우량은 성정이 포악하여 이전부터 부장들이 주원장에게 투항하는 일이 잦았을 정도로 반목이 심했다. 거기에 더해 보급마저 어려워 굶주려가면서 싸우는 형편이었기에 사기가 낮았다. 그래도 역시 대형함인지라 위에서 내려다보고 싸우는 이점이 있어 쉽게 물러나지 않았는데, 진우량에게 패배를 안겨준 것은 동북풍이었다. 동북풍을 등에 업고 주원장이 화공으로 공격하자 쇠사슬로 연결되어 있어 운신의 폭이 좁았던 진우량의 전함들은 거대한 불길에 휩싸이기 시작했다.

이때 주원장은 혹시 모를 장사성의 응천부 공략에 대비해 서달(徐達)을 보내 지키게 하는 여유까지 보였다. 그리고 시간이 지나면서 승리가 확실해지자 진우량에게 항복을 권유하는 서신을 보냈다. 편지의 내용이 모멸적이었기 때문에 진우량은 포로로 잡은 적병들을 모조리 죽이는 것으로 회답했다. 이것은 주원장이 포로로 잡은 적병들을 풀어주는 아량을 보여줬던 것과 비교된다.

마침내 더 이상 버틸 수 없었던 진우량은 달아나기 위하여 호수 입구에서 최후의 결전을 시도하는 중에 유시(流矢)에 눈을 관통당해 전사하고 말았다. 태자인 진선아는 사로잡혔으며 진우량의 동생인 진우인도 전사했다. 오직 이번 대전에서 주원장을 위기에 빠트렸던 맹장인 장정변이 야음을 틈타 진우량의 둘째 아들 진리와 진우량의 시신을 가지고 무창(武昌)으로 도주했을 뿐이었다. 진리가 무창에서 황제로 즉위했지만 이미 주원장에 대항할 힘이 남아 있을 리 없었다.

주원장 또한 파양호대전에서 수많은 맹장들을 잃었고 병력 손실이 심했기 때문에 일단 응천부로 돌아가서 논공행상을 시행하면서 장병들을 위로했다. 다음 해에 무창을 공략하여 진리의 항복을 받았고 너그러이 진리를 용서해주었다. 이제 주원장은 더 넓어진 영토에 어울리게 왕호를 취하기로 했다. 그는 응천부가 오나라의 수도인 건업(建業)과 같은 곳이었으므로 오왕(吳王)이라 부르기로 했다. 한편 동쪽의 장사성도 파양호대전이 있던 해에 오왕이 되었기에 이제는 두 오왕이 존재하게 되었다. 그러자 사람들은 주원장의 나라를 '서오(西吳)', 장사성의 나라를 '동오(東吳)'라 불렀다. 어차피 이 둘은 오래 공존할 수 없는 사이였다.

이때쯤 주원장은 한림아를 거추장스러운 존재로 여겼다. 유기조차도 "목동(한림아를 지칭)에게 배례하여 무엇하는가"라고 말하며 한림아에게 배례를 거부했다. 결국 1366년에 한림아가 의문사를 당하면서 공식적으로 홍건군의 난은 종결되었다. 주원장이 부장인 요영충(廖永忠)을 보내 저주에 머물던 한림아를 응천부로 모셔 오는 척하면서 강을 건널 때 배를 침몰시켜 죽였다는 것이 정설이다. 이후 주원장은 한때나마 송나라의 신하였다는 자료와 서적을 없애려

중세편

고 노력했다.

이제 패업을 꿈꾸는 주원장에게 다음 상대는 장사성이었다. 장사성이 젊어서 비록 호협했을지 모르나 원래 큰 그릇은 못 되어 행운으로 얻어낸 현재의 몫에만 안주할 뿐 멀리 내다보고 행동할 줄을 몰랐다. 정치는 남에게 맡기고 형제들과 주위 사람들 모두가 오락에 빠져 있었다.

주원장은 동오를 정벌하기 위해 20만 대군을 일으켰다. 최고의 명장 서달을 총사령관, 상우춘(常遇春)을 부사령관으로 삼아 파견했다. 이때 상우춘은 장사성이 있는 평강(平江)을 바로 공격하자는 정공법을 주장했다. 핵심지인 평강을 함락하고 장사성을 사로잡으면 호주와 항주 같은 기타 지역은 싸우지도 않고 항복하리라 생각했던 것이다.

그러나 주원장은 평강을 공격하면 호주와 항주에서 주인을 구하기 위해 달려올 것이기 때문에 공성전을 벌이고 있을 아군이 앞뒤로 포위되어 곤란해질 것을 우려했다. 따라서 먼저 울타리인 호주와 항주를 점령한 후 평강을 공격하는 안전한 작전을 채택했다. 최종적으로 평강을 포위하여 함락시키는 데 10개월이나 걸렸다니까 주원장의 작전이야말로 선견지명이라 할 수 있다. 소주가 함락되었을 때 장사성은 끝까지 분투하다가 최후에는 첩들을 불태워 죽이고 자신도 자살하려고 했다. 그 순간 부장에게 구출되었고 이어 진중에 들어온 주원장 군대의 포로로 사로잡히고 말았다.

그의 최후에 대해서는 기록이 다르다. 『명사』에 따르면 그가 단식을 하다가 기회를 틈타 자결하니 주원장이 예를 갖춰 장사 지냈다고 한다. 다른 기록에 따르면 주원장과 대면했을 때 자신의 물음에 답하지 않아 화가 치민 주원장이 곤장으로 때려 죽여 유골마저 태워버렸다고도 한다. 장사성이 멸망한 직후 주원장은 절강성의 방국진을 소탕하기로 했다. 그는 또 다른 명장 탕화를 정남장군(征南將軍)으로 임명하여 방국진을 육로에서 공격하게 하고, 요영충으로 하여금 수군을 이끌고 방국진이 달아날 퇴로를 차단하게 했다.

방국진은 원말 최초로 반역한 인물로 근거지 일대에서 19년간 해적왕으로 군림해온 인물이다. 그는 주원장의 오나라와 원나라 양쪽에 걸치고 있었는데 주원장이 진격해 오자 천여 척의 배에 보물을 잔뜩 싣고 도주하려고 했다. 그러나 요영충이 막아서서 도주할 길이 없어지자 탕화의 권유에 따라 주원장에게 항복했다.

주원장이 보기에 방국진이 원래 해적이 되고 싶었던 게 아니고 목숨이 아까워서 그리했을 뿐이며 큰 야심을 가진 인물도 아니었기에 그를 용서해주었다. 그뿐 아니라 주원장은 그에게 실권은 없지만 벼슬도 주었다.

장사성의 평강이 함락된 직후 방국진을 치기 위하여 탕화가 파견된 것보다 더 중요했던 일은 원나라를 무너뜨리고 중원을 회복하기 위한 군대가 편성된 것이다. 금나라가 북송을 멸망시킨 1127년 이후 240년이 지나도록 중원은 이민족인 여진족과 몽골족의 통치 하에 있었다. 주원장은 드디어 한족에 의한 중원 수복을 계획한 것이다. 이를 위해 서달을 총사령관으로 삼고, 상우춘을 부사령관으로 삼아 북벌군 25만 명이 편성되었다.

이 병력은 원나라 수도를 함락하기 위한 원정군치곤 그다지 많은 편은 아니었다. 하지만 탕화가 방국진을 소탕하기 위하여 병력을 빼내갔으며, 그 밖에 복건·광서·온주 등등을 정벌하기 위하여 제장들이 제각기 병력을 가지고 나간 상황이었다. 얼핏 봐선 다른 지역의 정벌이 이뤄진 후 병력을 모아 북벌에 나서는 것도 방법이었다. 하지만 이때의 원나라가 내분 상태였기 때문에 주원장은 호기를 놓치지 않으려고 한 것이다. 기회를 놓쳐 원나라가 내분을 수습하고 힘을 결집하면 기병이 활동하기 좋아 몽골군에게 유리한 지대인 중원의 회복은 더욱 어렵다고 판단했을 것이다.

이 북벌군의 전략에 대해 상우춘은 수도인 대도로 직행하여 단번에 승부를 가릴 것을 주장했다. 그의 논리는 주원장의 군대는 사기도 높고 실전 경험도 뛰어나므로 반드시 이길 것이며, 대도를 함락한 후 다른 지역의 성들을 함락하는 것은 문제도 아니라는 주장이었다. 반면에 주원장은 방비가 든든한 대도를 단번에 함락시키지 못할 경우를 걱정하며 상우춘의 의견에 반대했다. 이번 원정은 장거리 원정이며 따라서 무엇보다도 보급이 중요한 장기전으로 흐를 경우 보급로 확보의 어려움을 염려한 것이다. 또한 대도 함락이

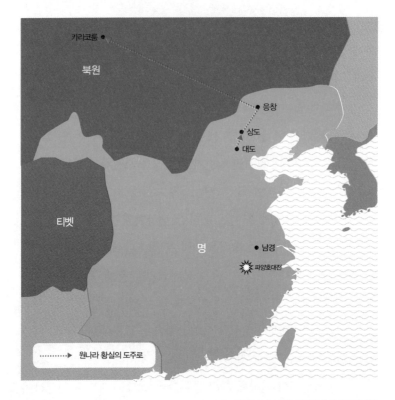

지연되면 내분을 멈춘 원나라의 지원군이 사방에서 아군을 에워쌀 것이며 그럴 경우 적지에서 전멸할 것이라는 주장이었다. 상우춘은 장사성의 소주를 공격할 때와 똑같은 주장을 했고, 주원장은 똑같은 식으로 반박했던 것이다.

　이것으로 판단컨대 상우춘은 그 용맹함으로 선봉장으로서

는 훌륭하지만 전군을 통솔하며 전략을 수립하는 사령관으로서는 부적합해 보인다. 주원장이 이러한 점과 서달이 지략과 신중함을 갖췄음을 알았기 때문에 용맹함에 그치는 상우춘을 서달의 밑에 두었을 것이다. 주원장은 산동을 점령하여 원나라의 좌익(左翼)을 자른 후 다시 군대를 하남(河南)으로 이동시켜 우익(右翼)을 잘라내고, 마지막으로 대도를 들이치는 안전한 방책을 결정했다.

주원장의 북벌군이 움직이기 시작한 다음 해인 1368년, 드디어 주원장은 황제 자리에 올라 국호를 명(明)이라 정하고 연호는 홍무(洪武)라 정했다. 그 뒤로 주원장은 태조 홍무제(洪武帝)로 불렸다. 명나라의 수도는 응천(지금의 난징)이니, 양자강 이남에서 일어나 유일하게 천하를 통일한 이가 홍무제다. 주원장부터 1명의 황제가 1개의 연호만 사용하는 일세일원(一世一元)제도가 채택되어 청나라가 1912년에 멸망할 때까지 544년간 두 왕조에서 변함없이 그대로 시행되었다.

원나라는 명나라의 북벌군이 올라오는데도 내분에 정신이 없었다. 서달이 대도의 턱밑에 이르러서야 내분이 멎었고 내전의 최종승리자인 쿠쿠테무르가 명군을 막아내려고 했다. 쿠쿠테무르는 유기조차도 명장으로 불렀던 뛰어난 인물이다. 실제로 쿠쿠테무르는 1372년 서달이 15만 대군을 이끌고 몽골 원정에 나섰을 때 서달에게 처참한 패배를 안겨준 일이 있다. 그러나 원나라 마지막 황제인 토곤테무르가 명군에게 포로로 잡히지 않기 위해 몽진에 올라 대도를 버리고 상도(上都)로 도주하자, 쿠쿠테무르도 군대를 후퇴시킬 수밖에 없었다.

드디어 1368년 8월에 명군은 대도로 들어가서 이곳을 북쪽을 평정하는 곳이라는 의미로 북평(北平)이라 명명했다. 나중에 명나라 3대 황제인 영락제가 남경에서 북평으로 수도를 옮긴 후, 북평은 북경(北京)으로 개명되었다. 주원장은 토곤테무르가 수도를 버림으로써 명군이 무혈입성한 것에 대한 답례로 그가 하늘의 순리에 따른 황제라 하여 순제(順帝)라는 묘호를 올렸다. 순제는 우리에게 기황후의 남편으로 더 잘 알려진 인물이다. 이듬해인 1369년 명군이 상도를 공격하자 순제는 응창부로 다시 도주했고, 1370년 거기에서 사망했다. 순제가 죽은 직후 명군이 다시 응창부를 습격하자 황태자인 아이유시리타라(기황후의 아들)가 겨우 수십 기의 기병에게 호위를 받으며 몽골족의 발원지인 카라코룸으로 도주했다. 황태자가 그곳에서 건국한 북원 제국은 1634년 청태종 홍타이지에게 멸망할 때까지 존속한다. 하지만 중화제국으로서의 원나라는 수도인 대도가 함락된 1368년에 멸망한 것으로 보고 있다.

홍무제는 이제 마지막 남은 촉의 하나라를 정복하기 위해 홍무 4년인 1371년에 탕화를 정서장군, 요영충을 부장으로 삼아 공략하게 했다. 당시 하나라는 명군인 명옥진이 요절한 이후로 내리막길을 걷고 있었다. 그의 아들 명승이 뒤를 이었지만 십대의 어린 나이여서 명나라의 대군에 저항하지 못하고 곧 항복하고 말았다. 홍무제는 항복한 명승을 용서해주었지만, 다음 해인 1372년에 명승을 진우량의 둘째 아들인 진리와 함께 고려의 공민왕에게 보내어 고려에서 거주하게 했다. 이 조치는 사실상 유배나 다름없었는데, 미래에 그들이 혹시 모를 분쟁의 씨앗이 될 것을 막기 위해서였다.

한 가지 눈여겨볼 만한 점은 훗날 홍무제가 주(朱)씨의 천하를 위해 공신들을 모조리 죽여 없앤 폭군임은 분명하지만, 웬일인지 그에게 항복한 적들의 대부분을 용서하는 모습이 그의 일생을 통해 지속되었다는 것이다. 모순적인 인물이라 할 수 있지만 잔혹하고 포악한 성정이 아무래도 홍무제의 진짜 모습일 것이다. 그렇다면 홍무제가 보인 관용과 아량이라는 것이 기껏해야 정치적 계산과 이해득실을 따진 후에 나온 것이라고 볼 때, 그는 정말로 자기절제가 강하고 냉철한 인간이었던 셈이다. 그것도 아니라면 황제가 되어 권력의 단맛을 알고 나서야 자신도 알지 못했던 그의 본성이 그때서야 숨김없이 드러난 것이 아닐까 싶다.

제13장

콘스탄티노플 함락—가장 오래 지속된 제국의 멸망

제국(帝國)의 사전적인 의미는 글자 그대로 황제(皇帝)가 통치하는 국가다. 그러나 실제로 제국이란 단어가 꼭 이런 협의로만 사용되는 것은 아니다. 가령 민주정이었던 아테네가 페르시아전쟁에서 승리한 후 펠로폰네소스전쟁에서 패할 때까지의 번영을 '아테네 제국'이라 일컫는다. 또는 페르시아 왕조나 19세기 영국의 지배자를 왕이라고 부르지만 각각 '페르시아제국' '대영제국'이라 부른다.

제국을 황제가 군림하는 제정(帝政)체제라는 형식적인 요소와, 다수의 문화·언어·민족을 포함하는 영역에 대한 통치권 혹은 누구나 인정할 만한 광대한 영토라는 실질적인 요소를 가진 국가, 그러니까 보편적인 왕국의 범위를 넘어서는 헤게모니를 장악했던 국가라고 정의할 수 있을 것이다. 이렇게 본다면 역사상 가장 오래 지속되었던 제국은 동로마제국이다. 동로마제국의 시작을 콘스탄티누스 대제가 콘스탄티노플(Constantinople)로 천도한 324년부터 시작하는 것으로 보는 학자가 있다. 반면에 테오도시우스 황제가 사망하면서 두 아들에 의해 로마제국이 동서로 갈라진 395년부터 시작되었다고 보는 학자도 있다. 1453년에 멸망한 동로마제국은 전자에 따르면 1129년 지속되었고, 후자에 따르면 1058년 지속된 것이다. 그러니까 적게 잡아도 1058년 지속된 동로마제국을 기타 1000년 이상 장수한 다른 나라들과 비교해보겠다.

첫째는 로마다. 로마는 기원전 753년에 건국되어서 기원후 476년 멸망했으니 1229년 지속되었다. 그러나 기원전 753년부터 기원전 27년까지는 건국 초반의 왕정시대를 예외로 한다면 공화정체제였으니, 로마 공화국이 맞는 말이다. '로마제국'이란 옥타비아누스가 제2차 삼두정치를 끝내고 아우구스투스라는 존칭어를 받으며 초대 황제에 오른 기원전 27년부터 서로마제국이 멸망한 기원후 476년까지 503년간의 로마를 말한다. 구한말 고종 황제가 대한제국을 건국했다고 해서 대한제국의 시작을 조선왕조가 건국된 1392년으로 보면 틀린 것과 마찬가지다.

그다음으로 베네치아 공화국(Venezia)이다. 베네치아는 게르만족의 대이동에 따른 혼란 속에서 근처의 주민들이 도피처로 건국한 나라다. 베네치아가 그들의 지도자인 도제(Doge)를 선출한 697년부터 1797년에 나폴레옹에게 멸망할 때까지 무려 1100년간 지속되었지만 어디까지나 제국이 아닌 공화국이었다.

　　셋째로 신성로마제국이다. 1806년 멸망한 신성로마제국은 오토 대제의 대관식이 치러진 962년을 시발점으로 보통 인정한다. 하지만 거슬러 올라가서 800년 샤를마뉴 대제의 대관식을 신성로마제국의 시발점으로 보는 학자들의 견해도 많다. 후자에 따르더라도 1006년 존속했으니 동로마제국에는 못 미친다.

　　넷째는 교황령이다. 756년 프랑크 왕국 피핀(Pepin, 714~768)의 기증에 의해 성립한 교황령이 1870년에 로마를 제외하고 이탈리아에 합병하면서 사실상 멸망했으니 교황령도 1114년 존속했다. 현재의 바티칸 시국이 교황령의 잔재라 한다면 2018년 기준으로 1262년 존속한 셈이다. 하지만 전성기 때조차 겨우 이탈리아 중부를 차지하는 데 그쳤던 교황령을 제국이라 부르기에는 민망할 것이다.

　　다섯째, 바로 옆에 위치한 일본이다. 일본의 주장대로라면 초대 진무천황(神武天皇)이 즉위한 기원전 660년부터 현재까지 만세일계(萬世一系)를 이어온 나라다. 무려 2700년 가까이 한 가문이 왕위를 이어온 세계 최장수 왕조이기에 일본인들은 이를 매우 자랑스러워하고 있다. 그러나 일본이 덴노, 즉 천황이라는 칭호를 사용한 것은 7세기 후반 덴무(天武) 천황부터며, 이전에는 단지 오키미, 즉 대왕(大王)이라고 불렀다. 메이지유신 이전까지 천황이 쇼군(將軍)이라 불리는 막부의 실력자에 가린 유명무실한 존재였다는 것을 차치하더라도, 중요한 것은 일본이 국제적으로 황제의 나라로 인정된 것이 아니었다는 점이다. 그러나 1868년 메이지유신(明治維新)이나, 그 후 일본 제국 헌법이 공포된 1889년부터 태평양전쟁에서 일본이 패망한 후 일본 헌법이 공포된 1947년까지 일본의 입헌군주정을 제국으로 부르는 것은 옳다.

　　이번 장에서 다루려고 하는 것은 위에서 열거한 여러 제국(帝國)들 중 가장 수명이 길었던 동로마제국의 멸망이다. 로마의 멸망이 고대와 중세를 가르듯, 동로마의 멸망은 중세와 근대를 가르는 분기점이다. 콘스탄티노플이 오스만제국에게 함락된 1453년 전후의 일들을 살펴보면 인류 문명사의 전반부를 지나 비로소 후반부를 향하는 것을 목격할 수 있다. 동로마가 멸망하면서 비로소 르네상스와 신항로의 개척이 시작되었고, 이로 인해 서유럽뿐만 아니라 전 세계는 새로운 시대로 접어든다. 이렇게 본다면 동로마의 멸망이 새로운 시대를 열기 위한 마중물의 역할을 했으며, 인류가 발전하기 위한 성장통이라고 하겠다.

　　동로마의 앞날에 쇠퇴의 신호탄을 쏘아올린 것은 할리드의 아랍군에게 패배했던 야르무크 전투(636)다. 동로마의 확실한 몰락을 결정지은 전투는 셀주크 투르크에게 패배한 만지케르트 전투(1071)다. 만지케르트 전투에서 황제인 로마누스 4세가 적의 포로가 되는 치욕을 겪었지만, 무엇보다도 가장 큰 손실은 인적·물적 자원의 보고였던 소아시아반도를 잃은 것이었다.

현대의 학자들은 만지케르트 전투의 패배가 실제보다 과장되게 평가되었다고 보고 있다. 그들은 귀족의 토지 겸병 등으로 인하여 동로마가 몰락하는 과정에서 어차피 일어날 수밖에 없었던 패배가 만지케르트 전투였기 때문에 단순히 이 전투를 동로마 몰락의 단서로 보기는 무리라는 견해다. 어쨌든 동로마는 만지케르트 전투의 결과로 아나톨리아에 위치한 동로마의 지방 행정구역 제도가 무너지면서 제국의 방위에 충당할 병력이 부족해졌고, 용병이나 외국의 동맹군에 그때그때 의존해야 하는 애처로운 처지에 빠졌다.

이런 동로마의 무기력함을 적나라하게 보여준 예는 제4차 십자군 원정 당시 콘스탄티노플이 십자군에게 함락당하면서 라틴제국(1204~1261)이 세워진 일이다. 이에 대항해 니케아제국이 소아시아반도에 건국되면서 동로마의 잔재를 간신히 이어갈 수 있었다. 54년 후인 1258년 니케아제국 마지막 황제 요한네스 4세의 섭정이었던 미카일 팔라이올로구스가 니케아제국의 제위를 찬탈했다. 황제가 된 팔라이올로구스가 이어서 1261년에 콘스탄티노플을 수복하면서 동로마제국은 부활할 수 있었다. 이 팔라이올로구스 황조가 동로마의 마지막 황실로서 1453년까지 제국을 지배했다.

14세기가 되자 동방에서는 제국의 운명에 종지부를 찍을 국제정세가 형성되고 있었다. 이것은 다름 아닌 오스만제국(1299~1922)의 급성장을 가리킨다. 이제 오스만제국의 성립부터

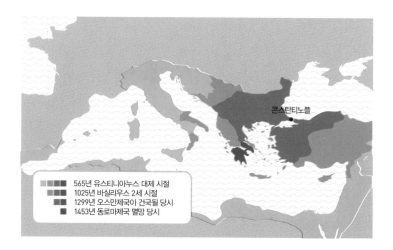

	565년 유스티니아누스 대제 시절
	1025년 바실리우스 2세 시절
	1299년 오스만제국이 건국될 당시
	1453년 동로마제국 멸망 당시

콘스탄티노플

✖ 동로마제국의 영토 축소

콘스탄티노플 공성전에 이르기까지의 과정을 간략하게나마 살펴
보자.

만지케르트 전투 이후 아나톨리아고원을 지배하던 셀주크
투르크의 천하는 그리 오래가지 않았다. 셀주크 투르크는 혈육 간
의 내분과 십자군의 침입으로 약화되었고, 이후 전 세계를 강타한
몽골군의 침입으로 멸망했다. 투르크 세력은 수많은 토후국으로 분
열되고 몽골제국의 조공국으로 전락하고 말았다. 이를 다시 통합한
나라는 오스만 부족의 족장 오스만(1258~1326)이 1299년에 건국한
오스만제국이다.

당시 아나톨리아 일대에서 난립하던 여러 소부족 중 하나였

던 오스만제국이 3대륙을 아우르는 대제국으로 발전한 이유를 세 가지 정도 들자면 다음과 같다. 즉위 시 형제 살해의 관습이 있어 유목민족 특유의 내분이 없었다는 점, 이어서 설명할 무적의 예니 체리 군단이 있었다는 점, 마지막으로 건국 초반부터 의욕적이고 뛰어난 정복군주들이 연속적으로 출현한 점이다.

오스만의 뒤를 이어 1326년에 2대 술탄으로 즉위한 오르한 은 터키 북서부 니케아 근처에 위치한 부르사를 함락시킨 후 오스 만제국의 수도로 삼았다. 이어서 지금의 터키 수도인 앙카라와 유 럽 진출의 교두보인 갈리폴리를 손에 넣었다. 제1차 세계대전 당시 해군장관이었던 윈스턴 처칠이 이스탄불(콘스탄티노플의 현재 이름)을 함락시켜 오스만제국의 항복을 받아내기 위하여 우선 그 길목에 위치한 갈리폴리반도에서 상륙작전을 펼친 일이 있다. 이 갈리폴리 정복이야말로 오르한의 유럽 진출을 위한 의지의 표출이었다. 이어 3대 술탄인 무라드 1세가 아드리아노플(Adrianople)을 점령하여 수 도를 부르사에서 아드리아노플로 옮기고, 이때부터 오스만의 유럽 진출이 본격화되었다. 무라드 1세의 업적 중 특이한 것은 '예니체리 군단'의 창설이다.

예니체리는 발칸반도에 거주하는 용모가 아름답고 신체 건 강하며 두뇌가 명석한 기독교 가정의 소년들을 납치하여 조직한 군 대이다. 이들은 강제로 이슬람으로 개종해야 했고 엄격한 훈련과 온갖 무기를 다루는 기술을 익히며 술탄의 친위대로 길러졌다. 예니체리 병사들은 전에 자신들이 기독교도였다는 콤플렉스가 있어서인지 실전에서 최고의 전투력을 발휘했다. 이들은 결혼이 금지됐고 병영 밖에서 사는 것조차 금지되었으며 조금만 잘못해도 사형에 처해질 정도로 엄격한 생활을 강요받았다. 그에 대한 반대급부로 충분한 보수와 사회적 지위가 주어졌지만 자신의 신념과 사상의 자유가 없이 일생을 보내야 했다. 이 예니체리 군단 병사의 수는 제국의 전성기인 16세기에는 1만~1만5000명 정도였다.

무라드 1세는 1389년 코소보 전투에서 세르비아군을 패퇴시킨 직후 적에게 암살당하고 말았다. 이어 4대 술탄으로 즉위한 이가 뛰어난 군사적인 재능과 용맹함으로 '뇌제(雷帝)'라고 불린 바예지드 1세(1360~1403)다. 그가 거둔 가장 유명한 승리는 1396년 헝가리 국왕 지기스문트가 이끌었던 10만이 넘는 유럽 연합군을 괴멸시킨 니코폴리스 전투다. 이로써 콘스탄티노플 인근밖에 남지 않은 동로마를 구원할 수 있는 최후의 희망은 사라진 듯 보였다.

이제 오스만제국에 포위된 콘스탄티노플의 함락도 시간 문제 같았지만 동로마의 수명을 50여 년 다시 연장시킨 것은 동쪽에서 온 위대한 정복자 티무르였다. 바예지드가 용맹하고 전투에 능했지만 그 못지않게 용맹하고 전투에 능한 상대를 만난 것이 불운이었다. 티무르의 도발로 시작된 1402년 앙카라 전투에서 바예지드는 티무르에게 패배한 것이다. 술탄은 포로로 잡혀 감옥에서 사망했고 오스만제국은 와해되고 말았다.

그런데 티무르는 정복이 아닌 사후 관리에는 관심이 없었던 인물이다. 그는 또 다른 정복지를 찾아 동쪽으로 떠났고 바예지드의 네 아들 사이에서 형제간의 내전이 벌어졌다. 결국 1413년에 셋째 아들인 메메드 1세가 다른 형제들을 죽이고 5대 술탄에 오르면서 오스만제국은 재통합되기에 이르렀다.

메메드 1세는 동로마와 친선을 맺었지만 그의 아들로서 6대 술탄인 무라드 2세는 평화를 원하는 자신의 뜻과는 어긋나는 삶을 살았던 인물이다. 1421년에 즉위한 후 앙카라 전투에서 사망한 바예지드의 큰아들을 사칭하는 무스타파의 반란을 진압해야 했다. 1422년에는 무스타파를 도와준 동로마를 응징하기 위해 콘스탄티노플을 공격했다. 이번 공성전과 1440년경의 베오그라드 공성전은 실패했지만 1444년의 바르나 전투와 1448년의 제2차 코소보 전투를 대승으로 이끌기도 했다. 그는 1451년 아드리아노플에서 사망했고, 셋째 아들인 메메드 2세(Mehmed II, 1432~1481)가 오스만제국의 7대 술탄이 되었다. 그가 바로 역사상 가장 오래 지속된 제국인 동로마를 멸망시킨 인물이다.

원래 메메드 2세는 기독교도 노예였던 어머니에게서 태어났을 뿐 아니라 고귀한 혈통의 왕비에게서 태어난 이복형이 두 명이나 있었기 때문에 제위계승에서는 밀려나 있었다. 그러나 이복형 두 명이 요절하는 바람에 불과 11세에 황태자가 되어 계승자 수업을 받게 되었다. 다방면의 학문을 단기간에 습득하고 5개 이상의 외국어

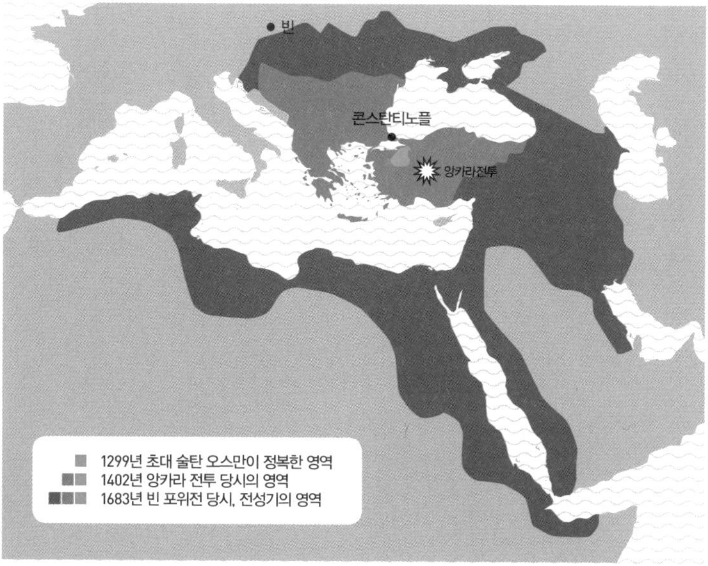
빈
콘스탄티노플
앙카라전투
1299년 초대 술탄 오스만이 정복한 영역
1402년 앙카라 전투 당시의 영역
1683년 빈 포위전 당시, 전성기의 영역

✖ 오스만제국의 팽창

를 구사했다는 것을 보니 영민한 젊은이였을 것이다. 그가 19세에 제위에 오르자마자 계획한 것은 바로 콘스탄티노플 정복이었다. 메메드 2세는 10대 초반에 아버지 무라드 2세가 술탄의 자리를 비운 2년간 오스만제국의 술탄에 오른 적이 있었다. 그때부터 콘스탄티노플 공략을 염두에 두었다고 한다.

오스만제국이 거칠 것 없는 탄탄대로를 달리며 동로마의 수도를 노리고 있을 때 날로 쇠약해가는 동로마도 가만히 있었던 것은 아니었다. 1373년에 요한네스 5세는 어쩔 수 없는 상황에 처하자 오스만제국에 칭신하면서까지 몸을 굽혀 제국을 보존하려고 했었다. 마누엘 2세는 황제의 신분으로 직접 프랑스는 물론 영국에까지 건너가 이교도를 물리칠 구원군의 파견을 요청했다. 그러나 애타는 동로마의 구원 요청에도 불구하고 서유럽의 반응은 싸늘하기만 했다.

교황청은 1054년 있었던 동서교회의 대분열로 인해 동로마를 돕는 일에 적극 나서지 않았다. 놀랍게도 콘스탄티노플 시민들 상당수 또한 나라의 존망이 걸린 시국임에도 불구하고 교황의 구원을 달갑지 않게 여기고 있었다. 신성로마제국 또한 나름의 국내외 사정으로 동유럽까지 돌아볼 여력이 없었다. 당시의 신성로마제국 황제인 프리드리히 3세는 기나긴 재위기간 내내 내우외환에 시달리는 상황에서 구원군을 보내기는커녕 제 한 몸 건사하기도 힘든 상황이었다. 프랑스와 영국은 백년전쟁 중이었고, 스페인 또한 이베리아반도의 이슬람 세력과 싸우느라 동쪽을 돌아볼 겨를이 없었다.

해양 강국인 베네치아와 제노바는 인구가 15만 명 정도밖에 안 되기 때문에 도움을 준다 해도 해군과 경제적인 부분에 국한될 뿐이었다. 그나마 그간 있었던 세르비아·헝가리·폴란드를 중심으로 한 동유럽 기독교 국가들의 반격이라 할 수 있는 코소보 전투·니코폴리스 전투·바르나 전투에서 오스만제국은 기독교 국가들을 압도하고 말았다. 그 결과 동유럽 국가들은 더 이상 원조는커녕 자국을 지키기도 힘든 상황이었다.

동로마가 처한 국제적인 상황은 암울하기 짝이 없었고 이번이 없는 한 콘스탄티노플이 낙성되는 것도 결국에는 시간 문제라는 것을 모두가 알고 있었다. 이를 알고 있지만 성벽을 수리하고 식량을 비축하는 것 외에는 어떠한 대책도 없었다.

동로마제국 마지막 황제인 콘스탄티누스 11세(Constantinus XI, 1405~1453)가 45세의 나이로 제위에 오른 후 2년이 지나서 오스만제국의 메메드 2세도 제위에 오르게 되었다. 그가 자신의 호전성을 공공연히 드러낸 사건은 1452년에 보스포루스해협이 가장 좁아지는 지점의 유럽 쪽 연안에 루멜리 히사르라는 성을 건설한 것이다. 해협의 아시아 쪽 연안에는 바예지드 1세가 건설한 아나돌루 히사르라는 성이 있었다. 새로운 술탄은 유럽 쪽 연안에 다시 하나 건설하여 그 위에 대포를 올려놓아 양쪽에서 보스포루스해협을 완벽히 통제하려고 한 것이다.

문제는 그가 유럽 쪽 연안에 건설하려는 성이 동로마제국 영토 안에 있었다는 것이다. 메메드 2세는 이에 항의하는 콘스탄티누스 11세가 보낸 사절의 목을 벰으로써 동로마와 분명히 선을 그어버렸다. 그리고 성이 완공된 후 정지 명령을 무시하고 보스포루스해협을 지나는 기독교 선박에 포격을 가해 격침시키자 전 유럽은 긴장에 휩싸일 수밖에 없었다.

1452년의 여름에 당장은 눈에 띄지 않았지만 나중에 콘스탄티노플 함락에 큰 영향을 미칠 사건이 있었다. 헝가리의 우르반(Ur-ban)이라는 남자가 먼저 콘스탄티누스 11세에게 훌륭한 대포를 만

들어주겠다고 제안을 했다. 그러나 콘스탄티누스 11세는 재정적인 어려움으로 인하여 대포를 구매할 수가 없었다. 그러자 우르반은 곧바로 메메드 2세에게 가서 바빌론의 성벽도 부술 대포를 만들어주겠다고 제안했다. 뭔가 색다른 신무기를 바라던 술탄은 그가 요구한 금액보다 네 배 많은 보수와 대포 제조에 필요한 모든 지원을 해주겠다고 약속했다.

마침내 헝가리 기술자가 완성한 대포는 무게가 17톤, 포신이 9미터에 달했으며 600킬로그램의 돌포탄을 1마일가량 날려 보낼 수 있는 것이었다. 시험 발사 결과 20킬로미터에 걸쳐 폭발음이 울려 퍼졌고, 날아간 포탄은 지표면에서 2미터나 파고들어갔다. 수레에 실린 이 거포를 끌기 위해 황소 30~60마리와 700여 명이 달라붙어야 할 정도였다. 그래도 이 대포는 실전에서 충분한 값어치를 하고도 남았다.

드디어 세계사에서 중세와 근대를 가르는 1453년이 되었다. 이해 1월에 원하는 대포가 완성되자 메메드 2세는 신하들을 불러 모아 콘스탄티노플 함락을 향한 자신의 결심을 피력하고 전국에 총동원령을 내렸다. 준비가 갖춰지자 술탄은 3월 23일 수도인 아드리아노플을 출발하여 4월 5일 콘스탄티노플 성벽에 도착했다. 3일 전인 4월 2일 먼저 콘스탄티노플 성벽에 도착한 부대도 있었다. 이렇게 하여 총집결한 투르크 육군은 10~15만 정도로 추산된다.

이와 함께 메메드 2세는 거포 12문과 이보다 작은 대포까지 합하여 총 69문의 대포를 콘스탄티노플 성벽 앞에 옮겨놓았다. 근대에 이르러서는 대포의 공격에 견디도록 성을 경사지게 쌓기 시작한다. 하지만 콘스탄티노플 성벽은 지표면과 90도 각도로 세워져 있고 높이가 높은 만큼 대포의 표적이 되기 쉬울 터였다.

메메드 2세가 공을 들인 것은 육군만이 아니었다. 술탄은, 지난 수백 년간 이슬람이 콘스탄티노플을 함락시키지 못한 이유가 해군이 약하여 동로마의 보급로를 차단하지 못했기 때문인 것을 알고 있었다. 술탄은 같은 실수를 반복하지 않도록 이번에는 바다 쪽에도 신경을 썼다. 100척이 훨씬 넘는 함대를 동원하여 콘스탄티노플 앞에 함대를 배치한 후 육지에서의 포위공격과 함께 바다에서의 고사작전을 병행하기로 한 것이다.

본격적으로 공성전을 시작하기 전에 술탄은 관례대로 콘스탄티누스 11세에게 항복을 권유하는 사절을 파견했다. 항복하고 도시를 버리면 황제와 백성들의 목숨은 보장한다는 조건이었다. 콘스탄티누스 11세는 이를 거절하고 방어 준비에 몰두했다. 이러한 콘스탄티누스 11세에게 작은 위안이라면 36세의 제노바 용병대장 주스티니아니(Giustiniani, 1418~1453)가 500명의 용병을 이끌고 참전한 것이다. 그러나 육군 총사령관으로 임명된 주스티니아니와 함께 수도를 수비할 병력은 고작 7000명이었다.

총 길이 20킬로미터가 넘는 콘스탄티노플 성벽을 수비하기 위하여 대략 3미터 간격으로 한 명씩 배치할 수 있다는 계산이 나온다. 따라서 공격이 예상되는 육지 방향의 성벽을 중심으로 병력을 배치하고 동쪽의 마르마라해와 북쪽의 금각만 방향의 수비병 수는 줄일 수밖에 없다. 육지의 테오도시우스 성벽 가운데에 적의 주공이 예상되는 곳은 리쿠스강이 흐르며 지대가 낮아지는 곳, 즉 로마누스 성문이 위치한 메소테이키온 성벽이었다. 역시 술탄과 그의 최정예부대인 예니체리 군단이 이 성벽 앞에 포진했다. 물론 동로마 측도 이것을 알고 있었기에 콘스탄티누스 11세와 주스티니아니 둘 중 적어도 한 명은 이곳을 항상 지켰다.

투르크군의 최초 포위는 4월 2일이었고, 술탄이 도착한 다음 날인 4월 6일 새벽의 포격을 시작으로 본격적인 공성전이 시작되었다. 우르반이 제작한 대포는 역시 거포답게 그 파괴력이 엄청났다. 그러나 그때 봄비가 내려 진흙탕 속에서 대포를 조작하기가 여간 곤란하지가 않았다. 한 발 발사할 때마다 그 충격으로 대포가 진흙탕에 빠져버린 것이다. 더구나 대포는 한 발 발사할 때마다 열을 식혀줘야 했기 때문에 하루에 7발밖에 발사하지 못하는 한계가 있었다. 수비군은 그사이에 무너진 외벽을 복구하고 방책을 세울 수 있었지만 성벽 보수는 그 자체만으로 엄청난 체력을 빼앗는 일이었다.

포격은 이만하면 됐다고 판단한 술탄은 4월 18일 드디어 총공격을 명령했다. 그러나 4시간에 걸쳤던 성벽을 넘기 위한 공격은 주스티니아니의 분전으로 실패하고 말았다. 이어서 4월 20일에는 에게해에서 마르마라해로 진입한 비잔틴 전함 1척 및 제노바 전함 3척으로 이뤄진 기독교 함대와 100척이 넘는 투르크 함대와의 해전이 있었다. 놀랍게도 기독교 함대 4척은 이들을 따돌리고 금각만에 들어가는 데 성공했다. 선박조종술과 선원의 숙련도에서 아직 투르크는 제노바의 상대가 안 되었기 때문이었다. 대로한 술탄은 함대 사령관인 발톨루를 죽이려 했다. 결국엔 주위의 만류로 파면시키고 재산을 몰수하는 데 그치고 말았다.

　　유유히 금각만 안으로 들어가는 기독교 함대를 바라보면서 술탄이 자각한 것은 금각만을 장악해야 콘스탄티노플 함락이 한결 쉬워지리라는 것이었다. 이전부터 동로마는 금각만의 입구 양측에 쇠사슬을 가로질러 설치해놓고 외국 선박의 출입을 막고 있었다. 이 쇠사슬로 인한 진입장벽을 넘기 위해 메메드 2세는 남들이라면 감히 생각지도 못할 발상을 했다. 금각만을 가로막는 쇠사슬 때문에 투르크 함대가 해로로 진입이 불가능하다면 육로로 배를 옮긴다는 것이 그것이었다. 이를 위해 먼저 함대가 육로를 통과할 도로를 다듬었다. 그 후 바퀴를 붙인 함대를 소들이 끌게 하여 기름칠한 레일 위로 움직이게 했다.

　　4월 22일 70여 척의 투르크 군함이 성공리에 금각만으로 진입하자 동로마는 금각만에 면한 성벽의 수비병을 늘리지 않을 수 없었다. 가뜩이나 부족한 병력 속에서 어쩔 수 없는 선택이었지만 이로 인해 다른 측의 수비가 한결 헐거워진 것은 물론이다. 거기다가 금각만에서 며칠 후 벌어진 투르크 함대에 대한 기습공격이 사전의 정보 누출로 실패하고 말았다. 이로써 금각만의 제해권은 투르크 해군에게 넘어가고 말았다.

5월 6일에 콘스탄티노플 공략을 위한 대포를 제작한 우르반이 대포를 만지작거리다 입은 부상으로 사망하는 일이 있었다. 하지만 그 정도에 투르크군의 공세가 멈출 리 없었다. 오히려 5월 7일부터 투르크군의 대규모 2차 공격 및 3차 공격이 있었다. 하지만 그것은 죽음을 각오한 수비대의 완강한 저항에 막혀 실패하고 말았다. 이에 술탄 메메드 2세는 땅굴을 파기도 하고 공성탑을 동원하기도 하며 다양한 공격 방법을 모색했다. 그러나 방어군은 맞땅굴을 파서 투르크군을 물리치고 공성탑은 불태워버리면서 이마저도 물리쳤다.

동로마의 수비대는 전력의 절대적인 열세에도 불구하고 혼신을 다해 실로 눈물겨운 전투를 치러내고 있었던 것이다. 그것은 비단 동로마의 신민들만 그런 것이 아니었다. 수는 얼마 안 되지만 그간 숙적으로 지내온 베네치아와 제네바의 용병들도 마찬가지였다. 특히 최일선에서 앞장서 싸우느라 부상까지 당한 가운데 투혼을 발휘하며 전군을 지휘한 주시티니아니의 분전이 없었더라면 동로마의 멸망이 몇 주는 더 앞당겨졌을 것이다.

투르크군의 공격이 지지부진하자 술탄 메메드 2세는 5월 26일 전체 지휘관회의를 열었다. 여기에서 선제인 무라드 2세 때부터 친동로마파의 거두였던 할릴 파샤는 당장 철군할 것을 주장했다. 50여 일이 지나도록 아무 소득도 없을뿐더러 서유럽에서 동로마의 원군이 오고 있다는 소문이 있으니 그만 전투를 멈추자는 주장이었다. 이에 반해 메메드 2세의 장인으로서 금각만 연안 쪽의 부대를 지휘하는 자가노스 파샤를 비롯한 소장파 장수들은 공격을 계속할 것을 주장했다. 최종 결정권자인 술탄은 자신의 신념을 굽히지 않고 최종 공격을 하기로 결정했다. 날짜는 3일 후인 5월 29일로 결정했다. 27일은 총공격을 위한 준비를 하기로 했고 28일은 총공격을 위해 전군이 휴식을 취하기로 했다. 이윽고 술탄이 다시 항복을 권고하며 콘스탄티누스 11세에게 보낸 사절이 돌아와서 협상이 결렬되었음을 통보했다. 이에 술탄은 병사들에게 성을 함락시키면 건물을 제외한 모든 것을 3일간 약탈하도록 허락하겠다고 약속하며 사기를 북돋웠다.

운명의 5월 29일 새벽 2시쯤 되자 투르크군의 총공격이 시작되었다. 술탄은 얼마 안 되는 방어군의 체력을 고갈시킬 목적으로 공격군을 3개의 부대로 나눠 끊임없는 제파(梯波) 공격을 시도했다. 먼저 앞장선 부대는 유럽의 동맹군을 중심으로 하는 5만 명의 비정규군이다. 술탄은 이들에게 애당초 큰 기대가 없었다. 이들의 투입목적은 동로마군을 지치게 하고 적의 탄약과 화살을 소모시키기 위한 것이니 이들은 글자 그대로 소모품이었다. 이들을 독전대(督戰

隊)로 마구잡이로 몰아붙였지만 돌파를 위한 답이 보이지 않자 두 번째 부대인 아나톨리아 정규군을 투입했다. 이들과 방어군의 치열한 전투가 계속되고 있을 때, 술탄은 가장 아끼는 세 번째 부대인 예니체리 군단 1만 5000명을 메소테이키온 성벽에 투입했다.

가장 치열한 전투가 벌어지는 그곳을 방어하는 주스티니아니의 눈부신 분투에 힘입어 수비군은 무너지지 않고 버텼다. 이때 전세를 급격하게 뒤바꾼 것은 주스티니아니의 부상이었다. 어디선가 날아온 탄환에 가슴을 맞았다고도 하며 목에 화살이 꽂혔다고도 한다. 주스티니아니는 한사코 자신을 후방으로 옮겨달라고 말했다. 콘스탄티누스 11세가 현장에 남아서 자리를 지켜달라는 부탁을 해도 소용없었다. 들것에 실려 가는 자신들의 대장을 지켜본 제노바 용병들이 전의를 상실했음은 말할 것도 없다. 성안에서 일어난 변화를 감지한 메메드 2세가 이 틈을 놓치지 않고 재차 총공격을 명령했다. 이에 예니체리 병사들이 더욱더 분발하니 어느 순간 성벽의 탑에는 투르크의 깃발이 꽂히고 말았다. 이윽고 방어군의 전선은 급격히 둑이 무너지듯이 무너졌고 도시 안으로 후퇴할 수밖에 없었다.

황제인 콘스탄티누스 11세 또한 모든 것이 끝났음을 알아차렸다. 그는 자줏빛 망토를 비롯하여 황제를 상징하는 모든 표식을 벗어던지고 치열한 전장 속으로 몸을 던져 장렬히 전사했다. 평화로운 시대였다면 유능하고 자애로운 통치자로 역사에 길이 이름을 남겼을 중후한 49세의 황제는 망국의 황제로 영원한 전설이 되어버린 것이다. 주스티니아니 또한 탈출에 성공했지만 부상의 후유증으로 인해 후송 중 선상에서 죽고 말았다.

　　많은 이들이 콘스탄티노플이 함락된 결정적인 순간을 이 제노바 무장의 비겁함 때문으로 돌린다. 주스티니아니의 전장 이탈이 그날 있었던 전투의 분수령이 된 것은 사실이다. 하지만 공성전 기간 내내 그가 보여준 활약 정도면 용병으로서 할 만큼은 한 듯하다. 애초부터 충성이나 신의가 아니라 방어전의 성공 시 동로마의 섬 하나를 받는다는 계약으로 참전한 용병이 죽음 앞에서 전의를 잃고 주춤해졌다고 그를 비난할 수 있겠는가.

　　투르크군이 콘스탄티노플을 함락시키는 것과 동시에 술탄이 허락한 약탈, 살인과 강간이 시작되었다. 그때 콘스탄티노플에 거주하는 시민이 4만 명 정도였는데 살해당한 사람은 단지 4000명 정도였다고 한다. 이것은 11장에서 살펴본 바와 같이 십자군이 안티오크나 예루살렘을 함락한 후 전 주민을 몰살하던 것에 비해 턱없이 적은 숫자다. 투르크와 같은 유목민족이던 몽골군이나 티무르가 끝까지 저항하던 성을 함락시킨 후 성내의 주민을 예사로 몰살하던 것과 비교해봐도 그러하다. 물론 이것은 투르크군이 관대해서가 아니었다. 그들은 성내의 주민을 죽이는 것보다는 차라리 노예로 팔아 치우는 것을 원했을 뿐이다. 그래서인지 과연 돈이 되지 않을 노약자와 갓난아이는 대개 죽음을 면치 못했다고 한다.

그러나 이날의 약탈이 워낙 심했던지 술탄은 3일간 약속했던 약탈을 당일로 끝내라고 명령했다. 더 이상 약탈할 것도 없었기 때문에 이 명령에 불만을 품은 병사도 없었다. 성당과 수도원같이 귀중품이 있을 만한 곳은 이미 털렸고, 털 것이 더 이상 없는 곳에는 불을 질렀다. 성상은 파괴되고 십자가는 내동댕이쳐졌다.

이때 동로마의 상징이라 할 수 있는 성소피아성당에는 많은 사람들이 몰려들어 기도를 올리고 있었다. 성소피아성당이 투르크군의 손길이 마지막에 닿을 동쪽 끝에 있기 때문에 사람들이 그쪽으로 몰린 것도 있지만 다른 이유도 있었다. 콘스탄티노플이 함락되는 날 대천사 미카엘이 하늘에서 내려와 이교도를 무찌를 것이라는 전설이 있었던 것이다. 하지만 그들을 찾아온 것은 투르크군이었다. 여기서 굳이 그리 피난한 시민들이 어찌 되었는지 설명할 필요는 없을 것이다. 성소피아성당은 뒤늦게 입성한 메메드 2세의 명령에 의하여 모스크로 개조되었다. 그리고 콘스탄티노플은 이스탄불로 개명되어 오늘에 이르고 있다.

한편 투르크 병사들이 어느 순간부터 적과의 전투보다 약탈에 정신이 팔린 틈을 타서 많은 사람들이 제노바와 베네치아의 배를 타고 탈출할 수 있었다. 이들을 통해 서유럽은 콘스탄티노플이 함락된 것을 알고 충격에 휩싸이게 되었다. 이어 콘스탄티노플을 되찾기 위한 새로운 십자군을 결성하자는 논의도 있었지만 각국의 이해관계가 상충되면서 이마저도 흐지부지되었다. 마지막으로 흑해 남부 연안에 있는 동로마의 방계국가인 트라페주스 제국이 1461년에 오스만제국에 멸망당하면서 이제 동로마는 잔재조차 남지 않게 되었다.

저 멀리 러시아에서는 대공 이반 3세(Ivan III, 1440~1505)가 콘스탄티누스 11세의 조카인 소피아와 1472년에 결혼하면서 황제를 의미하는 '차르'라는 칭호를 내부적으로 사용했다. 그의 손자이자 잔인함으로 인해 '뇌제(雷帝)'라는 별칭으로 유명한 이반 4세(1530~1584)부터는 대외적으로도 차르임을 내세웠다. 그리고 이때부터 러시아는 자신이 동로마의 계승자이며 동방정교회의 수호자임을 자처했다. 그러나 세상 모두가 이론의 여지 없이 로마제국으로 인정할 수 있는 진정한 로마제국은 1453년에 멸망한 것이다. 마찬가지로 유럽을 통틀어 누구나 황제로 인정할 수 있는 진정하고 유일한 황제도 사라진 것이다. 비록 서유럽에서 신성로마제국 황제가 서로마제국을 계승했다고 하지만 그것은 정통성에서 동로마제국의 황제에 비할 수조차 없었다.

로마를 건국한 이의 이름이 로물루스(Romulus)이며 서로마제국 마지막 황제가 로물루스였듯이, 동로마제국 마지막 황제의 이름이 창시자와 같은 콘스탄티누스(Constantinus)였다는 것은 묘한 일이다.

古代

中世

근대편

현대

| 제14장 |

오툼바 전투—100배의 병력 차를 극복한 승리

전투에서 소수의 병력으로 다수의 병력을 무찌르는 장면은 손에 땀을 쥐게 한다. 앞서 피력했듯이 이것이 명장의 으뜸가는 조건은 아니겠지만 그 또한 범용한 장수에게는 어려운 일이다.

세계사에서 주목할 만한 가장 커다란 병력의 열세를 딛고 승리한 전투를 꼽으라면 에스파냐의 정복자 코르테스가 400명의 병사로 4만 명의 아즈텍 병사를 무찌른 오툼바(Otumba) 전투(1520)라고 할 수 있을 것이다. 이 전투에서 에스파냐군은 무려 100배나 많은 적을 무찔렀다. 물론 이 전투는 역사적으로도 상당히 중요하다. 코르테스가 아니더라도 결국 신대륙이 유럽인에게 정복될 것은 명약관화했지만, 오툼바 전투는 뒤이은 테노치티틀란(Tenochtitlan) 전투(1521)와 함께 코르테스에게 신대륙의 정복자라는 '영예'를 안겨주었기 때문이다.

1492년은 두 가지 사건으로 에스파냐로서는 가장 영광스러운 해다. 첫째로 1월 2일 이베리아반도 남단의 그라나다에 있는 이슬람 세력의 마지막 거점을 점령하여 무려 781년에 걸쳤던 레콩키스타(Reconquista), 즉 국토수복운동을 끝낸 해이기 때문이다. 이베리아반도는 711년 이슬람의 우마이야 왕조가 서고트 왕국을 멸망시킨 이래 이슬람의 지배하에 있었다. 그 후 기독교 세력에 의한 국토회복운동이 끊임없이 이어졌고, 드디어 그 노력이 완전한 결실을 맺은 것이다. 아마도 이슬람과의 투쟁이 이토록 길었던 것이 에스파냐가 그 후 유럽의 어떤 나라보다도 보수적인 가톨릭 국가가 된 이유인 듯하다.

둘째, 이해 10월 12일에 있었던 콜럼버스(Christopher Columbus, 1451~1506)의 '신대륙 발견'이다. 이 또한 레콩키스타 완성의 산물이라 할 수 있다. 에스파냐의 이사벨라 여왕(Isabella, 1451~1504)은 국내 문제가 해결되자 비로소 밖으로 눈을 돌릴 여유가 생겼다. 그때 경쟁국인 포르투갈이 아프리카를 돌아 인도에 도달하는 해로를 발견하기 위해 전력하고 있었기 때문에, 콜럼버스는 서쪽으로 인도에 가는 항로를 택했다. 그는 다행히 항해에 지친 부하들이 반란을 일으키기 직전에 신대륙을 발견하게 되었다.

그 후 콜럼버스는 죽어서도 에스파냐 땅은 밟지 않겠다는 유언을 남긴 끝에 지금은 세비야성당에서 네 명의 왕들이 어깨 위에 그의 관을 매고 공중에 떠받드는 영광까지 얻게 되었다. 곧 아메리고 베스푸치에 의하여 콜럼버스가 발견한 땅은 인도가 아니라 신대륙임이 밝혀졌다. 당시 이베리아반도에는 국토회복운동이 끝나 할 일 없는 실업자가 된 병사들이 많았기 때문에 새로운 모험과 황금을 찾아 신대륙으로 향하는 이들이 적지 않았다. 그중 하나가 이번 장의 주인공인 에르난 코르테스(Hernan Cortes, 1485~1547)이다.

코르테스는 에스파냐 중서부 메데인이라는 곳에서 하급귀족계층을 의미하는 이달고(Hidalgo) 출신으로 태어났다. 소귀족이었지만 가난했던 그는 10대 때 에스파냐 서부에 있는 살라망카 대학에서 법학을 공부했다. 그때쯤 콜럼버스가 신대륙을 발견했다는 소식과 그가 서인도제도에서 발견했다고 주장한 황금·노예·향료 등은 코르테스와 같이 젊고 가난한 수많은 이들의 피를 들끓게 했다.

코르테스는 19세에 히스파니올라(지금의 도미니카공화국과 아이티)로 건너갔다. 그 후 나름 법학 지식이 있어서인지 시의회의 공증인이 되었고 이후 차츰 자리를 잡아갔다. 26세인 1511년에는 히스파니올라 총독의 부하인 벨라스케스를 따라 서쪽에 위치한 쿠바 원정을 떠났고 여기에서 공을 세웠다. 코르테스는 쿠바를 점령하여 초대 총독이 된 벨라스케스의 눈에 띄었고 나중에 산티아고시장에까지 오르게 되었다. 이와 함께 벨라스케스의 처제와 결혼하여 그와 동서간이 됨으로써 그의 인생은 탄탄한 기반을 갖게 되었다.

그러나 코르테스는 현재의 안락에 젖어 가진 것을 지키는 데 급급한 위인이 아니었다. 비록 부, 명예와 권력을 좇으려는 욕망에서 비롯된 것이었지만, 위험과 고난을 딛고 더 큰 새로운 목표를 찾아 나서는 도전정신을 가진 인간이었다. 코르테스는 풍부한 상상력을 바탕으로 끊임없는 생산력을 보여주면서 세계사의 변혁과 발전을 능동적으로 이끌어냈다. 유럽인들 대다수가 해안선 곳곳에 무역기지를 세우고 경제적인 이득을 취하는 간접 지배에서 만족할 때, 코르테스는 신대륙을 정복하여 직접 지배하겠다는 거창한 목표와 꿈을 갖고 있었다.

한편 쿠바 총독 벨라스케스는 계속 서진정책을 추진하여 중미대륙의 내부를 탐험하고자 했다. 그 지휘관에 코르테스를 내정했으나 벨라스케스는 곧 그 결정을 취소했다. 그 이유는 벨라스케스가 이전에 보냈던 탐험대가 갑자기 돌아왔기 때문에 코르테스의 원정을 보류한 것이었다는 주장도 있고, 코르테스가 독립하고자 하는 야심을 알아차렸기 때문이라고도 하며, 뒤늦게 코르테스가 성공할 것을 시샘하며 변심했기 때문이라고도 한다.

그 이유야 어쨌든 코르테스는 자신을 따르는 병사들을 데리고 산티아고(Santiago) 항구를 출발했다. 이는 명백히 상관에 대한 명령불복종죄에 해당했다. 이때 코르테스의 원정대는 배 11척, 병사 508명(553명이라고도 함) 그리고 선원 110여 명으로 구성됐다. 이들에게는 원주민에게는 없는 말 16필과 대포 14문도 있었다. 원정대는 유카탄반도를 거쳐 서쪽으로 계속 항해하여 1519년 2월 멕시코 동남쪽에 있는 해안에 도착했다. 코르테스는 그곳을 베라크루스(Veracruz)라 이름 짓고 타고 온 배들을 모조리 불살라버렸다. 이것은 죽든 살든 앞으로 나아가겠다는 결의의 표현이었다. 어차피 돌아가면 반역죄로 교수형 당할 것이었기 때문이다. 이 극단의 조치로 인하여 벨라스케스에게 충성하는 병사들도 어쩔 수 없이 코르테스와 동고동락의 길을 걸을 수밖에 없었다. 베라크루스에 머무는 동안 코르테스는 원주민과 싸워 이기면서 20여 명의 처녀를 공물로 받은 적이 있었다. 그중에는 말린체(Malinche, 1496~1529)라는 이름을 가진 노예가 있었다.

말린체는 원래는 귀족의 딸로 태어났으나 어머니가 재혼하면서 버림받고 노예로 팔렸다고 한다. 그녀는 어학에 능통하여 여러 부족의 언어를 구사할 수 있었다. 내륙으로 진군하려는 코르테스에게 급히 필요한 것 중의 하나가 현지인들과의 의사 소통이었는데, 말린체의 존재는 가뭄의 단비와도 같은 것이었다. 가톨릭으로 개종하고 도냐 마리나(Doña Marina)라는 새로운 이름을 얻은 말린체는 곧 에스파냐어도 익히게 되었다. 말린체는 그 후 코르테스의 애인이 됨과 동시에 아즈텍제국의 정복에 협력했기 때문에 남미에서 지금도 배신자의 대명사가 되었다.

말린체가 유럽인들의 아메리카 원주민 정복을 적극 도운 것은 사실이지만 그렇다고 그녀를 반역자, 배신자로 보는 것은 옳지 않다고 본다. 에스파냐인들이 침략했을 때 아메리카 원주민들에게 과연 동족의식이란 것이 있었을까 의문이다. 또한 당시 대규모 인신 공양의식을 행하는 아즈텍제국이야말로 원주민들에게는 에스파냐 인들보다도 더 위험하고 잔인한 존재였을 것이다. 차라리 에스파냐 인들이 들어와 아즈텍제국을 멸망시키는 것이 그들에게 나았을지 도 모를 일이다. 분명 나중에 에스파냐인들에 의한 원주민 학살과 남미 문명의 파괴가 있었지만 그것까지 말린체의 잘못으로 넘기는 것은 지나쳐 보인다.

훗날 말린체는 코르테스와의 사이에서 아들 마르틴 코르테 스를 낳았다. 그녀의 아들을 가리켜 최초의 메스티소(Mestizo)라고 하는 이들이 있는데 사실 이는 옳지 않다. 콜럼버스가 최초로 신대 륙을 발견한 연도가 1492년이고, 마르틴 코르테스는 그로부터 30여 년이 지나 태어났다. 그사이에 원주민 여성에 대한 유럽인들의 강간 이 횡행했었기 때문에 마르틴 코르테스 이전에 태어난 메스티소는 셀 수 없을 만큼 많았을 것이다.

코르테스는 베라크루스에서 4개월 정도 머물면서 도시를 건 설하는 동시에 주변에 정복전쟁을 일으켰다. 이때 해안의 인구 2만 5000명가량인 토토낙족을 동맹군으로 만든 일이 있었다. 이들은 최 근에 아즈텍의 지배를 받으면서 그들의 요구대로 어쩔 수 없이 인신 공양의 제물을 바쳐왔기 때문에 아즈텍에 악감정이 깊이 있었다. 코르테스는 토토낙족을 통해 아즈텍제국을 본격적으로 알게 되었다. 아즈텍제국이야말로 그가 정복해야 할 궁극적인 목표가 될 것을 깨닫고, 1519년 8월 토토낙족을 길라잡이 삼아 출발했다.

아즈텍(Aztec)제국은 지금의 멕시코에서 아즈텍·텍스코코·틀라코판(타쿠바라고도 함) 부족의 삼각 동맹으로 13세기에 건국된 나라다. 즉, 역사가 그리 길진 않았는데 1500년경에는 아즈텍이 삼각 동맹을 주도하게 되었고 텍스코코와 틀라코판은 아즈텍의 종속국으로 전락하고 말았다. 사실 아즈텍이라는 말은 뒤늦게 유럽인이 붙인 말이다. 아즈텍인들은 스스로를 멕시카(Mexica)인이라고 불렀다. 현재 멕시코라는 국명은 바로 이 멕시카에서 온 말이다. 아즈텍제국의 수도는 지금의 멕시코시티에 위치한 테노치티틀란(Tenochtitlan)이었다. 이곳은 소금기를 머금은 텍스코코호 위에 인공적으로 섬을 만든 것이다. 당시 테노치티틀란의 인구가 20~30만 명이었다는데 동시대의 런던이나 파리의 인구가 10만 안팎이었음을 감안하면 제국의 번영을 미루어 짐작할 수 있을 것이다. 아즈텍의 총인구는 500만 명을 넘었고 20만 제곱킬로미터 이상의 영역을 지배하는 중미 최강의 세력이었다. 500여 개의 소부족을 포함하여 30여 국가가 아즈텍제국의 통치하에 있었다.

문제는 아즈텍이 피정복 민족을 지배한 방식이 융화와 포용을 통한 것이 아니라 수탈과 강제에 의한 것이었다는 것이다. 피지배 국가들이 당장은 제국의 힘에 눌려 숨죽이고 있었지만 기회만 있으면 들고 일어날 태세였다. 그러나 간간이 일어나는 반란도 제국의 강력한 군대에 진압되기 일쑤였다. 그런데 가만히 살펴보면 이것도 아즈텍이 짜놓은 각본대로라고 할 수 있다. 아즈텍제국이 주변의 부족들을 지배하는 방식은 패권적이면서도 한편으로는 느슨하게 풀어주면서 일정 부분 자치를 허용하는 것이었다. 즉 아즈텍은 완전히 그들 위에 군림하지 않은 상태에서 의도적으로 피지배민족들의 반란을 부추겼던 것이다. 그 후 반란이 일어나면 아즈텍인들은 인간 제물을 얻기 위해 '꽃의 전쟁'이라 명명되는 전쟁을 수행하곤 했다.

아즈텍제국을 알고자 한다면, 이름은 아름답지만 실상 잔인하기 짝이 없었던 꽃의 전쟁이 실행된 배경을 먼저 알아야 할 것이다. 그 배경이란 다름 아닌 그들의 비관론적 우주관이다. 그들은 우주를 네 부분으로 나누었고, 그들이 사는 세상을 다섯으로 나눴으며, 각각의 세상을 지키는 다섯 개의 태양이 있다고 믿었다. 앞선 네 개의 태양과 세상은 이미 멸망했고 지금 그들이 사는 세상은 마지막 태양의 세상이다. 마지막 다섯 번째 태양의 세상에 살고 있는 아즈텍인들은 태양이 사라지고 우주가 없어지는 것을 막기 위하여 인간을 제물로 바쳐야 한다고 믿었다. 즉 태양이 그다음 날 다시 하늘 위로 떠오르려면 현세를 지탱하고 있는 태양신이 암흑과 힘껏 싸울 수 있도록 살아 있는 인간의 뜨거운 심장을 바쳐야 한다. 그 수는 많으면 많을수록 좋다. 그렇게 인간의 피와 심장으로 힘을 얻은 태양신은 그 대가로 영원토록 아즈텍제국이 번영하게 해준다고 믿었다. 이를 위해 지속적으로 제단을 피로 적실 제물을 필요로 했는데 보통 1년에 1만~5만 명 정도를 희생시키곤 했다. 과장된 기록일지 모르지만 전쟁신인 우이칠로포크틀리의 신전을 신축했을 때는 한꺼번에 8만 명의 심장을 꺼냈다고 한다.

이 숫자는 범죄자의 숫자로는 부족했기 때문에 적국과의 전쟁을 통해 얻은 포로를 제물로 바치곤 했다. 포로를 획득하기 위해 아즈텍 전사들은 가급적 전투에서 포로를 죽이지 않고 살아 있는 채로 사로잡도록 훈련받았다. 이것은 훗날 에스파냐군과 싸울 때 아즈텍인들이 패하는 주요 원인이 되었다. 단칼에 팔다리를 자를 수 있는 강력한 톨레도 검과 강철갑옷으로 무장하고 죽이는 것을 목적으로 싸우는 에스파냐군이 기껏해야 흑요석 검과 나무방패를 들고 맞서는 아즈텍군에 대해 일당백의 전투력을 발휘한 것은 당연한 일이다.

당시 아즈텍제국에는 소·말·양·돼지와 같은 가축이 없었기 때문에 단백질을 공급하기 위해서 위와 같은 희생의식을 치렀다는 주장도 있다. 피라미드 정상에 있는 제단 위에서 네 명의 사제가 포로의 사지를 붙잡고 다른 사제가 날카로운 칼로 심장을 도려낸 후 시체를 피라미드의 계단 아래로 던진다. 아즈텍인들은 이 시체를 요리하여 먹는 식인종이었던 것이다. 북미에서도 곳곳에서 식인 행위

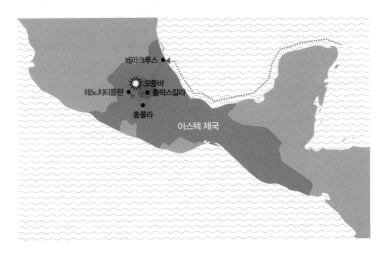

✖ 코르테스의 진로

가 있었다는 기록이 보이는데, 이 또한 단백질을 보충할 방법이 없었기 때문일 것이다. 물론 북미에 버팔로는 많았지만 말이 없었던 인디언들의 실력으로는 잡기 어려운 날래고 억센 동물이었다. 동시대에 남미에서 번영했던 잉카제국에는 라마가 있어서인지 인신공양과 식인 행위가 없었던 것을 보면 위의 주장은 상당한 설득력을 갖는다. 나중에 코르테스는 이와 같은 아즈텍인들의 식인 풍습을 없애기 위해 유럽에서 돼지를 신대륙에 들여와 번식시켜 원주민들이 먹게 했다.

테노치티틀란으로 향하는 코르테스는 도중에 틀락스칼라족과 부딪히게 되었다. 맨 처음에 양측은 질과 양이 맞서는 형식으로 강렬한 전투를 벌였지만 결정적인 승패가 나지 않았다. 그러다가 차츰 양측은 다음과 같은 이해관계가 맞아떨어져 화해가 이뤄졌다. 코르테스는 틀락스칼라족을 적이 아닌 동맹으로 묶어두는 편이 당연히 유리했을 테고, 틀락스칼라족 역시 에스파냐군 정도면 아즈텍족에게 맞서 싸울 든든한 동지가 될 수 있다고 보았다. 위에서 아즈텍족이 인간 제물을 얻기 위해 타국을 일부러 완전 정복하지 않고 인간 목장으로 운영하는 경우도 있다고 언급했다. 이 틀락스칼라족이야말로 자신들이 아즈텍에 굽히지 않고 저항한 것도 있지만, 아즈텍제국이 희생물을 꾸준히 공급받기 위해 바로 근거리에 위치함에도 불구하고 독립국으로 존속시킨 대표적 국가였다. 틀락스칼라족은 불구대천의 원수인 아즈텍과 싸우기 위해 코르테스와 동맹을 맺었고, 이 동맹을 끝까지 지킨 덕분에 코르테스의 신대륙 정복 이후에도 갖가지 특혜를 부여받았다. 이 때문에 틀락스칼라족은 말린체와 더불어 지금까지도 민족의 배신자라는 오명을 뒤집어쓰고 있다.

코르테스가 틀락스칼라의 지원병 3000명가량을 얻어 다음으로 향한 곳은 아즈텍제국에서 두 번째로 큰 도시인 촐룰라였다. 그때쯤 이미 아즈텍 황제인, 목테수마라고도 불리는 몬테수마 2세(Moctezma ?~1520)는 에스파냐군의 존재를 알고 있었고 이들의 존재를 두려워했다. 아즈텍 전설에 의하면 미래에 케찰코아틀(깃털 달린 뱀) 신이 언젠가 동쪽에서 돌아와 아즈텍제국을 통치할 것이라고

했다. 황제는 코르테스 일행을 예언된 신으로 착각했던 것이다. 나중에 코르테스를 만난 몬테수마 2세가 "나도 당신과 같은 인간이다"라고 외쳤다고 한다. 이것은 결국 코르테스가 평범한 인간임을 알아차렸다는 것이다. 하지만 처음에는 천둥소리를 내는 총과 함께 원주민들이 처음 보는 말을 타고 동쪽에서 온 하얀 피부의 코르테스 일행을 케찰코아틀로 여겼던 것도 무리는 아니었을 것이다.

몬테수마 2세는 코르테스가 맨 처음 토토낙족에게 머무를 때 황금을 비롯한 각종 진귀한 보물을 보내며 코르테스가 돌아가도록 요구한 적이 있었다. 코르테스가 이를 거부하고 계속 진군해 오자 몬테수마 2세는 에스파냐군을 촐룰라에서 전멸시키라고 몰래 명령해두었다. 하지만 말린체가 이를 사전에 탐지하여 코르테스에게 그대로 전하니 코르테스는 촐룰라 부족을 급습하여 수천 명을 살해하고 말았다. 이로써 테노치티틀란으로 가는 길을 막을 자는 없었으며, 몬테수마 2세는 본의 아니게 코르테스 일행을 환영하기로 했다.

이렇게 해서 1519년 11월 8일 드디어 코르테스는 400명의 부하와 동맹군 3000명을 이끌고 아즈텍제국의 수도인 테노치티틀란으로 들어가게 되었다. 코르테스 일행 중에는 거대한 도시와 번화한 시장을 보고 이게 꿈이 아니냐고 묻는 자도 있었다. 코르테스는 비록 황제의 환영을 받았지만 신중을 기하며 결코 방심하지 않았다. 그는 황제를 사로잡는 것이 아즈텍제국을 제압할 수 있는 가장 효과적인 수단이라고 판단하고 몬테수마 2세를 납치한 뒤 감금해 버렸다. 그 후 몬테수마 2세를 황제로 대접은 해줬지만 에스파냐 국왕의 신하가 될 것과 막대한 보물을 요구했다. 코르테스는 에스파냐 병사들이 원하는 것은 황금이며 이를 충족시켜주지 않을 경우에 일어날 결과를 알고 있었다. 또한 자신의 항명죄가 에스파냐 국왕에게 용서받기 위해 필요한 것은 황금뿐임을 알고 있었다. 사정이 이러하니 코르테스 또한 좋든 싫든 황금을 긁어모으지 않을 수 없었다.

이때 쿠바 총독 벨라스케스는 자신에게 거역하고 멋대로 행동하는 코르테스를 체포하고 코르테스가 그동안 정복한 땅을 접수하기 위하여 나르바에스에게 900명의 병력을 주어 파견했다. 이 소식을 들은 코르테스는 부관인 알바라도(Alvarado)에게 100명의 병력을 주면서 자신이 없을 동안 황제를 감시하고 수도를 통제하면서 현 상태를 유지하도록 명령을 내렸다. 그리고 코르테스 자신은 남은 300명의 병력을 이끌고 나르바에스를 무찌르기 위해 출발했다.

코르테스는 3배가 넘는 토벌군이라고 해봐야 어차피 신대륙에서 한몫 잡고자 건너온 불한당들이 대부분이라는 것을 알고 그들을 황금으로 매수해버렸다. 그들에게 황금을 보여주며 아즈텍제국에 이토록 많은 황금이 지천에 널렸다고 유혹한 것이다. 눈이 휘둥그레진 토벌군들은 한순간에 코르테스의 편으로 돌아섰고 전투는 별다른 희생도 없이 싱겁게 끝나버렸다. 이로써 코르테스는 현재 거느린 400명과 방금 그에게 합류한 900명을 포함하는 1300명의 에스파냐군과 수천의 원주민 동맹군을 거느리게 되었다.

한편 그때쯤 테노치티틀란에서는 알바라도에 의해 피비린내 나는 학살이 일어나고 있었다. 코르테스가 떠난 후 몇몇 아즈텍 귀족이 알바라도에게 찾아와 우이칠로포크틀리 신을 기리는 축제가 열리는데 허락해줄 수 있냐고 물었다. 알바라도 또한 민심을 잃을 이유는 없었기에 무장하지 않는 조건으로 얼마든지 축제를 열라고 말했다. 그런데 틀락스칼라인 중 누군가가 아즈텍인들이 축제 때 에스파냐군을 습격할 계획이라고 알바라도에게 밀고했다. 알바라도는 이게 사실인지 아니면 틀락스칼라인들이 아즈텍인들을 두려워하거나 증오했기 때문에 나온 무고인지 확인도 안 하고, 축제가 진행될 때 모여 있던 아즈텍 귀족 600여 명을 몰살했다.

코르테스로서는 그나마 믿을 수 있는 자가 알바라도였기 때문에 친구이자 부관인 그에게 잔류 병력을 맡겼겠지만 충동적이고 잔인한 알바라도는 코르테스의 기대를 무참히 깨트리고 만 셈이다. 곧 100명의 에스파냐군과 틀락스칼라 지원군은 복수를 외치는 수만 명의 아즈텍 병사들에게 순식간에 포위되고 말았다. 아즈텍인들은 포위된 적들을 바로 공격하기보다는 곧 돌아올 코르테스가 섬으로 들어가면 그때 한꺼번에 에스파냐군을 사로잡아 신전에 제물로 바치려는 계획이었다.

얼마 후 테노치티틀란으로 돌아온 코르테스는 그간의 자초지종을 듣고 알바라도에게 크게 화를 냈다. 하지만 현재의 위기 탈출이 우선이었기 때문에 뛰어난 무장인 그를 처벌할 수가 없었다. 코르테스는 우선 분노한 시민들을 달래기 위해 몬테수마 2세를 내세워 진정시키려 했다. 하지만 답례로 돌아온 것은 사방에서 날아오는 돌과 화살이었다. 그때 어디선가 날아온 돌 하나가 몬테수마 2세의 이마에 명중했고 곧 그는 세상을 떠나고 말았다. 아즈텍인들은 몬테수마 2세의 동생인 쿠이틀라아욱을 새로운 황제로 세웠다. 이어 섬으로 통하는 모든 다리를 부수고 에스파냐군과의 전면전에 돌입했다. 사방이 완전히 포위된 코르테스는 몇 번이나 포위를 뚫어보려고 했지만 허사였다. 어느 아즈텍인의 말대로 아즈텍인 2만 5000명당 에스파냐군 1명이 사망해도 에스파냐군이 몰살될 만큼 인해전술 앞에서는 에스파냐군의 뛰어난 무기도 소용없었다.

코르테스는 아즈텍인들이 밤에는 악마가 돌아다닌다고 믿기 때문에 활동하지 않는다는 사실에 주목하고 한밤중을 이용하여 탈출하기로 마음먹었다. 탈출로는 서쪽 제방을 택했다. 이 길은 동해안에 있는 에스파냐의 본거지와는 반대 방향이다. 그러나 코르테스는 서쪽 제방이 호수에 연한 반대편 육지까지의 거리가 가장 짧기 때문에 이 길을 선택했다. 육지에서 섬인 테노치티틀란으로 통하는 모든 제방은 중간중간 끊겨 있었고, 끊긴 부분은 다리로 이어져 있었다. 아즈텍인들은 이 모든 다리를 철거하여 에스파냐군의 도주로를 차단한 상태였다. 그래서 코르테스는 마르틴 로페스라는 솜씨 좋은 목공으로 하여금 우선 다리를 하나 만들게 했다. 그가 만든 다리로 도주로인 제방의 첫 번째 틈을 메워 무사히 도주한 후 그 다리를 다음 틈으로 이동시키는 식으로 도주할 계획이었다. 그와 함께 코르테스는 병력을 셋으로 나누었다. 선발은 산도발, 주력인 중앙은 코르테스, 후방은 알바라도가 이끌기로 했다. 틀락스칼라를 비롯한 동맹군은 세 곳에 골고루 분산 배치했다.

1520년 6월 30일(7월 1일이라는 기록도 있음) 밤이 되자 코르테스 일행은 테노치티틀란을 몰래 빠져나가기 시작했다. 후퇴하는데 짐이 될 수 있는 물건은 두고 가는 것이 안전했다. 코르테스와 처음부터 함께 움직였던 400명의 병사들은 몸을 가볍게 하라는 코르테스의 충고를 받아들여 가능한 한 황금을 적게 갖고 가려고 했다. 하지만 나중에 코르테스에게 투항한 나르바에스의 부하 900명은 황금이 버리기엔 너무 아까웠기 때문에 최대한 몸에 지니고 탈출했다. 운 나쁘게도 이들이 조용히 제방을 건너고 있을 때 물을 길러 나온 한 아즈텍 여인이 야반도주하는 에스파냐군을 발견하고 소리를 질렀다. 에스파냐군은 바로 여인을 살해했지만 곧이어 아즈텍 전사들이 카누를 타고 사방에서 에스파냐군을 공격하기 시작했다. 황금으로 몸이 무거운 병사들은 끌어내져 포로로 잡혀갔다. 심지어 후방에 있는 병사들은 앞쪽 대열이 공격받고 무너지는 것을 보고 두려움에 떨며 다시 테노치티틀란으로 돌아가기도 했다. 이들은 나중에 포로로 잡힌 다른 에스파냐 병사들과 함께 신전의 제물로 바쳐졌다.

코르테스는 달아나면서도 여력이 생기면 부하들을 이끌고 도주하는 다른 병사들을 돕기 위해 다시 뒤로 달려가기도 했다. 지휘관인 그로서는 한 명이라도 아까운 생명을 구해내고 싶었을 것이다. 격렬하게 싸우는 도중에 머리에 돌을 맞고 쓰러진 코르테스를 아즈텍인들이 끌고 가려고 했지만 코르테스는 부관의 도움으로 가까스로 탈출할 수 있었다.

그 와중에 이번 도주의 가장 놀라운 일이 일어났다. 후방의 부대들이 전진보다 후퇴를 택해 테노치티틀란으로 돌아갈 때 본능적으로 알바라도는 살기 위해서는 앞으로 전진해야 한다고 느꼈다. 그는 말도 잃어버린 채 창을 휘두르며 싸우면서 앞으로 나아갔다. 하지만 다리도 없이 끊겨진 틈새는 도저히 인간이 건널 수 없을 만큼 넓은 간격이었다. 그러나 알바라도는 그가 가진 긴 창을 받침대로 삼아 장대높이뛰기를 시도하여 건너편으로 건너가는 데 성공했다. 알바라도가 뛰어넘은 그곳은 '알바라도의 도약대'라고 불리며 지금까지도 멕시코시티의 한 도로명이 되었다.

겨우 탈출에 성공한 코르테스가 인원 점검을 한 결과 에스파냐군은 500명, 틀락스칼라 동맹군은 2000명 정도 남아 있었다. 대포나 총은 전혀 남아 있지 않았고 쇠뇌 몇 개와 말 23마리만 남아 있을 뿐이었다. 대략 에스파냐군은 800명, 틀락스칼라 동맹군은 1000명 이상을 잃은 것이다. 바로 '슬픔의 밤'이라고 불리는 사건이다.

틀락스칼라족은 자신들의 영토로 돌아가 전열을 재정비하자고 건의했다. 이를 받아들인 코르테스는 200킬로미터가 넘는 고난의 행군을 시작했다. 식량과 음료가 확보된 것도 아니었고 지나는 곳이 아즈텍제국의 영토였기 때문에 적은 사방에 깔려 있었다. 패잔병의 무리 중에 부상당하지 않은 이가 한 명도 없었으며 코르테스 자신도 부상당한 두 손가락을 사용할 수 없는 지경이었다. 코르테스는 아즈텍군이 뒤쫓아올 것 같아 마음이 급했지만 위와 같은 어려운 사정으로 행군속도는 빠를 수가 없었다. 그들은 하루에 고작 15~20킬로미터를 전진했다.

그사이 아즈텍의 쿠이틀라아욱 황제는 에스파냐군을 아예 끝장내기 위하여 대군을 모아 추격하도록 했다. 이들은 드디어 오툼바평원에서 에스파냐군을 따라잡았다. 이렇게 하여 1520년 7월 7일 이곳에서 무려 100배의 병력 차를 극복한 오툼바 전투가 벌어진 것이다. 먼저 오툼바평원에 포진한 각각의 병력을 살펴본 후 에스파냐군의 전략을 살펴보기로 하자.

먼저 공격자인 아즈텍군은 당시의 기록과 대다수의 의견을 종합하면 약 4만 명으로 추산된다. 아즈텍군은 압도적으로 많은 병력이 가장 큰 무기였지만 문제는 이들을 지휘할 유능한 지휘관이 없다는 것이었다. 알바라도가 축제일에 600명의 귀족을 살해했는데, 사실은 이들이야말로 아즈텍을 이끄는 핵심 집단이었던 것이다. 아즈텍군에는 '슬픔의 밤' 당시 에스파냐군에게서 노획한 검과 갑주 등으로 무장한 자도 있었을 것이다. 하지만 겨우 일주일 만에 그러한 무기와 장비에 익숙해졌을 리가 없다. 덧붙여 아즈텍군은 전제정치국가의 군대에서 흔히 나타나듯이 총사령관이 전사하면 나머지 병사들은 전의를 잃고 도주하곤 했다.

이에 반해 에스파냐군은 테노치티틀란을 빠져나온 500명 중에서 오툼바평원까지 오는 도중에 아즈텍제국에 충성하는 부족과 치른 전투에서 죽은 100명을 제외한 400명이다. 틀락스칼라의 동맹군 2000여 명은 후위에 멀찌감치 배치했고 당시의 기록을 보면 이들은 오툼바 전투에 참여하지 않은 것이 확실해 보인다. 아마도 20배가 넘는 아즈텍군에 완전히 겁을 집어먹고 뒤에서 떨고 있었거나 포로로 잡히면 어떻게 된다는 것을 알고 있었기에 많은 수가 도주했을 것이다. 어떤 이는 틀락스칼라 동맹군이 설령 참여했더라도 승부가 에스파냐 쪽으로 완전히 기운 후에 벌어진 추격전에만 참여했다고 말한다.

이렇게 봤을 때 4만 명의 아즈텍군에 맞서 싸운 것은 단 400명의 에스파냐군이라고 봐야 한다. 그들에게는 대포와 총이라곤 하나도 없었고 쇠뇌 몇 개와 말 23필이 있었을 뿐이다. 그러나 거의 가망 없어 보이는 이 전투에서 에스파냐군에게 유리한 점도 있

었다. 그들은 전쟁터에서 잔뼈가 굵은 역전의 용사들이며 특히 수
는 얼마 안 되지만 코르테스의 부관들이 기병으로 맹활약한다는
것이었다. 이전에 아즈텍과 싸웠던 테노치티틀란은 좁은 시내였기
때문에 기병대가 나설 자리가 없었다. 하지만 넓은 오툼바평원은
가히 에스파냐 기병을 위한 무대라 불러도 좋았고 실제로 그들이
승부를 결정지었다.

코르테스는 이 23명의 기병을 자신이 지휘하기로 하고, 보병
은 부관인 오르다스가 지휘하게 했다. 에스파냐군은 포위를 피하기
위해 보병을 종심이 얇게 배치할 수밖에 없었지만 워낙 크게 차이
가 났기 때문에 얼마 안 가서 포위되고 말았다. 기병은 반씩 나누어
양익에 배치했다고 한다. 하지만 전투 중에 그들이 한 덩어리를 이
뤄 돌격했다는 기록이 있는 것으로 봐서 기병대 전체를 한쪽 날개
에 배치했을 수도 있다.

여기서 코르테스는 알렉산드로스 대왕의 저 유명한 망치
와 모루 전술을 사용한다. 즉, 보병이 적의 공격을 막아주는 사이
에 기병이 적을 헤집고 들어가 적의 수뇌부를 강타한다는 작전이었
다. 코르테스는 그간의 경험으로 수천 명의 병사를 죽이는 것보다
는 적의 사령관을 죽이는 것이 더욱 효과적이라는 것을 꿰뚫고 있
었다.

오툼바 전투가 시작되자마자 에스파냐군은 아즈텍군의 거센

공격을 받았다. 에스파냐 보병들이 아무리 분투하더라도 워낙 병력이 열세인 상황에서 포위되는 것을 피할 수가 없었다. 이렇게 아즈텍군이 에스파냐 보병들을 둘러싸는 사이에 코르테스의 기병대는 아즈텍군을 헤집고 들어갔다. 이 과정에서 코르테스는 두 번이나 적의 돌에 머리를 맞는 부상을 당하면서도 용감하게 적과 싸웠다. 특히 부관인 산도발과 알바라도의 활약은 눈부실 지경이었다. 에스파냐 기병대는 곧 화려한 치장을 하고 황금방패로 무장한 아즈텍군 사령관 시우아코아틀을 발견했다. 에스파냐 기병들은 일반 아즈텍 전사를 향해 창칼을 사용하는 시간과 체력조차 아까웠다. 코르테스는 그들을 상대도 하지 않은 채 휘하의 기병을 이끌고 곧바로 시우아코아틀에게 달려들어 창으로 찔러 죽였다. 아즈텍군 사령관의 군기를 노획한 코르테스가 그것을 들고 좌충우돌하자 아즈텍군은 사령관이 사망한 것을 알고 전의를 잃고 말았다. 그리고 코르테스가 기대한 대로 이들은 더 이상 싸울 의지를 잃은 채 도주하기 시작했다. 밀물같이 밀려오던 그들이 순식간에 썰물같이 전장을 빠져나간 것이다. 오툼바 전투에서 에스파냐군의 사상자는 60~70명, 아즈텍군의 사상자는 1~2만 명이었으니 에스파냐군의 대승이었다. 아즈텍군은 이번에도 산제물로 바칠 포로를 원했기 때문에 고루한 방식대로 살살 싸우느라, 죽이기 위해 싸우는 에스파냐군에게 패하고 말았다.

　　다시 말하지만 여기서 눈에 띄는 점은, 코르테스가 망치와 모루 전술을 사용한 것이다. 코르테스는 보병이 적의 주력을 막아내는 사이 기병이 배후로 들어가 적의 지휘부를 궤멸시켜 승리했다. 그는 정규 군사교육을 받아본 적이 없었지만 기병과 보병의 공조전술을 충분히 이해하고 실전에서 훌륭히 수행했다.

코르테스는 원주민에게 없었던 말과 성능 좋은 무기의 도움을 받았지만 불과 몇백 명의 병사들을 데리고 신대륙을 정복한 인물이다. 만약 코르테스의 출발점이 수만 명의 병력을 거느렸던 알렉산드로스와 같은 입장이었다면 그가 알렉산드로스를 능가하는 정복자가 되지 않았으리라고 누가 장담할 수 있을 것인가.

오툼바 전투에서 승리한 코르테스 일행은 이틀 후 틀락스칼라로 들어갔다. 거기서 전열을 정비하는 사이 눈에 보이지 않는 원군이 코르테스를 찾아왔다. 그것은 바로 천연두였다. 이전에 노예한 명이 나르바에스를 따라 코르테스를 토벌하기 위한 군대에 참여했다가 이후 테노치티틀란에 들어간 일이 있었다. 그런데 그 노예가 하필 천연두 보균자였던 것이다. 아즈텍인들은 듣도 보도 못한 전염병이 창궐하자 면역력이 없었기 때문에 무더기로 죽어갔다. 쿠이틀라우악 황제도 천연두에 걸려서 죽고 말았다. 뒤이어 몬테수마 2세의 조카이자 사위였던 쿠아우테목이 1520년 아즈텍제국의 마지막 황제로 즉위했다. 이후 코르테스가 테노치티틀란에 다시 쳐들어가 쿠아우테목을 포로로 잡은 1521년 아스텍제국은 멸망하고 만다.

제15장

제1차 이탈리아 원정—최다승 장군의 등장

이 세상에서 가장 많은 전투를 치르고 가장 많은 승리를 거머쥔 장군은 나폴레옹이다. 뒤퓌이(D. M. Dupuy) 대령의 『패전분석』에 따르면 그는 총 150여 회 전투를 치렀으며 그중 55번의 대회전을 치렀다. 55번의 전투 중 4번의 패배(아스페린 에슬링, 라이프치히, 라 로시에르, 워털루)와 3번의 무승부(아일라우, 멜라슬로야베츠, 레옹)를 제외한 48번의 승리를 거뒀으니 그의 성적은 55전 48승 3무 4패다. 그는 그토록 많은 전투를 치르면서도 끝까지 살아남았다.

　　엄격히 말해 나폴레옹이 등장한 최초의 전투는 프랑스혁명군이 왕당파 반란군과 그들을 지원하는 영국·스페인 연합군을 상대로 싸웠던 툴롱(Toulon) 전투(1793)였다. 그러나 툴롱 전투는 나폴레옹이 총지휘했던 전투가 아니라 일개 포병 대위로, 그것도 이탈리아로 전출 가는 중에 예정에도 없이 얼결에 참전한 전투였다. 그렇다고 전술적으로 굳이 언급할 가치가 있는 전투도 아니다. 나폴레옹이 사령관으로 참전했던 이탈리아 원정이야말로 그의 존재를 유럽에 알렸을 뿐 아니라, 정치적·전술적으로도 의미가 있던 진정한 데뷔전이라 불러 손색이 없을 것이다. 이 이탈리아 원정의 이야기는 나폴레옹이라는 의도치 않은 사생아를 낳게 되는 프랑스대혁명(1789)에서부터 시작할 것이다.

절대왕정이 지배하던 앙시앵 레짐(Ancien Régime)이라는 구체제에서 프랑스 평민들은 무거운 세금을 부담하고 있었다. 1789년 7월 14일 분노한 시민들은 바스티유(Bastille) 감옥을 습격했다. 바스티유 감옥이 절대왕정의 상징이었으며, 사실 그 안에 비축된 막대한 무기와 탄약이 필요했기 때문이다. 이 바스티유 감옥 습격 사건이야말로 프랑스대혁명의 전주곡이라 할 수 있다.

혁명세력은 1792년 9월 21일 국민공회를 수립하고 공화정을 선포했다. 이것이 바로 프랑스 제1공화국(1792~1804)이며, 나폴레옹이 황제가 되는 1804년 12월 2일까지 이어졌다.

프랑스대혁명이 대외적으로 끼친 영향은 무엇보다도 제1차 대불동맹의 결성이라 할 수 있다. 혁명의 불길이 자국에까지 미칠 것을 우려한 외국 군주들이 프랑스의 공화정을 무너트리기 위하여 움직인 것이다. 프로이센·네덜란드·오스트리아군은 라인강을 건너 공격하기 시작했고 영국과 스페인 연합함대는 프랑스 남부의 툴롱항을 점령했다. 그 외에도 프랑스 서부 방데 지역에는 왕당파의 반란이 지속되고 있었다.

그러나 프로이센은 동부에서 러시아가 프로이센에 위협을 가하자 동맹군에서 탈퇴하고 말았으며, 스페인도 프랑스와 강화조약을 맺고 대불동맹을 탈퇴했다. 이어 혁명정부는 툴롱항에서는 나폴레옹이라는 젊은 포병 대위의 활약으로 영국 해군을 몰아낼 수 있었다. 그 젊은 장교는 그때 세운 공으로 대위에서 준장으로 무려 4계급을 특진했다. 연이어 나폴레옹 장군은 1795년 10월 왕당파가 혁명정부에 대항해 일으킨 방데미에르의 반란을 진압하여 소장으로 진급했다. 이 반란에서 벌어진 시가전에서 나폴레옹은 포병 출신답게 40여 문의 대포를 이용하여 무자비하게 적을 무찔렀다.

한편 파리에서는 '테르미도르의 반동'을 일으킨 의원들의 발의로 1795년 새로운 헌법이 제정되었다. 헌법규정에 따라 국민공회는 해산하고, 그해 11월 2일 5인의 총재로 이뤄지는 총재정부가 수립되었다. 이 5명의 총재 중 특히 눈여겨볼 인물은 나폴레옹의 후견자였던 바라스(Barras)와 대규모 국민군을 조직해 나폴레옹에게 물려준 카르노(Carnot, 1753~1823)다. 이 총재정부는 그때까지 3년간이나 지리멸렬하던 이탈리아 전선에서 새로운 전기를 마련하기를 바랐다. 그리하여 새로운 이탈리아 원정군 사령관으로 임명된 인물이 툴롱 전투에서 활약하고 '방데미에르의 반란'을 진압하여 불과 26세에 소장에 진급한 나폴레옹이었다. 이렇게 해서 1차 이탈리아 원정은 이 세상에서 가장 많은 전투와 승리를 겪게 되는 장군의 데뷔전이 된 것이다. 전술한 것이지만 나폴레옹이 최초 참여했던 툴롱 전투에서 그는 일개 포병 대위에 불과했다. 그리고 '방데미에르의 반란'을 진압한 것은 동족 간의 소규모 시가전일 뿐이지 전투라고 부르기에는 한참이나 미흡한 것이다.

나폴레옹 보나파르트는 지중해 서쪽의 작은 섬인 코르시카의 아작시오(Ajaccio)라는 곳에서 태어났다. 그는 소귀족 출신의 변호사인 샤를 보나파르트와 레티치아 사이에서 여덟 명의 자녀 중둘째 아들이었다. 유년기에 나폴레옹은 브리엔 왕립 유년사관학교에 입학했고, 1784년에는 파리의 왕립 육군사관학교에 입학했다. 학창시절 수학·역사·지리를 특히 잘했는데, 모두 다 군인에게 유용한 과목들이다. 왕립 육군사관학교 졸업 성적은 58명 중 42위였지만, 이 성적은 재적 기간이 3~4년인 학교를 불과 11개월 만에 졸업하면서 이뤄냈음을 유념해야 한다. 그는 평생 많은 독서를 한 것으로 유명하다. 사관학교생도 시절 그가 특히 주의 깊게 읽은 중요한 군사이론 서적은 기베르, 부르세, 그리보발의 저서였다.

기베르(Guibert)는 군대의 이동속도에 비례하여 전투력 또한 높아진다는 것, 군대를 독자적인 행동이 가능한 최소 단위인 '사단(師團)' '군단(軍團)' 체제로 편성하여야 한다고 주장한 당대 최고의 군사이론가다. 부르세(Bourcet)는 분진협동공격, 즉 아군은 분리하여 진군함으로써 적의 분산을 유도하며 그렇게 분산된 각각의 적에 대해 다시 집결해 싸워 적을 각개 격파할 것을 주장했다. 이것은 칭기즈칸이 호라즘 제국을 공격할 때와 수부타이가 유럽을 공격할 때 사용한 전술이다. 그리보발(Gribeauval)은 대포의 경량화를 통해 소 대신 말이 끌게 함으로써 대포가 보병의 이동속도를 따라잡아 전투에서 승리를 결정하는 주역으로 삼을 것을 주장했다. 젊은 시절 나폴레옹은 이 세 군사이론가의 저서를 탐독하고 그들의 이론을 결합시킴으로써 평생의 무수한 전투에서 계속된 승리를 가져다줄 필승의 전술을 완성한 것이다.

1796년 3월 나폴레옹은 불과 27살의 나이로 총재인 바라스에 의해 셰레르 장군의 후임으로 이탈리아 방면군 사령관이 되었다. 나폴레옹은 같은 달에 바라스의 애인이었던 6살 연상의 조세핀(Joséphine de Beauharnais)과 결혼했고 며칠 후에 바로 이탈리아로 출발했다. 이탈리아 원정이라고 하면 사람들은 흔히 앞발을 치켜든 말 위에 올라타서 빨강망토를 펄럭이며 알프스산맥을 넘는 그의 그림을 머릿속에 떠올린다. 그런데 그 유명한 그림은 마렝고 전투로 유명한 1800년에 있었던 2차 이탈리아 원정 때의 모습이다. 1차 원정은 프랑스 남부의 니스에서 출발해 지중해 연안을 따라 알프스산맥을 피해 이탈리아의 롬바르디아평원으로 진입한 것이었다.

주로 북이탈리아의 롬바르디아평야를 무대로 펼쳐진 이 전역에서 나폴레옹은 12여 회의 전투에서 모두 승리했다고 한다. 그러나 그 전투들을 하나하나 살펴볼 때 규모와 영향력에서 그가 황제가 된 이후 치른 전투인 울름, 아우스터리츠, 예나, 바그람, 워털루 등등과 비견할 만한 것들은 아니었다. 그렇기에 대부분은 나폴레옹이 이때 거둔 12여 회의 승리들을 '1차 이탈리아 원정' 혹은 '롬바르디아 전역'과 같이 하나로 묶어서 취급하고 있는 실정이다. 이 15장의 제목을 굳이 그가 1차 이탈리아 원정에서 치른 첫 전투인 몬테노테 전투라고 짓지 않고 1차 이탈리아 원정이라고 명명한 것도 그 때문이다.

이제 나폴레옹의 이탈리아 전역을 설명하기 전에 나폴레옹의 전매특허라 할 수 있는 '내선(內線) 전술'을 미리 알아보는 게 좋을 듯하다. 나폴레옹은 다음과 같이 말한 적이 있다. "난 내 생애에서 60여 회의 대회전을 치렀고 대부분 다 이겼다. 그러나 내가 전쟁에 대해 아는 것이라곤 내 생애 최초의 전투(1차 이탈리아 원정)에서 알았던 것 외에 그 이후의 전투에서 새로 배우게 된 것은 단 하나도 없다." 또 다음과 같이 말하기도 했다. "내가 전쟁에 대해 아는 것이라곤 딱 3가지가 있다. 첫째는 하루 50킬로미터 진군하고, 둘째가 싸워 이기는 것이고, 셋째가 텐트 치고 잠자는 것이다."

여기에서 나폴레옹이 자신의 생애 최초의 전투에서 알고 있었다는 전술을 요약하자면 다음과 같다. "비록 전체 병력 수에서는 아무리 열세일지라도 최대한의 전투력을 가장 중요한 시간에, 가장 중요한 장소에 압도적인 기동으로 집결시켜 결정적인 승리를 이끌어낸다."

실제로 알고 보면 그의 전술 원리는 정말이지 단순 동일하다. 동서고금을 불문하고 무기의 우열이 없다면 전투는 결국 병력이 많은 쪽이 이기게 마련이다. 나폴레옹은 누구보다도 이 단순한 원칙에 충실했던 인물이다. 하나의 전역에서 벌어지는 수많은 전투들이 모든 지점에서 동시에 일어나는 일은 있을 수 없다고 한다. 즉, 각각의 전투는 시간차가 발생하는 법이다. 이 경우 우선 필요 없는 곳은 버리고 중요치 않은 곳은 최소의 병력으로 막아내면 충분하다. 그 사이에 그 시간차를 이용하여 동원할 수 있는 모든 병력을 결전이 벌어지는 곳으로 신속하게 집중하는 것이다. 그러한 방법으로 비록 전체 병력에서는 열세일지라도 전투가 벌어지는 곳에서는 언제나 우세를 이루며 승리할 수 있었던 것이다.

이와 더불어 설명해야 할 것은 프랑스의 지정학적 위치다. 일곱 차례에 걸친 대불동맹이 맺은 유럽을 상대로 싸워야 하는 프랑스는 남쪽은 스페인과 이탈리아, 동쪽은 오스트리아, 북동쪽은 프로이센과 네덜란드, 북서쪽은 영국이 위치하며 사방이 적에게 둘러싸인 형국이었다. 거기에 그들 동맹국들의 뒤를 밀어주는 러시아와 스웨덴은 덤이었다. 이렇게 나보다 많은 적에게 포위된다면 보통은 겁을 집어먹고 항복하기 일쑤다.

하지만 프랑스에게도 한 가지 이점이 있었다. 그것은 바로 프랑스를 포위하는 동맹국들의 군대는 자연스레 분산된 상태지만, 포위된 프랑스는 안쪽에서 상대적으로 집결되어 있었다는 것이다. 이때 포위하는 적군에 대해 안쪽에 위치한 아군을 '내선(內線)상에 위치했다'라고 말한다. 그리고 적들이 집결하여 병력의 우세를 이루기 전에 쏜살같이 달려들어 분산된 적들을 각개 격파하는 것을 바로 내선전술이라고 부른다. 설령 집결한 적이 많더라도 부르세가 주장한 분진협동전술을 사용했다. 즉, 먼저 프랑스군대를 분산하여 진군시키면서 나폴레옹군의 주된 목표물을 모르는 적으로 하여금 어쩔 수 없이 그들의 군대를 분산하도록 만든다. 그 후 다시 빠른 속도로 프랑스군을 집결시켜 분산된 적을 각개 격파한다는 것이다.

이를 위해 프랑스군이 움직이는 속도는 놀라울 정도였다. 결전에 임박해서 다른 동맹군이 분당 70보의 속도로 움직일 때 나폴레옹 군대는 분당 120보의 속도로 움직였다. 그의 군대를 놓고 '번개 같다' '나폴레옹 군대는 총으로 싸우는 것이 아니라 발로 싸운다'라는 말이 있었다. 그는 이러한 속도를 가능케 하기 위해 군대에 필요한 보급을 현지조달에 의존했다. 병참술에 관해서는 역사상 최고임이 분명한 나폴레옹은, 보급에서 후방기지나 보급창고에의 의존도를 최대한 낮춰 부대가 빠르게 기동하도록 만들었다. 그런데 사실은 약탈에 가까운 현지조달이라는 보급방식이 북부 이탈리아, 오스트리아, 독일과 같이 부유한 지역에서는 유효했지만, 러시아와 같이 가난한 나라에서는 그러하지 못했다. 이 때문에 러시아 원정 당시 보급에 대한 철저한 준비도 없이 숫자만 믿고 쳐들어갔다가, 러시아가 펼친 초토화 작전에 휘말려 추위와 굶주림으로 거의 전 병력을 잃고 말았다.

　나폴레옹이 위에서 말한 신속한 병력집중과 함께 사용한 것은 중앙돌파다. 나폴레옹 군대의 주무대는 산지가 많은 남부 이탈리아, 발칸반도, 이베리아반도가 아니라, 구릉과 평야가 펼쳐진 롬바르디아평원, 중부 유럽이나 러시아평원과 같은 곳이다. 구릉과 평야는 군대의 이동속도가 빠르다. 그 때문에 성공하기 어렵고 시간이 걸리는 양익포위보다는 간단하면서도 단기결전을 꾀할 수 있는 중앙돌파가 적합하다. 중앙돌파를 성공시키기 위해서는 죽음도 불사하고 돌진할 수 있는 병사들의 용기가 필요하다. 다행히 프랑스에는 혁명으로 의욕과 용기가 넘치는 젊은이들이 많았다. 이와 같은 이유로 나폴레옹은 비록 아군에게도 막대한 인명 손실을 야기하고 적을 전멸이 아닌 격퇴에 그치게 할 뿐이지만 중앙돌파를 사용했다.

　마지막으로 다른 나라들이 화력의 극대화라는 장점 때문에 횡대대형을 고수한 반면에 나폴레옹은 횡대대형과 종대대형을 혼성하여 편성했다. 일단 횡대대형이 적을 견제하면서 고착시킨 사이에 종대대형이 적의 접합부나 취약지점을 향해 중앙돌파를 시도하는 것이다. 그러나 나폴레옹전쟁이 장기화되면서 프랑스는 숙련된 병력을 점차 상실해갔고 나중에는 신병으로 보충할 수밖에 없게 되었다. 열정도 경험도 없게 된 프랑스군은 중앙돌파를 성공시키지 못했고, 이는 나중에 워털루 전투에서 프랑스군이 패전한 한 요인이 되고 말았다.

당시 대불동맹에서 프랑스와 싸운 가장 끈질긴 적은 육군 강국인 오스트리아였다. 독일 방면에서는 주르당(Jourdan)이 지휘하는 프랑스군이 오스트리아의 카를(Karl) 대공과 대치하고 있었고, 오스트리아 방면에서는 모로(Moreau)가 지휘하는 프랑스군이 오스트리아의 뷔름저(Würmser) 장군과 대치하고 있었다. 프랑스의 주력이었던 주르당과 모로의 2개 군은 병력도 각각 8만 명에 달했고 보급도 이들이 우선순위였다. 반면에 나폴레옹이 이탈리아에서 지휘한 군대는 4만5000여 명의 병력으로 보급도 사기도 형편없었다. 나폴레옹은 그들을 이끌고 오스트리아의 볼리외(Beaulieu) 장군이 이끄는 3만5000명과 피에몬테의 콜리(Colli) 장군이 이끄는 2만5000명으로 구성된 연합군 6만여 명을 상대해야 했다.

이탈리아에 파견되는 나폴레옹에게 주어진 임무는 이탈리아의 오스트리아군을 무찔러 최대한 오스트리아의 주전력을 남쪽으로 흡수함으로써 주르당과 모로 장군에게 가해지는 압력을 줄이는 것이었다. 즉, 주르당과 모로의 주공에 대한 조공을 맡은 것이었다. 하지만 결과적으로 주르당과 모로는 임무에 실패하고 나폴레옹은 연전연승함으로써 주객이 전도되었다.

나폴레옹이 진군 전에 니스에서 헐벗은 그의 장병들 앞에 서서 롬바르디아평원을 가리키며 연설한 것은 유명하다. 물론 그가 연설에 서툴렀다는 이유와 함께 훗날 세인트헬레나섬에서 구술된 내용일 뿐이기에 후대에 각색된 것이라는 설이 유력하다. 그 내용은 다음과 같다. "장병 여러분! 그대들은 헐벗고 굶주렸다. 조국 프랑스는 그대들에게 많은 것을 빚지고 있지만 아무것도 보답해 줄 수가 없다. 그러나 그대들이 여태껏 보여준 인내와 용기는 경탄할 만한 것이다. 이제부터 본관은 제군들을 세상에서 가장 풍요한 곳으로 이끌려고 한다. 그대들은 그곳에서 부유한 땅과 수많은 대도시들을 볼 것이며 그곳에서 부와 명예와 영광을 얻을 것이다. 장병들이여, 그대들에게 인내와 용기가 부족한가?" 이 장면은 흡사 2000년 전 카르타고의 한니발이 알프스산맥을 넘은 후 롬바르디아평원에 서서 병사들에게 로마의 풍요로움을 상기시키며 일장 훈시를 했던 장면을 떠올리게 한다.

나폴레옹은 니스를 출발한 후 해안가를 따라 알프스산맥의 남단을 우회해 이탈리아로 진군하겠다고 발표했다. 이때 영국 함대가 그의 군대를 발견한다면 함포사격을 받아 큰 위험에 빠질 수 있다는 우려가 있었다. 과감인지 무모인지는 몰라도 그는 장교들의 이 같은 조언을 무시하고 계획대로 진군했지만 다행히 별 탈 없이 북이탈리아로 들어갈 수 있었다. 이때 오스트리아의 볼리외 장군과 피에몬테의 콜리 장군은 나폴레옹이 마치 제노바를 향해 행군하는 듯 보여 일단은 프랑스군을 관망하고 있는 상태였다. 이때 동맹군의 포진은 남쪽의 프랑스군 위치에서 볼 때 볼리외가 우측에 있고 콜리는 좌측에 위치했다.

나폴레옹은 동맹군 사이에 조그만 강이 흐르는 지리적인 이유도 있지만 이들의 결속력이 그다지 강하지 않으리라고 판단한 후 다음과 같은 작전계획을 수립했다. 그들의 접합부분을 향해 중앙돌파를 시도하여 둘을 분리시킨 후 최소한의 병력으로 우측의 오스트리아군을 막아내는 사이 나머지 전체 병력을 좌측의 피에몬테군에게 투입하여 항복을 받아낸다. 그 후 다시 전체 병력을 우측의 오스트리아군에 투입하여 그들마저 물리친다는 것이었다. 이로써 전체 병력에서는 동맹군보다 열세였지만 각 전투에서는 상대적 우세를 이룰 수가 있는 것이다.

이 작전을 위해서는 오스트리아군이 가만히 있어야만 했다. 하지만 볼리외 장군은 볼트리에서 나폴레옹의 선봉장인 마세나 (Masséna, 1758~1817)의 부대를 격파하면서 나폴레옹의 기대를 빗나가게 했다. 따라서 나폴레옹은 계획을 변경하여 세뤼리에 장군의 1개 사단으로 가만히 있는 피에몬트군의 움직임을 봉쇄시킨 후 자신은 보다 직접적이고 위험한 오스트리아군을 무찌르기로 했다.

이때 볼리외의 부장인 아르장토 백작이 단독으로 4000의 병력을 이끌고 제노바 쪽으로 향하는 마세나의 프랑스군을 무찌르기 위해 움직이고 있었다. 아르장토는 몬테 네지노에 머물던 2000명의 프랑스군을 공격했다가 결사적인 방어에 막혀 몬테노테로 물러나고 말았다. 나폴레옹은 이 기회를 놓치지 않고 주력으로부터 멀리 떨어진 아르장토 장군의 오스트리아군을 공격하기로 결심했다. 나폴레옹은 라하르페 장군이 정중앙을 공격하여 적을 견제하는 사이 마세나가 우회하여 측면에서 공격하게 했다. 이 전투는 나폴레옹의 대승으로 끝났으며 아르장토에게 남은 병력은 700명뿐이었다.

　　몬테노테 전투는 오스트리아의 별동부대를 상대로 거둔 승리이며 큰 의미가 있는 것은 아니었다. 무엇보다도 나폴레옹이 야전군 사령관이 되어 거둔 최초의 승리였다는 데서 의의를 찾아야 할 것이다. 이 전투에 이어 마세나가 근처의 데고 전투에서도 오스트리아군을 무찌르니 오스트리아군은 아퀴로 후퇴하여 롬바르디아의 방어에만 급급하게 되었다. 이로써 당분간 동쪽인 오스트리아로부터의 위협이 사라지자 나폴레옹은 남은 피에몬테군에 집중할 수 있게 되었다. 나폴레옹은 우선 마세나에게 1만의 병력을 주어 오스트리아군을 견제토록 하고 자신은 전군을 동원하여 서쪽으로 향했다. 나폴레옹은 후퇴와 방어를 교묘히 수행하던 콜리 장군의 피에몬테군을 1796년 4월 21일 벌어진 몬도비 전투에서 드디어 무찌를 수 있었다. 오스트리아군의 연이은 패배와 이탈로 사기가 떨어진 피에몬테군은 그간의 사상자와 탈영으로 인하여 몬도비 전투 당시 병력이 1만여 명밖에 남아 있지 않았다. 그들은 병력 수에서 월등히 앞서는 프랑스군의 상대가 될 수 없었던 것이다. 사르데냐 국왕은 수도인 토리노가 프랑스군의 직접적인 위협을 받게 되자 사절을 파견하여 휴전을 요청했다. 이로써 사르데냐 왕국도 대불동맹에서 이탈했다.

본국으로부터 지원 병력까지 얻어 4만 명 이상의 병력을 갖게 된 나폴레옹은 이제 서쪽에서의 위협이 완전히 사라지자 이번에는 다시 방향을 돌려 2만5000으로 줄어든 오스트리아군에 집중할 수 있었다. 그는 볼리외를 쫓던 중 5월 10일 아다강변의 로디에서 오스트리아군을 따라잡을 수 있었다. 여기에서 나폴레옹은 오스트리아군의 후위대를 무찔렀지만 그들의 주력군은 무사히 철수할 수 있었다.

이 로디 전투는 나폴레옹의 제1차 이탈리아 원정에서 가장 유명한 전투가 되었다. 자신이 위대한 인물이 될 운명이라는 것을 로디 전투에서 비로소 느꼈다고 스스로 말한 것과 함께, 그가 부하들로부터 '꼬마 하사관'이라는 별명을 얻었기 때문이기도 하다. 중년의 뚱뚱하고 배 나온 모습과 달리 날씬한 체형의 나폴레옹이 한 손에 깃발을 움켜잡고 다리 위에서 돌진하는 그림이 널리 알려져 있다. 강의 유일하게 남은 다리를 건너기 위해 총알이 빗발치는 가운데 앞장서서 달려 나간 그의 용기에 감동한 부하들이 지어준 별명이 꼬마 하사관이었다.

로디 전투에서 승리한 나폴레옹은 풍요로움의 상징인 밀라노에 입성했다. 그는 여기서 얻은 부를 병사들에게 배분하고 본국에도 충분히 보내 총재정부를 흡족케 했다. 문제는 이러한 행위가 엄연히 약탈이었다는 것이다. 이에 저항하는 현지인들의 반란이 있었지만 나폴레옹은 그들을 총칼로 무자비하게 진압했다. 그 결과 비록 정복지 주민들의 민심은 잃었지만 이에 소스라치게 놀란 주변의 공국들은 물론 나중에는 교황까지 나폴레옹과 휴전협정을 체결하고 막대한 금액을 지불하기로 했다.

훗날 스페인과 러시아에서도 그러했듯이, 이탈리아 원정에서 정복지 주민들의 민심을 고려하지 않는 태도는 그의 몰락의 한 요인임이 분명했다. 그렇지만 한편으로는 말이 좋아 현지조달이지 실제로는 약탈에 가까웠던 보급의 단순화가 그의 연속된 승리에 결정적인 요인이었던 것도 분명하다. 현지보급은 그야말로 양날의 검과도 같은 것이었으니 적어도 군사적인 관점에서는 나폴레옹의 그 같은 처신을 함부로 판단해서는 안 될 것이다.

한편 나폴레옹에게 쫓긴 오스트리아군의 대다수는 북쪽의 티롤 인근으로 퇴각했고 일부는 천연의 요새인 만토바로 들어가 기존의 수비대와 합류했다. 프랑스군은 만토바를 곧 포위했다. 만토바는 사방이 호수로 둘러싸인 난공불락의 요새였다. 하지만 구원의 손길이 뻗치지 않아 식량과 탄약이 떨어지면 항복할 도리밖에 없는 상황이었다. 오스트리아 입장에서는 북이탈리아 지배의 거점인 만토바를 버린다는 것은 이탈리아 전체를 포기하는 것을 의미했기 때문에 만토바를 결코 포기할 수 없었다. 그리하여 해임된 볼리외 장군을 대신하여 새로이 이탈리아 방면 사령관이 된 뷔름저 장군이 두 차례, 그리고 알빈치 장군이 두 차례, 총 네 차례에 걸친 만토바 구출작전을 펼쳤다. 하지만 그러한 오스트리아의 모든 시도는 1797년 1월 14일 리볼리 전투에서 나폴레옹에게 패배하면서 최종적으로 실패했다. 결국 포위되어 굶주림과 질병으로 만신창이가 되어 있던 만토바 수비대는 나폴레옹에게 항복하고 말았다. 이로써 나폴레옹은 북이탈리아 전역을 정복했다.

　　모로 장군의 지지부진한 성과에 골머리를 앓던 총재정부는 나폴레옹의 활약에 고무되어 대 오스트리아전의 주공을 바꾸기로 결정했다. 나폴레옹에게 추가 병력을 파견하여 총 8만의 병력으로 모로 장군의 군대와 합류하여 오스트리아의 수도 빈으로 진군하기로 결정한 것이다. 이때쯤 오스트리아에서는 신성로마제국 황제 프란츠 2세의 동생인 카를 대공이 알빈치 장군의 뒤를 이어 오스트리아군 총사령관에 임명되었다. 카를 대공은 훗날 제5차 대불동맹이 맺어졌을 때 아스페른-에슬링 전투에서 나폴레옹에게 생애 최초의 패배를 안겨주었다. 그는 당대 7차에 걸친 대불전쟁에서 프랑스의 나폴레옹, 영국의 웰링턴, 프로이센의 블뤼허, 러시아의 쿠투조프와 함께 유럽 5대 강국인 오스트리아를 대표하는 명장이기도 하다.

　카를 대공은 일단 후퇴하여 병력을 추스른 후 반격하기로 결심했다. 이에 대해 나폴레옹은 흩어진 적이 집결한다면 곤란했으므로 추가로 지원될 병력이나 모로의 협조를 기다리지 않고 단독으로 빈을 향해 진격했다. 그의 진격은 순조로워 클라겐푸르트에 이어 빈에서 불과 150킬로미터밖에 떨어지지 않은 레오벤까지 점령했다. 그러나 거기까지가 나폴레옹의 한계였다. 쥐어짤 수 있는 병력을 전부 짜내어 레오벤까지 진격했지만, 신성로마제국의 황제가 다스리는 오스트리아가 그의 4만여 병력에 무릎 꿇을 정도는 아니었다. 그때까지 별다른 전투 없이 전력을 고스란히 간직한 카를 대공도 위협이었다. 사실 나폴레옹이 병참선과 퇴로를 확보하지 않은 채 무리하게 깊숙이 들어와 있는 것도 불안한 요소였다. 나폴레옹은 점령지에서의 약탈로 이미 이탈리아인들의 지지를 잃었으므로 단 한 번이라도 패배한다면 적지에서 고립되어 전멸할 수도 있는 처지였다. 이에 나폴레옹은 오스트리아를 향하여 휴전을 제의했다. 오스트리아 또한 수도 빈이 위협받고 있는 처지였기 때문에 어렵지 않게 1797년 4월 18일 레오벤 휴전협정에서 양자 간의 서명이 이뤄졌다.

　이어서 5월 12일 나폴레옹은 베네치아를 공격하여 멸망시켰다. 베네치아는 그들의 지도자를 뜻하는 도제가 최초로 선출된 697년부터 정확히 1100년 지속되다가 이때 나폴레옹에게 멸망한 것이다. 신항로의 발견 이래로 지중해 무역이 감소하면서 무역에 전적으로 의존하는 베네치아나 제노바의 몰락은 예견된 것이기도 했다. 이는 십자군전쟁으로 베네치아와 제노바가 중개하는 지중해 무역이 활기를 띠게 되자, 기존의 콘스탄티노플을 통한 육로 무역의 교류가 줄어들어 자연스레 동로마제국이 멸망에 이른 과정과 같다고 할 수 있다.

레오벤 휴전협정은 6개월 뒤인 10월 17일 캄포 포르미오 조약으로 최종 확인되었다. 이 조약으로 오스트리아가 베네치아를 얻고, 대신에 프랑스는 벨기에와 라인강 서쪽의 영토를 영유하기로 했다. 북이탈리아에는 프랑스 공화국과 유사한 정치 형태를 가지지만 사실상 프랑스의 위성국인 치살피나 공화국의 성립이 승인되었다. 이 치살피나 공화국은 1802년 이탈리아 공화국으로 개칭된다. 그 후 프랑스 제1제정의 수립과 함께 이탈리아 왕국으로 다시 개편되면서 나폴레옹이 이탈리아 왕국의 왕을 겸임하게 된다.

캄포 포르미오 조약으로 제1차 대불동맹은 해체되었다. 비록 영국이 항전을 계속했지만 다른 대륙 국가들이 대불동맹을 탈퇴한 상황에서 영국 혼자서 프랑스를 상대하는 것은 버거운 일이었다. 캄포 포르미오 조약을 맺은 나폴레옹은 국민의 영웅이 되어 귀국했다.

야전사령관으로서 풋내기였던 나폴레옹은 제1차 이탈리아 원정 중 그가 평생 펼치게 될 필승의 전략을 롬바르디아 전역을 통해 맘껏 구현할 수 있었다. 병력집중·중앙돌파·우회기동·병참선 차단 등의 전략이다. 사관학교생도 시절, 청년장교 시절에 다른 급우들과 동료 장교들은 놀고 있을 그 시간에 나폴레옹은 끊임없이 군사서적을 탐독하고 전쟁사를 연구했다. 그는 특히 기베르와 부르세의 저술로부터 큰 영향을 받았으며, 그렇게 하여 그들로부터 "군대를 분산시켜 적의 분산을 유도한 후 내가 원하는 장소에 군대를 다시 집결만 시킬 수 있다면 2배, 3배, 4배가 됐든 그 어떤 적이라도 무찌를 수 있다"는 나폴레옹 무적의 내선전술이 탄생한 것이다.

| 제16장 |

아우스터리츠 전투—세 황제의 싸움

세상에서 가장 고귀한 인간을 꼽으라면 세속의 지배자로서 가장 높은 신분인 황제를 떠올릴 것이다. 동서양 공히 황제 밑에 왕이 있었고, 왕 밑에 공·후·백·자·남작이라는 5등급 귀족들의 작위체계가 있었다. 그러나 황제의 어원은 동양과 서양이 다르다.

동양에서는 진시황이 최초로 황제를 일컬었다. 그 전까지만 해도 하·은·주나라 천자의 칭호는 '왕'이었다. 기나긴 춘추전국시대를 마감시키고 중국 최초의 통일왕조를 세운 진나라의 왕은 그의 위상에 걸맞도록 왕보다 더 그럴듯한 칭호를 원했다. 전국시대 7국의 군주들이 다들 왕을 칭했으니, 그 정도로는 성이 차지 않던 것이다. 그렇게 해서 하(夏)나라 이전의 성군이었다는 전설상의 삼황오제(三皇五帝)에서 따온 황제(皇帝)가 중국 천자의 칭호가 되었다. 진시황은 그렇게 자신을 시황제라 일컫게 하고 자손들이 '이세황제' '삼세황제'와 같이 만세를 이어가게 했지만 진제국은 겨우 2세황제로 끝났다. 그러나 황제라는 호칭은 청나라 마지막 황제인 선통제(宣統帝) 때까지 중국이 군주제를 유지하는 2000년 동안 그대로 사용되었다.

    황제를 가리키는 영어 'emperor'는 로마제국의 군통수권자를 나타내는 임페라토르(Imperator)에서 유래한 것이다. 독일어인 카이저(Kaiser), 러시아어 차르(Царь)는 율리우스 카이사르의 이름에서 유래한 것이다. 서양 최초의 황제이자 로마제국의 초대 황제는 아우구스투스, 즉 옥타비아누스다. 그가 제2차 삼두정치에서 최종 승리를 거두면서 시민과 원로원에게서 받은 칭호에는 존엄한 자라는 뜻의 아우구스투스(Augustus), 1인자 프린켑스(Princeps), 최고사령관 임페라토르(Imperator) 등이 있다. 그중에서 임페라토르는 원래 개선장군 내지는 군사령관을 의미했지만 후대에 이르러 일반 통치권자로서의 의미가 짙어졌다. 이를 동양식으로 번역하면서 로마제국의 규모와 위엄에 어울리게 황제로 번역된 것이다.

    아우구스투스는 제정을 무리하게 추진했던 카이사르가 암살된 일을 거울삼아 실제는 제정이지만 형식은 공화정을 유지했다. 그 때문에 당시의 로마를 제정(帝政)이 아닌 원수정(元首政)으로 봐야 한다고 주장하는 학자들도 있다. 이들은 로마 제정의 시작을 284년 동양식 전제군주제를 채택한 디오클레티아누스 황제부터 시작한다고 여기고 있다. 하지만 대다수 학계는 아우구스투스를 초대 황제로 보는 입장이다.

한나라 황제와 로마 황제가 같은 시대에 동서양에 존재했지만 같은 황제라도 그 권위는 같지 않았다. 중국 황제는 글자 그대로 천자(天子), 즉 하늘의 아들로 절대지존의 존재이며 천하의 주인이다. 여간 큰 잘못을 하지 않은 이상은 한번 황위에 오르면 그것으로 죽을 때까지 안위가 보장된다. 그에 반해 로마 황제는 시민들의 눈 밖에 나서 여차하면 언제라도 쫓겨날 수 있다는 긴장감을 갖고 살아야 했다. 그러기에 로마 황제들은 빵과 서커스 및 공중목욕탕, 검투사 경기와 같은 오락으로 민심을 다독이는 한편, 가능한 한 몸소 전투에 임해 전공을 쌓으면서 군심을 장악해야 했다.

세습군주의 칭호 중에 하나인 황제가 가장 고귀한 인간이라는 것은 특히 중국을 중심으로 하는 동양 문화권에서는 당연한 것이다. 그래서 만승(萬乘) 천자인 황제의 사신이 도착하면 천승(千乘)의 제후국왕은 황제의 대리인인 사신에게 절하며 맞이해야 했다. 하지만 중세 서양의 경우는 황제와 버금가는 권위를 지닌 교황이 있어서 싹둑 잘라 말하기 어렵다. 때로는 카노사의 굴욕에서 나타나듯이 교황이 황제를 세속적으로도 능가할 때가 있었으며, 교황 인노켄티우스 3세 때에는 '교황은 해, 황제는 달'이라는 말이 나올 정도였다.

이슬람제국의 경우 초창기는 정교일치의 사회로서 칼리프(Caliph)가 그 정치적·종교적 지도자였다. 그러나 아바스 왕조 때부터 칼리프의 정치적인 권위는 차츰 무뎌져갔다. 결국 가즈니 왕조의 위대한 정복자인 마흐무드(Mahmud, 971~1030)가 최초로 정치적 지배자를 의미하는 술탄으로 명명되었다. 그 후 이슬람 세계는 황제나 왕을 뜻하는 정치적 지배자인 술탄이 있고, 서양의 교황에 해당하는 종교 지도자 칼리프가 형식상 술탄의 위에 있는 식이었다. 이는 오스만제국의 술탄 셀림 1세가 이집트를 정복하여 칼리프의 지위마저 동시에 차지하면서 시아파였던 페르시아를 제외한 이슬람 세계의 정교일치를 이룩할 때까지 지속된다.

지고지순한 황제·교황·술탄·칼리프가 수도에서의 안락한 생활을 버리고 몸소 전쟁터에 뛰어들어 전장을 누비는 것은 드문 일이었다. 대제국의 주인인 그들은 거느린 장군 중 하나에게 대군을 주어 출정케 하기만 해도 웬만한 주변의 적들을 무찌르기에 충분했다. 실제로 중국의 긴 역사를 통하여 한족에게 가장 큰 위협이었던 북방 유목민족 정벌에 직접 나선 황제는 명나라 영락제(永樂帝)가 처음이었고 청나라 강희제(康熙帝)가 그것을 완수했다. 반면에 로마제국·동로마제국·신성로마제국의 황제들은 제국을 만만히 보는 적에 맞서 친정에 나선 일이 잦았다.

그렇더라도 황제라는 작위가 워낙 희귀하다 보니 전장에서 또 다른 황제를 적으로 만나는 일은 이뤄지기 힘들다. 앙카라 전투에서처럼 두 명의 황제가 직접 전장에서 마주 보고 싸운 전투는 역사상 매우 드물다. 하지만 역사에는 무려 세 명의 황제가 한자리에서 싸운 전투도 있었다. 그 진기록은 이번 장에서 설명할 나폴레옹 생애에서 가장 커다란 승리라는 아우스터리츠(Austerlitz) 전투다. 아우스터리츠 전투는 1805년 12월 2일 지금의 체코 모라비아 일대에서 프랑스 황제 나폴레옹이 오스트리아 황제 프란츠 2세와 러시아 황제 알렉산드르 1세를 무찌른 전투다. 이 전투는 세 명의 황제가 한자리에서 싸운 일은 역사상 처음 있는 일이라 해서 '삼제회전(三帝會戰)'으로도 알려져 있다.

아우스터리츠 전투는 그 뛰어난 전술적 가치뿐만 아니라 이 전투의 결과로 제3차 대불동맹이 와해되고 신성로마제국이 멸망하는 중요한 정치적 의미를 가진 전투이기도 하다. 이 전투는 앞 장인 나폴레옹의 제1차 이탈리아 원정이 끝난 뒤부터 이야기를 이어나갈 것이다.

이탈리아 원정을 성공리에 마치고 1797년 12월 파리로 귀환한 나폴레옹은 영광에 취한 채 가만히 있을 수 없는 상황이었다. 그가 세운 공이 워낙 지대하다 보니 어느덧 총재정부의 시샘과 경계를 받게 된 것이다. 나폴레옹 또한 자신의 명성과 지위가 다름 아닌 군사적인 업적으로 이룩된 것이기 때문에 계속된 군사적인 업적을 통해 현재의 명성과 지위를 확고히 할 필요를 느끼고 있었다.

당시 캄포 포르미오 조약의 체결로 제1차 대불동맹은 무너졌지만 아직 영국 홀로 남아 프랑스와 대립하고 있었다. 프랑스군이 영국에 상륙하기만 하면 항복을 받아내는 것은 어렵지 않아 보였다. 그러나 프랑스는 해군력이 약해 바로 코앞에 있는 영국을 어쩌지 못했다. 이때 나폴레옹을 견제하던 총재정부는 그를 영국 원정군 사령관으로 임명하여 영국 정복이라는 거의 불가능해 보이는 임무를 맡겼다. 성공하면 좋고 실패해도 눈엣가시를 제거할 수 있는 명분이 생기기 때문이었다.

그러나 나폴레옹은 영국 원정이 현실적으로 불가능하다는 것을 알고 있었다. 대신 차선책으로 총재정부에 제안하여 곧바로 승인받은 것이 이집트 원정이었다. 당시 영국의 주요한 자금줄은 인도였다. 영국은 여기서 생기는 자금력을 이용하여 배후에서 대불동맹에 입김을 불어넣고 있었다. 나폴레옹은 이집트를 정복해 식민지화함으로써 영국이 인도로 통하는 길을 막을 계획이었다. 그런 식으로 영국을 직접 정복하지는 못하더라도 간접적으로 약화시킨다는 발상을 한 것이다. 그 후 가능하다면 프랑스군을 이끌고 인도로 직접 침입하여 인도마저 점령하겠다는 생각도 있었다고 한다. 이것은 알렉산드로스 대왕이 이집트를 정복한 후 나중에 인도를 침공했던 것과 같다. 『플루타크 영웅전』을 즐겨 읽었고 알렉산드로스 대왕을 흠모했던 나폴레옹으로서는 충분히 상상할 수 있는 일이다.

하지만 이집트 원정은 수백 년에 걸쳐 프랑스의 우방국이었던 오스만제국이 적으로 돌변하리라는 것은 염두에 두지 않은 것이다. 당시 이집트가 실질적으로는 맘루크(이슬람교로 개종한 노예부대)에 의해 지배되고 있었지만 형식상으로는 엄연히 오스만제국령이었다. 이 때문에 이집트 원정은 오스만제국에 대한 주권침해가 된다. 오스만제국은 대불동맹국인 오스트리아와 러시아를 배후에서 견제해줄 수 있는 나라였다. 비록 제1차 대불동맹 때 오스만제국이 프랑스에 선전포고했지만 직접 싸운 적은 없었다. 따라서 얼마든지 루이 14세 때의 동맹을 상기시키며 관계를 호전시킬 수 있었다. 이를 보면 개인적인 야심으로 이집트 원정을 계획한 나폴레옹이나 사실상 그를 국외로 쫓아내기 위하여 원정을 승인해주고 출항까지 일사천리로 밀어준 총재정부나 똑같이 국익이 아니라 자신들의 처한 입장을 고려했음을 짐작할 수 있다.

1798년 5월 나폴레옹은 13척의 전함, 7척의 프리깃함을 포함한 300척 이상의 수송선에 4만 명이 넘는 병력과 기타 인원을 싣고 툴롱항을 출발했다. 놀랍게도 이들 중에는 학자들까지 있었다. 샹폴리옹(Champollion)이 해독하여 고대 이집트의 비밀을 풀었다는 로제타석의 발견도 나폴레옹의 이집트 원정으로 이뤄진 것이다. 원정군은 6월에 몰타를 경유하여 7월 알렉산드리아 인근에 상륙했고 다음 날 알렉산드리아를 정복했다. 이윽고 사막을 횡단하다가 피라미드 전투에서 맘루크족을 무찌른 후 내륙에 위치한 카이로를 점령했다. 여기까지는 만사가 순조롭게 진행되는 듯 보였다. 그러나 나폴레옹을 뒤쫓아온 넬슨 제독이 아부키르만에서 벌어진 나일 해전에서 프랑스 함대를 궤멸시키니 프랑스군은 퇴로와 보급이 끊기게 되었다. 이어 우려했던 대로 오스만제국이 프랑스에 선전포고를 하자 나폴레옹은 시리아로 군대를 움직였다.

그는 북진하면서 오스만제국의 지배하에 신음하는 아랍인들과 기독교도들의 자발적 입대와 협조하에 이스탄불을 점령할 생각이었다. 이어 서쪽으로 빈을 공략한 다음 프랑스로 귀환한다는 계획을 세웠다. 이는 그가 훗날 아무리 군사적 천재로 증명되었다 하더라도 다소 허무맹랑한 소리였다. 그런데 진군하는 프랑스군의 발목을 잡은 것은 적군이 아니라 무더위와 페스트였다. 나폴레옹은 전염율과 치사율이 높은 페스트 환자들을 몸소 방문하여 위로하며 사기를 북돋웠다. 하지만 그런 전력으로는 북진하여 이스탄불을 점령하는 것이 불가능하다는 것을 인정할 수밖에 없었다. 결국 나폴레옹은 사자왕 리처드와 살라딘의 혈투로 유명했던 아크레 공성전을 재현한 것을 끝으로 다시 카이로로 퇴각했다.

이때 나폴레옹은 유럽에서 영국과 오스트리아를 중심으로 제2차 대불동맹이 결성되었다는 소식을 듣게 되었다. 제2차 대불동맹에는 프랑스와 전쟁 중인 오스만제국은 물론 러시아마저 가담했다. 오스트리아의 카를 대공은 프랑스군을 연파하고 있었고, 러시아 역사상 최고의 명장이라는 수보로프 장군 또한 70세의 노구를 이끌고 북이탈리아 원정에 나서서 프랑스군을 연파했다. 나폴레옹이 제1차 이탈리아 원정에서 이뤄놓은 것이 물거품이 되는 순간이었다. 하지만 러시아 단독으로 공을 세우는 것을 경계하는 영국과 오스트리아가 수보로프를 방해했다. 여기에 더해 수보로프 장군을 싫어하던 러시아 황제 파벨 1세가 그를 소환하면서 프랑스는 위기를 벗어났다.

본토가 유린당할 위기에 처한 프랑스 총재정부는 나폴레옹을 불렀다. 총재정부로부터 속히 귀국하라는 연락을 받은 나폴레옹 또한 더 이상 이집트에 머물고 싶은 생각이 없었다. 인도 정복이나 오스만제국 정복이 사실상 물 건너간 판에 이집트에 있을 이유가 없었다. 무엇보다도 여태 얻은 권력의 토대라 할 수 있는 북이탈리아를 수보로프 장군에게 모두 잃었다는 초조감 때문에 그는 프랑스로 돌아가고 싶었다. 결국 나폴레옹은 남은 프랑스군을 클레베르(Kléber) 장군이 지휘하라는 편지만 덩그러니 남긴 채 영국 해군의 감시가 소홀해진 틈을 타서 측근 일부만 데리고 몰래 이집트를 탈출했다. 이후 클레베르는 어느 이슬람 광신도 청년에게 암살당했고, 남겨진 프랑스군은 결국 영국군에 모두 항복하고 만다.

나폴레옹의 정복전쟁 중에서 '원정'이라 이름 붙은 것은 이집트 원정과 러시아 원정, 이 둘이 가장 널리 알려져 있다. 둘 다 실패로 끝났으며, 나폴레옹이 부하들을 사지에 내버려둔 채 혼자만 도망친 것으로도 유명하다. 그를 따라 이국의 먼 곳까지 원정길에 따라나선 젊은 병사들을 헌신짝처럼 버리는 무책임과 비정함은 이후 그가 스페인 원정과 아이티 원정에서도 적지에 남겨진 프랑스군을 외면했던 것에서도 거듭 확인된다.

훗날 나폴레옹이 라이프치히 전투에서 패배하자 오스트리아 외상 메테르니히가 협상을 위해 그에게 찾아왔다. 메테르니히는 프랑스대혁명 이전으로 국경선을 후퇴시키면 동맹군도 철수하겠다는 관대한 조건을 제안했다. 나폴레옹은 그 말에 화가 나서 모자를 집어 던지며, 라인강 방어선을 지키기 위해서라면 프랑스인 100만 명의 목숨 따위는 아무것도 아니라고 말했다. 그가 평생 사랑했던 것은 권력이었다. 권력을 위해서라면 다른 사람의 목숨은 자신의 야망을 위한 수단에 불과했던 것이다.

당시 총재 중 하나였던 시에예스는 실권이 총재정부가 아니라 원로원과 500인회의라는 이중적 구조의 의회에 있다는 상황에 불만을 품고 있었다. 여기에 더해 외국군에 연패하는 현실과 어수선한 정국을 안정시킬 대책으로 그는 쿠데타를 획책했다. 이를 위해 이탈리아와 이집트 원정의 성공으로 인기가 높은 나폴레옹의 무력을 이용하고자 했고 나폴레옹을 회유하는 데 성공했다.

여기서 알아두어야 할 것은 이집트 원정이 실패했지만, 나폴레옹은 프랑스 언론을 철저히 통제하여 자신에게 불리한 보도가 일절 나가지 못하게 했다는 점이다. 따라서 국민들은 이집트 원정이 성공한 줄로만 알고 있었고 그를 개선장군으로 여겼다. 프랑스에 도착한 나폴레옹 또한 근무지에서 무단이탈했으니 엄밀히 말해 군법 회부감이라는 위기를 느끼고 있었을 것이다. 그로서는 이처럼 살얼음 같은 현실에서 시에예스의 쿠데타 제의가 오히려 반가웠을 수도 있다.

나폴레옹은 1799년 11월 9일 쿠데타를 성공시켜 총재정부를 무너트리고 3명의 통령이 통치하는 통령정부(집정정부라고도 함)를 수립했다. 이 정변은 혁명력(曆)으로 브뤼메르(Brumaire, 안개달) 18일에 일어났다고 하여 '브뤼메르 18일의 쿠데타'라 불리고 있다. 신헌법이 제정되었고 쿠데타의 조연이었던 나폴레옹은 무력을 앞세워 임기 10년의 제1통령에 임명되었다. 쿠데타의 주연이었던 시에예스를 대신해 사실상 권력을 장악한 것이니 주객이 전도된 것이다.

왕족의 핏줄을 이은 것도 아니고 본토 프랑스의 유수한 가문 출신도 아닐뿐더러 쿠데타를 통해 통령이 된 나폴레옹은 아마도 거기에 대한 콤플렉스가 있었을 것이다. 그는 민심과 권력을 움켜잡는 데에는 무엇보다도 성공적인 대외전쟁이 필요하다고 생각했다. 그렇게 하여 당시 오스트리아에게 도로 빼앗겼던 북이탈리아의 회복을 위해 제2차 이탈리아 원정을 계획했다. 누구나 봤을 법한 말 타고 알프스산맥을 넘는 나폴레옹의 그림은 바로 이때를 그린 것이다.

1800년 2차 이탈리아 원정에서 있었던 마렝고 전투에서 그는 거의 질 뻔하다가 막판에 극적으로 승리하며 북이탈리아를 되찾을 수 있었다. 어떻게 보면 마렝고 전투는 이번 장의 주제이자 그의 생애 가장 큰 승리라는 아우스터리츠 전투, 프로이센 주도의 4차 대불동맹을 무찌르고 더 이상 육지에는 적이 없다고 큰소리쳤던 예나 전투, 그의 마지막 전투인 워털루 전투보다 더욱 중요하다. 그가 만약 이 마렝고 전투에서 패전했다면 아마도 권좌에서 쫓겨났을 테지만 승리했기에 황제가 될 수 있었다. 마렝고 전투야말로 실로 나폴레옹의 운명을 가른 전투였다.

프랑스는 마렝고 전투의 승리로 오스트리아와 뤼네빌 조약을 맺어 북이탈리아를 되찾을 수 있었다. 뒤이어 1802년 영국과는 아미앵(Amiens) 조약을 맺어 제2차 대불동맹도 분쇄했다. 유럽에는 오랜만에 평화가 찾아왔다. 브뤼메르 18일의 쿠데타를 통해 정계에 입문하고 마렝고 전투의 승리로 그 입지를 굳건히 한 나폴레옹은 군인으로서뿐 아니라 정치가로서도 뛰어난 소질을 발휘했다. 농민에게 토지를 나눠 주어 그들의 지지를 이끌어냈으며, 프랑스 은행을 설립하여 재정개혁을 단행했다. 초등교육의 의무화 등 공공교육이 확대 시행되었고 실업률은 크게 낮아졌다.

그와 더불어 주목할 만한 나폴레옹의 두 가지 업적은 교황과의 정교협약 체결과 나폴레옹 법전의 편찬이다. 급진적이었던 혁명 세력은 프랑스 국내에서 가톨릭 색깔을 없애는 데 주력하여 예배를 없애고 심지어 달력도 그레고리우스력에서 혁명력으로 바꾼 바 있다. 나폴레옹은 혁명의 아들이었음을 자처했지만, 자신을 낳은 혁명을 퇴보시켰던 인물이다. 그는 비록 신앙심이라고는 없었지만 가톨릭이 국가를 운영하고 국민의 지지를 이끌어내는 데 크게 유익하다는 것을 알고 있었다. 그렇게 하여 프랑스대혁명 이후 소원해져 있던 교황청의 비오 7세와 화해를 모색한 끝에 1801년 정교협약(政敎協約)을 맺었다. 이것은 프랑스가 가톨릭 국가로 복귀하지만 주교 임명권은 프랑스 정부가 가지며, 주교와 신부는 프랑스 정부에 충성 서약을 해야 한다는 내용을 골자로 하고 있었다. 한마디로 나폴레옹이 알맹이는 모두 취한 셈이었다. 하지만 교황 입장에서도 프랑스가 비가톨릭 국가로 변질하는 것을 막았으니 썩 나쁘진 않은 협약이었다.

나폴레옹은 또한 동로마 유스티니아누스 대제가 편찬한 로마법 대전의 영향을 받고 종전의 유명무실한 여러 법전을 폐기한 후 1804년 법 앞의 평등 등을 규정한 민법전을 편찬했다. 그는 훗날 "수십 번 전투에서 이룬 승리보다도 더욱 빛나는 것은 바로 내 법전이다"라고 말하며 이를 자랑스러워했다.

이러한 수많은 업적을 통해 국민들의 지지를 등에 업은 나폴레옹은 1802년 10년 임기의 통령에서 종신통령이 된 데 이어, 1804년에는 황제의 자리에 오르게 되었다. 위대한 샤를마뉴 제국의 부흥을 꿈꾸던 그는 황제가 되기 위해 형식적으로 먼저 원로원의 추대를 받은 후 국민투표를 거쳤다. 이때 찬성 357만여 표, 반대는 겨우 2579표였던 것을 보니 투표에서 부정과 날조가 있었음을 충분히 짐작할 수 있는 일이다. 왕이 싫다고 국왕을 단두대로 보냈던 프랑스 국민이 자신들의 손으로 또 다른 세습군주를 세운 것도 아이러니한 일이다. 이를 두고 왕당파로서 나폴레옹을 암살하려다가 붙잡혀 처형되는 카두날은 다음과 같이 말했다. "우리는 목표를 초과 달성했다. 왕을 세우려다가 황제를 세우고 말았으니 말이다."

1804년 5월 18일 거행된 그의 황제 즉위식은 교황이 참석하지 않은 간소한 식이었다. 1804년 12월 2일 다시 교황이 참석하여 노트르담성당에서 성대한 황제 즉위식을 치렀다. 국왕의 즉위식과 황제의 즉위식은 격이 다르다. 서로마 황제와 샤를마뉴 대제의 계승자임을 자부하는 나폴레옹이 황제 즉위를 국제적으로 승인받기 위해서는 신의 대리인인 로마 교황이 주재하는 대관식이 필수였다.

로마 교황 비오 7세도 나폴레옹과의 우호관계를 원했기에 황제가 로마에 가서 대관식을 하는 관례를 깨고 직접 파리에 가서 대관식을 수행했다. 대관식에서 나폴레옹은 관례대로 교황이 황제의 머리 위에 관을 씌워주는 것을 거부하고, 무엄하게도 자신이 직접 관을 머리에 쓰고 말았다. 파리 루브르박물관에는 이때 나폴레옹이 황후인 조세핀의 머리에 관을 씌워주는 장면을 다비드가 그린 그림이 있다.

황제가 된 나폴레옹은 아미앵 평화조약에 따라 영국 해군의 방해 없이 아메리카에서 식민지 확장에 주력하는 동시에 영국 상품에 중과세를 부과하며 자국 산업의 보호에 치중했다. 이러한 조치가 영국과의 관계 악화로 이어질 것은 명약관화했지만, 그에게 당장 중요한 것은 자국민의 지지였다. 영국 국민들은 아미앵 조약으로 얻은 것보다 잃은 게 많았기 때문에 점차 불만이 높아갔다. 그러자 원래 호전적이고 반나폴레옹주의자였던 영국의 피트(William Pitt, 1759~1806) 수상은 프랑스에 다시 선전포고를 했다.

이에 나폴레옹은 영국을 무찌르기 위해 도버해협의 불로뉴에 18만 대군을 집결시키고 영국으로 건너갈 기회만 노리고 있었다. 영국은 본토가 유린될 위협을 느낀 나머지 러시아와 오스트리아 등을 움직여 제3차 대불동맹을 일으켜 프랑스에 대항했다. 사실 영국

✵ 전성기 때의 나폴레옹 제국

의 부추김이 이토록 쉽게 먹힌 데에는 나폴레옹 자신의 실수도 한 몫했다. 그것은 황제 즉위 이전에 나폴레옹 암살미수사건의 배후로 지목된 부르봉 왕가 혈통인 앙기앵(Enghien) 공작을 납치하여 처형한 사건이었다. 프랑스 영토도 아닌 독일의 바덴으로 부하들을 보내 앙기앵 공작을 납치한 후 아무런 증거가 없는데도 사형에 처한 일은 많은 유럽 국가들의 공분을 불러일으켰다. 이 사건이야말로 파벨 1세의 뒤를 이은 러시아 황제 알렉산드르 1세(Aleksandr I, 1777~1825)와 스웨덴이 나폴레옹에게 등을 돌리고 제3차 대불동맹에 가담한 계기가 되었다.

대륙에서 대불동맹군이 결성되자 나폴레옹은 영국 본토 침입을 포기하고 불로뉴에 집결한 '그랑다르메(Grande Armée)', 즉 '프랑스 대육군'을 동쪽으로 이동시켜 동맹군을 깨트리기로 결심했다. 그는 러시아군이 오스트리아군에 합류하기 전에 가까운 오스트리아군을 먼저 무찌른 후 러시아군을 물리친다는 계획을 수립했다. 이를 위해서는 러시아군보다도 빠르게 오스트리아군이 있는 곳에 도착하는 것이 중요했다. 아우스터리츠 전투에 앞서, 나폴레옹 전술의 표본이라고도 일컬어지는 울름(Ulm) 전투(1805)를 살펴보는 것이 좋겠다. 당시 나폴레옹을 맞아 싸우게 된 오스트리아군과 러시아군의 상황은 다음과 같다.

먼저 오스트리아를 보자. 명장인 카를(Carl, 1771~1847) 대공은 객관적으로 오스트리아가 아직 프랑스의 상대가 되지 못한다고 생각하고 전쟁을 반대했다. 이것은 그의 재능과 명성을 경계하던 형 프란츠 2세와 귀족들의 반대에 부딪혔다. 결국 카를 대공은 한직인 북부 이탈리아 주둔군 사령관이 되어 그곳에서 10만 대군을 지휘하게 되었다. 그 북쪽의 티롤에는 그의 동생인 요한 대공이 3만3000의 병력으로 예비대 역할을 하고 있었다. 티롤 북쪽의 나폴레옹의 침입이 예상되는 울름 지역으로는 마크 장군이 지휘하는 5만여 병력이 이동하고 있었다. 그런데 이 울름 방면군을 실제는 마크 장군이 지휘했지만, 형식상으로는 페르디난트 대공이 지휘하고 있었다. 만약 황족인 대공과 마크 장군이 불화하는 경우 군대가 일사불란하지 못할 것은 자명한 일이었고, 실제 그렇게 되어갔다. 어쨌든 이들은 울름에서 러시아군과 합세하여 나폴레옹에 맞설 계획이었다.

다음으로 러시아는 두 개의 군을 동원하여 오스트리아에 합류하기 위해 서쪽으로 진군하고 있었다. 1군의 명목상 지휘관은 알렉산드르 1세였지만, 실질적 지휘관은 쿠투조프(Mikhail Kutuzov, 1745~1813) 장군이었다. 러시아 역사상 최고의 명장이라는 수보로프 장군은 1800년에 사망했기 때문에 나폴레옹과 수보로프의 대결은 결국 이뤄질 수 없었다. 2군은 폴란드 지역에서 병력을 모집하고 있었으며 이들은 준비되는 대로 서쪽으로 이동하여 러시아군에 합류할 예정이었다.

쿠투조프는 수보로프의 막하에서 근무한 경력이 있는 베테랑이며, 승리하기 위해서는 인내하며 굴욕을 참을 줄 아는 장군이었다. 1801년에 암살된 아버지 파벨 1세의 뒤를 이어 황제로 즉위한 알렉산드르 1세는 아버지와 대조적으로 이상주의적이고 감성적인, 나쁘게 말하면 혈기와 의욕이 앞서는 당시 28세의 피 끓는 젊은이였다. 오스트리아군의 마크 장군과 페르디난트 대공의 경우와 같이, 러시아군도 황제와 총사령관의 이원적 지휘구조 아래에 있었다.

문제는 이 둘의 작전과 의견이 오스트리아군의 경우에서처럼 종종 충돌한다는 것이었다. 일찍이 나폴레옹이 제1차 이탈리아 원정에서 연전연승할 때 프랑스 총재정부는 이탈리아 파견군을 나누어 나폴레옹과 켈러만 장군 둘이서 지휘하라고 지시했다. 이에 대해 나폴레옹은 "한 명의 무능한 지휘관이 두 명의 유능한 지휘관보다 낫다"고 말하며 자신이 사임하겠다고 위협했다. 이에 굴복한 총재정부는 그대로 나폴레옹이 단독으로 전군을 지휘하게 한 바 있었다.

나폴레옹은 우선 마세나 장군이 북이탈리아에서 5만 명의 병력으로 카를 대공과 요한 대공의 13만 대군을 견제하여 오스트리아군끼리 합류하지 못하게 했다. 나폴레옹 자신은 불로뉴에 집결한 18만 대군으로 먼저 울름의 마크 장군을 공격한 후 서쪽으로 진군하고 있을 러시아군을 격퇴하기로 했다. 즉, 마크와 쿠투조프가 합류한다면 승산이 적으므로 그 전에 각개 격파하기로 한 것이다. 러시아군을 기다리는 마크를 무찌르기 위해서는 영불해협의 불로뉴에서 라인강으로 기동한 후, 다시 라인강에서 도나우강까지 1000킬로미터가 넘는 거리를 그것도 러시아군보다 빨리 기동해야 했다.

우선 프랑스군은 9월 25일까지 라인강 서안인 북쪽의 마인츠에서 남쪽의 스트라스부르에 이르기까지 110킬로미터에 걸쳐 7개 군단으로 포진했다. 1군단은 베르나도트, 2군단은 마르몽, 3군단은 다부, 4군단은 술트, 5군단은 란, 6군단은 네, 7군단은 오쥬로가 이끌었다. 위 군단장들은 나폴레옹 전쟁기간 중 나폴레옹을 따라 혁혁한 전공을 세우며 종종 등장하는 육군원수들이므로 이름들을 눈여겨보도록 하자. 나폴레옹의 매제이며 기병대 사령관으로 명성 높은 뮈라(Murat, 1767~1815)는 따로 기병군단을 이끌고 울름의 마크에 대한 양동작전을 펼쳐 마크가 움직이지 못하게 하는 임무를 수행했다.

9월 26일 7개 군단, 7열 종대로 나뉜 프랑스군은 라인강을 건너 도나우강을 향해 광(廣)정면 우회기동을 실시하며 빠르게 진군하기 시작했다. 사실 제7군단은 편성 중이었으므로 6개 군단, 6열 종대가 더 정확할 것이다. 18만 대군이 함께 뭉쳐서 움직이지 않고 7열 종대로 분산하여 행군한 것은 보급상 그리고 진군상의 문제 때문이었다. 무엇보다도 속도를 중시하는 나폴레옹은 행군에 지장이 되는 보급과 식량은 가능한 현지조달로 해결하게 했다. 한 무더기로 진군하면 진군속도가 자연스레 느려질 뿐만 아니라 진군로에 위치한 마을에서 그 많은 입을 다 먹일 수가 없었다. 여러 갈래로 나뉘어 골고루 약탈하면서 빠르게 진군하되 결정적인 시점에는 다시 뭉쳐 싸운다는 분진협동공격이 울름 전역에서도 다시 나타난 것이다.

프랑스군의 진군속도는 마크의 예상을 훨씬 뛰어넘었다. 뮈라의 기병군단이 쉬바르츠 발트(Schwarz Wald, 독일어로 검정 숲이라는 뜻임) 인근에서 울름에 있는 마크를 잡아두는 사이에, 프랑스 대육군은 통과하는 데 시간이 걸리는 쉬바르츠 발트를 북쪽에서 북동쪽으로 크게 후회했다. 마침내 술트 원수의 4군단은 울름과 빈 사이에 있는 아우크스부르크(Augsburg)를 점령하여 마크군의 병참선을 끊어버렸다.

불로뉴를 출발한 날이 8월 27일이고 아우크스부르크를 점령한 날이 10월 8일이니, 1000킬로미터 이상을 42일 만에 진군한 것이다. 하루 평균 25킬로미터 정도를 걸은 셈이다. 이게 뭐 대단한 속도냐고 물을 수도 있다. 하지만 그 당시로서는 도로도 없는 진흙탕 길을 그만한 대군이 그 정도 속도로 걸어서 진군한 것은 경이로운 일이다.

술트에 이어 네(Ney) 원수가 도착했다. 네의 6군단은 마크군이 북쪽으로 탈출하는 것을 막기 위해 도나우강 북쪽에 위치했다. 이어 나머지 다른 군단들도 도나우강을 성공리에 도하하여 울름의 동쪽에 포진했다. 이로써 오스트리아군은 동쪽, 서쪽, 북쪽이 포위되어 남쪽으로의 탈출로만이 남아 있었다. 상식적으로도 마크가 전군을 이끌고 신속히 남쪽으로 탈출하여 이탈리아에 있는 카를 대공과 합류하는 게 맞았다. 그런데 어쩐 일인지 그는 우물쭈물하면서 울름에 남아 있을 뿐이었다. 그 틈을 타서 술트의 4군단이 남쪽으로 이동하여 유일한 탈출구를 막았다. 이제 울름의 오스트리아군은 완벽히 포위망 안에 갇히게 된 것이다. 이와 같이 역사상 유명한 승리 뒤에는 명장의 활약 못지않게 범장이나 우장의 어이없는 졸전도 있었다.

울름에서 페르디난트 대공이 겨우 수천 명의 기병을 이끌고 탈출에 성공했지만 포위망 안에 갇힌 마크 장군은 10월 20일에 항복하고 말았다. 마크 장군은 나중에 자국에서 군법재판을 받고 후퇴하지도 싸우지도 않고 항복해버린 어이없는 패전에 대한 책임을 지고 2년간 투옥되며 그 후 다시는 지휘권을 행사하지 못하게 된다.

종합해보면 이 울름 전투는 마세나가 그보다 3배에 가까운 카를 대공과 요한 대공을 견제하는 사이, 나폴레옹의 18만 대군은 신속한 전략적 대우회기동을 통해 5만의 마크군을 포위할 수 있었다. 따라서 덜 중요한 전투는 피하고 가장 중요한 시간과 장소에 압도적 우위의 병력을 신속히 투입해 승리한 이 울름 전투를 나폴레옹 전술의 표본으로 부르는 것이다. 여러 자료에서 울름 전투를 가리켜 나폴레옹이 피 한 방울 흘리지 않고 얻은 승리로 묘사하는데, 이는 분명 과장이다. 하지만 그가 이만큼 적은 희생으로 이만한 승리를 거둔 전투가 없는 것도 사실이다. 그러나 이 울름 전투는 40여 일 후에 있을 그의 생애 가장 화려한 승리의 서막이었을 뿐이다.

한편 서진 중이던 쿠투조프의 러시아군은 울름 전투의 소식을 듣고 방향을 바꿔 동쪽으로 향했다. 쿠투조프는 자신이 거느린 군대만으로는 나폴레옹의 18만 대군을 상대하기 어렵다고 판단한 것이다. 차라리 현재 편성 중인 러시아 2군이 서진해서 합류하면 그때 싸워도 늦지 않다는 생각이었다. 나폴레옹은 당연히 이들의 합류를 막아야 했기 때문에 서둘러 추격전을 펼쳤다. 쿠투조프는 뒤

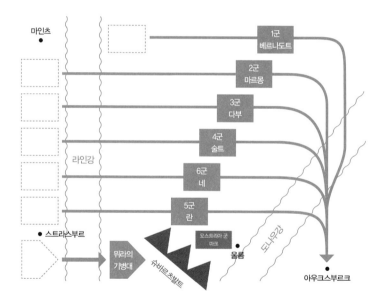

✖ 울름 전투

프랑스군이 불로뉴를 출발하여, 라인강 서안인 마인츠와 스트라스부르 사이에 집결했다. 오스트리아군의 마크는 러시아군의 도착이 더 빠를 것으로 판단하여 울름을 사수하기로 결정했다. 프랑스군은 기동이 어려운 슈바르츠발트를 피해 동쪽으로 우회했고, 뮈라의 기병대가 마크군을 견제하는 동안 프랑스군은 아우크스부르크를 점령하여 병참선을 차단하고 울름을 포위했다.

따라오는 뮈라를 격파하기도 하면서 빈에서 1시 방향으로 200킬로미터 정도 떨어진 올뮈츠라는 곳으로 후퇴했다. 오스트리아제국 황제인 프란츠 2세는 이로 인해 수도 빈이 프랑스군에 무방비로 노출되기 때문에 아연실색했다. 하지만 쿠투조프는 빈에서의 농성전이 불가능하다고 생각한 끝에 내린 결정이었다. 어쩔 수 없이 프란츠 2세는 가족을 데리고 쿠투조프를 따라나설 수밖에 없었다.

이제 나폴레옹에게는 빈까지 거칠 것이 없었다. 1805년 11월 13일 나폴레옹은 드디어 빈에 무혈입성했다. 오스만제국이 두 번이나 함락시키려고 했지만 끝까지 버텨냈던 유럽 최고의 명문 합스부르크 왕조의 수도가 코르시카 출신의 시골뜨기에게 점령된 것이다. 나폴레옹은 유서 깊은 신성로마제국에 대한 경외심이 있었는지, 이집트, 에스파냐, 러시아 원정에서와 같이 빈에서는 주민들에게 민폐를 끼치진 않았다. 그러나 빈을 점령했다고 전쟁이 끝난 것은 아니었다. 나폴레옹은 작전의 제1목표를 적의 주력을 격멸하는 것에 두었기 때문이다. 엄연히 프랑스군보다 많은 러·오 연합군이 분산되어 있긴 하지만 고스란히 존재하고 있었다. 적지에 깊숙이 들어와 있는 나폴레옹으로서는 한시도 안심할 수 없는 상황이었다.

이때쯤 북이탈리아에 있던 카를 대공의 10만 대군은 울름의 패전 소식을 듣고 마세나의 추격을 뿌리치면서 빈을 향하고 있었다. 프란츠 2세에게는 2만 정도의 병력밖에 안 남았지만 잔여 병력을 이끌고 올뮈츠에서 쿠투조프와 합류했다. 쿠투조프는 그곳에서 증원되어 올 러시아군을 기다리고 있었다. 그사이에 러시아 황제는 직접 프로이센 국왕인 프리드리히 빌헬름 3세를 만나 대불동맹에 참여하기를 설득하고 있었다. 그러자 그때까지 간신히 중립을 지키고 있던 프로이센은 여차하면 프랑스를 공격할 태세였다. 사정이 이러하니 시간이 지나면서 동맹군은 유리해지고 있었다. 여기에 더해 영국의 넬슨 제독이 프랑스·에스파냐 연합함대를 10월 21일 벌어진 트라팔가(Trafalgar) 해전(1805)에서 완벽히 무찔렀다는 소식까지 전해졌다. 나폴레옹으로서는 초조해지지 않을 수가 없었다.

그때쯤 나폴레옹은 카를 대공이 올뮈츠의 동맹군에 합류하는 것을 막기 위하여 마르몽의 2군단과 네의 6군단을 빼내서 남쪽을 방비해야 했다. 실제로 마르몽과 네 두 원수는 이 때문에 아우스터리츠 전투에 참가하지 못했다. 그 밖에도 다부의 3군단은 빈을 지키기 위하여, 그리고 베르나도트의 1군단은 프로이센군의 예기치 못한 움직임에 대비하여 지금의 슬로바키아 지역에 주둔시켜야 했다. 이리저리 빼내고 나니 나폴레옹이 직접 지휘할 수 있는 군대는 5만 5000명 정도에 불과했다. 하지만 나폴레옹은 동맹군이 합류하여 더 강대해지기 전에 조속한 결전을 벌이기로 하고 동맹군을 결전으로 유혹하기로 했다.

동맹군을 쫓아 올뮈츠에서 얼마 안 떨어진 아우스터리츠 인근에 도착한 나폴레옹은 이곳에서 대회전을 벌이기로 결심했다. 그는 먼저 주변 지리를 샅샅이 살피면서 작전계획을 수립하는 한편 동맹군과 화평 사절을 주고받으면서 용기를 잃은 듯한 저자세를 취했다. 여기에 속은 알렉산드르 황제는 나폴레옹을 무찌를 수 있다는 자신감을 갖게 되었다. 게다가 거느린 병력도 나폴레옹은 겨우 5만5000 정도였지만 동맹군은 8만5000에 이르렀으니 더 망설일 이유가 있겠는가. 쿠투조프가 동부에서 6만의 증원군이 도착하여 합류하면 그때 가서 결전을 치러도 늦지 않다고 주장했지만, 알렉산드르 황제는 쿠투조프를 내치고 전투를 개시하기로 했다. 러시아 황제는 젊어서인지 공명심에 불타오르고 있었던 것이다. 이와 같은 결정에는 하루빨리 빈을 되찾고 나폴레옹을 제국의 영토 밖으로 몰아내고 싶은 프란츠 2세의 재촉도 한몫했다. 이렇게 해서 1805년 12월 2일, 가장 높은 지위에 있는 인물들, 그러니까 왕도 아닌 황제가 그것도 3명이나 참전한 아우스터리츠 전투의 서막이 올랐다.

그런데 여기에서 동맹군들은 한 가지를 간과하고 있었다. 그것은 나폴레옹이 비록 당장은 5만5000명의 병력밖에 없지만 각지로 분산된 나머지 그의 군단들이 하루나 이틀 거리로 당장 전투에 합류할 수 있는 기동력을 갖췄다는 것이다. 나폴레옹은 군대를 분산시켜 이동하더라도 전투가 발생할 때는 언제나 다시 집합하여 싸울 수 있는 거리를 유지하곤 했다. 그는 이틀 정도면 아우스터리츠 전투의 현장에 도착할 수 있는 베르나도트와 다부 원수에게 결전에 늦지 않게 본대에 합류하라고 전령을 보냈다. 이 둘이서 1만8000명의 병력을 이끌고 전투에 참가하니 7만3000명의 프랑스군은 8만

5000명의 러시아·오스트리아 연합군보다 병력 수에서 그렇게 뒤지는 것도 아니었다.

그럼 먼저 아우스터리츠 전투가 벌어진 전장의 지형을 간단히 살펴보자. 이 대회전이 벌어지게 될 전장을 중심으로 동쪽은 아우스터리츠, 서쪽은 브륀, 북쪽은 모라비아산맥 및 올뮈츠, 그리고 남쪽은 사찬호와 늪지가 위치하고 있었다. 모라비아산맥에서 흐르는 두 물줄기가 남쪽으로 흐르다가 하나로 합쳐지는 지점의 동쪽에는 프라첸고지라는 그나마 이 주변에서 가장 높은 고원이 있었다. 그리고 합쳐져 남쪽으로 쭉 흐르는 물줄기는 골드바흐라 불렸다. 이 소하천들을 중심으로 왼쪽에는 프랑스군이, 오른쪽에는 동맹군이 위치한 형세였다.

여기에서 나폴레옹은 동맹군이 결전을 서두르도록 커다란 미끼를 두 개 던졌다. 첫째는 요충지인 프라첸고지를 일부러 적에게 내준 것이고, 둘째는 자신의 우익을 길게 신장시키며 일부러 허술하게 노출시킨 것이다. 나폴레옹으로서도 먼저 선점할 수 있었던 프라첸고지가 왜 아깝지 않았겠냐마는, 적을 전장으로 끌어내기 위해서 그만한 미끼가 절실히 필요했다. 또한 동맹군이 가능한 남쪽의 빈으로 향하길 원하는 심리를 교묘히 노려 고의적으로 남쪽으로 자신의 우익을 얇게 배치했다. 이를 지켜보는 동맹군은 남쪽인 프랑스군의 허약한 우익을 공격하고 싶은 유혹을 떨칠 수가 없을 것이다.

　동맹군은 나폴레옹의 실수 아닌 실수를 놓치지 않고 프라첸 고지를 냉큼 점령했다. 그 후 고지를 중심으로 좌우로 병력을 포진시켰다. 고지에 오른 동맹군이 위에서 바라봤을 때 프랑스군의 우익이 허술하다는 것이 한눈에 보였다. 자연히 동맹군은 프랑스군의 우익으로 병력을 집중하여 프랑스군의 우익을 포위한다는 작전을 수립했다. 그렇게 하여 남쪽의 빈으로 통하는 프랑스군의 보급로와 퇴로를 막을 수 있을 수 있다면 이번 전쟁의 승리는 단번에 따놓은 당상 같았다.

　그런데 나폴레옹은 이 같은 동맹군의 계획과 움직임을 이미 다 예상하고 있었다. 나폴레옹은 적이 주력을 최대한 남쪽으로 빼내 자신의 우익을 공격하게 만든 다음 그만큼 얇게 남은 적의 중앙을 공격해 적을 양분시킬 계획이었다. 그런 후 중앙돌파에 성공한 프랑스군을 남쪽으로 돌려서 한창 프랑스군의 우익을 공격하고 있을 러시아군을 공격하여 사찬호로 밀어 넣는다는 것이었다. 그렇게 된다면 마지막으로 북쪽에 남은 러시아군의 우익 부대를 공격하여 섬멸하는 것은 어렵지 않게 될 것이었다.

　이러한 작전계획 아래에 나폴레옹은 술트 원수를 중앙에 위치시켰다. 란 원수는 북쪽, 즉 프랑스군의 좌익을 담당하게 했다. 기병대 사령관인 뮈라는 기병대를 이끌고 란과 술트의 중간쯤에 위치했다. 이때 프랑스군 우익은 술트 원수 예하의 1개 사단만 허술하게 배치했다. 전투 전날인 12월 1일 드디어 도착한 베르나도트의 1만 3000 병력은 후방에서 예비대 역할을 하기로 했다.

그런데 프랑스군의 승리가 완성되기 위해서는 적군 수만 명의 집중 공격을 받을 우익이 결정적인 시기가 올 때까지 버텨줘야 했다. 프랑스군 우익의 병력은 단 6000명 정도였지만 다행히 그들이 위치한 곳에는 마을부락과 늪지가 많았다. 나폴레옹은 움직임이 둔화될 수밖에 없고 방어에 유리한 지형의 도움을 얻어 그들이 충분히 버틸 수 있으리라 판단했다.

나폴레옹의 황제 대관식에서 정확히 1년이 지난 1805년 12월 2일 오전, 예상했던 대로 러시아군이 프랑스군의 우익을 향해 맹공을 퍼붓는 것으로 전투는 시작되었다. 마침 때맞춰 현장에 도착한 다부 원수의 3군단이 허술했던 우익에 가담하여 방어전에 돌입함으로써 우익의 프랑스군은 1만2000에 달했다. 이들은 조콜니츠와 텔니츠라는 마을을 중심으로 물러나지 않고 훌륭히 방어전을 치렀다. 이와 같이 동맹군이 남쪽으로 병력을 계속 투입하면서 프라첸고지를 중심으로 하는 동맹군의 중앙 부분은 자연스레 전력이 약화될 수밖에 없었다.

적당한 때가 되자 나폴레옹은 드디어 프라첸고지를 점령하라는 명령을 내렸다. 때마침 자욱한 안개도 나폴레옹 편이었다. 러시아군은 안개 속에서 갑자기 나타난 수많은 프랑스군을 바라보며 놀라고 말았다. 그러나 프라첸고지를 뺏기면 동맹군이 양분되어 각개 격파되고 만다는 것을 그들도 알고 있었기에 여기에서는 양쪽의 황실근위대까지 투입되는 격렬한 전투가 벌어졌다. 하지만 동맹군은 주력을 남쪽으로 보내 프랑스군의 우익에 집중했기 때문에 시간이 흐르자 프랑스군에게 밀릴 수밖에 없었다. 결국 프랑스군은 프

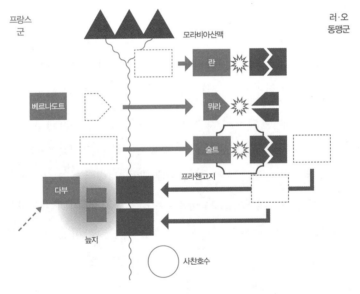

✖ 아우스터리츠 전투

나폴레옹은 고의로 프라첸고지를 적에게 내주고 약한 우익을 배치해 동맹군의 공격을 유도했다. 동맹군은 절반의 병력을 프랑스군 우익에 투입했지만, 늪지에 막혀 진격이 더뎠다. 때마침 다부가 도착하여 우측 방어에 가세했고, 술트가 동맹군의 약화된 중앙을 공격하여 프라첸고지를 점령한 후 적을 분쇄시켰다. 중앙의 술트가 남쪽으로 방향을 바꿔 러시아군을 공격하고, 우익도 러시아군을 공격하자, 러시아군은 사찬호에 빠져 몰살했다.

근대편

라첸고지를 점령했고 계획했던 대로 동맹군을 남북으로 분리시키는 중앙돌파에 성공했다.

한편 전선의 북쪽, 그러니까 프랑스군의 좌익이자 동맹군의 우익에서는 란 원수의 5군단과 뮈라의 기병대에 맞서서 러시아군의 바그라티온 장군과 리히텐슈타인의 기병대가 난전을 벌이고 있었다. 이들은 처음에는 혼전을 벌였지만 결국 우수한 포병을 가진 프랑스군의 승리로 끝났다. 그러나 뮈라는 추격전에 대한 별다른 명령을 나폴레옹에게서 못 받았다는 이유로 달아나는 적을 뒤쫓지 않아 더 이상 전과를 확대하지는 못했다.

이제 프랑스군은 동맹군에 마지막 일격을 가하는 일만이 남았다. 그것은 중앙돌파에 성공한 프랑스군이 남쪽으로 방향을 돌려 프랑스군 우익과 교전중인 러시아군을 공격하는 것이었다. 갑작스레 북쪽에서부터 공격을 받자 남쪽의 러시아군은 전의를 상실하고 남쪽으로 도주했다. 하지만 거기에는 얼어붙은 사찬호가 있어서 후퇴마저 수월치 않은 상태였다. 나폴레옹은 적군이 아니라 호수의 얼음을 향해 대포를 발사하라고 명령했다. 호수의 깊이가 얕아서 익사자보다 얼어 죽은 병사가 더 많았다고 한다. 결국 러시아군은 이 사찬호에서 섬멸되었다.

이 전투에서 프랑스군은 사상자가 7000명이었다. 동맹군 측은 2만7000의 병력을 잃고 180여 문의 대포와 50여 개의 군기를 뺏겼다. 사실 나폴레옹 생애 최고의 승리라는 명성에 어울리지 않게 동맹군 측과 사상자 교환 비율은 크지 않다. 이와 같은 통계치는 나폴레옹이 치른 대부분의 전투에서 동일하게 나타난다. 마렝고, 예나, 바그람, 보로디노, 프리드란트 등도 모두 나폴레옹이 승리했지만, 패배한 적군 못지않게 프랑스군의 피해도 컸다.

그렇더라도 나폴레옹의 능력이 알렉산드로스, 카이사르, 스키피오보다 못하다고 평가하는 것은 올바르지 않다. 알렉산드로스 등은 무기와 전술이 뒤떨어지는 적들을 상대했지만, 근대에는 유럽에서 무기 및 전술의 표준화가 이뤄져 전투에서 어느 한쪽의 일방적인 희생을 허락하지 않았다. 또한 냉병기의 시대를 지나 등장한 열병기의 치명적인 살상력이 승자에게도 큰 출혈을 요구한 것도 한 요인이다. 거기에 덧붙여 나폴레옹의 전술이 양익포위가 아닌 중앙돌파를 지향했던 것도 한 이유다. 양익포위는 성공시키기 어렵지만 성공하면 적을 전멸시킬 수 있다. 반면에 중앙돌파는 상대적으로 간단하지만 포위가 이뤄지지 않아 적을 격퇴하는 수준에 머물고 만다.

아우스터리츠 전투는 그 이름만큼이나 유럽의 정치 판도에 큰 영향을 미쳤다. 러시아는 더 이상 싸울 엄두를 못 내고 물러났다. 영국의 피트 수상은 패전 소식을 듣고 벽에 걸린 유럽의 지도를 가리키며 앞으로 10년은 쓸모없을 테니 치우라고 말했다. 그는 패배의 충격이 가시지 않았는지 얼마 안 있어 사망하고 말았다. 제3차 대불동맹은 아우스터리츠 전투의 결과로 해체되고 만 것이다.

여기서 중요한 것은 전투의 결과 오스트리아와 맺은 프레스부르크 조약(1805)이다. 이 조약으로 800년 샤를마뉴 대제의 대관식(962년 오토 대제의 대관식으로 보는 학자도 많다) 때부터 1000년간 근근이 이어져온 신성로마제국은 1806년에 멸망하고 말았으며 프란츠 2세는 오스트리아 황제로 격하되었다. 또한 바이에른(Bayern)을 비롯한 독일의 16개 제후국들이 라인 연방(Rheinbund)을 결성하여 프랑스의 위성국으로 편입되니 오스트리아는 독일에서의 영향력을 상실하고 말았다. 이와 같이 프랑스가 독일에서 세력을 확대하자 이번에는 이에 위협을 느낀 프로이센 주도하에 제4차 대불동맹이 결성되었다.

아우스터리츠 전투는 세 명의 황제가 한자리에서 싸웠다고 하여 삼제회전이라고도 불린다. 전투에서 승리한 후 나폴레옹이 황후인 조세핀에게 보낸 편지에서도 전투에서 두 황제를 상대로 승리했다고 쓰고 있다. 하지만 일각에서는 프란츠 2세가 아우스터리츠 전투의 현장에 있었는지가 확실치 않다고 한다.

제17장

천비 해전—부정하다고 불린 전쟁, 패자의 승리

"그 기원에 있어서 이보다 더 부정한 전쟁, 영원한 불명예로 영국을 뒤덮기 위하여 그 과정에서 이보다 계산된 전쟁을 나는 알지 못합니다."

1840년 4월 영국 의회에서 청나라와의 전쟁을 묻는 찬반투표를 앞두고, 당시 31세의 젊은 하원의원이었던 글래드스턴(William Gladstone, 1809~1898)의 연설 내용 가운데 일부다. 청나라와의 전쟁은 이어진 전쟁결의를 위한 투표에서 반절에 가까운 의원이 반대했을 정도로 자국에서조차 환영받지 못하는 전쟁이었다. 실제로 이 전쟁을 부추기며 의회에 압력을 넣은 자들은 청나라와의 무역으로 이권이 개입된 무역상인들이었다. 이 전쟁은 다름 아닌 아편을 판매하려는 영국이 이를 단속하려는 청나라와 벌인 아편전쟁

(1839~1842)을 말한다.

찬반의 연설이 끝난 후 이어진 투표에서 찬성 271표, 반대 262표 이렇게 단 9표의 아슬아슬한 표차로 영국은 청나라와의 전쟁을 결의했다. 청나라와의 전쟁 개시에 찬성의 연설을 한 사람 중에는 나폴레옹을 워털루 전투에서 무찌른 웰링턴 공작(Arthur Welles-ley, Duke of Wellington, 1769~1852)도 있었다. 전쟁터에서 잔뼈가 굵은 이 늙은 영웅은 50년의 공직생활 중 영국 국기가 광동(廣東)에서 당한 것과 같은 모욕을 본 적이 없다"고 말하면서 개전을 촉구했다.

근대 이전에는 동서양을 불문하고 강자가 약자를 침략하여 지배하고 수탈하는 힘의 논리가 당연시되었다. 그 때문에 근대 이전에 벌어진 전쟁에서 부정·불명예·부도덕이라 것을 논한다는 것 자체가 난센스일 것이다. 물론 고대·중세의 침략전쟁에서도 대의명분을 뚜렷이 세우는 것이 병사들의 사기 및 백성들의 지지를 받는 면에서 유리했다. 하지만 그 대의명분이라는 게 알고 보면 약소국에 대한 강대국의 침략을 정당화하기 위한 것이 대부분이었기에 귀에 걸면 귀걸이요, 코에 걸면 코걸이가 되는 식이었다.

이러한 약육강식 같은 전쟁의 양상에 일대 변화를 불러일으킨 이는 국제법의 아버지라 불리는 그로티우스(Grotius, 1583~1645)다. 그는 30년전쟁(1618~1648)의 참혹상을 직접 목격하면서 야만적인 전쟁의 참상을 막을 수 있기를 바랐다. 그래서 그는 자신의 대표작인『전쟁과 평화의 법』에서 정당한 전쟁이란 방위전, 재산권 회복, 불법의 응징, 세 가지로 한정해야 한다고 말하며 정전론(停戰論)을 전개했다. 그때부터 사람들이 전쟁에도 규제와 규범이 뒤따라야 한다는 생각을 하게 되면서 무차별적인 전쟁은 배격되었고 전쟁의 야만성을 억제하려는 노력이 차츰 보이기 시작했다.

근대에 이르러서는 이러한 인류의 양심과 지성의 진보에 힘입어서인지 남북전쟁(1861~1865)에서도 옛날 같으면 문제도 되지 않았을 노예의 인권에 관한 도의적인 문제가 논의되기도 했다. 또한 다음 장에서 이야기할 크림전쟁(1853~1856)은 나이팅게일과 앙리 뒤낭의 활약으로 전쟁의 참상이 널리 알려지는 계기가 되었으며 전쟁의 참혹성을 다시 한 번 생각할 수 있게 해주었다. 근대에 접어들면서 서서히 명분 없는 전쟁에 대한 염전의식이 팽배해져간 사실은 무척이나 다행임에 틀림없다.

19세기의 유럽이 차츰 이러한 전쟁억제력을 갖추기 위해 노력한 것은 근대의 국제역학구도의 관점에서 살펴볼 때, 국제정치학에서 말하는 영국 주도의 '세력균형론'이라는 것과도 맞물려 있다고 본다. 세력균형론은 패권론과 반대되는 개념이다. 이 둘은 현재의 국제정치질서를 존속하려는 주요 강대국들의 정책노선을 나타내는 단어다. 전자인 세력균형론은 여러 국가가 균등한 힘을 유지함으로써 평화를 유지할 수 있다는 입장이다. 적절한 예는 19세기 영국을 중심으로 유럽의 강대국들이 얼추 비슷한 힘을 보유하면서 유럽에서의 세력균형을 유지했던 바가 있다. 반면에 패권론은 초강대국이 질서를 주도함으로써 평화를 가져올 수 있다는 입장이다. 그 예는 중국을 중심으로 사대외교가 펼쳐지면서 평화를 만끽했던 당·원·명나라 때나, 지금의 미국 패권주의를 떠올리면 될 것이다.

근대 이래로 영국이 가진 대륙정책의 초점은 유럽의 세력균형을 깨트릴 초강대국의 등장을 막는 것이었다. 이러한 균형이 깨졌을 때 나폴레옹 전쟁, 크림전쟁, 양차 세계대전이 발생하면서 유럽 대륙은 전운에 휩싸이게 되었다. 18~19세기에는 영국을 중심으로 하는 세력균형을 현 상태로 유지하기만 해도 대영제국을 비롯한 유럽의 번영과 평화가 이어질 수 있었다. 따라서 이러한 안정된 체제를 무리하게 깨트릴 만큼 야심찬 인물이 아니고서야 구태여 명분 없고 부정한 전쟁을 일으킬 필요가 없는 것이다. 만약 어느 한 국가가 그리하는 순간 그 나라는 초강대국의 출현을 두려워하는 나머지 열강들에 의해 타도의 대상이 되기 때문이다.

이러한 시대의 변화에도 불구하고 아편전쟁이 오로지 자국의 이익을 위하여 아무 죄 없는 타국 국민들을 대상으로 벌어진 건 사실이다. 명예나 도덕 같은 고상한 관념은 스스로를 우월한 인종이라 생각하는 백인들 사이에서나 통용되는 것이며, 유럽과 미주대륙 이외의 세계에서는 아직도 힘의 논리가 당연하다고 생각했기에 가능했을 것이다. 이번 장에서는 글래드스턴의 연설을 통해 역사상 가장 부정하고 불명예스러운 전쟁이라 불리는 아편전쟁을 살펴보도록 하겠다.

대청제국의 역사는 개국 황제 숭덕제(崇德帝, 1592~1643)가 만주 심양에서 황제 즉위식을 가진 1636년부터 시작되었다. 1636년은 청나라가 명나라를 침공하기 전 후방의 안전을 다지기 위하여 12월에 조선을 침략한 병자호란(丙子胡亂)이 일어난 연도이기도 하다. 비록 태종 자신은 만리장성을 넘지 못했지만 그의 아들 순치제(順治帝) 대에 이르러 북경을 점령하고 1644년 명나라를 멸망시켰다. 그후에도 명나라는 정성공과 명나라 황족에 의해 남명(南明) 정권이 수립되어 잠시 명맥을 이어갈 수 있었다. 그러나 남명 정권은 한족의 정권을 부활시키고자 하는 토착 한족들의 열렬한 지지가 있었음에도 지도층의 무능과 부패로 점철되며 스스로 무너졌다. 결국 대만에서 반청활동을 이끈 정극상(鄭克塽, 정성공의 손자)이 1683년에 강희제에게 항복하니 이로써 만주족에 의해 전 중국이 통일되었다.

강희제(康熙帝, 1654~1722)는 중국 역사상 가장 위대한 황제로 손꼽히는 인물이다. 항상 백성을 따뜻이 어루만졌으며 지금 중국의 판도에 해당하는 드넓은 영토를 확보했다. 또한 병석에서도 책을 놓지 않을 정도로 일평생 학문에 매진했고 무예에도 능했으니, 그야말로 완벽한 군주라고 할 수 있을 것이다. 만주족이라면 치를 떨던 한족들조차 강희제에게 천고일제(千古一帝, 1000년에 1번 나올까 말까 한 황제)란 호칭을 붙이며 존경하게 되었다. 그는 54년을 재위한 한무제나 60년을 재위한 자신의 손자인 건륭제보다 더 오랜 기간인 61년을 재위하여, 중국 역사상 가장 오랜 기간 재위한 황제이기도 하다. 강희제의 뒤를 이어 옹정제와 건륭제가 연이어 명군의 자질을 펼치니 중국은 바야흐로 강건성세(康乾盛世)라 불리게 된 태평성대를 맞이하게 되었다.

이런 청나라의 번영에 먹구름이 드리운 것은 건륭제(乾隆帝, 1711~1799) 후반기부터다. 건륭제 초반과 중반의 치세는 훌륭했지만, 후반에는 간신 화신(和珅)이란 인물을 총애하면서부터 조정 내외에 걸쳐 부정부패가 만연하기 시작했다. 그리고 이의 신호탄이 되었던 것은 가경제(嘉慶帝) 원년(1796)에 일어난 백련교도의 난이었다. 원나라 말에 일어난 백련교도의 난(홍건적의 난)이 원나라를 멸망시킨 것과는 달리, 가경제 때 8년간이나 지속된 백련교도의 난은 힘겹게나마 진압되었다. 하지만 이 난을 진압한 것이 정부군이 아니라 지방 의용군인 향군(鄕軍)이었다는 사실은 당시 부패와 무능으로 얼룩진 청나라의 속사정을 여실히 드러내는 것이라 할 수 있었다.

그럼에도 청나라는 누르하치의 창업부터 연속으로 빼어난 군주들을 배출하며 거의 2백여 년에 걸쳐 제국의 기틀을 워낙 튼튼히 다져놓은 터였다. 더구나 청은 강희제가 고대부터 중국에 가장 큰 위협이었던 북방 민족, 즉 당시의 외몽골까지 완벽히 정복한 상태였다. 그 때문에 이변이 없는 한 앞으로 수백 년은 제국이 크게 흔들릴 것 같진 않았다. 여기에 거대한 충격을 가하며 제국을 와해시킨 것은 명나라와 같이 무능한 황제들이 연속적으로 배출된 탓도 아니었고 내란이나 환관의 출현도 아니었다. 그렇다고 감히 아시아 최강국인 대청제국에 반기를 들 만한 인접국이나 다른 유목국가가 있는 것도 아니었다. 그것은 머나먼 서양으로부터의 침입, 즉 이양선(異樣船)을 타고 나타난 영국이었다.

중국의 역대 왕조들은 대개 개방보다는 쇄국정책의 기조를 유지했다. 당나라나 원나라와 같은 국제적인 중화제국도 있었지만, 중국은 대체로 사대관계에 바탕을 두고 조선·일본·베트남·몽골·여진 등과 제한적인 범위 내에서만 교류하는 폐쇄적 체제였다. 그도 그럴 것이 중국에는 인구와 물자 모두가 풍족하니 구태여 외국과 교류할 필요가 없었던 것이다. 따라서 중국은 원칙적으로 사무역을 금지시키고 공무역을 조공무역의 형태로 시행했다. 중국이 천하의 주인임을 인정하고 책봉을 받은 나라들이 조공품을 갖다 바치면 황제는 제후국인 그들에게 하사품을 내리는 식이었다. 보통 조공품보다 하사품이 많았기 때문에 중국은 위신을 살리지만 실리는 잃었고, 반대로 주변국은 형식상 중국의 속국으로 전락하지만 실리를 챙길 수 있었다. 주변국들은 이 조공무역의 횟수를 늘리기를 원했다. 반대로 중국은 국부가 유출되는 구조인 조공무역의 병폐를 알고 있었기에 횟수를 줄이려 했다. 청나라 또한 여느 역대 왕조와 같이 유아독존의 중화사상에 빠져 있던 이때 대륙의 머나먼 서쪽 반대편에서는 잠자는 중국을 뒤흔들 만큼 거대하고 빠른 변화가 일어나고 있었다.

콘스탄티노플을 함락시킨 후 오스만제국은 동서남북 모든 방향으로 급팽창하며 3대륙에 걸친 대제국을 건설했다. 언뜻 보아 유럽인들에게 위기였지만, 얼마 후 유럽인들은 지리상의 발견으로 좁은 유럽에서 벗어나 전 세계로 뻗어나갈 수 있었다. 이후 유럽 각국은 사실상 무주공산이나 다름없던 신대륙과 아시아에 경쟁하듯이 식민지를 건설하기 시작했다. 식민지에서 원료를 갈취하고 노동력을 착취하여 새로운 상품을 생산한 후, 상품을 세계 각국과 식민지 주민들에게 도로 팔아서 이득을 챙기는 구조였다. 이들에게 중국은 군침이 도는 거대시장이었다. 차츰 각국은 통상을 위해 중국에 접근하기 시작했다. 이 중에서 중국에 최초로 진출한 포르투갈은 이미 명나라 말엽에 마카오를 사실상 식민지로 만드는 데 성공했다. 예수회 선교사로서 명나라를 위해 여러모로 애썼던 이탈리아 출신의 마테오 리치(Matteo Ricci, 1552~1610)는 마카오를 통해 명나라 만력제(萬曆帝)를 만나기도 했다.

18세기에 들어와서는 영국의 진출이 눈에 띄었다. 영국은 이미 1600년 인도에 국왕의 칙허를 받은 동인도회사를 설립하여 동양과의 무역을 독점시키고 있었다. 그 후 플라시 전투(1757)에서 영국은 프랑스를 무찌르고 인도 지배를 굳힐 수 있었다. 영국은 이때서야 비로소 여유가 생겼기 때문에 눈을 동쪽으로 돌렸다. 마침 1765년 제임스 와트가 증기기관을 발명하면서 시작된 산업혁명으로 영국은 생산품을 팔아 치울 교역국의 확대가 절실한 상황이었다. 이런저런 사정으로 중국 진출을 노리던 동인도회사는 1715년 광동에 무역상관을 설치하여 대중무역을 시작할 수 있었다. 이들에 대해 청나라에서는 공행(公行, 서양인들과의 거래를 독점할 수 있는 관허상인)을 통하여만 무역을 할 수 있도록 하여 외국 상인들과의 무역을 제한했다.

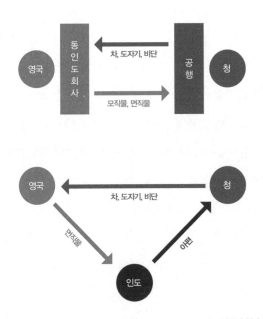

✖ 영국과 청나라 무역의 변화

1793년 영국의 매카트니가 조지 3세의 친서를 들고 중국에 찾아왔다. 그는 무역의 확대를 요구하기 위해 건륭제를 만났지만 원하는 성과를 얻지는 못했다. 1816년 가경제 때에는 애머스트가 찾아왔지만 그가 삼궤구고두(三跪九叩頭)의 예를 거부했기 때문에 황제를 만나지도 못하고 돌아왔다. 삼궤구고두의 예는 세 번 절하고 아홉 번 머리를 조아리는 것이며 청나라 황제를 만나는 사람은 누구나 의무적으로 해야만 했다. 이전에 매카트니 역시 이 배례를 거부했기 때문에 건륭제를 알현하는 일이 불발할 뻔했지만, 건륭제가 특히 배려하여 한쪽 무릎만 꿇는 예로 대신하도록 했다. 나중에 제2차 아편전쟁에서도 이 삼궤구고두의 예법이 문제시되어 청은 베이징을 점령당하는 굴욕을 겪게 된다. 여하튼 제한적이고 소극적인 무역체제에서 영국이 청으로부터 수입하는 것은 차·비단·도자기 등이었고, 수출하는 것은 면직물·모직물 등이었다.

산업혁명 이후로 영국에서는 차를 마시는 습관이 널리 퍼지면서 차를 대량으로 청나라로부터 수입하고 있었다. 반면에 영국에서 청나라에 수출하는 모직물이나 면직물은 중국인들이 선호하지 않는 것이었다. 그 결과 영국은 대청무역에서 만성적인 적자에 시달려야 했다. 양국의 무역에서 거래의 결제수단은 은이었는데 막대한 양의 은이 중국으로 흘러들어가니 영국의 고민은 이만저만이 아니었다. 그렇게 해서 영국 상인들이 무역 적자를 흑자로 돌릴 수 있는 대책으로 내놓은 것이 바로 아편이었다. 이후 동인도회사는 본국에서 아편전매권까지 얻어 인도에서 생산되는 아편을 중국에 팔기 시작했다.

중독성이 강한 아편은 당시의 퇴폐적인 청나라의 사회분위기와도 맞아떨어져 광동을 중심으로 차츰 전국에 퍼져나갔다. 아편의 거래량은 자꾸만 증가하여 1773년 무렵에는 거래량이 1000상자였던 것이, 아편전쟁이 일어난 1839년에는 4만 상자가량 되었다. 아편은 청국 국민들의 심신을 쇠약하게 만드는 보건 문제일 뿐만 아니라 은이 대량 유출되어 국가경제를 흔들었기 때문에 좌시할 수 없는 문제였다. 당시 청나라의 조세제도는 지정은제(地丁銀制, 토지세와 부역세를 합쳐서 결국에는 토지세만 은으로 납부하는 제도)였다. 그런데 은의 해외유출로 인하여 은값이 상승하자 세금을 은으로 납부하는 농민들의 삶이 피폐해졌던 것이다. 물론 청나라에서도 가만히 있었던 것은 아니었다. 법으로 아편을 금지시키며 아편의 판매자와 흡연자에 대한 단속을 강화하는 조치를 취했다. 하지만 단속이 심할수록 밀무역의 형태로 아편의 거래량이 증가할 뿐만 아니라 이를 단속해야 할 청나라의 관리들까지 아편에 중독되니 아편금지령은 유명무실해지고 말았다.

가경제의 뒤를 이어 도광제(道光帝, 1782~1850)가 청나라 황제가 되자 아편 문제는 더 이상 방치할 수 없는 지경에 이르렀다. 도광제 자신이 과거에 아편을 피웠다가 끊은 경험이 있기 때문에 아편 문제를 해결할 수 있다는 자신감을 가지고 적극적으로 대처하려고

했다. 이 아편문제의 해결을 두고 당시 조정에서는 두 가지 방안이 검토되고 있었다.

첫째는 허내제(許乃濟)가 주장한 이금론(弛禁論)이다. 금하는 것을 늦추자는 뜻이다. 허내제는 광동에서 관리로 지냈기에 지역 사정에 밝았던 인물이었다. 그가 현장에서 지켜본 바로는 어차피 아편을 금지한다는 것은 현실적이지 못하다. 차라리 아편을 양성화 하면 밀수로 올라간 가격도 내려갈 테니 은의 유출이 줄어들 것이 라고 봤다. 그리고 중국인에 맞는 중국의 토양에서 덜 해로운 아편을 생산하자는 것이었다. 그러나 최종적으로는 아편을 엄히 금지하여 악습을 끊어야 한다고 말한 것을 보면 그 또한 아편에 대한 해악을 인식했던 듯하다.

둘째는 황작자(黃爵滋)가 주장한 엄금론(嚴禁論)이다. 이것은 아편 흡입자들에게 1년의 기간 안에 아편을 끊도록 유예기간을 주고, 그 이후에도 아편을 피운다면 단호히 사형에 처하자는 주장이었다. 또한 아편의 거래 자체를 엄히 단속하고 외국인을 포함하여 아편을 구매하거나 판매하는 모든 이를 엄벌에 처할 것을 주장했다.

첫째의 주장은 구체적인 해결방안을 담고 있지만 궁극적인 해결책이 될 수 없었다. 둘째의 방안은 단호했지만 실행 가능성은 미지수였다. 중독성이 심한 아편을 피우다 걸릴 수백만 명을 실제다 처형하는 것이 가능한지는 둘째 문제다. 과연 그 넓은 해안선을 다 감시하면서 밀수를 막을 수 있을지 의문이었다.

아편 문제는 처음에는 이금론이 우세했지만 차츰 엄금론이 힘을 얻게 되었다. 다만 엄금론을 지지하는 자 중에는 사형은 너무 심하고 다른 중형으로 대체해야 한다는 사람들이 많았다. 도광제는 결국 아편의 폐단 및 그로 인한 망국의 위험까지 거론하는 엄금론자들의 손을 들어주었다. 그는 각지의 총독과 장관 들에게 아편에 관한 그들의 의견을 물어보고 그들이 답변으로 올린 글을 낱낱이 살펴보았다. 도광제의 의중에 가장 적합한 자는 호광(湖廣, 지금의 후난성과 후베이성) 총독인 임칙서(林則徐, 1785~1850)라는 인물이었다.

무엇보다도 도광제는 아편 문제를 이대로 방치한다면 이제는 군대도 사라지고 군비를 채울 은도 사라질 것이라는 임칙서의 말이 섬뜩하게 다가왔다. 그와 더불어 아편 흡입자들을 단계별로 지도해야 하며 최악의 경우에는 관련자들을 사형으로 다스려야 한다는 임칙서의 현실적이고 구체적인 대안도 맘에 들었다. 곧 도광제는 임칙서를 흠차대신(欽差大臣, 국가의 중대하고 특정한 사안에 대하여 황제가 파견하는 전권대신)으로 삼아 광동으로 보내 아편 문제를 처리토록 했다.

임칙서는 복건성 출신으로, 27세 때 진사시험에 합격했으며 절강성·강소성·호북성 등지에서 두루 근무하여 그 근처의 사정을 잘 알았다. 관리의 부정행위에는 매우 엄격하다는 평이 있지만 밑의 백성들에게는 치수 및 재해구조 사업에서 많은 선정을 베푼 인물이었다. 타락하고 부패한 그 시대에 어울리지 않게 청렴한 인물이었던 것이다. 이러한 임칙서의 명성은 널려 퍼져 있었다. 아편을 팔던 공행의 상인들은 그가 흠차대신으로 부임한다는 소문을 듣고 긴장해 떨 수밖에 없었다.

1839년 1월 25일 광주에 도착한 임칙서는 두 통의 글을 써서 한 통은 공행에게 보내고 한 통은 광동의 외국 상인에게 보냈다. 공행에게는 아편을 모두 반납해야 하며 이를 어길 경우 재산을 몰수하고 사형에 처해도 좋다는 서약서를 제출할 것을 요구했다. 외국 상인들에게 보낸 글에는 아편을 밀수하는 그들의 비인도적인 면을 비난하면서 외국인들 또한 아편을 다루지 않겠다는 서약서를 제출하게 했다. 임칙서는 흠차대신으로 황제의 재가를 받지 않고 임의대로 처리할 수 있는 권한이 있었다. 중국인들은 혹여나 목이 날아갈까 두려워 이를 진지하게 검토했지만, 외국 상인들은 그를 그저 뇌물을 더 요구하는 중국인 관리로 보았을 따름이다. 그들은 다만 임칙서의 체면은 세워주자는 의미에서 아편 1037상자를 주겠다고 통보했다. 그들은 이 정도면 임칙서가 만족하고 물러날 줄 알았다. 하지만 임칙서는 사전조사를 통하여 아편이 2만 상자 이상 있다는 것을 알고 있었다. 그는 서약서와 모든 아편을 내놓을 때까지는 외국인들에게 식량을 공급하지 말도록 지시하고 모든 중국인들에게 이관(夷館, 외국인들의 상관(商館))으로부터 철수할 것을 지시했다.

그때의 영국 무역 감독관은 해군 대령인 찰스 엘리엇(Charles

Elliot)이란 인물이었다. 그는 마카오에 있다가 임칙서가 엄격한 아편 몰수 정책을 시행하고 있다는 소식을 듣게 되었다. 이 위급한 상황을 수습하기 위하여 엘리엇은 광주로 급히 돌아와 이관에 들어갔다. 엘리엇은 거기에서 어떻게든 중국인 고관과 접촉하여 사태를 해결할 생각이었다. 그러나 임칙서는 영국인들의 최고 책임자인 엘리엇이 이관에 들어갔다는 정보를 입수하자마자 오히려 1000명의 병사들을 동원하여 이관을 포위하고 식수와 식량의 공급을 끊어버렸다. 엘리엇은 자신의 책임하에 있는 이관 안의 영국인 275명을 굶겨 죽일 수는 없었다. 그는 결국 굴복하고 2만 상자가 넘는 아편을 건네주겠다고 약속할 수밖에 없었다. 이 숫자는 임칙서가 사전에 조사한 숫자와 일치하는 것이었다. 임칙서는 건네받은 아편을 소금물에 담가 아편 성분을 없앤 다음 모두 바다로 흘려보내 처분했다.

이렇게 임칙서가 아편을 모두 몰수하여 처분했지만, 엘리엇이 영국 상인들로 하여금 서약서를 제출하지 못하게 했기 때문에 분쟁의 불씨가 완전히 꺼진 것은 아니었다. 임칙서는 서약서를 제출하지 않은 외국인은 광주에 머물지 못하게 했다. 그러자 영국 상인들의 일부는 선상에서 생활하게 되었고 일부는 마카오로 돌아갔다. 사실 외국 상인들이 서약서만 제출하면 광주에서 거주할 수도 있고 아편을 제외한 무역도 할 수 있었다. 그런데도 엘리엇은 광주에서 영국 상인들을 전부 철수시키는 강경한 대응을 펼쳤다. 그는 이와 같이 영·청무역을 전면 중단함으로써 청국이 굴복하기를 기대했던 것이다. 하지만 청국은 충분히 자급자족이 가능하며, 그다지 무역이 절실한 나라가 아니었다. 영국이 아니라 미국·포르투갈 등 서양 전체가 무역을 중단한다고 해도 꿈쩍도 하지 않았을 것이다.

임칙서와 엘리엇이 이와 같이 대립하고 있던 중에, 1839년 7월 12일 구룡(九龍)에서 영국인과 마을 주민 간의 난투극이 발생했다. 이때 임유희(林維喜)라는 주민이 영국 선원들에 의해 살해되는 이른바 임유희 사건이 발생했다. 이에 임칙서는 범인의 인도를 요구했다. 하지만 영국은 자체적으로 그 병사를 적당히 처벌함으로써 치외법권을 행사했다. 이는 완전히 중국을 무시하는 처사여서 임칙서는 대충 넘어갈 생각이 없었다. 임칙서는 마카오에서 영국인들에 대한 식량 공급을 중단하고 중국인들이 철수토록 지시했다. 여기서 주의할 점은 포르투갈이 마카오를 사실상 점령하고 있었지만 형식상으로는 엄연히 청의 영토였으므로 흠차대신의 명령은 유효하다는 것이다. 이렇게 되자 마카오의 포르투갈 총독은 문제가 복잡해지는 것을 원하지 않았기 때문에 거주 중인 영국인들에게 마카오를 떠나라고 요청했다. 이제 영국인들은 마카오를 떠나 바다 위에서 떠도는 신세가 되었다.

얼마 지나지 않아 더는 견디다 못한 일부 영국 상선들이 아편 거래를 중단한다는 서약서를 쓰고 광주에 입항하는 사건이 있었다. 이를 알고 격노한 엘리엇은 군함을 동원해 영국 상선들의 추가이탈을 막으려 했다. 청나라 측에서도 이를 지켜보던 광동제독 관천배(關天培)가 수군을 이끌고 호문 근처에 있는 천비에서 영국 군함과 맞섰다. 영국 군함이 영국 상선을 공격하려는 반면에, 청국 군함이 영국 상선을 보호하려는 기묘한 일이 벌어진 것이다. 이것이 바로 1839년 11월 3일 벌어진 천비 해전이자 아편전쟁의 시발점이었다.

이때 영국 군함은 엘리엇 대령이 직접 탑승한 프리깃 함인 볼리지호와 슬루프 함인 히아신스호 이렇게 단 2척뿐이었다. 여기서 프리깃 함이란 전함의 아래인 구축함보다도 작으며 주로 호위함이나 정찰용으로 사용되는 군함을 가리킨다. 슬루프 함은 그 프리깃보다 떨어지는 등급 외 함선이다. 여기에 대항하는 청군의 군함은 29척이었다. 천비 해전의 결과 놀랍게도 29척의 청국 군함이 단 2척의 영국 군함에게 괴멸당하고 말았다. 이것은 청나라의 군함이 범선이었기 때문이다. 청나라의 배는 29척 중 22척이 대파되어 움직일 수 없게 되었고 4척이 침몰했으며 움직일 수 있는 것은 3척뿐이었다. 그마저도 볼리지호와 히아신스호가 가지고 있던 포탄이 모두떨어져 유유히 철수한 덕이었다.

이 소식을 들은 임칙서는 경악했지만 일단 북경에는 승전을 보고했다. 사실 천비 해전은 누가 승자인지 판정하기 애매하기 짝이 없다. 내용상은 영국의 승리에 가깝지만 청나라가 승리했다고 주장할 수 있는 근거가 없는 것도 아니다. 전투의 룰에 따르면 전장을 최후까지 지킨 쪽이 승리한 것으로 인정되기 때문에 형식상 승리는 청나라다.

임칙서의 승전보고와 영국 군함의 후퇴라는 두 가지 근거를 들어 천비 해전을 청군의 승리로 기록한다고 해도 틀리지는 않을 것이다. 전쟁사에서 피로스의 승리(승리한 측도 막대한 피해를 입어 패전 못지않게 된 승리)는 적지 않았지만, 이 천비 해전보다 승리했다고 하기 어려운 승전은 드물다. 그리고 이 천비 해전이야말로 청나라가 아편전쟁에서 거둔 처음이자 마지막 승리였다.

한편 승전을 보고받은 도광제는 임칙서에게 겁먹지 말고 아예 영국과의 국교를 단절하라고 명령했다. 강경해진 쪽은 청국만이 아니었다. 엘리엇뿐만이 아니라 수지 좋은 아편 무역의 단절로 막대한 손해를 입게 된 영국의 아편 상인들이 의회와 파머스턴 외상에게 청과의 개전을 촉구했다. 외상인 파머스턴(Palmerston, 1784~1865) 경은 대외 팽창주의자였다. 파머스턴 경을 중심으로 멜번 수상의 영국 내각은 청과의 전쟁을 결의하고, 1840년 4월 파병을 위한 군사비 지출을 승인하는 의회투표를 하게 되었다. 여기에서 찬성하는 웰링턴 공작과 반대하는 글래드스턴 의원의 연설은 맨 앞에서 소개했다.

찬성 271표, 반대 262표의 아슬아슬한 차이로 가결이 선포되자 인도에 주둔하던 4000명의 영국군은 16척의 군함에 몸을 싣고 중국으로 향했다. 이 원정대의 사령관으로 임명된 조지 엘리엇(George Elliot, 1784~1863) 해군 소장은 광동의 무역 감독관인 해군

대령 찰스 엘리엇의 사촌형이었다. 조지 엘리엇은 중국에 도착하자 문제가 되는 광동이 아닌 북경을 향해 진군하기로 했다. 그것은 천비 해전에서의 승전 같지 않았던 승전으로 큰 충격을 받은 임칙서가 그사이에 광동의 방비를 단단히 해두었기 때문이다. 임칙서는 신병을 모집하여 훈련시키고 주민들에 의한 향토방위를 강화시켜두었다. 또한 서양식 군함과 대포를 구입하여 요소요소에 배치해두는 등 앞으로 있을 영국의 침입에 대비하고 있었다.

그것 말고도 영국은 청제국의 수도 북경이 해안에서 멀지 않은 곳에 있기 때문에 북경의 관문인 천진을 공략하여 청 조정을 직접 위협하는 게 낫다고 판단했던 이유도 있었다. 천진은 중국 행정구역상 북경·상해·중경과 함께 4대 직할시의 하나다. 나중에 제2차 아편전쟁(1856~1860)에서도 영국은 청나라의 항복을 받을 수 있는 가장 빠른 방법이 북경을 위협하는 것임을 알고 다시 천진으로 진군하여 천진 조약을 체결하게 된다.

북상하는 조지 엘리엇은 먼저 주산군도(양자강 하류 상해 근처의 군도)를 공격했다. 주산군도는 북경으로 향하는 중간 기지로서의 입지가 더할 나위 없을 뿐 아니라 방위에 알맞은 섬이었다. 섬을 지키던 요회상(姚懷祥)이란 인물은 물속에 몸을 던져 자결했고, 2000명의 수비대는 와해되었다. 조지 엘리엇 소장은 일부의 함대를 주산군도에 남겨두고, 군함 4척과 수송선 4척을 거느리고 천진으로 향했다.

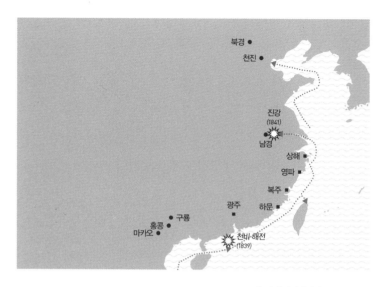

✖ 제1차 아편전쟁 당시 영국군의 진로

천진 앞바다에 영국 함대가 출몰했다는 소식에 이미 서양의 우수한 화력을 알고 있던 청나라 조정은 두려움에 빠졌다. 이에 도광제는 직례총독(直隷總督, 북경이 있는 하북성의 장관) 기선(琦善)을 파견하여 영국군과의 교섭을 담당하게 했다. 청 조정은 협상에 앞서 언제 북경을 공격할지 모르는 영국 함대를 멀리 내쫓는 일이 우선이었다. 이에 기선은 이번 사태의 발원지인 광동으로 장소를 옮겨 협상을 해야 한다고 줄기차게 주장하면서도, 한편으로는 영국군을 달래기 위하여 음식을 제공하는 유화책을 펼쳤다. 영국군도 애당초 북경을 공격하는 것이 아니라 위협하여 그들을 협상의 테이블로 불러들이는 것이 목적이었기 때문에 광동으로 철군하는 것에 동의했다.

인간은 유사시 자신의 책임을 다른 이에게 떠넘기고 적당히 빠져나가려는 경향이 있다. 이때 자신들에게 가장 무탈할 듯한 적당한 희생양 하나를 골라 그에게 모든 책임을 뒤집어씌운다. 그런 상황에서는 다수에 맞서 정당한 이의를 달거나 진실을 꿰뚫어 보고 오류를 지적하는 사람이 오히려 비정상이 되고 욕을 얻어먹기 십상이다. 영국군이 광동으로 내려가서 눈앞의 위협이 사라진 청나라 조정이 꼭 이와 같은 상황이었다.

북경의 대신들 사이에서는 이번 사태를 일으킨 것은 임칙서이므로 그를 처벌해야 한다는 주장이 드세어졌다. 도광제 또한 임칙서에게 영국에 강력히 맞설 것을 주문한 것이 언제였냐는 듯이 말을 뒤집고 모든 잘못을 임칙서에게 돌리면서 그를 파면했다. 북경에의 위협을 제거하고 협상을 순조롭게 이끌어내기 위하여 영국인들이 가장 치를 떠는 임칙서에게 모든 책임을 떠넘긴 것이다. 그러나 영국인들은 임칙서가 파면되었다는 소식을 듣고 오히려 애석함을 표하면서 그의 용기와 재능을 치하했다. 임칙서가 공명정대하게 일을 처리했던 우국충정의 인물이라는 것을 영국인들도 잘 알고 있었던 것이다. 임칙서를 대신하여 기선이 흠차대신의 신분으로 광동으로 내려가 영국과 협상을 진행했다. 결국 기선은 영국 측과 홍콩 할양, 몰수한 아편의 배상금으로 600만 달러 지급, 무역 재개 그리고 양국 정부의 직접교섭권을 내용으로 하는 천비(川鼻) 가조약을 맺게 되었다.

그런데 이 천비 가조약이 맺어지고 나서 양측의 협상대표자가 교체되었다. 특명전권대사인 조지 엘리엇 소장이 병을 치유한다는 명목으로 귀국하고 찰스 엘리엇이 영국을 대표하게 된 것이다. 북경에서는 천비 가조약의 내용을 듣게 된 도광제가 무엇보다도 홍콩을 할양하라는 요구에 분기탱천하며 교섭을 중단시켰다. 황제는 기선을 파면하고 새로이 혁산(奕山)이라는 황족과 양방(楊芳)이라는 노장군을 파견했다.

양측의 요구가 엇갈리며 교섭이 중단된 이상 전쟁의 재개는 피할 수 없었다. 이때 청국의 대응이 참으로 가관이었다. 우선 사령관인 혁산은 영국군에 완전히 겁을 먹었는지 부사령관인 양방에게 모든 것을 일임했다. 그런데 한 점쟁이가 양방에게 영국군에 아마도 주술사가 있어서 포격이 그토록 강렬하고 정확하며, 주술을 깨기 위해 요강을 모아서 적에게 향하게 하면 깨질 것이라고 말했다. 양방이 그대로 따랐지만 물론 이런 게 통할 리 만무했다.

1841년 5월 24일 영국 빅토리아 여왕의 생일을 기해 영국군은 광주에 상륙했다. 광주성 밖의 청군은 총 한 발 쏘지도 않고 도주했고, 광주성 내의 청군도 백기를 내걸고 항복했다. 5월 27일 양국 간에 성립된 광동화약(廣東和約)의 내용은 청이 600만 달러의 배상금을 지불할 것과 점령지에서 영국군의 철수 등을 내용으로 하는 것이었다. 이 정도면 온건한 찰스 엘리엇의 배려라 할 수 있었다.

　　그렇다 하더라도 일이 이렇게 진행되는 와중에 영국군을 저지하려는 움직임은 전혀 없었다. 유일한 저항이라고는 오히려 관군이 아닌 주민들에 의한 것이었다. 살인·약탈·강간 등 영국군의 잔혹한 만행을 견디다 못한 삼원리(三元里) 주민 2만여 명이 괭이나 삽 같은 농기구를 들고 스스로 일어나 저항한 것이다. 5월 30일 평영단(平英團)이라 불린 이들이 영국군 1000여 명을 포위하는 데 성공했다. 더구나 그날은 비가 쏟아져 영국군의 소총이 아무런 쓸모가 없게 되었다. 영국군이 몰살당하려는 찰나 친영파인 여보순(余保純)이란 인물이 삼원리의 소식을 듣고 현장에 도착했다. 그는 주민들이 당장 해산하지 않으면 3일 전에 체결된 광동화약으로 지불해야 하는 600만 달러의 배상금을 삼원리 주민들이 물도록 하겠다고 협박했다. 그 금액은 주민들로서는 도저히 감당할 수 없는 액수였기 때문에 주민들은 결국 포위를 풀 수밖에 없었다.

　　광동의 양국 수뇌와 북경의 청국 조정은 광동화약으로 아편전쟁의 마무리를 지을 생각이었다. 그런데 여기에 딴죽을 건 이가 영국의 파머스턴 외상이었다. 파머스턴의 생각으로는 광동협약 중에 '영국이 점령한 모든 요새를 청에 반환한다'는 내용은 대영제국의 위신상 도저히 받아들일 수 없는 내용이었다. 그리고 사실 광동화약으로 얻어낸 것이 국내의 맹렬한 비난을 무릅쓰고 벌인 전쟁에 대한 대가치고는 빈약하기도 했다. 그는 찰스 엘리엇이 월권행위를 했다는 이유로 파면하고 후임에 강경파인 헨리 포팅거(Henry Pottinger)를 임명했다.

1841년 8월 10일 광주에 부임한 헨리 포팅거는 이전의 주된 전장이었던 광동과 천진은 제쳐두고 이번에는 양자강을 공격했다. 광동을 점령해봐야 머나먼 북쪽의 조정에서는 신경도 안 쓸 것이다. 그렇다고 북경이나 천진을 공격하자면 저번에 엘리엇이 천진까지 쳐들어갔기 때문에 그에 대한 방비를 충분히 했을 것을 염려한 듯하다. 더구나 이번 헨리 포팅거의 원정은 청국과 전면전을 벌이거나 완전 정복하는 것이 아니라 적당한 선에서 협상을 통해 더 큰 양보를 얻어내기 위한 것이다.

이러한 전략적 목표를 달성하는 데 양자강의 남경을 정복하는 것만큼 적절한 것도 없을 것이다. 수나라가 대운하를 건설한 이래로 북경을 포함한 화북은 강남에서 조운으로 옮겨온 물자로 먹고산다고 해도 과언이 아니었다. 그도 그럴 것이 강남이야말로 전국 조세 수입의 9할을 차지한다고 할 정도로 풍요로움을 자랑하는 중국 경제의 중심지였기 때문이었다. 이토록 중요한 강남이 화북과 연결되는 생명줄을 끊음으로써 청나라가 자발적으로 강화를 요청하기를 바랐던 듯싶다.

헨리 포팅거는 광주에서 함대를 이끌고 북상하여 우선 주산열도를 손쉽게 점령했다. 이어 양자강 하구에 있는 진해·영파·사포·오송 등지에서도 어렵지 않게 승리한 후 양자강을 거슬러 올라갔다. 이윽고 영국군은 진강(鎭江)에 도달했다. 양자강 하류에서 남경으로 들어가는 관문인 진강은 양자강과 남북의 운하가 교차하는 지점에 있는 요충지다. 이곳 진강에서 영국군은 아편전쟁을 통틀어 그나마 가장 격렬한 저항에 직면했다. 진강을 수비하는 이는 해령(海齡)이라는 인물이었다. 그는 공성전이 시작되기 전에 성내의 신분이 확실치 않은 자들을 믿을 수 없다 하여 모두 잡아다 목을 베며 결사항전의 의지를 불태웠다. 그러나 절대적인 화력의 열세를 불굴의 의지만으로 극복할 수는 없는 노릇이다. 결국 해령을 포함한 1400명의 수비병은 장렬히 전사했고 진강은 함락되고 말았다.

진강의 함락으로 대운하의 허리가 끊겼으며 남경이 바로 영국군에게 노출되었다. 사실 이때 양군의 전력상 남경 함락은 단지 시간 문제였다. 이쯤 되자 도광제는 더 이상 버티지 못하고 영국군과의 강화를 결심했다. 1842년 8월 29일 제1차 아편전쟁을 끝내는 남경 조약이 남경에 정박한 영국 군함 콘월리스호에서 체결되었다. 남경 조약의 주요한 내용은 '광동, 하문, 복주, 영파, 상해 5개 항구를 개항' '홍콩을 할양' 등이었다.

이 남경 조약은 정작 아편전쟁의 원인이 되었던 아편에 관한 언급이 전혀 없었다. 전통적으로 중화왕조들이 전쟁에 패할 경우 공물은 바칠 수 있어도 영토의 할양에는 치를 떨었다는 것을 인지하고 이 점을 배려했을 수도 있다.

그러나 시간이 흘러 남경 조약에서 청나라로부터 얻어낸 것에 만족하지 못하게 된 영국은 14년 뒤 청나라와 다시 새로운 아편전쟁을 일으키게 된다. 이것이 제2차 아편전쟁이라고도 불리는 애로호 전쟁이다. 중요한 것은 남경 조약의 체결이야말로 조선의 강화도 조약(1876), 일본의 미·일 수호통상조약(1854)과 같이 굳게 닫힌 중국의 문호가 외세에 의해 개방된 사건이라는 점이다.

제18장

발라클라바 전투—가장 졸렬했다고 일컬어진 전투

역사는 승자를 중심으로 기록되기 마련이다. 그런데 재밌게도 승장 못지않게 패장이 널리 알려진 전투도 있다. 토이토부르크 전투, 스탈린그라드 전투, 임팔 전투가 그 예다. 이 전투에서 패한 지휘관들인 바루스, 파울루스, 무다구찌는 전술가로서 자격미달이었다고 평가된다. 그렇다고 위 전투들에서 적장까지 자격미달이었던 것은 아니다. 애당초 수만, 수십만 병사들의 목숨을 책임지는 사령관이라는 자리를 경험도 능력도 없는 인간이 차지한다는 것은 너무 위험한 일이고 그러기도 쉽지가 않다. 그런데 예외라는 게 있는 법이다.

이번 장의 무대가 되는 크림(Crimée)전쟁(1853~1856)은 양쪽 사령관 모두 무능했던 것으로 유명하다. 그러한 크림전쟁의 방점을 찍은 것이 이번 장의 주제인 발라클라바(Balaklava) 전투(1854)다. 이 전투는 영국 경기병여단의 자살공격과도 같은 무모한 돌격으로 인하여 영국 역사상 가장 졸렬한 전투로 기록되어 있다. 한 걸음 더 나아가 역사상 가장 졸렬한 전투의 대명사이기도 하다. 이번 장에서는 크림전쟁을 무대로 하여 역사상 가장 졸렬했던 전투로 회자되는 발라클라바 전투를 살펴볼 것이다. 먼저 크림전쟁의 배경부터 살펴보기로 하자.

근대 이후부터 유럽에서는 끔찍한 대규모 전쟁을 겪고 나면 재발을 막기 위한 조치가 취해지곤 했다. 30년전쟁이 끝날 무렵에는 평화를 위한 베스트팔렌 조약이 체결되었고, 국제법 제정을 위한 움직임이 있었다. 그리고 제1차 세계대전이 끝난 후에는 국제연맹(LN)이, 제2차 세계대전이 끝난 후에는 국제연합(UN)이 만들어졌다. 이러한 평화를 향한 움직임은 200만에 달하는 사망자를 발생케 한 나폴레옹 전쟁 뒤에도 생겨났다. 그것은 바로 빈 체제였다.

빈 체제란 나폴레옹 전쟁의 뒤처리를 위하여 오스트리아 수상 메테르니히(Metternich, 1773~1859)의 주도로 열린 빈 회의 이후에 나타난 유럽의 국제질서를 가리킨다. 빈 체제는 한마디로 프랑스혁명 이전 상태로 유럽을 되돌리자는 복고적인 움직임이었다. 이를 위해 당시의 열강들이 프랑스혁명을 통해 자라나던 자유주의와 민족주의 활동을 탄압한 것은 당연한 일이었다. 또한 프랑스라는 초강대국이 출현한 일을 반면교사 삼아, 이후 영국·프랑스·프로이센·오스트리아·러시아의 5대 강국 중 하나가 유독 강성해져 그들 사이의 세력균형을 깨는 일이 없도록 상호간에 견제했다. 이와 같이 빈 체제의 국제 질서를 유지해준 양대 기둥은 1815년에 결성된 신성동맹(神聖同盟)과 4국 동맹이었다.

신성동맹은 독실한 기독교 신자였던 러시아의 알렉산드르 1세가 유럽의 정치질서를 기독교 정신에 따라서 재편하고 국제평화를 달성하기 위하여 제창한 것으로 다분히 종교적인 색채를 띠고 있었다. 이 동맹에는 오스만제국, 교황청, 영국을 제외한 대부분의 유럽이 참여했다. 오스만제국은 이교도 국가이기 때문에 애초부터 가입 의사를 타진하지도 않았으며, 교황청은 개신교를 가톨릭과 동등하게 대우한다는 이유로 가입을 거절했다. 영국은 신성동맹을 주도하여 유럽에서 패권을 휘두르고자 하는 러시아의 숨은 야욕을 읽어서인지 국내법상의 문제를 거론하면서 신성동맹을 거부했다. 이상적이었던 신성동맹은 주창자인 알렉산드르 1세가 1825년에 사망하면서 자연스레 와해되고 말았다.

4국 동맹은 영국·오스트리아·러시아·프로이센이 나폴레옹과 맞선 대불전쟁 당시의 군사동맹관계를 지속하기 위해 체결한 것이었다. 러시아가 주도한 신성동맹과 달리 영국이 주도했던 4국 동맹은 1818년 프랑스의 가입이 허가되어 5국 동맹으로 확대되었다. 이는 그 후 빈 체제를 유지하는 실질적인 군사적·외교적 국제협상의 기구가 되었다.

빈 체제는 신성동맹과 4국 동맹이라는 양대 축을 기반으로 하여 한동안 그 공고함을 유지하는 듯했다. 하지만 갈수록 빈 체제는 시대적인 대세를 극복하지 못하는 한계를 드러내고야 말았다. 빈 체제의 붕괴를 예고한 대표적인 사건은 그리스 독립전쟁(1821~1829)이었다. 그리스가 오스만제국의 지배에서 벗어나고자 일으킨 독립전쟁에서 영국·프랑스·러시아가 그리스를 지원함으로써 결국 그리스는 독립을 달성할 수 있었다. 하지만 이것은 엄연히 민족주의와 자유주의를 억누른다는 빈 체제가 흔들리는 사건임이 분명했다.

사실 보수와 반동이라는 두 단어로 요약되는 빈 체제는 프랑스혁명의 물결을 타고 유럽에 퍼지기 시작한 민족주의와 자유주의라는 역사의 조류에 역행하는 것이었다. 프랑스에서 일어난 1830년 7월 혁명과 1848년 2월 혁명을 비롯하여 독일·오스트리아·영국 등지에서 일어난 혁명들은 억압적인 빈 체제에 대한 저항이었다. 1815년부터 1848년까지 빈 체제를 주도했던 메테르니히가 1848년 국내의 혁명으로 실각한 사건은 최종적으로 빈 체제의 사망선고와 다름없었다.

그러나 빈 체제의 붕괴는 그것을 지탱하던 신성동맹과 4국 동맹 그 자체의 충돌 내지는 결함으로 인해 어차피 예고된 것이었다. 러시아는 나폴레옹 전쟁을 승리로 이끈 주역이며 신성동맹의 맹

주여서 그런지 은연중에 유럽의 패권국이 되어야 한다는 야심을 드러내고 있었다. 더구나 1825년 형인 알렉산드르 1세의 뒤를 이어 황제로 즉위한 니콜라이 1세(Nikolai I, 1796~1855)는 즉위하자마자 데카브리스트의 난(프랑스혁명의 영향을 받은 러시아 청년 장교단이 1825년에 입헌군주제의 실현을 목표로 일으킨 난)을 진압해서인지 즉위기간 내내 전제군주정을 지키기 위하여 분투했다. 이를 위해 니콜라이 1세가 형과 달리 대외적으로 강경하고 팽창적인 정책을 펼치자 자연스레 4국 동맹의 맹주인 영국과 정면으로 충돌하게 되었다.

　이미 17장에서 영국이 가진 유럽정책의 초점은 세력균형론에 입각하여 패권을 휘두를 수 있는 초강대국의 출현을 막는 것이라고 이야기한 바 있다. 영국은 프랑스에 이어 이번에는 러시아의 패권주의를 점차 두려워하게 되었다. 이후부터 영국과 러시아는 유럽에서 극동에 이르기까지 이곳저곳에서 남진하는 러시아를 영국이 그때마다 막는 식으로 사사건건 충돌하게 된다. 이번 장에서 다룰 크림전쟁, 아프가니스탄에서의 충돌 그리고 영·일 동맹의 체결이 바로 그것이다.

이와 같은 영·러 간의 대립이 가장 크게 불거진 것은 단연 크림전쟁이었다. 크림전쟁은 원래 러시아와 오스만제국의 국지전이었던 것이 나중에 영국과 프랑스가 오스만제국에 가담하면서 국제전으로 확대된 것이다. 19세기의 오스만제국은 이전에 두 번이나 오스트리아 빈을 공격하며 전 유럽을 공포에 떨게 했던 모습은 온데간데없이 나약한 유럽의 환자로 전락한 상태였다. 그렇지만 아직도 유럽에서 러시아 다음가는 영토를 보유하고 있었으니 오스만제국의 영토는 그 국력에 비하여 과분하다 할 정도였다. 구체적으로 오스만제국은 발칸반도, 소아시아반도, 크림반도, 시리아와 팔레스타인·이집트와 북아프리카 등 3대륙에 걸쳐 수백 년 동안 대제국을 형성하고 있었다. 이것은 오스만제국 자체의 능력이라기보다는 유럽이 30년전쟁, 루이 14세의 대외전쟁, 나폴레옹 전쟁 등 끊임없이 집안 싸움을 하느라 동쪽을 돌아볼 겨를이 없었던 것이 주된 이유였다.

한편 유럽인들끼리의 싸움을 멈추게 만든 빈 체제가 성립되자 유럽은 이제 전쟁을 자제하는 분위기였다. 그 때문에 러시아는 유럽에는 함부로 손을 쓸 수가 없었다. 이때 러시아가 바로 남쪽에 있는 속 빈 강정이던 오스만제국을 만만히 보고 달려들었다. 사실 러시아의 남진정책은 이전부터 꾸준히 이어져 내려온 터였다. 1783년 예카테리나 2세 때에는 명장 수보로프의 활약으로 오스만제국의 속국이던 크림 한국을 병합하여 유럽에 남아 있던 몽골족의 마지막 잔재를 지워버리기도 했다. 부동항을 원하던 러시아의 남진정책은 파벨 황제와 알렉산드르 1세 시절에는 나폴레옹 전쟁으로 인하여 잠시 주춤했지만 니콜라이 1세에 이르러 재개되었다. 그리고 그 물꼬를 터트린 것은 오스만제국령인 예루살렘의 성지관할권 문제였다.

기독교·이슬람교·유대교의 성지인 예루살렘에는 그 당시 상당수의 그리스 정교도가 거주하고 있었다. 그리고 러시아제국은 그들에 대한 관할권을 오스만 정부로부터 위임받은 상태였다. 여기에 이의를 제기하며 나선 것은 프랑스의 나폴레옹 3세(Napoleon III, 1808~1873)였다. 그는 나폴레옹의 동생이자 네덜란드 국왕이었던 루이 보나파르트의 아들이었으니 나폴레옹의 조카가 된다. 나폴레옹의 아들인 라이히슈타트 공작, 즉 나폴레옹 2세가 후사 없이 요절하자 나폴레옹 3세는 자신이야말로 보나파르트 가문을 부흥시킬 후계자라고 생각했다. 젊은 시절 잦은 추방과 타향살이로 고생하기도 했던 그는 쿠데타를 거쳐 1852년 12월 2일에 제2제정을 열며 나폴레옹 3세가 되어 프랑스 황제로 즉위했다.

나폴레옹 3세는 자신이 황제가 될 수 있었던 이유(군부와 가

근대편

톨릭의 지지)와 황위를 지켜나가기 위하여 무엇을 해야 하는지를 알고 있었다. 빈 체제에서 패전국으로 전락해버린 프랑스 국민들은 무엇보다도 나폴레옹 시절의 영광된 프랑스를 그리워하고 있었던 것이다. 나폴레옹 3세는 분명 정치적·군사적으로 삼촌보다 못한 인물이었지만 삼촌을 따라 해야 한다는 것을 알고 있었다. 그렇다고 자신이 삼촌처럼 유럽의 강대국들과 전면전을 벌일 능력은 안 된다는 사실도 알고 있었다. 그래서인지 유독 나폴레옹 3세 때에는 프랑스의 해외진출이 두드러진다. 그의 치세하에 베트남과 조선에 진출(병인양요)했으며, 오스트리아 대공을 멕시코 황제에 앉혀서 아메리카에 프랑스 세력을 확대하고자 했다.

이와 함께 그 자신이 가톨릭의 지지를 받고 집권했기 때문에 그들의 요구를 충족시켜줘야 할 입장이었다. 그는 삼촌이 그랬던 것처럼 종교가 갖는 기능을 충분히 이해하고 이를 정치적으로 유리하게 이용하려고 했다. 그렇게 해서 오스만제국령인 팔레스타인 및 예루살렘의 성지관할권을 대뜸 오스만 정부에 요구한 것이다.

이슬람 국가들은 정복지의 주민들이 가진 종교에 상당히 관대한 편이다. 당시 오스만제국에도 1200만 명에 가까운 그리스 정교도가 거주하고 있을 정도였다. 그들 중 적지 않은 수가 거주하는 예루살렘은 전술했다시피 이미 러시아가 성지관할권을 행사하고 있었다. 당시 예루살렘에서 가톨릭교도는 그리스 정교도에 비해 극소수에 불과했으니 나폴레옹 3세의 요구는 사실상 억지에 가까웠다.

그러나 오스만 정부는 근대부터 이어온 친프랑스정책의 연속이었는지 아니면 러시아의 남진정책을 막을 동맹국이 필요했는지 프랑스의 성지관할권 요구를 승인하고 말았다. 이에 맞서 니콜라이 1세가 오스만제국에서 그리스 정교도들을 관리할 수 있는 권한을 요구했지만 오스만제국은 이를 거절했다. 이것이 호시탐탐 오스만제국으로의 진출을 노리던 니콜라이 1세에게 침략의 빌미를 제공했다. 니콜라이 1세는 이 기회에 오스만제국을 아예 멸망시키고 그 영토를 유럽 열강들이 나눠 갖자고 제안했다. 이러한 러시아의 분할 제안에 대하여 현상유지정책을 고수하던 영국은 오히려 러시아를 더욱 경계할 뿐이었다.

이러한 긴박한 상황에서 니콜라이 1세는 그리스 정교도들을 보호한다는 명분하에 오스만제국령인 왈라키아(지금의 루마니아 남부) 공국과 몰다비아(지금의 몰도바) 공국으로 군대를 진주시켰다. 니콜라이 1세는 발칸에 이해관계가 없는 프로이센과 친러시아 성향인 오스트리아는 관여하지 않을 것이며, 전통적인 앙숙인 프랑스와 영국이 보조를 맞추어 오스만제국 편에 서서 참전하는 일은 없을 것이라고 생각했다. 그러나 러시아의 남진정책을 두려워하는 영국과 절치부심하며 국제적 지위의 상승을 노리던 프랑스가 이번에는 발을 맞춰 오스만제국을 지지하며 러시아의 철군을 요구하게 되었다.

1853년 10월 영국과 프랑스의 지원을 약속받은 오스만제국은 러시아에 선전포고를 했다. 오스만군은 도나우강 이북에서 벌어진 전투에서 의외로 잘 싸웠다. 하지만 다음 달 소아시아반도 북쪽에 위치한 항구에서 벌어진 시노페 해전에서 투르크는 함대 12척 중 11척이 격침당하는 참패를 당했다. 그런데 이 해전이 전술적으로는 완벽한 러시아의 승리였지만 전략적으로는 절대적인 실수였다. 시노페 해전에서 러시아 함대는 완전 무방비의 항구에까지 포격을 가해 민간인 사상자를 발생시켰는데 이로 인해 국제여론이 들끓었던 것이다. 그때까지 영국은 친러시아파인 애버딘 수상의 내각 덕분에 개입하지 않고 있었지만 이 일로 인해 러시아와의 전쟁에 돌입하게 되었다.

1854년 1월 영국과 프랑스 함대는 보스포루스해협을 지나 흑해에 들어왔다. 3월에는 러시아에 선전포고를 하면서 본격적인 크림전쟁이 시작되었다. 그 후 니콜라이 1세는 믿었던 오스트리아마저 러시아군의 철수를 요구하자 굴복을 결심하고 러시아군을 철군시켰다. 이 정도 단계에서 크림전쟁은 끝날 수 있었다. 하지만 영국과 프랑스는 러시아의 흑해 함대가 존재하는 한 흑해와 지중해의 안전이 보장되지 않는다고 보았다. 그렇게 하여 오스만제국까지 포함하는 3국 동맹군은 흑해 함대의 기지인 세바스토폴을 공략하기로 계획했다.

세바스토폴은 크림반도 남단의 곶에 위치해 있으며 그 전략적인 중요성으로 인해 제2차 세계대전에서도 치열한 포위전이 벌어진 바 있다. 이곳은 석회암으로 된 천연 암반이 많아 육로를 통한 접근이 어렵고 절벽이 많아 해로를 통한 접근도 어려운 지대라고 한다. 하지만 6만 명의 동맹군은 세바스토폴에 대한 별다른 사전지식도 없이 지도 한 장만 갖고 출발했을 뿐이다. 그리고 현지의 지리에 어두웠는지 목표였던 세바스토폴에 바로 상륙하지 못하고 50킬로미터쯤 북쪽에 상륙했다.

　동맹군은 남쪽의 세바스토폴을 향해 진군하면서 알마강에서 벌어진 최초의 전투에서 멘시코프 장군이 이끄는 3만5000명의 러시아군을 무찌를 수 있었다. 당시 러시아는 오스트리아군의 움직임이 심상치 않아 유럽 전선에도 병력을 배치해야 했기 때문에 전력을 다해 크림 전선에 집중할 수 없는 상황이었다. 알마 전투의 승리로 동맹군은 세바스토폴로 직행할 수 있었다. 하지만 총사령관 래글런 백작은 세바스토폴에서 10킬로미터 정도 남쪽에 있는 발라클라바 항구에서 병력과 물자를 충분히 보급받은 후에 세바스토폴로 향하기로 결정했다. 더 먼 길을 택해 우회함으로써 세바스토폴에 대한 기습의 효과는 사라지지만 안전하고 확실한 길을 택한 것이다. 동맹군은 어렵지 않게 발라클라바를 손에 넣었고 이어서 세바스토폴을 포위했다. 그러나 세바스토폴은 세계에서도 난공불락으로 손꼽히는 요새다. 러시아군은 동맹군과의 해전에서 승산이 없다고 판단한 후 자국의 군함을 모조리 격침시키고 군함에 있던 함포를 세바스토폴의 요새로 옮겨 더욱 튼튼히 방비를 해둔 상태였다. 그 안에서 결사항전의 의지를 불태우니 세바스토폴을 함락한다는 것은 여간 힘든 일이 아니었다.

　이때 알마 전투에서 패배한 멘시코프 장군은 세바스토폴의 포위를 풀기 위하여 우선 동맹군의 보급창고인 발라클라바를 공격하기로 했다. 동맹군의 날카로운 예기를 당해내기도 어렵거니와 먼 길을 온 그들이 보급 없이는 싸울 수 없음을 알고 있기 때문이었다. 이렇게 하여 크림전쟁에서 가장 중요하고 치열했던 세바스토폴 공방전보다도 더욱 유명해진 발라클라바 전투가 1854년 10월 25일 시작되었다. 이 공격에 동원된 러시아 병력은 2만5000 정도였고, 그곳을 수비하는 동맹군 병력은 5000 정도였다. 규모와 전술에서 눈여겨볼 만한 가치도 없었던 이 전투를 그토록 유명하게 만든 것은 소통의 부재 내지 의사전달이 명확하지 않았기 때문에 자살공격으로 끝나고 만 경기병여단의 돌격이었다.

　발라클라바 전투의 승패는 무엇보다도 세바스토폴로부터 크림반도의 남단까지 이어지는 보론조프 도로, 그중에서도 발라클라바 항구로 통할 수 있는 코즈웨이고지를 장악하느냐에 달려 있었다. 코즈웨이고지의 남쪽에는 사우스 밸리가 있고, 북쪽에는 노스 밸리가 있었다. 그리고 노스 밸리의 북쪽에는 페디우킨고지가 있었다. 노스 밸리는 페디우킨고지와 코즈웨이고지의 사이에 있는 셈이었다. 노스 밸리의 좌측에 사령관인 래글런(Raglan)이 위치하고

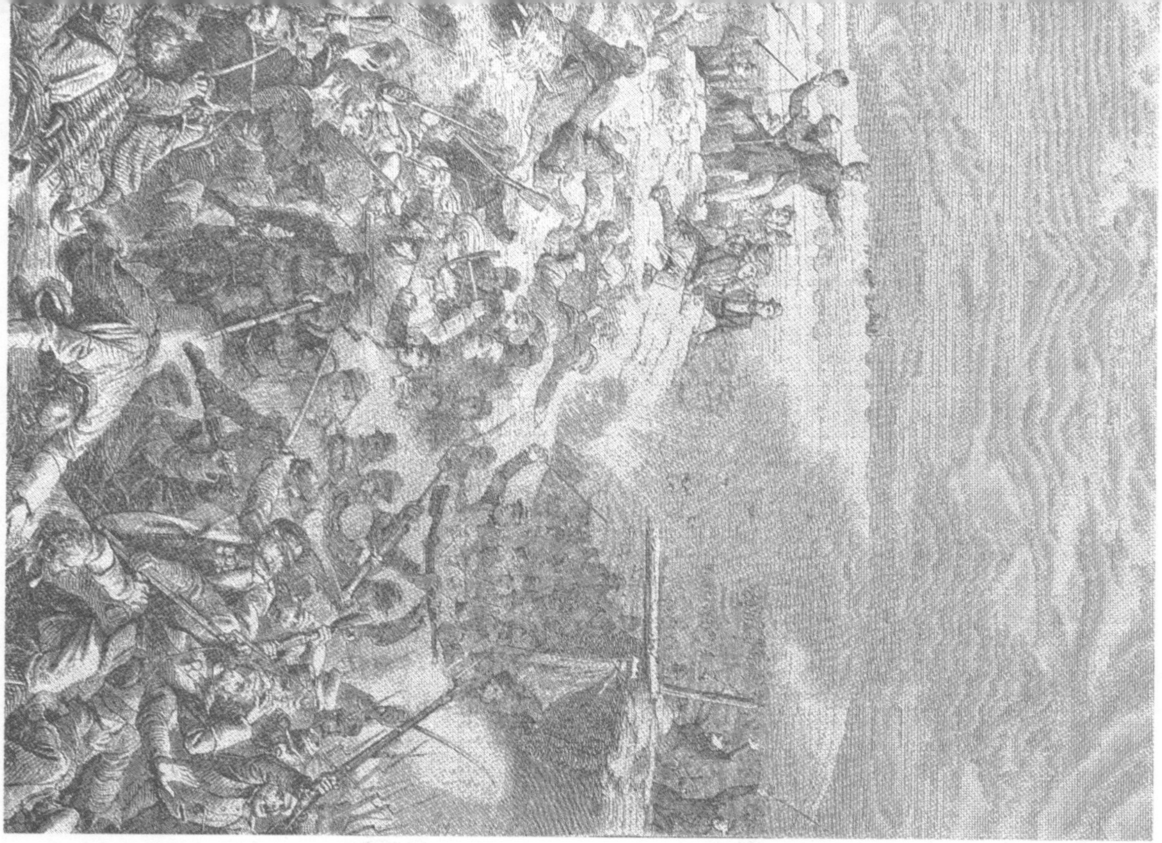

작자 미상, <크림전쟁>

있었으며, 3.5킬로미터 정도 우측에는 러시아군이 위치하고 있었다. 영국군은 양쪽의 계곡을 내려다볼 수 있는 코즈웨이고지의 중요성을 고려하여 그 위에 6개의 보루를 지어 1000명의 오스만 군에게 방어를 맡겨두었다.

당시 영국에서는 군의 요직을 돈으로 사고파는 관행이 있었다. 장군이나 장교가 되기 위해서는 능력과 경험보다 혈통, 인맥과 재력이 더 중요했다. 발라클라바 전투에서 주목해야 할 세 명의 인물들, 즉 영국군 총사령관 래글런 백작, 기병대 사령관 루컨(Lucan) 백작 그리고 경기병대 사령관 카디건(Cardigan) 백작 또한 그러한 시대적 분위기에서 장군이 된 인물들이었다. 특히 래글런 백작은 1852년에 작고한 웰링턴 공작의 밑에서 일했던 인연으로 사령관이 될 수 있었다.

놀랍게도 전장에 있는 래글런 경의 주위에는 남편인 장교를 따라온 부인들이 삥 둘러앉아 있었다. 도대체 전쟁을 하러 온 것인지 놀러 온 것인지 알 수 없을 지경이었다. 루컨 경이 래글런 경에게 38문의 대포를 가진 1만1000명의 러시아군이 발라클라바를 점령하기 위해 코즈웨이의 요새로 진격해 온다는 보고를 했으나 그다지 귀담아 듣지 않았다. 래글런 경은 러시아군의 주력부대가 아직 세바스토폴에 있다고 생각했다. 이때 래글런은 전 전장(戰場)을 둘러볼 수 있는 750미터 높이의 고지에 있었다. 하지만 거기에 있게 된 진짜 이유는 숙녀들에게 러시아군의 총탄이 미치게 할 수는 없었으므로 그곳을 택한 것이었다. 따라서 그의 명령을 전달하는 부관이 부리나케 말을 달려 현장에 도착할 때쯤은 전장의 사정이 변해 있어서 현장의 부하들은 어떻게 명령을 수행해야 할지 어리둥절하기만 했다.

한편 오스만제국군이 무려 열 배에 달하는 러시아군이 코즈웨이고지를 기어오르는 모습을 봤을 때 전의를 상실한 것도 무리는 아니었다. 오스만군은 얼마 싸우지 못하고 도주했으며 6개의 보루 중 4개의 보루와 7문의 대포가 러시아군의 수중으로 넘어갔다. 래글런 경은 코즈웨이고지를 뒤덮는 1만이 넘는 러시아군을 보았을 때 그제야 발라클라바가 러시아군의 목표라는 것을 알게 되었다. 래글런 경의 부주의는 그렇다 쳐도 그 과정을 지켜보는 영국군이 보루를 방어하기 위해 어떠한 움직임도 보이지 않았다는 것도 놀라웠다. 그리고 래글런 경은 그때부터 아군끼리 불통으로 일관되는 명령을 잇따라 내리게 되었다.

래글런 경이 내린 첫 번째 명령은 "기병들은 투르크군이 있는 요새의 두 번째 열 좌측으로 이동하라"는 것이었다. 그런데 이 명령을 받은 기병대 사령관 루컨 경은 어리둥절해지고 말았다. 그도 그럴 것이 고지대에 위치한 래글런 경과 다르게 자신이 위치한 낮은 곳에서는 요새의 두 번째 열은 보이지 않고 투르크군이 그때까지 지키고 있는 두 개의 포대만이 보였던 것이다. 게다가 지금 기병대는 93하이랜더 부대와 함께 발라클라바 항구로 통하는 길목을 지키고 있었다. 래글런 경의 명령대로라면 이 생명줄과 같은 길목을 550명의 스코틀랜드 보병으로 구성된 93하이랜더 부대 홀로 지켜야 하는 것이다.

루컨 경으로서는 신경질이 날 수밖에 없었으나 상관이 내린 명령을 거부할 수는 없는 노릇이었다. 루컨 경이 기병대를 옮겨가자 러시아군은 과연 얼른 4000명의 기병대를 파견하여 코즈웨이고지를 일단 점령했다. 이윽고 러시아 기병대는 그중에서 4개의 기병대대를 파견하여 93하이랜더 부대를 공격했다. 놀랍게도 93하이랜더 부대는 기대 이상의 분투를 했다. 이 부대를 지휘하던 콜린 캠벨 대령은 워낙 병력이 부족했기 때문에 그곳에 누워 있던 100명의 부상자들에게까지 총을 쥐여주었다. 그리고 모든 병사들에게 죽더라도 지금 서 있는 곳에서 싸우다 죽을 것을 명령했다. 실제로 현장에서 도망친 것은 코즈웨이 요새에서 그곳으로 도망쳐 와 있던 투르크군뿐이었다.

크림전쟁뿐만 아니라 훗날 남북전쟁, 보불전쟁까지 취재하여 역사상 최초의 종군기자라 불리는 러셀은 하이랜더 부대원들이 붉은 옷을 입고 길고 얕은 횡대전열을 유지했기 때문에 '얇고 붉은 줄'이라고 그들의 모습을 전했다. 그리고 하이랜더 부대원들은 그들이 보여준 용맹함으로 인하여 강철의 붉은 부대로 역사에 기록되었다. 흔히 보병과 기병의 전투는 전속력으로 달려오는 기병대의 돌진에 겁을 먹은 보병들이 흩어져 도망가고, 기병이 이들을 뒤쫓으며 손쉽게 무찌르는 것이 일반적인 모습이다. 하지만 하이랜더 보병들이 흔들림 없이 맞서자 러시아군은 보병들 뒤에 아마도 대군이 있으니 이렇게 버틸 수 있다고 오판하고 말 머리를 돌려 도주했다.

　　한편 흔들리는 투르크군의 모습을 지켜보던 래글런 경은 두 번째 명령을 내렸다. "드래곤(용기병) 8개 대대를 파견하여 투르크군을 지원하라." 그런데 이 명령이 스칼렛 장군에게 도달했을 때쯤에는 투르크군은 이미 도주 중이었다. 또한 영국 기병대가 투르크군 쪽으로 가기 위해서는 3000명의 러시아 기병대를 정면으로 뚫고 지나가야 했다.

　　스칼렛 장군은 충실하게 래글런 경의 명령을 수행하기로 했다. 하지만 그가 동원할 수 있었던 것은 주위에 있던 300명의 기병뿐이었다. 그러나 스칼렛 장군이 칼을 뽑아들고 돌격을 명령하자 영국 기병은 무려 10배에 달하는 러시아 기병을 상대로 두려워하지 않고 권총을 쏘고 칼을 휘두르며 달려들었다. 영국 기병들이 워낙 사생결단으로 달려들자 러시아 기병들도 그만 멈칫하며 물러나고 말았다. 발라클라바로 향하는 계곡 근처에서 하이랜더 보병은 4개의 러시아 기병대대를 막아냈고, 300명의 영국 기병은 3000명의 러시아 기병을 공격하여 패퇴시킨 것이다. 영국군의 용맹함보다는 러시아군의 무능함이 답답할 지경이었다.

　　영국군의 눈부신 분투가 있던 이때 불과 450미터 거리에는 카디건 경이 이끄는 600명의 경기병들이 러시아 기병대와 영국군의 전투를 지켜보고 있었다. 이 영국 기병들은 수적 열세에도 불구하고 맹렬히 싸우는 아군을 돕기 위해 달려 나가고 싶은 마음이 간절했다. 하지만 이를 막아선 것은 카디건 경이었다. 그는 상관인 루컨 경으로부터 러시아군이 카디건 경을 직접 공격할 때를 제외하고는 현 위치를 고수하라는 명령을 받은 상태였다. 카디건 경이 이런 이유로 가만히 지켜만 보고 있는 사이 러시아 기병대 전체가 패주하며 본진으로 달아나기 시작했다.

카디건 휘하 제17 기병중대장인 모리스 대위는 지금 당장 달아나는 적을 추격하여 섬멸하자고 카디건에게 말했다. 카디건 경은 거듭 자신이 현 위치를 떠나서는 안 된다는 명령을 받았다고 말하자 모리스 대위는 자신의 중대만이라도 공격할 수 있게 해달라고 요청했다. 카디건 경은 그마저도 거절했다. 그러자 모리스 대위는 벌컥 화를 내며 주위를 둘러보고 나중에 당신들이 지금 지켜본 일의 증인이 되어달라고 말했다.

한편 멀리서 러시아 기병대가 후퇴하는 모습을 지켜본 래글런 경은 코즈웨이에 있는 요새를 탈환하기로 하고 루컨 경에게 세 번째 명령을 내렸다. "기병대는 전진하여 고지를 되찾을 기회를 엿보라. 기병대는 두 전선으로 전진하도록 명령을 받은 보병들에 의해 지원받을 것이다." 그런데 이 명령서가 루컨 경에게 도달했을 때는 약간 문장의 변화가 있었다. "기병대는 전진하여 고지를 되찾을 기회를 엿보라. 기병대는 명령을 받은 보병들에 의해 지원받을 것이다. 두 전선으로 전진하라."

이 명령을 받은 루컨 경은 내용의 불명확성으로 인해 당황했다. 첫째는 보병에 의해 지원받는다는 것이 기병이 단독으로 공격한 후 보병에 의해 지원받는다는 것인지 아니면 보병의 지원을 기다렸다가 보병과 함께 공격하라는 것인지, 불분명했다. 둘째는 두 전선이 구체적으로 어디를 가리키는지 명확하지 않았다.

루컨 경은 이때 래글런 경에게 불명확한 구절을 다시 묻는 전령을 보내는 대신 자의적인 판단을 내렸다. 애매한 첫째 부분을 보병의 도착과 함께 공격하라는 의미로 해석한 루컨 경은 지원 오지도 않을 보병을 30분간 기다렸다. 그사이에 경기병대는 노스 밸리로 들어갈 채비를 시켰고 중기병대는 사우스 밸리의 입구에다 배치해뒀다. 이와 같이 루컨 경은 나름대로 래글런 경의 명령을 충실히 이행한다고 생각하고 있었다. 하지만 멀리서 이 모습을 지켜보는 래글런 경은 왜 영국 기병대가 자신의 명령대로 당장 공격하지 않는지 도저히 이해할 수 없었다.

바로 그 순간 래글런의 막료 장교 한 명이 코즈웨이고지의 보루에 있는 러시아군들이 빼앗은 영국군의 대포를 끌고 가고 있다고 소리쳤다. 비록 영국군 보병사단들이 그곳에서 몇 분 거리에 있긴 했지만 래글런 경은 기병대가 재빨리 그것을 막아야 한다고 판단했다. 그는 마지막이자 네 번째 명령을 부관인 에어리 장군에게 구술했다. "래글런 경은 기병대가 전선으로 빨리 전진하기를 바란다. 적을 뒤쫓아서 대포를 가져가는 것을 막으라. 포병부대가 뒤따를 것이다. 프랑스 기병대는 너희들의 왼쪽에 있다."

래글런 경은 놀란(Nolan) 대위에게 이 명령서를 전달하라고 지시했다. 그리고 자신의 세 번째 명령에도 불구하고 꿈쩍도 안하고 있는 루컨 경에 대한 노파심에서인지 놀란 대위의 등 뒤에 대고 "기병대가 즉시 공격해야 한다고 루컨 경에게 전하라"라고 외쳤다.

래글런 경의 명령서를 받은 루컨 경은 이번에도 도대체 무슨 말인지 이해할 수 없었다. 그도 그럴 것이 저지대에 위치해 있었던 루컨 경은 코즈웨이고지에서 대포를 가져가고 있는 러시아군이 보이지 않았던 것이다. 명령서에 고지에 관한 언급이 있었다면 다행이었을 테지만 전선이라는 글귀가 있으니 그가 고개를 갸우뚱거리는 것도 무리는 아니었다. 루컨 경이 어찌해야 할지 몰라 당혹감에 머뭇거리자 이를 지켜보던 놀란 대위는 래글런 경의 마지막 당부를 상기시켰다. "래글런 경의 명령은 기병대는 즉시 공격하라는 것이었습니다."

루컨 백작은 그 말을 듣고 놀란 대위에게 물었다. "어떤 대포를 공격하라는 것인가?" 그런데 놀란 대위의 손이 가리킨 곳은 코즈웨이 보루에 있는 탈취 당한 영국군 대포가 아니라 어처구니없게도 러시아군의 대규모 포대와 병사들이 주둔해 있는 노스 밸리의 끄트머리였다. 계곡 끝자락을 가리키며 루컨 경의 기병대가 향해야 할 대포가 그쪽에 있다는 젊은 대위의 실언이 경기병여단의 자살돌 격으로 이어지고 말았던 것이다.

애송이 대위의 재촉에 자존심이 상한 루컨 경은 더 이상 놀 란 대위와 입씨름하고 싶은 기분이 아니어서 이 문제를 경기병여단 장인 카디건 경과 상의했다. 그러나 이 둘은 사이가 워낙 안 좋아 루 컨 경은 대충 얼버무리고 총사령관의 명령이기 때문에 어쩔 수 없 다는 이유를 대며 공격하기로 했다. 카디건 경 또한 일이 잘못되어 도 루컨 경이 책임질 것이라 생각하며 더 이상 이의를 달지 않았다. 물론 그 둘은 노스 밸리로의 진격이 얼마나 위험한 행위인가를 잘 알고 있었다. 계곡 끝에 있는 12문의 대포는 물론이고 계곡 끝으로 향하는 중에 우측에 있는 코즈웨이고지에서 30문, 좌측의 페디우 킨고지에서 14문의 러시아 대포가 불을 뿜었다. 그럼에도 카디건 경 의 경기병대 670여 명이 3개의 열을 지어 앞장서고 스칼렛 장군의 중기병대가 그 뒤를 받쳐주기로 했다. 이렇게 하여 경기병 여단의 돌격이 결정되었다.

이윽고 경기병대의 돌격이 시작되자 적군뿐만 아니라 아군 에서도 정적이 흘렀다. 그들은 자기들의 눈으로 보는 것을 믿을 수 가 없었다. 래글런 경 또한 영국 기병대가 진격하는 방향을 보고 경 악했다. 그는 기병대가 왜 자신의 명령대로 움직이지 않고 엉뚱한 곳을 향하는지 이해할 수가 없었다. 드디어 영국군 경기병여단이 호랑이의 아가리로 들어가자 삼면에서 도합 56문의 대포들이 불을 뿜기 시작했다. 여기저기에서 영국 기병들은 쓰러지기 시작했지만 그들은 용감하게도 계속 진격했다. 소통이 안 되는 지휘관들은 관두고라도 말단 병사들의 용기는 볼만한 것이었다. 더욱 가관인 것은 앞장선 카디건 경이 루컨 경의 돌격 명령이 없다는 이유로 포화를 피해 전속력으로 달리는 것이 아니라 대열을 유지하며 천천히 전진한다는 것이었다. 그 바람에 영국 기병대는 더욱 손쉬운 표적이 되었다. 여기저기서 쓰러지는 영국군을 보다 못한 프랑스군이 기습부대를 이끌고 페디우킨고지의 러시아 포대를 급습하니 약간이나마 영국군으로 향하는 포화가 덜게 되었다.

　이때 앞의 경기병대가 무너지는 것을 지켜본 루컨 경은 더 이상의 진격은 무의미하다고 판단했다. 그는 중기병대라도 보존하여 후퇴하는 경기병대를 보호해야겠다고 판단하고 중기병대에게 정지 명령을 내렸다. 반대로 앞으로 달려가는 경기병대는 상당수가 포탄에 피격되었지만 놀랍게도 일부는 러시아 포병대에 이르게 되었다. 그들은 포병대를 덮쳐 러시아 포대를 파괴하는 수훈을 세웠다. 하지만 자신들의 후방을 지원하기로 되어 있는 중기병대가 뒤따르지 않는다는 것을 알고 나자 다시 말 머리를 돌려 영국군의 진지로 되돌아갔다. 후퇴하는 영국 기병들의 머리 위에 어김없이 다시 포탄이 떨어졌다. 최종적으로 670명 중에서 194명의 생존자가 전부였다. 이 생존자 중에는 카디건 경도 있었다.

비록 이 경기병여단의 돌격은 사령관들의 불통과 아집으로 인한 비극이었지만 부하들은 정말이지 용감하게 싸웠다. 심지어 말에서 떨어진 부상병들조차 항복을 거부하고 죽을 때까지 싸웠다고 한다. 그들은 겨우 670명의 병력으로 1만 명이 버티는 적진으로 뛰어들어 12문의 포대를 부수고 돌아오는 무훈을 세운 것이다.

얼마 후 러시아군이 물러남으로써 발라클라바 전투는 영국의 승리로 일단락되었다. 발라클라바 전투에서 러시아군은 압도적으로 우세한 병력을 가지고도 영국군에게 여기저기서 밀리는 졸전을 펼친 것이다. 그리고 양측 군대의 무능함은 크림전쟁이 끝날 때까지 그대로 이어졌다. 그 무능함은 발라클라바 전투가 벌어진 1854년 10월부터 세바스토폴이 함락된 1855년 9월까지, 전투에서 사망한 병사보다도 더 많은 병사들이 질병과 동상으로 사망했다는 사실에서도 드러난다. 전술에서뿐만 아니라 위생, 보급과 같은 병참에서도 양측은 졸렬함의 극을 달렸던 것이다.

1855년 1월이 되자 친러 성격의 애버딘 내각이 물러나고, 러시아에 강경책을 주장하던 파머스턴이 수상이 되어 크림전쟁을 이끌게 되었다. 파머스턴(Palmerston, 1784~1865)은 17장 아편전쟁에서 청나라와도 악연이 있던 인물이었다. 같은 달에 사르데냐 왕국도 동맹군 편에 서서 러시아에 선전포고를 하며 1만 명의 병력을 파견했다. 이탈리아에 있는 사르데냐 왕국은 러시아와 사실 아무 이해관계가 없었지만 이후 이탈리아의 통일전쟁에서 영국과 프랑스의

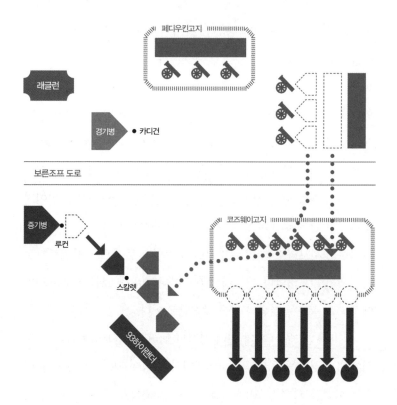

페디우킨고지

래글런

경기병 ● 카디건

보론조프 도로

증기병
루컨

스칼렛

93하이랜더

코즈웨이고지

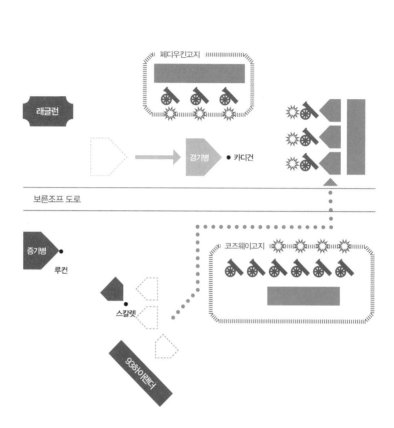

러시아 보병과 기병이 코즈웨이고지를 공격하여 보루 4개와 포대를 탈취했다. 93하이랜더 보병과 스칼렛 기병의 맹렬한 반격에 러시아 기병이 본진으로 도주하자, 카디건의 경기병여단이 자살돌격을 강행했다.

지지를 받기 위해 참전한 것이다.

　　이해 3월 니콜라이 1세는 거듭되는 러시아군의 졸전에 따른 울분으로 사망했다. 일설에는 울화로 자살했다고도 한다. 그의 아들 알렉산드르 2세가 차르가 되어 황위를 잇게 되었다. 1855년 9월 크림전쟁의 절정이었던 세바스토폴 포위전에서 동맹군이 드디어 요새를 함락시키지만 그 과정에서도 양군은 졸전을 거듭했다. 공성전에 기본인 대포도 충분히 갖추지 못한 동맹군은 래글런 경과 프랑스군 사령관 캉로베르의 불화로 불필요한 희생자가 속출하고 말았다. 마찬가지로 러시아의 지원군이 동맹군의 포위를 깨트리기 위해 행한 세바스토폴 바깥에서의 구원 시도도 매번 실패했다.

　　최종적으로 1855년 9월 11일 동맹군은 세바스토폴 시가지를 위에서 훤히 내려다볼 수 있는 말라코프 요새를 점령했다. 이에 러시아군은 스스로 모든 군사시설을 파괴하고 철수함으로써 세바스토폴은 결국 동맹군에게 함락되었다. 이어서 오스트리아와 스웨덴마저 동맹군 편에 서서 참전할 기미를 보이자 드디어 러시아는 항복을 결정했다.

　　1856년 3월에 맺어진 파리 조약으로 크림전쟁은 매듭지어졌다. 크림전쟁은 3년이라는 그다지 길지 않은 기간이었지만 무려 100만이 넘는 사상자가 발생했다. 크림전쟁이 낳은 최대의 수확이라면 종군기자인 러셀이 전장의 현실을 생생히 보도하여 그 후로는 보급과 위생 면에서 이토록 엉터리로 전쟁을 치르지 않는 계기를 마련한 것이다. 마지막으로 크림전쟁이 각국에 끼친 영향을 살펴보면서 이번 장을 마치기로 하겠다.

패전국인 러시아는 파리 조약에 따라 자치국이 된 왈라키아와 몰다비아를 오스만제국에 돌려주게 된다. 그리고 중립지역으로 선포된 흑해에서는 국적을 불문하고 군함의 항해가 금지되었다. 이로써 러시아의 남하정책은 당분간 좌절되고 말았다. 알렉산드르 2세는 이 전쟁에서의 패배로 개혁의 필요성을 절실히 느끼게 되었다. 그 결과 그는 1861년 농노해방령을 발표하여 러시아의 근대화를 가로막는 걸림돌이었던 농노제를 폐지했다. 이는 링컨 대통령이 1863년에 노예해방을 선언한 것보다 2년 빨랐다.

승전국이었던 영국과 프랑스는 각각 2만 명과 10만 명의 사망자가 발생했지만 러시아의 남하를 저지했다는 것을 제외하고는 영토와 배상금에서 딱히 얻은 것도 없었다. 단, 프랑스는 크림전쟁의 승리로 빈 체제의 멍에를 벗어던지고 그간 유럽에서의 고립을 탈피할 수 있었다.

한때 러시아에 의해 해체의 대상이 될 만큼 쇠약해진 오스만제국은 크림전쟁에서 자력이 아닌 외세의 도움으로 승리할 수 있었다. 따라서 비록 승리했지만 제국의 몰락이 몇 십 년 늦춰지는 소득을 얻었을 뿐이다. 실제로 오스만제국은 21년 뒤에 권토중래하는 러시아의 침략을 받으며 유럽 안에 있던 영토를 거의 잃게 된다.

오스트리아는 맹방이었던 러시아를 크림전쟁에서 배반함으로써 10년 뒤에 벌어진 프로이센과의 보오전쟁(1866) 때 러시아의 지지를 받지 못했다. 이렇게 생각한다면 이번 크림전쟁의 최종 승자는 프로이센이라 할 수 있겠다. 프로이센은 크림전쟁에 개입할 아무런 이유가 없었기 때문에 중립을 지킴으로써 국력의 소모도 전혀 없었으며, 어느 국가의 원망도 듣지 않는 어부지리를 얻었기 때문이다. 15년 뒤인 1871년 독일제국을 수립하는 프로이센은 그 전에 보오전쟁과 보불전쟁을 치러야 했다. 그때 프로이센이 무찔러야만 했던 오스트리아와 프랑스가 크림전쟁에서 러시아와 적으로 돌변함으로써 프로이센은 통일전쟁 당시 러시아의 간섭을 받지 않았던 것이다.

제19장

탄넨베르크 전투—억지로 명명된 전투의 대명사

전투는 각자 고유의 이름을 가지고 있다. 그 이름들은 대부분 전투가 발생한 장소의 이름을 따서 지어졌다. 물론 알렉산드로스의 아르벨라 전투와 같이 전장의 연속으로 인해 또는 제2차 세계대전에서의 모스크바 전투나 레이테만 해전과 같이 기술(記述)적 편의상 실제 전장과는 다르게 명명된 예외도 있다. 아니면 나폴레옹이 실제 전장에서 15킬로미터쯤 떨어진 곳에서 승리한 피라미드 전투나 웰링턴이 실제 전장인 몽생장에서 5킬로미터 떨어진 곳에서 승리한 위털루 전투와 같이 승전 보고를 할 때 고의성이 덧붙여져 억지로 명명된 경우도 있다.

　　제1차 세계대전에서도 실제로 전투가 벌어진 곳이 아닌데도 억지로 근처에 있는 다른 곳의 지명을 갖다 붙여 명명한 전투가 있다. 바로 이번 장의 주제인 탄넨베르크 전투다. 이 전투가 실제로 일어났던 곳은 탄넨베르크(Tannenberg)라는 곳에서 동쪽으로 30여 킬로미터 정도 떨어진 프로게나우호수 근처였다. 그런데 1914년 독일군이 러시아군에 대승했던 이 전투를 명명할 때 실제 전장의 이름을 붙이지 않고 꽤나 멀러 떨어진 탄넨베르크의 이름을 갖다 붙인 것은 나름의 이유가 있었다.

500여 년 전인 1410년 독일인들의 조상인 튜튼 기사단은 슬라브족인 폴란드-리투아니아 연합군과 벌였던 탄넨베르크 전투에서 크게 패전했다. 시간이 흘러 1914년 동부전선에서 게르만인들이 슬라브인들을 상대로 거둔 대승을 황제인 빌헬름 2세에게 보고할 때, 독일인들은 과거에 있었던 조상들의 아픈 기억을 달래고자 탄넨베르크 전투라고 명명한 것이다. 즉, 탄넨베르크 전투는 시간과 공간을 억지로 끌어다 맞춰 가장 고의적으로 이름 지어진 전투라 할 수 있다. 이번 장에서는 '20세기 최고의 걸작품'이라 불리며 그 뛰어난 전술로 불멸의 금자탑을 세운 1914년의 탄넨베르크 전투를 살펴볼 것이다.

현대사의 시작은 파리 근처 베르사유궁전에서 프로이센의 빌헬름 1세(Wilhelm I, 1797~1888)가 독일제국의 황제로 즉위한 1871년이다. 독일제국 수립의 일등공신이자 초대 수상인 비스마르크(Otto von Bismarck, 1815~1898)는 통일 이전에 가지고 있던 철혈재상의 이미지를 벗어던지고 이후에는 평화의 사도로 변신했다. 이것은 그가 진짜 평화주의자로 변신했다기보다는 유럽에서의 현상유지가 독일의 국익에 부합되기 때문에 취한 정책이었을 것이다. 나폴레옹이 펼쳤던 가능성의 무한대의 원칙이 실패한 것을 거울삼아, 비스마르크가 끝까지 유지하려 했던 가능성의 한계의 원칙은 이와 같은 맥락에서 이해해야 할 것이다. 그는 이미 독일이 뻗어나갈 수 있는 한계치에 도달했다고 인식했던 것이다.

비스마르크는 무리하지 않고 현상유지정책을 밀고 나감으로써 생기는 여력을 국제적으로 프랑스를 고립시키는 데 쏟아부었다. 그는 보불전쟁(普佛戰爭, 1870~1871)에서 패한 후 와신상담하며 복수를 벼르는 프랑스가 독일에 가장 위험하다고 판단했다. 그와 함께 그는 영국을 자극하지 않으려고 노력했다. 비스마르크가 함대의 건설과 식민지 개척에 소극적이었던 것은 무엇보다도 영국을 의식해서였다. 냉혹하고 현실적인 그는 유럽의 역사에서 치고 나가는 국가, 그러니까 유럽의 세력균형을 깨트리는 국가가 유럽 각국의 견제와 집중포화를 받아왔던 것을 잘 알고 있었다. 그러한 그의 노력이 빌헬름 1세 시절에는 주효했으나 손자인 빌헬름 2세(Wilhelm II, 1859~1941)에 이르러 물거품이 되고 말았다.

빌헬름 2세는 태어날 때부터 왼팔이 기형이었다. 그래서인지 일평생 그가 찍은 사진들을 보면 왼팔을 감추기 위한 흔적을 엿볼 수 있다. 빌헬름 2세가 즉위와 동시에 선대의 정책을 뒤집고 적극적인 해외팽창을 추구했던 것은 그의 몸에 흐르는 선천적인 군인의 자질 때문일 수도 있다. 그는 즉위 후 얼마 안 되어 노련한 수상 비스마르크를 해임하고 독단적인 정국 운영을 시작했다. 적극적으로 해외팽창을 추구하는 빌헬름 2세의 정책은 국내 민족주의자와 자본가의 지지를 받았다. 하지만 그 결과 독일 스스로를 고립시키고 마는데, 대표적인 것이 3B 정책과 모로코 사건이었다.

3B 정책은 중동지역의 이권 개발을 목표로 베를린(Berlin), 비잔티움(Byzantium), 바그다드(Baghdad)를 철도로 연결하는 정책이다. 이러한 동진정책은 러시아의 남하정책과 영국의 3C 정책과 충돌했고, 자연히 러시아와 영국은 독일과 대립하게 되었다. 3C 정책은 캘커타(Calcutta), 카이로(Cairo), 케이프타운(Capetown)을 연결하는 정책이다. 빌헬름 2세가 열강을 다시 자극한 모로코 사건이란, 북서아프리카의 모로코를 두고 2차례에 걸쳐 프랑스와 대립한 사건이다. 여기에서 영국이 프랑스를 지지하면서 아슬아슬한 순간은 넘겼지만 독일에 대항하는 영국과 프랑스의 결속이 더욱 공고해졌다. 이렇게 독일이 연이어 제국주의적 야욕을 드러냄에 따라 유럽 열강들은 차츰 독일을 경계하게 되었다. 하지만 빌헬름 2세가 둔 최악의 수는 대양해군의 양성일 것이다.

1890년 미국에서는 마한(Mahan) 제독이 『역사에 끼치는 해양력의 영향(*The Influence of Sea Power upon History*)』을 통해 앞으로 미국이 해군력을 증강시켜 제국주의를 펼쳐야 한다고 주장한 바 있다. 이 책을 읽고 큰 영향을 받은 두 사람이 미국의 루스벨트 대통령과 빌헬름 2세다. 마한의 저술에 심취한 시어도어 루스벨트(Theodore Roosevelt, 1858~1919)는 미서전쟁(美西戰爭, 1898)을 강력히 추진했던 제국주의의 대표적 인물이다. 빌헬름 2세 또한 마한의 저서에 탐닉한 결과 영국에 필적하는 해군을 갖길 바라면서 대형 군함의 건조에 착수했다. 어쩌면 빌헬름 2세는 기원전 3세기 이탈리아반도를 통일했지만 당시 해군력이 전무했던 로마가 바다로 진출하면서 기존의 해양 강국이던 카르타고를 정복한 일을 떠올렸는지도 모를 일이다.

마한의 책은 빌헬름 2세라는 한 사람이 아니라 독일, 더 나아가 전 세계의 역사를 바꿔버린 셈이다. 빌헬름 2세의 이러한 해군력 증강에 가장 예민하게 반응한 나라는 물론 영국이었다. 강력한 해군이야말로 영국을 방어하고 지탱해주는 생명줄과도 같은 것이었다. 그런데 감히 영국 해군을 뛰어넘겠다는 독일을 영국이 적대시하게 된 것은 당연했다.

연이어 악수를 두던 빌헬름 2세는 비스마르크가 동서 양쪽에 적을 만들지 않기 위하여 러시아와 맺었던 재보장 조약의 갱신을 거부하며 파기하고 말았다. 이때 프랑스가 기회를 놓치지 않고 적극적으로 러시아와 동맹을 추진하여 1894년에 러·프 협상을 성사시키는 데 성공했다. 이로써 비스마르크가 가장 두려워했던 동서 양쪽에 적을 두는 상황이 되고 말았다. 이어서 1904년에는 영·프 협상이 체결되었고, 1907년에는 영국과 러시아가 크림전쟁 이후의 기나긴 반목을 접고 영·러 협상을 체결했다. 이로써 이전에 독일·오스트리아·이탈리아가 1882년에 체결했던 삼국동맹은 영국·프랑스·러시아의 삼국협상과 대립하는 형세가 되었다.

유럽 열강들이 군비 경쟁과 식민지 경쟁을 벌이며 이해관계에 따라 서로 동맹관계를 체결하니 차츰 대규모 전쟁도 불사하겠다는 의식이 싹트기 시작했다. 유럽 열강들은 이제 대규모 전쟁이 다가왔다고 판단하고 이에 대한 전략을 수립하는데 그 대부분이 공격 지향적이었다. 이것은 전쟁이 일어나도 단기간 내에 충분히 승리할 수 있다고 낙관했기 때문이다. 그 예는 독일의 슐리펜 작전, 프랑스의 17계획, 러시아의 A·G계획 그리고 오스트리아의 B·R계획이다.

유럽에 본격적으로 전운의 먹구름을 몰고 온 것은 발칸반도의 급박한 상황이었다. 수백 년간 오스만제국의 영토였던 이곳은 인종, 종교와 언어가 상이한 수많은 민족들이 독립하면서 서로 간 분쟁으로 조용한 날이 없던 곳이었다. 특히 발칸반도에 국경을 접한 러시아와 오스트리아가 이곳에 군침을 흘리며 진출할 기회를 노리니 양국은 자연스레 불편한 관계가 되었다. 그러나 범슬라브주의와 범게르만주의를 명분으로 내세우는 두 강대국이 처음부터 직접 부딪친 것은 아니었다.

현대편

역사를 살펴보면 강대국들이 처음부터 직접 싸우기보다는 가운데에 끼인 약소국의 분쟁에 개입했다가 이것이 점차 강대국들의 전면전으로 비화된 경우를 볼 수 있다. 포에니전쟁은 시칠리아에 있던 시라쿠사와 메시나의 분쟁이 로마와 카르타고의 분쟁으로 커진 것이고, 청일전쟁은 조선 내부의 분쟁에 청과 일본이 끼어들면서 벌어졌다. 제1차 세계대전에서도 전쟁 발발의 촉매제 역할을 한 약소국이 발칸반도에 있었으니 바로 세르비아다.

세르비아는 14세기에 발칸반도의 절반 이상을 지배하며 황제를 칭할 정도로 번영을 자랑하던 나라였다. 그러나 1389년 당시의 신흥 강국이던 오스만제국과 벌였던 코소보 전투에서 크게 패하면서 나라를 뺏겼다가, 19세기 말 러시아-투르크 전쟁을 계기로 다시 독립을 쟁취했다. 독립을 이룬 세르비아는 대세르비아주의를 부르짖으며 슬라브족의 주도로 과거와 같은 제국을 건설하고자 했다. 그러던 차에 1908년 오스트리아 제국이 슬라브족이 거주하는 보스니아와 헤르체고비나를 합병한 사건은 세르비아의 분노를 자극했다. 그러나 세르비아가 단독으로 맞서기에 오스트리아제국은 너무나 강력한 상대였다. 결국 세르비아 민족주의자들은 암살이나 테러와 같은 전략으로 오스트리아에 맞서려고 했다. 그러한 세르비아의 뒤에는 범슬라브주의의 맏형인 러시아가 버티고 있었다.

제1차 세계대전의 직접적인 도화선은 1914년 6월 28일 일어난 사라예보 사건이다. 이것은 보스니아의 수도 사라예보(Sarajevo)

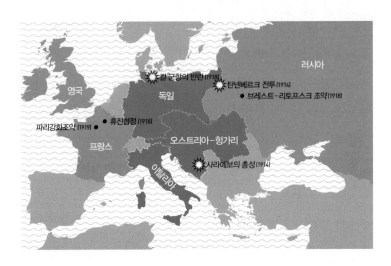

러시아

영국

킬 군항의 반란 (1918)

독일

탄넨베르크 전투 (1914)

브레스트-리토프스크 조약 (1918)

파리강화조약 (1919)

휴전협정 (1918)

오스트리아-헝가리

프랑스

이탈리아

사라예보의 총성 (1914)

✖ 제1차 세계대전 당시 유럽의 정세

를 방문한 오스트리아 황태자 페르디난트 부부를 세르비아의 가
브릴로 프린치프(Gavrilo Princip)라는 19살 소년이 암살한 사건이다.
오스트리아는 거의 한 달이나 지난 7월 23일이 되어서야 세르비아
에 10개조로 된 최후통첩을 보냈다. 이에 대해 세르비아는 다른 것
은 다 수용하겠지만 범죄인 재판에 오스트리아 관원이 참여한다는
조항은 독립국의 주권을 명백히 침해하는 것이기 때문에 받아들일
수 없다고 답변했다. 그러자 오스트리아는 7월 28일 세르비아에 선
전포고했다. 이에 대항하여 세르비아를 지원하는 러시아가 동원령
을 내리자 독일은 전쟁을 발칸반도에 국한시키기 위하여 러시아에
게 동원령을 취소할 것을 요구했다. 러시아가 독일의 요구를 거부하

현대편

자 8월 1일 독일은 러시아에 선전포고했다. 이어 러시아의 동맹국인 프랑스가 러시아와의 동맹규약에 따라 동원령을 내리자 8월 3일 독일은 프랑스에 선전포고를 했다.

독일은 파리를 공격한다면 벨기에를 거치지 않고는 기동이 제한되기 때문에 벨기에에게 길을 빌려달라고 요구했다. 하지만 벨기에는 이를 거절했다. 영국은 만일 독일이 벨기에를 침입하면 참전하겠다고 공언했다. 하지만 독일은 영국의 경고를 무시하고 벨기에를 침공했다. 이로 인해 8월 4일 영국이 독일에 선전포고했고, 멀리 극동에서는 영일동맹을 이유로 일본이 독일에 8월 23일 선전포고했다. 그해 11월에는 친독일 성향이던 오스만제국이 동맹군의 일원으로 참전했고, 1915년에는 이탈리아가 삼국동맹을 깨트리고 연합군 편에 서서 참전했다. 물론 사라예보 사건이 없었더라도 어차피 제1차 세계대전은 일어났을 것이다. 열강의 지도자들이 세계대전을 바란 것은 아니었지만 그들은 이 전쟁이 한판 해볼 만하다고 판단하고 구태여 애써 피하려고도 하지 않았기 때문이다.

군사학적 관점에서 제1차 세계대전의 전개과정을 이해하는 데 가장 중요한 것은 독일의 슐리펜 작전(Schlieffen Plan)이다. 제1차 세계대전의 흐름을 결정지은 슐리펜 작전에 관해 개요 정도는 알고 있어야 이번 장에서 설명할 탄넨베르크 전투가 벌어진 배경을 알수 있으니 간단하게나마 정리하겠다.

1894년 러·프 협상이 체결되면서 독일 군부는 양면 전쟁을 기정사실로 받아들이고 이에 대한 대책을 마련하게 되었다. 양면 전쟁은 피하면 좋겠지만 부득불 치러야만 한다면 어느 쪽을 먼저 상대할 것인가가 문제였다. 분산된 적을 동시에 상대할 수는 없고, 우선순위에 따라 적을 각개 격파하는 것이 전략의 기초다. 독일 육군참모본부는 더 강력한 적인 프랑스를 꺾은 후에 약한 러시아를 상대하기로 결정했다. 이를 위해 마련한 것이 저 유명한 슐리펜 작전이다.

　이 작전명은 몰트케를 이어 독일군 참모총장에 취임한 슐리펜(Schlieffen, 1833~1913) 백작이 마련한 것이기 때문에 그의 이름을 따서 명명된 것이다. 슐리펜은 러시아의 후진성 및 미비한 철로 등을 감안할 때 러시아가 대군을 동원하여 국경에 집결시키는 데 6주가 소요될 것으로 보았다. 그 안에 서부전선에서 프랑스를 신속히 무너트린 후 발달된 독일의 철도를 이용해 신속히 전군을 러시아 전선으로 집중시켜 양면 전쟁을 모두 승리로 이끈다는 계획이었다. 그렇다면 무엇보다도 먼저 6주 안에 프랑스를 어떻게든 무너트려야 한다. 이를 위해 슐리펜 백작은 자신이 심도 있게 연구해왔으며 전쟁 역사상 포위섬멸전의 대명사로 불리는 칸나에 전투를 프랑스 전선에 적용시키기로 했다. 그는 정면공격으로는 결정적인 성과를 얻을 수 없으며 역사상 이름 높은 섬멸전들의 대부분이 적의 측면이나 후방을 겨냥해서 얻어진 것임에 주목했다. 칸나에 전투에서는 카르타고 보병이 로마군의 주력을 막아내며 견제하는 사이 카르타고 기병이 적의 측면을 무찌르고 배후로부터 포위망을 형성하여 로마군을 섬멸했다.

이와 같이 슐리펜 작전에서의 대프랑스 전략은 독일군 일부 부대가 프랑스군의 정면공격을 막아내는 사이, 다른 주력부대의 우회기동을 통해 배후로부터 파리를 함락시킨 후 프랑스의 항복을 받아낸다는 것이다. 이런 계획을 세울 수 있었던 것은 슐리펜이 프랑스군의 움직임을 훤히 예상할 수 있었기 때문이었다. 그가 생각하기에 보불전쟁의 패배로 복수심에 불타는 프랑스군은 방어가 아닌 공격으로 나올 것인데, 아마도 그 주공은 알자스로렌 방향일 것이다. 알자스로렌(Alsace–Lorraine)은 보불전쟁의 패배로 독일에 할양했기에 프랑스로서는 수복을 바라는 곳이기 때문이다. 실제로 프랑스군은 전쟁이 발발하자 그들의 '17계획'에 따라 슐리펜의 예측대로 움직였다.

요약하자면 슐리펜 작전은 이러하다. 당시 독일은 1군에서 8군까지 8개의 군을 보유하고 있었다. 이 중 7개 군(1~7군)을 서부전선에 배치하고, 동부전선에는 6주 동안 러시아군을 막는 데 필요한 최소한의 병력인 1개 군(8군)을 배치했다. 이때 서부전선에서는 6군에 소속된 5개 군단을 프랑스군의 맹공이 예상되는 알자스로렌의 정면에 배치했고, 그 우측에는 1군~5군 소속 35개 군단을 배치했다. 프랑스 전선에서 군단 수를 보면 좌익 대 우익의 비율이 1대 7이니 우익에 압도적 병력이 배치되어 있음을 알 수 있다. 이 우익의 5개

군이야말로 우회기동을 위한 회심의 카드라 할 수 있다. 슐리펜 백작이 임종하며 남긴 유언도 "전쟁은 반드시 일어난다. 우익을 강화하라"라는 말이었다.

전쟁이 발발한다면 6군은 프랑스군의 공격을 견디지 못하고 뒤로 밀려나며 프랑스군의 주력을 깊숙이 끌어들일 것이다. 그사이 1군~5군이 벨기에를 경유하는 우회기동을 실시하여 파리를 함락시킨 후 6군과 교전 중인 프랑스군의 배후로 접근하여 포위망을 완성하여 섬멸할 것이다. 이 경우 1군~5군의 진군로에 위치한 벨기에를 거쳐야 했기 때문에 벨기에의 중립이 존중될 수 없는 상황이었다. 때문에 독일은 벨기에를 침범하지 말라는 영국의 경고를 무시할 수밖에 없었다.

전쟁이 발발하자 독일군은 일단 벨기에를 통해 프랑스 영토로 침입하는 데 성공했다. 하지만 그 과정에서 예상 밖으로 완강했던 벨기에의 저항으로 귀중한 시간을 낭비하면서 기습의 효과를 잃고 말았다. 그와 함께 영국은 벨기에의 중립을 훼손한 독일에 선전포고를 하며 참전했다. 한편 프랑스는 자국 내로 침입한 독일군의 압력을 줄이기 위하여 러시아의 조속한 참전을 촉구했다. 러시아는 기꺼이 이에 응하기로 했다.

슐리펜 계획에 따라 독일의 8군이 배치된 동부전선의 상황을 살펴보기로 하자. 프랑스의 참전 요구를 받자 러시아 황제 니콜라이 2세(Nikolai II, 1868~1918)는 대군을 동원하여 즉시 독일을 공격하기로 했다. 제정 러시아의 마지막 황제인 니콜라이 2세는 그의 실정으로 인한 로마노프 왕조의 몰락과 치렀던 전쟁(러일전쟁, 제1차 세계대전)의 잇따른 패배를 맛봐야 했다. 황제는 러시아군이 충분히 준비되지 않았는데도 프랑스와의 동맹관계를 의식해 독일로 진군을 명령했다. 이로 인해 러시아군은 보급·위생·무기 등 병참에서 많은 문제가 발생할 수밖에 없었다.

러시아는 서부전선에 2개의 전선군(방면군이라고도 하며 보통 원수급이 지휘)을 두고 있었다. 그것은 독일군에 대항하는 질린스키 휘하의 북서전선군과 오스트리아군에 대항하는 이바노프 휘하의 남서전선군이다. 이 중 독일 8군 15만 명이 상대해야 할 북서전선군은 렌넨캄프(Rennenkampf) 휘하의 1군과 삼소노프(Samsonov) 휘하의 2군으로 구성되어 있으며 이들은 각각 20만이 넘는 병력이었다. 즉, 독일 8군은 15만 명으로 거의 세 배에 달하는 적을 막아야 하는 상황이었다. 질린스키 사령관은 렌넨캄프가 쾨니히스베르크(Königsberg)로 진격하여 독일 8군을 붙들어두는 사이에 삼소노프가 남쪽으로부터 우회기동하여 독일 8군을 포위하여 섬멸한다는 계획을 갖고 있었다. 이 계획이 성공하려면 1군 사령관 렌넨캄프와 2군 사령관 삼소노프의 긴밀한 협조가 필수적이지만 이 둘은 이전부터 사이가 나빴다. 러시아 수뇌부는 이 둘을 애초부터 같은 전선에 있지 말도록 했어야 하는데도 그러지 않았으니 인선에서부터 독일에 패배한 셈이다.

8월 15일 드디어 렌넨캄프가 북쪽에서 독일 국경을 넘었고, 삼소노프는 5일 뒤에 남쪽에서 국경을 넘었다. 이 둘이 진군하는 길목에는 마수리안(Masurian) 호수가 남북으로 기다랗게 가로놓여 있었다. 호수 사이사이에 진군로가 몇 개 있었지만 그 좁은 틈새는 이미 독일군이 요새화시켜 길목을 차단해놓았다. 어쩔 수 없이 둘은 호수를 사이에 두고 갈라져 렌넨캄프의 1군은 호수의 북쪽으로, 삼소노프의 2군은 남쪽으로 진군해야 했다. 이때 남쪽에 늪과 호수가 많았고 삼소노프의 부대는 보급문제가 심각했기 때문에 2군의 진격속도는 더디기만 했다.

독일 8군 사령관 프리트비츠(Prittwitz)는 이 사실을 알고 러시아 2군이 1군에 합류하기 전에 먼저 러시아 1군을 대적하기로 했다. 8군 예하에는 1군단(프랑수아), 1예비군단(벨로브), 17군단(마켄젠), 20군단(슐츠)의 4개 군단이 있었다. 프리트비츠는 러시아군을 좀 더 깊게 끌어들인 후 전투를 벌일 계획이었다. 그러나 용맹하기로 이름난 1군단장 프랑수아는 러시아인들이 이른바 독일인들의 신성한 땅을 밟았다는 사실에 분개하여 단독으로 스탈루포넨(Stalluponen)에서 소규모 접전을 벌이게 되었다. 이 전투에서 독일군이 얻은 가장 큰 수확은 포로를 심문한 결과 북서전선군 총사령관인 질린스키가 암호도 없이 무선으로 지시를 내린다는 사실을 알아낸 것이다.

1896년 이탈리아의 마르코니(Marconi)가 사상 최초로 무선

통신을 발명한 이래로 전장에서도 무선을 사용하기 시작했다. 그러나 질린스키의 치명적인 실수는 적도 통신을 도청할 수 있기 때문에 반드시 암호를 사용해야 함을 미처 몰랐던 것이다. 독일군은 암호도 없는 러시아군의 무선통신을 도청함으로써 그들의 움직임을 손바닥 들여다보듯 알 수 있었다.

스탈루포넨에서 독일군의 작은 저항을 받았지만 렌넨캄프는 8월 19일 굼빈넨(Gumbinnen)에 도착할 수 있었다. 1군단장 프랑수아는 프리트비츠를 설득하여 굼빈넨에서 러시아군과 일대 결전을 벌이기로 했다. 탄넨베르크 전투의 서전이라 할 수 있는 굼빈넨 전투에서 양익에 위치한 독일의 1군단과 1예비군단은 러시아군을 분쇄할 수 있었지만 중앙에 위치한 17군단은 러시아군에게 격퇴되고 말았다. 누구의 승리라고 볼 수도 없었기에 프리트비츠는 전투를 계속해야 할지 망설였다. 그때 삼소노프의 2군이 마수리안호의 남쪽을 지났다는 소식이 들어왔다. 삼소노프에 의해 독일 8군의 우측이 공격받을 가능성이 커졌기 때문에 프리트비츠는 굼빈넨 전투를 중단하고 서쪽에 있는 비스툴라강 서안으로 후퇴하기로 했다. 그는 독일군 총사령부에 그와 같은 의견을 타전하면서 엄청난 러시아군의 공세를 막아낼 추가 병력을 요청했다.

프리트비츠로부터 보고를 받은 독일군 총사령부는 공황상태에 빠져들었다. 러시아군의 동원이 6주는 걸릴 것으로 예상했는데, 단 2주 만에 국경을 넘었기 때문이다. 거기에 더해 슐리펜 작전에 의하면 서부전선에서 승리할 때까지 동부전선에서 버텨줘야 하는데 8군 사령관 프리트비츠가 후퇴하겠다고 하니 이것은 슐리펜 작전의 백지화를 의미했다.

당시의 독일군 참모총장은 몰트케였다. 그는 비스마르크, 론과 함께 독일 통일의 3대 영웅이라 불리는 몰트케(Helmuth von Moltke, 1800~1891)의 조카다. 흔히 삼촌을 대(大)몰트케, 조카를 소(小)몰트케라고 부른다. 소몰트케는 프리트비츠의 후퇴 제의를 일축하고 동부전선을 무슨 일이 있어도 지켜내기로 결심했다. 이것은 동부전선의 전략적 중요성만이 아니라 동프로이센이 독일 민족의 발원지라는 상징성이 있었기 때문이다. 독일인들이 자신들의 뿌리라고 여기는 튜튼 기사단은 동프로이센의 쾨니히스베르크(지금 러시아의 칼리니그라드)를 중심으로 나라를 건국했다. 역대 프로이센 국왕들이 대관식은 쾨니히스베르크에서 치를 만큼 동프로이센은 독일 민족의 성지와도 같은 곳이었다.

몰트케는 동부전선 방어를 결심하고 8군 사령관인 프리트비츠와 참모장인 발더제를 해임했다. 그리고 신임 8군 사령관에는 퇴역한 군인인 힌덴부르크(Hindenburg, 1847~1934)를, 신임 참모장에는 벨기에 전선에서 큰 공을 세웠던 루덴도르프(Ludendorff, 1865~1937)를 임명했다. 먼저 빌헬름 2세가 67세의 퇴역장군인 힌덴부르크에게 "다시 출근할 의사가 있는가?"라고 묻는 짧은 전보를 보냈다. 힌덴부르크 역시 "저는 준비됐습니다"라고 짧게 전보로 답하며 동부전선에 부임하게 되었다. 그는 신임 8군 사령관으로 임명된 지 겨우 12시간 만에 하노버역에서 루덴도르프를 만나 열차를 타고 전선으로 향했다.

프리트비츠가 해임된 날이 8월 20일이고 힌덴부르크와 루덴도르프가 8군 사령부에 부임한 날이 8월 23일이다. 참모장인 루덴도르프는 3일이라는 귀중한 시간 동안 열차 안에서 머리를 싸매고 러시아군을 격퇴할 작전계획을 수립했다. 그런데 놀랍게도 그가 기차 안에서 기획한 대러시아 전략이 현장에 도착해보니 이미 실행되고 있는 것이었다. 바로 가까이서 대화를 주고받거나 한 듯이 루덴도르프의 의중 그대로의 작전계획을 현장에서 수립하고 실행한 인물은 8군 작전참모인 호프만(Hoffmann, 1869~1927) 중령이었다. 그는 상관인 프리트비츠가 엄청난 규모의 러시아군에 질려 후퇴할 때 오히려 8군 단독만으로도 충분히 러시아군을 격파할 수 있다고 믿고 있었다. 그것은 러시아 1군과 2군이 집결하기 전에 각개 격파할 수 있다는 계획에 바탕을 둔 것이었다.

러시아 사정에 정통했던 호프만이 그러한 전략을 수립할 수 있었던 것은 렌넨캄프와 삼소노프의 앙숙 관계가 여전함을 알고 그둘이 결코 협조하지 않을 것이라고 확신했기 때문이다.

그리하여 수립된 호프만의 계획은 다음과 같다. 그는 먼저 무찌를 대상을 삼소노프의 2군으로 선정했다. 그것은 2군이 서쪽의 비스툴라강에 독일군보다 120킬로미터 가까이 접근해 있어서 독일군을 배후나 측면에서 위협할 위험이 높았기 때문이었다. 또한 남쪽으로 진군하는 2군이 별다른 보급도 없이 8월의 무더위 속에서 늪과 호수지대를 통과하느라 기진맥진해 있었던 점도 고려했다.

이때 독일군이 러시아군의 통신을 도청한 결과 북쪽에 위치한 렌넨캄프의 1군은 쾨니히스베르크로 진격하는 것이 확인되었다. 호프만은 겨우 기병 1개 사단만으로 렌넨캄프의 1군을 견제하도록 하고, 가용 가능한 병력을 모조리 남쪽으로 보내 2군을 포위 섬멸할 계획이었다. 다행히 8군 사령관이던 프리트비츠가 지휘봉을 힌덴부르크에게 넘기기 전에 호프만의 작전계획을 승인해줬다. 따라서 힌덴부르크와 루덴도르프가 현장에 도착할 때쯤 호프만의 계획에 따라 8군 병력은 신속히 남쪽으로 이동하던 중이었다.

힌덴부르크와 루덴도르프는 당연히 독일 8군이 후퇴하고 있을 줄 알았다. 그렇지만 현장에 도착해보니 반격작전이 이미 수립되어 있었고, 더 놀라운 것은 그 작전계획이 자신들의 뜻에 부합되는 것이었다. 힌덴부르크는 즉시 호프만이 수립한 계획을 승인해주었는데 그 구체적인 내용은 다음과 같다. 그때까지 삼소노프를 견제 중이던 숄츠의 20군단이 계속 삼소노프의 맹공을 견디어주며 적을 고착시켜놓기로 했다. 이때 20군단의 목표는 승리가 아니라 무너지지 않는 것이기 때문에 가급적 전투를 회피해야 한다. 그 사이에 맹장 프랑수아가 이끄는 1군단은 크게 서남쪽으로 우회하여 러시아 2군의 좌측으로 진격한다. 그리고 1예비군단과 17군단은 러시아군의 우측으로 진격한다. 그리고 1군단, 1예비군단, 17군단 3개 군단은 가능하다면 러시아군의 배후로 진격하여 포위망을 형성하도록 했다. 이 계획이 성공하려면 2가지가 선행돼야 했다.

첫째는 독일군이 삼소노프의 2군을 무찌를 때까지 렌넨캄프의 1군이 2군을 도우러 남하하지 않아야 한다는 것이다. 1군을 견제하기 위하여 남겨놓은 독일의 1개 기병사단으로 그들을 막는다는 것은 사실상 불가능한 일이다. 하지만 호프만은 렌넨캄프가 사이가 안 좋은 삼소노프를 절대 돕지 않을 것이라 확신했다. 독일 기병 1개 사단은 단지 먼지만 휘날리면 대군이 있는 척하며 위장전술을 펼쳤다.

둘째는 양익포위를 시도할 3개 군단이 신속히 러시아 2군과 대결할 남쪽의 전장으로 이동할 수 있어야 한다는 것이다. 다행히 독일은 유럽 어느 국가보다도 철도가 발달되어 있었다. 러시아군이 걸어서 이동할 때 독일군은 철도를 이용하니 체력과 시간 모두를 아낄 수 있었다. 호프만 중령이 세운 작전에 따라 독일군 10만 명은 철도를 이용해 불과 며칠 만에 원하는 전장에 도착할 수 있었다.

한편 북쪽에 위치한 렌넨캄프의 1군은 굼빈넨 전투의 승리에 도취되어 계속 꾸물대고만 있었다. 그들은 눈앞에 있던 독일 8군이 사라진 것은 아마도 쾨니히스베르크로 후퇴했기 때문이라고 오판했다. 이때 남쪽에 위치한 삼소노프는 상관인 질린스키의 독촉에 따라 서진하고 있었지만 보급 부족으로 이미 한계에 다다르고 있었다. 삼소노프는 그나마 철도를 통해 보급이 가능한 졸다우(Soldau) 방향으로 진군했다. 하지만 이것은 렌넨캄프와의 합류를 더욱 멀어지게 하는 것이었다. 그리고 이것이 독일이 탄넨베르크 전투라고 기록했던 전투를 러시아 측에서는 졸다우 전투라고 기록한 이유이기도 하다.

8월 26일 드디어 삼소노프는 독일군을 발견하고 공격을 명령했다. 이때 서쪽에 포진한 독일 8군과 동쪽에 포진한 러시아 2군의 모습은 대략 다음과 같다. 먼저 독일군은 남쪽에 1군단, 중앙에 20군단, 북쪽에는 1예비군단과 17군단이 위치했다. 러시아 2군은 남쪽에 1군단, 중앙에 13군단, 15군단, 23군단이 있었고 북쪽에는 6군단이 있었다. 딱 봐도 중앙은 러시아군이 압도적으로 강하고 북쪽은 독일군이 상대적으로 강하다. 그리고 남쪽은 각각 1개 군단으로 동일하지만 독일 1군단이 러시아 1군단보다 더욱 정예하고 사기도 왕성했다.

당연히 삼소노프는 중앙돌파를 노리며 눈앞에 있는 독일의 20군단에 맹공을 퍼부었다. 하지만 20군단 병사들은 바로 그 고장 출신이었기 때문에 고향을 지키고자 맹렬히 저항했다. 이사이 남쪽의 독일 1군단은 프랑수아 군단장의 지휘하에 러시아 1군단을 패주시켰고, 북쪽에서도 독일의 17군단과 1예비군단이 러시아 6군단을 패주시켰다. 이로써 중앙으로 깊숙이 들어간 러시아 3개 군단의 양

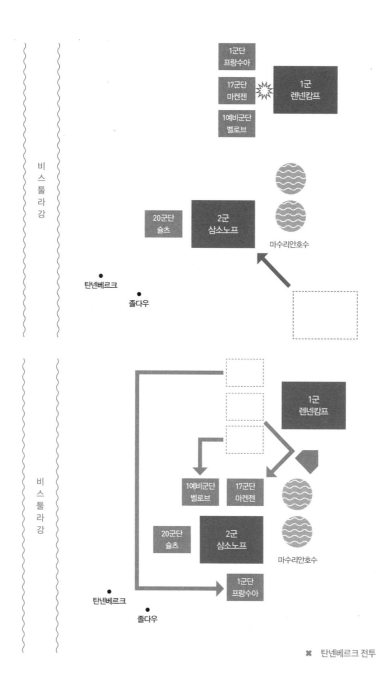

비스툴라강

1군단
프랑수아

17군단
마켄젠

1예비군단
벨로브

1군
렌넨캄프

2군
삼소노프

20군단
숄츠

마수리안호수

탄넨베르크

졸다우

비스툴라강

1군
렌넨캄프

1예비군단
벨로브

17군단
마켄젠

20군단
숄츠

2군
삼소노프

마수리안호수

1군단
프랑수아

탄넨베르크

졸다우

✖ 탄넨베르크 전투

날개가 잘려져 나가고 말았다. 삼소노프 역시 이 사실을 알게 되었지만 배후가 포위될 위험을 애써 의식하지 못하고 최대한 빨리 후퇴하지 않은 것이 화근이었다.

결국 프랑수아 1군단이 러시아군의 배후로 기동하여 빌렌베르크란 곳에서 남쪽으로 내려오던 마켄젠의 17군단과 합류하는 데 성공했다. 이로써 독일 8군은 러시아 2군에 대한 포위망을 완성하게 된 것이다. 포위망 안에 갇힌 삼소노프는 렌넨캄프에게 구원을 요청했지만 렌넨캄프는 끝내 이에 응하지 않았다. 거듭된 삼소노프의 구원 요청은 외면당했고 갈수록 포위망이 좁혀져 오며 러시아 2군의 머리 위로는 포탄이 떨어지기 시작했다. 러시아 2군도 사력을 다해 포위망을 뚫으려 노력했지만 결국 포위망 안에 갇힌 러시아 3개 군단은 8월 31일 항복하고 말았다.

탄넨베르크 전투에서 러시아군의 사상자 수는 자료마다 다른데 10만 안팎으로 추정된다. 포로로 잡은 러시아군도 9만이 넘으며 대포도 500문을 노획했다. 이에 비해 독일군의 피해는 1만~1만 5000 정도로 경미했다. 길을 잃고 방황하던 삼소노프는 패전으로 인한 죄책감을 이기지 못하고 권총으로 자살하고 말았다. 30일경에야 남하를 시작해서 2군이 전멸한 것을 알고 발길을 되돌렸던 렌넨캄프의 운명 또한 두고 보아야 할 것이었다.

빌헬름 2세에게 이 찬란한 전승을 보고할 때 호프만은 과거 튜튼 기사단이 슬라브족에게 전멸당했던 탄넨베르크(Tannenberg)

의 이름을 붙이자고 힌덴부르크에게 제안했다. 30킬로미터나 떨어진 탄넨베르크가 실제의 전장은 아니었지만 거기에서 조상들이 당한 패전을 설욕했다는 의미를 애써 부여하고 싶었기 때문이다. 이로써 이 전투는 이후 탄넨베르크 전투로 알려지게 되었다. 이어서 독일 8군은 서부에서 증원된 2개 군단과 합쳐서 남은 러시아 1군을 상대로 전투를 벌이게 되었다. 독일군은 다시 철도를 이용해 신속히 이동했고, 9월 7일 러시아 1군을 상대로 마수리안호 일대에서 전투를 벌였다.

그런데 독일 8군과 렌넨캄프의 1군 사이에 벌어진 마수리안호 전투에 대하여는 두 가지 상반된 자료가 있다. 하나는 여기에서도 러시아 1군은 12만 명의 사상자와 6만 명의 포로가 발생했으며 500문의 대포를 내주는 전멸을 당했다는 것이다. 또 다른 자료에 따르면 제1차 세계대전의 권위자인 존 키건(John Keegan)은 렌넨캄프가 1군을 온전히 보전한 채 러시아로 후퇴할 수 있었으며 곧 이은 반격으로 독일군을 몰아낼 수 있었다고 한다.

첫 번째 기록을 따른다면 러시아군은 최초로 국경을 넘은 8월 15일부터 한 달도 지나지 않아 40만에 달하는 1개 전선군 병력이 소멸된 것이다. 이로 인해 렌넨캄프와 북서전선군 총사령관 질린스키는 군적을 박탈당했다고 한다. 렌넨캄프가 군적을 박탈당했다는 기록은 첫 번째 의견에 무게를 실어주지만, 1916년에 그가 북부전선군 사령관에 임명되었다는 기록은 두 번째 자료에 다시 무게를 실어준다.

　탄넨베르크 전투는 기원전 216년 한니발이 바로의 로마군을 무찔렀던 칸나에 전투의 재현이라고 해서 '현대판 칸나에 전투'라고 불리고 있다. 제1차 세계대전이 뚜렷한 승패도 없이 밀고 밀리는 소모전을 벌였던 것과는 달리 탄넨베르크 전투는 깨끗하게 승패의 명암이 갈리었다.

　많은 이들은 로마군을 바로(Varro)가 지휘했듯이 러시아군을 삼소노프가 지휘했기 때문에 탄넨베르크 전투라는 신화가 있을 수 있었다고 말한다. 하지만 패전의 책임을 삼소노프 한 사람에게 떠넘기는 것은 바로잡아야 할 듯하다. 양질의 로마군을 지휘하며 충분한 보급을 받으며 자신의 전술을 펼칠 수 있었던 바로와 달리, 삼소노프는 상관인 질린스키의 끊임없는 간섭을 받으며 등 떠밀려 진군하다가 봉변을 당했다. 더구나 삼소노프는 규모만 대군이었지 보급, 위생과 무기가 엉망이었으며, 훈련도 경험도 미달인 병력을 거느리고 있었다는 것을 염두에 두어야 한다.

　렌넨캄프 또한 훗날 러시아혁명 당시 볼셰비키에 의해 사령관 직을 제안 받지만 황실에 대한 충성으로 유혹을 깨끗이 거절하고 총살형을 당한 나름 지조 있는 인물이었다. 승자에게는 무조건적인 찬사를, 패자에게는 무조건적인 비난을 하는 일은 옳지 않다. 탄넨베르크 전투는 이와 같이 패자의 덤터기를 덜어줘야 하듯이, 승자에게서도 덜어내야 할 여지가 있는 전투다. 현대에 벌어진 전투

　　　　　　　　　　　　　　　　　　　　　　　　　현대편

임에도 불구하고, 탄넨베르크 전투는 의심스러운 부분이 몇 가지 있기 때문이다. 이를 짚어보도록 하자.

첫째, 앞에서 말했듯이 탄넨베르크 전투의 승리를 기획한 사람은 엄연히 8군 작전참모였던 호프만 중령이었다. 그런데 이게 은근슬쩍 루덴도르프의 작품인 양 넘어갔다. 호프만의 전략이 힌덴부르크와 루덴도르프가 기차 안에서 기획한 것과 똑같은 것이어서 두말없이 승인해줬다는데 무엇으로 그 사실을 증명할 수 있는가? 오히려 루덴도르프는 남쪽에 있던 프랑수아의 1군단이 삼소노프의 2군 동쪽으로 진출하여 포위를 실시할 때 러시아 1군의 남하를 염려하여 프랑수아에게 진격을 멈추라고 명령을 내린 인물이다. 그때 프랑수아가 루덴도르프의 명령에 복종했다면 탄넨베르크에서의 섬멸전은 이뤄지지 않았을 테지만, 프랑수아는 항명하고 자신의 의지대로 포위를 감행했다. 탄넨베르크 전투에서의 포위 과정을 살피면 오히려 힌덴부르크와 루덴도르프는 전투 내내 렌넨캄프의 1군이 혹시 남하하지 않을까 전전긍긍하며 작전의 전개에 소극적인 모습이었다. 그들은 기껏해야 호프만에 의해 설득되어 그의 계획에 따르는 수동적인 역할만 했을 수도 있다.

힌덴부르크와 루덴도르프가 호프만의 작전계획을 최종 승인한 공로는 인정해야 할 것이다. 하지만 그것도 당시 현지 사정에 가장 정통한 호프만의 의견에 따를 수밖에 없는 시간적으로 촉박한 상황이었기 때문일 공산이 크다.

둘째로 탄넨베르크 전투가 20세기 최고의 전술인 것은 맞지만 그것을 넘어서서 실제보다 과대평가된 듯하다. 많은 서적에서 러시아가 탄넨베르크 전투의 패배로 동부전선에서 완전히 나가떨어진 듯이 묘사하는데 이는 사실이 아니다. 제1차 세계대전에서 독일과 러시아가 동원한 총병력은 둘 다 1200~1300만 명으로 세계에서 가장 많았다. 설령 렌넨캄프의 1군이 마수리안호 전투에서 전멸했다 쳐도 탄넨베르크 전투를 전후하여 소멸된 러시아군은 동원된 전체 병력 중에서 30분의 1에 불과하다. 탄넨베르크의 패배가 러시아군의 사기에 악영향을 끼친 것은 사실이지만 러시아는 니콜라이 2세가 몸소 총사령관이 되어 전장에 나가 병사들의 사기를 끌어올리기도 했다.

또한 무한해 보이는 러시아의 인구는 손실된 병력을 얼마든지 보충할 수 있었다. 이를 바탕으로 러시아는 서부전선의 연합군과 손을 잡고 동부전선에서 동맹군들과 팽팽한 긴장을 대체로 끝까지 유지했다. 실제로 러시아는 1916년에 오스트리아제국을 상대로 브루실로프 공세에서 대성공을 거두기도 했다. 러시아가 동부전선에서 완전히 나가떨어진 것은 탄넨베르크 전투가 아니라 볼셰비키혁명을 일으킨 소비에트 정부가 1918년 3월 독일과 맺은 브레스트-리토프스크 조약이었다.

| 제20장 |

루덴도르프 대공세—광대한 제국의 시작

역사상 가장 넓은 영토를 지배한 나라가 어디일까? 자료에 따르면 1위가 대영제국, 2위 몽골제국, 3위 러시아제국, 4위 에스파냐 순이다. 대영제국의 영역이 3370만 제곱킬로미터였으며 몽골제국은 3300만 제곱킬로미터니 근소한 차이로 대영제국이 앞선다.

대영제국이 몽골제국을 뛰어넘는 전대미문의 광활한 영토를 지배하게 된 것은 제1차 세계대전이 끝난 1920년부터다. 1918년 독일을 비롯한 오스트리아, 오스만제국, 불가리아와 같은 동맹국들이 항복하면서 승전국들은 패전국과 맺은 각각의 조약으로 광활한 식민지를 할양받았다. 영국은 독일과 맺은 베르사유 조약(1919)으로 아프리카의 탄자니아(88만4000제곱킬로미터)와 나미비아(82만4000제곱킬로미터)를, 오스만제국과 맺은 세브르 조약(1920)으로 이라크(43만8000제곱킬로미터), 요르단(9만2000제곱킬로미터), 팔레스타인(6000제곱킬로미터)과 키프로스(9000제곱킬로미터)를 획득했다. 이것을 계산해보면 1919년 이전에는 몽골제국이 역사상 가장 넓은 영역을 지배했었지만, 베르사유 조약을 계기로 대영제국이 역사상 최대의 영역을 지배했음을 알 수 있다.

그런데 칭기즈칸이라면 여기에 반론을 제기하고 싶을 것이다. 몽골제국은 3300만 제곱킬로미터의 영역을 동시에 정복하고 지배했지만 대영제국의 3370만 제곱킬로미터는 그게 아니기 때문이다. 대영제국이 정복한 영역은 미시시피강 동쪽의 북미대륙을 포함하여 영국이 그때까지 점령한 모든 영토를 더한 것이다. 그런데 영국은 베르사유 조약과 세브르 조약으로 얻은 영토보다 넓은 미시시피강 동쪽의 영토를 미국의 독립전쟁이 끝난 후 맺은 파리 조약(1783)으로 잃었다. 즉, 영국은 몽골제국처럼 영토를 한꺼번에 지배해본 적이 없는 것이다. 따라서 요약하면 어느 한 시점에서 가장 광활한 영역을 지배한 나라는 몽골제국이지만, 가장 넓은 영역을 정복한 나라는 대영제국이라고 할 수 있다.

대영제국을 포함한 역사상 모든 제국의 건설이 평화로운 협상을 통한 것이었을 리는 없다. 단지 강대국이 약소국을 집어삼킨 것이며, 그 과정에서 셀 수도 없을 만큼 많은 전투와 살육이 있었다. 영국 또한 예외는 아니어서 '해가 지지 않는 나라'를 건설하는 과정에서 프렌치·인디언 전쟁, 플라시 전투, 보어전쟁, 제1차 세계대전

등 무수한 전쟁과 전투를 치렀다. 이번 장에서는 서유럽 끄트머리의 조그만 섬나라에서 시작했던 영국을 역사상 가장 광대한 제국으로 만들어준 전투를 중심으로 그 앞뒤에서 펼쳐졌던 세계사를 다루고자 한다.

앞서 말했듯이 영국이 역사상 가장 넓은 영역을 차지하게 된 것은 제1차 세계대전이 끝나고 동맹국들과 맺은 조약의 결과다. 그중 대표적인 베르사유 조약은 파리 강화회의를 거쳐 연합국 대표단과 독일의 대표단이 파리 근처의 베르사유궁전에서 체결한 것이다. 48년 전 보불전쟁에서 승리한 프로이센의 빌헬름 1세가 황제 즉위식을 올렸던 곳이 다름 아닌 베르사유궁전 거울의 방이다. 승자와 패자의 입장이 바뀐 베르사유 조약을 체결하게 만든 전투를 꼽으라면 루덴도르프 대공세를 가리킨다. 1918년 3월부터 치러진 루덴도르프 공세가 실패하면서 독일의 승리를 향한 마지막 몸부림이 실패했고, 독일은 그때부터 항복을 생각한 것이다.

이와 같이 제1차 세계대전에서 독일이 항복하게 만든 전투를 꼽으라고 할 때 많은 이들이 루덴도르프 대공세를 언급한다. 철저한 소모전으로 일관했던 제1차 세계대전에서 독일은 루덴도르프 대공세 당시 전투에서 진 것이 아니라 인적·물적 자원의 고갈로 더 이상 짜낼 힘이 없어 제풀에 주저앉았다. 대체로 나폴레옹 전쟁을 시작으로 전쟁의 향방을 결정짓는 것은 뛰어난 전술가나 양질의 군대가 아닌 국가가 가진 총체적인 역량임이 입증된 것이다. 다시 말해 제1차 세계대전에서 독일의 패배는 현대전의 대표적인 특징이라 할 수 있는 총력전의 결과라 할 수 있다. 사실 시원찮았던 동맹국들의 도움을 간과한다면 오히려 전술 및 전략적인 면에서 홀로 영국·프랑스·러시아·미국이라는 강대국들을 상대로 분투했던 독일군의 저력이 새삼 놀라울 뿐이다. 정확히 말해 제1차 세계대전이 끝날 때까지 독일 육군은 막강하여 서부전선의 연합군은 독일 땅을 한 발자국도 밟지 못하는 형국이었다.

이제 19장에서 이야기한 동부전선의 탄넨베르크 전투에서 서부전선으로 무대를 옮겨 루덴도르프 대공세를 살펴보자. 탄넨베르크 전투 이전에 8군 사령관 프리트비츠가 몰트케에게 지원군을 요청한 바 있었다. 이에 동부전선이 무너질까 위기를 느낀 참모총장 몰트케는 프랑스 전역에서 중요한 역할을 담당할 2개 군단을 동부전선으로 파견했다. 허무하게도 이 2개 군단은 이동 중에 탄넨베르크 전투가 종결되면서 서부전선과 동부전선 어느 쪽에도 참가하지 못하고 말았다.

앞서도 말했듯이 제1차 세계대전의 흐름을 결정지은 것은 슐리펜 작전이다. 몰트케는 서부전선에서 독일군의 우익을 강화하라는 슐리펜의 유언을 어기고 오히려 우익을 약화시켜 좌익을 보강해 놓은 바 있다. 설상가상으로 우익에서 다시 2개 군단을 빼내고 만 것이다. 그로 인해 벨기에를 거쳐 우회하는 독일군의 힘이 둔화되니 프랑스는 파리 근교의 마른강 전투에서 독일군의 진공을 저지할 수 있었다. 이로써 독일이 개전 6주 안에 프랑스를 항복시키겠다는 계획은 완전히 빗나가고 말았다.

마른강 전투의 패전으로 몰트케가 사임하고 팔켄하인(Falkenhayn)이 참모총장이 되었다. 그 후 팔켄하인 또한 1916년 베르됭 전투의 패배로 사임했다. 후임 참모총장에는 탄넨베르크 전투의 영웅인 힌덴부르크가, 참모차장에는 루덴도르프가 임명되었다. 이 둘은 탄넨베르크 전투에서부터 제1차 세계대전 종결까지 함께 움직였다. 세간에서 말하듯이 겉으로 보기에는 이 둘은 찰떡궁합의 관계였을지도 모른다. 그런데 힌덴부르크가 루덴도르프보다 공식적으로는 윗선인데, 실권은 루덴도르프가 휘둘렀다고 하겠다.

어느 나라나 그렇겠지만 특히 프로이센 군대는 귀족 중심의 전통을 가지고 있다. 프로이센 귀족들은 군에 몸담는 것을 자랑으로 여겼으며 특유의 권위의식으로 유명했다. 이런 군대문화에서 귀족 출신의 엘리트 장교들이 은연중에 평민 출신들을 하대하는 경향이 강한 것은 당연하다. 나폴레옹 전쟁에서 패배한 후 샤른호르스트(Scharnhorst, 1755~1813)가 대대적인 군개혁을 단행하여 평민들에게도 장교로 출세할 길을 넓혀준 것은 사실이다. 하지만 프로이센은 그 후로도 귀족 중심의 군국주의 문화가 유독 드셌다. 이게 전통으로 이어지며 심지어 제2차 세계대전 때조차도 장교 선발에서 귀족 출신들에게 대놓고 각종 특혜를 주기도 했다. 이러한 현실에서

평민 출신이라고도 하며 소귀족 출신이라고도 하는 루덴도르프가
자신의 신분상 한계를 지각하고 귀족 출신인 힌덴부르크에 붙어서
그 권위를 이용한 것에 지나지 않았을지도 모를 일이다.

　　치열하게 전개되는 제1차 세계대전이 유럽에서만 일어난 것
은 아니다. 세계대전답게 아시아, 아프리카뿐 아니라 대서양에서도
전개되었다. 당시 독일은 유럽 2위의 해군력을 가지고 있었다. 그렇
다고 영국 해군에 비할 바는 아니었기 때문에 섣부르게 덤벼들 수
가 없었다. 그래서 독일은 영국 해군과의 정면대결보다는 U보트(잠
수함을 뜻하는 독일어 Unterseeboot의 약어)를 이용하여 영국으로 향하
는 선박을 격침시키는 해상봉쇄전략을 구사했다.

　　1915년 5월 7일 U보트의 어뢰 공격에 의해 영국의 호화 여객
선 루시타니아호가 격침되는 사건이 발생했다. 그때의 공격으로 바
다 밑에 가라앉은 1200여 명의 승객 중에는 미국인 120여 명이 포함
되어 있었다. 미국은 이 일에 강력히 항의했다. 이에 대해 독일이 사
과하고 재발 방지를 약속하면서 이때의 위기는 넘어갈 수 있었다.
하지만 미국의 참전을 우려했기 때문에 그때부터 독일은 U보트의
활용에 소극적일 수밖에 없었다. 그러자 영국은 때를 놓치지 않고
독일에 대한 해상봉쇄를 통해 고사 작전을 실시했다. 그러던 중 명
예로운 중립을 고수하던 미국이 연합국 편에 서서 참전하게 된 두
가지 사건이 일어났다.

첫째는 1917년 1월 16일 있었던 치머만(Zimmermann) 전보 사건이다. 이는 독일 외무장관인 치머만이 멕시코 주재 독일 대사에게 보낸 비밀 전보문이 폭로된 사건이다. 전보문은 만약 미국이 연합군의 일원으로 참전한다면, 멕시코가 일본과 함께 동맹국에 가담하여 미국을 견제할 것을 제안하는 내용이었다. 독일은 그 대가로 멕시코에게 예전 멕시코 땅이었던 텍사스, 뉴멕시코와 애리조나 주를 되찾게 해주겠다는 내용이었다. 치머만은 미국이 계속 중립으로 남지 않고 언젠가는 연합군 편으로 참전할 것을 예상하고 나름 생각 끝에 벌인 일이었다. 하지만 문제는 영국 암호반이 이것을 해독하여 미국에 알린 것이다.

둘째는 1916년부터 힌덴부르크를 대신해 전쟁을 사실상 총지휘한 루덴도르프가 영국의 해상봉쇄를 더 이상 견디지 못하고 1917년 1월 31일 무제한 잠수함 작전의 재개를 선언한 일이다. 이것은 비무장 미국 상선까지 침몰시켰기 때문에 미국인들에 대한 참전 여론을 들끓게 했다.

미국을 참전하게 만든 이 무제한 잠수함 작전의 재개야말로 루덴도르프의 가장 커다란 전략적인 실수일 것이다. 윌슨(Woodrow Wilson, 1856~1924) 대통령은 1916년 대선에서 제1차 세계대전에 참전하지 않는다는 공약과 함께 재선된 인물이다. 즉, 윌슨 대통령과 미국 국민 대다수가 중립을 원하고 있었다는 이야기다. 그런데도 루덴도르프가 무리수를 두어 미국이라는 강대국을 적으로 돌린 것은 뼈아픈 실수였다.

그러나 루덴도르프가 무제한 잠수함 작전을 펼친 그 상황에서는 그 외에 별다른 뾰족한 수가 없었기 때문에 그를 탓할 수도 없는 노릇이었다. 그 시점에서 독일의 전황이 비관적인 것도 아니어서 설령 연합군과 휴전을 맺으려 한다 해도 군부에서 지지할 리가 만무했다. 그렇다고 물자와 식량의 고갈로 독일 본국이 고사되어가는데 연합군 해군과 상선을 눈뜨고 바라볼 수만도 없었다. 루덴도르프는 무제한 잠수함 작전으로 인해 설령 미국이 참전하더라도 본격적으로 참전하기까지 1년 정도 걸릴 것으로 예상했다. 그 안에 최후의 대공세를 승리로 장식하여 영국과 프랑스를 강화협상의 테이블로 끌어들일 수 있을 것이라 생각한 것이다.

미국이 치머만 사건과 무제한 잠수함 작전의 결과로 1917년 4월 2일 선전포고와 함께 전쟁에 뛰어들게 되었지만 당장 대군을 파견할 형편은 못 되었다. 오래전부터 세계대전을 준비해온 유럽 여러 나라와 달리 미국은 대규모 전쟁을 치를 준비가 돼 있지 않았다. 육군이라곤 겨우 10만 명이었기 때문에 우선 퍼싱(John Pershing, 1860~1948) 소장이 이끄는 1개 사단을 파견했다. 그 후 추가적인 신병모집을 통하여 1918년까지 200만 명의 병력을 프랑스에 파견하게 되었다. 이들 중에는 훗날 제2차 세계대전의 영웅이 되는 더글러스 맥아더, 조지 패튼, 조지 마셜 등도 있었다. 미국군 총사령관인 퍼싱도 병력 규모에 맞게 1918년에 대장으로 진급했고, 1919년에는 미국 역사상 유례없던 대원수의 계급을 달게 된다.

한편 루덴도르프는 미국이 완전한 전시체제로 돌입하여 대군을 유럽에 파견하기 전에 승리를 거둬야 함을 알고 있었다. 다행히 러시아가 볼셰비키혁명과 뒤이은 브레스트-리토프스크 조약으로 전선에서 이탈하니 독일은 한층 여유를 가질 수 있게 되었다. 루덴도르프는 동부전선에 주둔 중인 80개 사단 중에서 점령지를 관할할 40개 사단을 남겨두고 나머지 40개 사단을 서부전선으로 이동시켰다. 이로써 서부전선에서 독일군은 연합군보다 근소하지만 수적인 우세를 이룰 수 있었다. 그와 함께 후티어 전술을 사용하여 이번에 공격하면 반드시 성공한다는 확신에 이르게 되었다. 후티어 전술이란 창시자인 후티어 장군의 이름을 딴 것으로, 제1차 세계대전 당시의 지긋지긋했던 참호전을 타개하기 위해 만들어진 전술이며, 훗날 전격전의 모체가 된 전술이다. 즉, 연합군의 굳건한 방어막을 돌파하기 위한 침투와 적진지 마비에 관한 전술로 요약하면 다음과 같다.

먼저 기존처럼 수일에 걸친 포격이 아니라 5시간 정도 집중하여 준비 포격을 한다. 장기간의 포격은 오히려 아군의 공격시점을 적에게 알려 기습의 시기를 놓치게 만들기 때문이다. 둘째로 보병은 아군 포병이 퍼붓는 탄막을 따라 신속히 진격한다. 무엇보다도 속도가 생명이다. 이때 강력한 방어 시설은 그냥 그대로 통과하며 그것을 후속부대가 처리하도록 한다. 셋째, 이들은 처음에는 장성급의 지휘를 받지만 중포(重砲)의 지원사격을 벗어나는 지점부터는 영관급과 위관급이 재량껏 지휘한다. 마지막으로 경기관총·박격포·경포 등 자체 화기에 의지하는 침투부대는 적의 강력한 방어선을 우회하고 적의 취약지점이나 연결고리를 강타한다. 적의 강력한 방어선은 후속부대가 처리한다.

루덴도르프는 비장의 무기인 후티어 전술을 사용하여 브레스트-리토프스크 조약이 맺어진 1918년 3월부터 7월까지 이른바 루덴도르프 대공세를 실시했다. 이번 공격은 그야말로 독일이 가진 모든 힘을 쏟아부은 것이었으며, 3월에서 7월까지 매월 1번씩 총 5차례의 대공세를 실시했다. 이것들을 간단히 살펴보면 다음과 같다.

먼저 3월 21일 시작된 1차 공세는 영국군과 프랑스군의 연결고리인 솜 지역을 목표로 했다. 취약지점인 이곳을 공격하여 연합군을 분리한 후 영국군을 해안으로 몰아붙여 궤멸시킨다는 작전이었다. 독일군은 초반 공격을 성공시켜 영·프 연합군을 분리하는 전술적인 성공은 거두었지만 후속 포병과 병참 지원이 미흡하여 끝내 전략적 승리로 연결되지는 못했다.

4월 9일 시작된 2차 공세는 취약지역인 플랑드르를 목표로 했다. 독일군은 리강까지 진출할 수 있었지만 이번에도 포병과 병참 지원이 미흡하여 실패했다. 이번 2차 공세에서 눈에 띄는 장면은 붉은 남작이라는 별명을 가진, 무려 80기를 격추시킨 제1차 세계대전 최고의 에이스 리히트호펜(Richthofen, 1892~1918) 남작이 전사한 것이다.

5월 27일 시작된 3차 공세는 에느강 방면으로 조공을 실시하여 연합군을 묶어둔 사이, 주공인 후방의 예비대를 플랑드르 지역에 투입하여 영국군을 격멸한다는 계획이었다. 그런데 먼저 조공을 담당한 부대가 생각보다 잘 싸웠기 때문에 루덴도르프는 도중에 계획을 변경하여 조공이 그대로 마른강까지 진군하게 했다. 이번 3차 공세에서 독일군은 전쟁 발발 후 가장 깊숙이 프랑스 영토 내로 진격하는 성과를 거두었다. 하지만 이번에도 역시 예비대 부족으로 더 이상의 전과 확대를 이룰 수가 없어 공세를 멈추었다. 이 3차 공세에서 주목할 점은 드디어 미군이 전투에 참가한 것이다.

6월 9일 시작된 4차 공세는 그간 미약하나마 독일군의 진격으로 획득한 돌출부를 확대하기 위하여 노용과 몽디디에를 공격하는 작전이었다. 그런데 4차 공세부터 독일군에서 도망병이 급증했고, 연합군은 탈주병과 포로를 통해 독일군의 공격 개시 공간과 시간을 예측하고 있었다. 연합군이 방비를 충분히 해둔 상태였기 때문에 독일군의 4차 공세는 아무런 성과도 없이 끝났다. 이번 4차 공세 때에는 당시 세계적으로 유행하기 시작한 스페인 독감의 영향으로 연합군과 동맹군 둘 다 시달렸다. 하지만 영양과 위생에서 독일군이 연합군보다 악조건에 처해 있었다. 해상봉쇄로 고립되어 모든

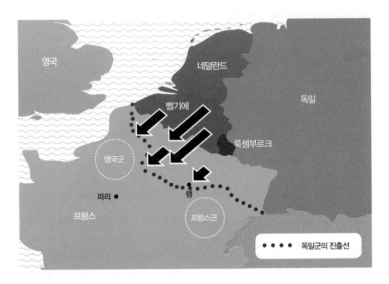

영국　　네덜란드

벨기에　　독일

룩셈부르크

영국군

파리 ●　　랭

프랑스　　프랑스군

●●●● 독일군의 진출선

✖ 루덴도르프 대공세

게 부족했던 독일군은 세계적으로 5000만 명의 목숨을 앗아간 스페인 독감에 더욱 고스란히 노출될 수밖에 없었다.

　　7월 15일 시작된 5차 공세는 랭 지역을 공격하여 연합군의 예비대를 흡수한 후 다시 플랑드르 지역을 공격한다는 계획이었다. 그러나 이번 5차 공세 또한 4차 공세 때와 같이 독일군 탈주병을 통해 정보를 입수한 연합군이 충분히 대비했기 때문에 효과가 없었다. 오히려 독일군의 5차 공세를 막아낸 연합군이 7월 18일부터 총반격을 가하니 독일군은 이때부터 입장이 바뀌어 수세에 몰렸다. 특히 루덴도르프가 '암흑의 날'이라고 부르며 전 전선이 공세에서 수세로 전환한 8월 8일을 기준으로 독일군의 전의는 완전히 꺾이고 말았다. 8월 8일 캉브레(Cambrai) 전투에서 연합군이 400대의 전차를 집중하여 공격해 오자, 루덴도르프는 전 전선에서 현 위치를 지키라고 명령하며 더 이상의 공격을 포기했다.

5회에 걸친 루덴도르프 대공세 초반에는 후티어 전술의 성공으로 어느 정도 전술적 성공을 거뒀지만, 나중에는 예비대와 병참 등의 부족으로 종국에는 실패하는 모습이었다. 그보다 더 중요한 패인은 아군의 희생만 늘리는 정면으로의 무모한 돌격전술을 되풀이하는 구태의연한 전략을 답습한 점, 뒤집어 말하면 창의적인 전략의 부재였다.

많은 사가들은 1918년에 있었던 루덴도르프 대공세가 독일 패망을 결정지었다고 말한다. 독일은 루덴도르프 대공세에서 더 이상의 예비 병력이 없을 정도로 병력을 소진했기 때문이다. 특히 사상자 대부분이 독일군 최정예병력이었기 때문에 치명적일 수밖에 없었다. 그렇지만 루덴도르프 대공세 이전인 1918년 초반에서와 같이 계속 독일이 방어적인 태도를 유지하고 있었더라도 결국 미군의 가세로 인하여 축적된 연합군의 전력은 독일의 그것을 능가했을 것이다. 즉, 연합군이 더 강해지기 전에 차라리 먼저 결정적인 공세를 취한 루덴도르프의 선택은 올바른 것이었다. 그렇더라도 전술과 병력 부족으로 이번 작전이 실패한 책임은 응당 루덴도르프가 지어야 할 것이다. 탄넨베르크 전투에서의 그의 과장된 전공, 전략적으로 실패한 무제한 잠수함 작전의 재개, 5차례 모두 실패한 1918년 독일 군 최후의 공세, 이 세 가지를 본다면 루덴도르프를 높이 평가하기는 어렵다.

　　루덴도르프는 그가 기획한 대공세가 실패하자 이제 휴전해야 한다는 사실을 깨달았다. 이때 군인인 그는 패전의 책임을 교묘하게도 군부가 아닌 민간정부가 지도록 획책했다. 그는 패전 후에도 독일 군부가 명예롭게 건재하기를 바랐던 것이다. 그래서 연합군과 휴전하는 일은 새로 수립된 민간정부에게 맡기고 휴전협상이 진행되는 와중에 돌연 다시 항전을 주장했다. 나중에 독일이 전투에서 패하지 않았지만 '등 뒤에서 비수에 찔렸다'라는 말이 퍼질 수 있게 된 것도 이 때문이다. 그러나 일이 루덴도르프의 뜻대로 끝까지 진행된 것만은 아니었다. 민간정부의 수장으로 협상을 진행하던 막스 공은 빌헬름 2세를 통하여 루덴도르프가 10월 26일 사임토록 한 것이다. 반면에 황제는 힌덴부르크를 그대로 유임시키니 이때 처음으로 힌덴부르크와 루덴도르프의 사이가 틀어지게 되었다.

　　이때 빌헬름 2세는 휴전의 조건으로 자신의 퇴위를 바라는 윌슨 대통령의 뜻과 달리 제위를 끝까지 지키고자 했다. 그런데 이런 황제의 뜻을 어긋나게 만든 것은 어처구니없게도 그가 그토록 공들여 키워놓았던 해군이었다. 제1차 세계대전에서 독일 해군은

　　　　　　　　　　　　　　　　　　　　　　현대편

유틀란트 해전을 제외한다면 별다른 전투도 없이 북해 연안의 항구에 발이 묶인 채 세월을 보내고 있었다. 그도 그럴 것이 독일 해군이 아무리 강력하다 한들 영국 해군의 상대가 되기에는 아직 무리였던 것이다.

휴전이 임박하자 독일 해군 수뇌부는 훗날 대양해군을 써먹지도 못하고 종전을 맞이했다는 굴욕과 비난을 피하기 위해 최후의 대결전을 지시했다. 그러나 수병들은 종전으로 치닫는 마당에 헛된 죽음을 맞이하고 싶지 않았기 때문에 자살공격과도 같은 출항을 명령하는 상관에게 항명했다. 1918년 11월 3일 유틀란트반도 동쪽 남단에 위치한 킬군항에서 시작된 이 반란은 점차 독일 전국으로 퍼지면서 황제의 퇴위를 요구하는 혁명으로 번졌다. 이른바 11월 혁명이다. 결국 독일제국 마지막 카이저가 네덜란드로 망명한 11월 9일 독일제국은 멸망하고 말았다. 황제가 퇴위하자 같은 날 막스 공도 사임하고 사회민주당의 에베르트(Friedrich Ebert, 1871~1925)에게 총리 직을 넘겼다. 에베르트가 대통령에 오르며 정식으로 바이마르 공화국이 선포된 것은 1919년이지만, 1918년 11월 9일 독일에 최초로 공화정이 수립된 것이다.

1918년 11월 11일 11시, 프랑스군 총사령부가 위치한 콩피에뉴 숲 속의 열차에서 독일 대표가 연합국 대표인 포슈(Foch)와 휴전에 서명함으로써 전쟁이 끝났다. 정확히 말한다면 독일은 연합국에 항복한 것이다. 그리고 패전국 독일의 전후처리를 위한 강화회의는 1919년 1월 18일부터 파리에서 개최되었다. 파리 강화회의에서 윌슨 대통령은 평화를 위한 14개조 원칙을 제창했지만 독일에 대한 복수심으로 불타는 영국과 프랑스에 의하여 빛을 볼 수가 없었다. 윌슨이 꿈꿨던 승리 없는 평화는 꿈과 같은 이야기였고, 민족자결주의는 패전국의 식민지에나 적용되는 것이었다.

1919년 6월 28일 최종적으로 강화조약이 체결된 곳은 베르사유궁전에 있는 거울의 방이었다. 다분히 프랑스가 지난 1871년 베르사유궁전에서 독일제국의 수립을 지켜봐야만 했던 것에 대한 앙갚음이었다. 조약이 체결된 장소를 따서 명명된 베르사유 조약은 독일에게 매우 엄격한 내용이었다. 총 15장, 440개 조로 이뤄진 베르사유 조약의 주요 내용을 몇 가지만 살펴보면 다음과 같다.

첫째로 독일 본토의 할양이다. 보불전쟁 때 프랑스에게서 빼앗은 알자스로렌을 프랑스에 돌려주는 것을 포함하여 독일은 본토의 14퍼센트와 인구의 10퍼센트를 잃게 되었다.

둘째, 독일이 가진 모든 해외식민지의 포기다. 독일이 아프리카·태평양·중국에 가지고 있던 식민지는 각각 승전국들이 사이좋게 나눠 가졌다. 이때 영국은 독일령 아프리카 식민지 중에서 탄자니아와 나미비아를 차지했고, 프랑스는 카메룬과 토고를 차지했다. 재미있는 것은 중국과 일본이 둘 다 전승국인데도 산둥반도에서 독일이 가지고 있던 권익을 일본이 승계한 것이다. 베르사유 조약

119조에 규정된 독일 식민지 재분배조항에 따라 영국은 몽골제국을 제치고 세계 역사에서 가장 넓은 면적을 정복한 국가가 되었다. 그 뒤 1920년 오스만제국과 맺은 세브르 조약을 통해 그 영역은 더욱 넓어졌다.

셋째는 독일의 군비축소다. 군대는 10만 명만 보유할 수 있으며, 잠수함·공군·전차·중포 등은 보유할 수 없었다. 독일군을 묘사한 영화에서 유독 오토바이를 탄 독일군의 모습이 종종 보이는 이유는 오토바이가 금지보유항목에 포함되지 않았기 때문이다. 그와 더불어 라인강 서쪽의 독일 영토는 비무장지역으로 유지하여 국제연맹의 감시하에 두기로 했다. 이는 프랑스가 국경에서 완충지역을 갖도록 하기 위함이었다.

마지막으로 독일은 1320억 마르크의 배상금을 지불해야 했다. 이 천문학적인 금액은 전쟁으로 피폐한 독일이 감당할 수 없는 금액이었고 어차피 현실성도 없는 금액이었다. 이 배상금은 결국 도스 안과 영 안을 통해 감액되었고 최종적으로 히틀러가 베르사유 조약을 거부하면서 흐지부지되고 말았다.

이 베르사유 조약이 독일인들에게 지나치게 가혹했던 것은 사실이다. 독일은 전쟁 발발 전까지만 해도 세계에서 손가락 안에 들 만큼 강대국이었다. 그런데 아무리 패전국이라지만 자위능력도 없는 3류 국가로 만들었으니 독일인들이 연합국에 증오심을 갖게 된 것도 무리는 아닐 것이다. 이 증오심이 훗날 제2차 세계대전의 밑거름이 된 것은 어떻게 보면 패전국을 너그럽게 처리하지 못한 연합국의 업보라 할 수 있을 것이다.

그러나 독일이 불과 15개월 전 러시아와 체결한 브레스트-리토프스크 조약을 통해 그토록 가혹하게 러시아의 영토·인구·자원을 빼앗았던 사실을 상기한다면 독일인들이 스스로 이를 불러들인 측면도 있다. 독일이 브레스트-리토프스크 조약에서 러시아에게 관대했더라면 연합국의 입장은 달랐을지 모른다. 말 나온 김에 이야기하자면 베르사유 조약이 체결되자 볼셰비키 정부는 브레스트-리토프스크 조약의 파기를 선언했고 브레스트-리토프스크 조약은 휴지조각이 되고 말았다.

독일에 이어 오스트리아와 오스만제국 역시 각각 연합국과 강화조약을 맺게 되었다. 사실 전범국이라고 부르기에는 억울할 법도 한 오스트리아는 생제르맹 조약(1919)으로 인구의 4분의 3, 영토의 8분의 7 정도를 잃게 되어 약소국으로 전락하고 말았다. 특히 생제르맹 조약에서는 민족자결주의가 철저하게 적용되어서 제국 내의 이민족들은 체코슬로바키아·헝가리·유고슬라비아 등의 신생국가를 건설했다. 그와 함께 오스트리아제국의 마지막 황제인 카를 1세가 스위스로 망명하면서 오스트리아 또한 공화국이 되었다. 유서 깊은 유럽 제일의 명문 합스부르크(Habsburg) 왕조가 막을 내리는 순간이었다.

오스만제국 또한 세브르 조약(1920)으로 소아시아반도와 콘스탄티노플 인근을 제외한 모든 영토를 잃게 되었다. 영국은 팔레스타인·요르단·이라크를 점령했고, 프랑스는 시리아와 레바논을 차지했다. 1922년 오스만제국 또한 메메드 6세를 끝으로 제정이 무너지고 공화정의 길을 걸어가게 되었다. 1299년 오스만이 건국하여 술레이만 대제 시절에 전성기를 맞이했던 오스만제국이 터키 공화국으로 바뀌게 된 것이다.

제1차 세계대전의 결과 대영제국이 역사상 가장 광대한 제국을 이룬 것과는 대조적으로 무려 4개의 제국이 사라지고 말았다. 그것은 로마노프 왕가의 러시아제국, 호엔촐레른 왕가의 독일제국, 합스부르크 왕가의 오스트리아제국, 오스만 왕가의 오스만제국이었다.

제21장

폴란드 침공—역사상 최대 규모 전쟁의 서막

제2차 세계대전은 역사상 가장 대규모 전쟁이다. 50개 이상의 연합국과 10여 개의 추축국이 참전했다. 지금이야 전 세계 국가 수가 250여 개국이지만 당시는 100여 개국이었음을 상기해야 한다. 강대국 중에 전쟁의 소용돌이에 휘말리지 않은 나라가 하나도 없었고 중립국 중 눈에 띄는 국가가 터키나 에스파냐 정도다. 또한 제2차 세계대전에서의 인력 동원과 피해자 수도 다른 전쟁들과는 비교가 불가하다. 당시의 세계 인구는 23억 명이었다. 그런데 제2차 세계대전에서 동원된 총병력은 1억을 넘었고 군인과 민간인을 합쳐 5000만 명의 사망자가 발생했다. 이는 제1차 세계대전에서 1700만 명이 사망한 것보다 세 배 많은 수치다.

양과 질에서 가장 대규모의 전쟁답게 제2차 세계대전에는 전쟁사의 각종 기록을 갈아치우는 전투도 많았다. 이 책에서도 제2차 세계대전의 전투를 다섯 장에 걸쳐 다루고 있다. 그중 첫 장인 이번 장은 제2차 세계대전의 시작인 독일의 폴란드 침공이다. 물론 폴란드 전선이 러시아 전선이나 태평양 전선에 견줄 정도의 전역이 아닌 것은 분명하다. 다만 폴란드 전선은 전격전의 신화를 쌓게 되는 독일군의 역량이 처음으로 시험되고 검증된 전역이란 점에서 주목해야 할 것이다. 또한 이 책의 구성상 이어질 뒤 장들에 선행하여 꼭 서술해야 할 전역이기도 하다.

제1차 세계대전 연합군 총사령관인 프랑스의 포슈가 베르사유 조약의 체결을 듣고 그 가혹함에 치를 떨며 "이건 단지 20년의 휴전 조약에 불과하다"라고 말했다고 한다. 그러나 이는 와전된 말이고 사실은 윌슨 대통령이 프랑스가 라인란트(Rheinland)를 합병하지 못하게 하자 울분을 터트리며 한 말이었다. 그 진위야 어떻든 베르사유 조약이 패전국민인 독일인들에게 적개심을 심어줬고, 포슈가 내뱉은 말대로 정확히 20년 후에 제2차 세계대전이 일어났다. 그리고 그 중심에는 독일을 역사상 가장 대규모 전쟁의 중심으로 몰고 간 아돌프 히틀러(Adolf Hitler, 1889~1945)가 있었다.

히틀러는 1889년 오스트리아제국의 브라우나우에서 세관공무원의 넷째 아들로 태어나 1913년 제1차 세계대전 발발 직전 뮌헨으로 거처를 옮겼다. 제1차 세계대전이 터지자마자 조국 오스트리아가 아닌 독일에 즉시 자원하여 입대했다. 몇몇 이들은 오스트리아군에 입대하지 않은 그를 꾀병이나 부리는 병역기피자로 말하기도 한다. 그러나 그가 이민족으로 구성된 오스트리아가 아니라 순수 게르만인으로 구성된 독일을 위하여 싸우고 싶었다는 것이 중론이다.

히틀러는 서부전선의 제1차 이프르(Ypres) 전투(1914)에 처음 투입됐다. 이 전투에서 연대병력 3600명 중 단 600명만 살아남았는데, 그도 생존자 중 하나였다. 이때 그는 2급 철십자훈장을 받고 일병으로 승진했으며, 종전 무렵에는 1급 철십자훈장도 받게 되었다.

종전과 함께 그는 이전의 거주지인 뮌헨으로 돌아왔다. 뮌헨의 군 정보부에서 일하게 된 그의 업무는 그 시대에 난립하던 군소 정당들의 동향보고를 올리는 것이었다. 그러던 중 1919년 9월 히틀러는 '독일 노동자당(Deutsche Arbeiterpartei)'의 모임에 참석하여 그에 관한 정보를 보고하라는 명령을 받았다. 독일 노동자당은 열쇠 수리공인 안톤 드렉슬러(Anton Drexler)가 창당했으며 '국가 사회주의 독일 노동자당(Nationalsozialistische Deutsche Arbeiterpartei)', 즉 나치의 전신이다. 초창기의 독일 노동자당은 명색만 그럴듯했지 실제로는 50여 명의 하릴없는 군상들이 맥주나 마시며 사회에 대한 불평불만을 토로하는 클럽에 가까웠다. 마침 모임에 있던 당의장 안톤 드렉슬러는 열변을 토하던 히틀러에게 강한 인상을 받고 입당을 권유했다.

1920년 2월 '독일 노동자당'은 당명을 '국가사회주의 독일 노동자당'으로 바꾸었다. 히틀러는 다음 달 3월 군대를 제대하고 정치활동에 전념하게 되었다. 이런 히틀러를 일약 전국적인 유명인사로 만든 것은 다름 아닌 1923년 11월 뮌헨에서 그가 일으킨 맥주홀 봉기다. 이것은 나치당이 나름 상당한 세력으로 성장하자 히틀러가 반(反)정부 정서가 강한 뮌헨 주정부를 장악하고 베를린으로 진격하여 바이마르 공화국을 뒤집으려 했던 거창하지만 다소 황당한 계획이었다. 19세기 초 나폴레옹에 의해 왕국으로 승격한 바이에른 왕국은 독일에서도 프로이센 왕국에 이어 두 번째로 커다란 왕국이었다. 이런 자부심과 더불어 지리적으로나 문화적으로도 차라리 오스트리아에 가까웠기에 베를린의 중앙정부와 대립이 심했다.

그렇다고 히틀러의 맥주홀 봉기가 주도면밀한 계산과 철저한 계획의 수립 끝에 나온 것은 아니었다. 그것은 1922년 이탈리아에서 쿠데타를 일으킨 무솔리니(Benito Mussolini, 1883~1945)가 로마로 진군하여 정권을 장악한 것에 영향을 받은 히틀러의 즉흥적인 판단에 따른 것이었다. 훗날 제2차 세계대전을 치르면서도 히틀러는 합리적이고 사려 깊은 주위의 권고 대신에 자신의 즉흥적이고 감각적인 판단에 의존하는 경향을 자주 보인 바 있다.

비록 의욕과 열정은 있었지만 경험과 책략이 부족했던 나치당의 뮌헨 봉기는 기대했던 관료와 군부의 지지를 이끌어내지 못하면서 젝트(Seeckt) 장군이 이끄는 정부군에게 즉시 진압되고 말았다. 재미있는 것은 히틀러가 훗날 젝트 장군이 비밀리에 정예로 육성해뒀던 독일군을 물려받아 유럽을 정복하게 된다는 사실이다. 또한 이번 맥주홀 봉기에 제1차 세계대전의 영웅 루덴도르프가 히틀러와 나란히 참가했다는 것도 눈에 띈다. 군부에 의한 제정 복구를 꿈꾸던 루덴도르프의 정치적 이념은 극우에 가까웠기에 그는 히틀러에게 유대감을 느꼈던 것이다. 히틀러 또한 루덴도르프의 명성이라면 거사에 도움이 될 것이라고 판단했기 때문에 그에게 동참을 권유했다. 최종적으로 지향하는 바는 달랐지만 루덴도르프와 히틀러가 의기투합하여 시작했던 뮌헨 봉기가 불발로 끝나자 그 둘은 체포되어 법정에 세워졌다.

　루덴도르프는 제1차 세계대전의 영웅이었다는 점이 참작되어 무죄방면으로 풀려났지만 히틀러는 금고 5년형을 선고받았다. 이것은 사람도 여럿 죽인 국가전복죄에 대한 죗값치고는 너무 가벼운 형벌이라 할 수 있다. 그 같은 엉터리 판결이 가능했던 이유는 재판이 열린 곳이 히틀러의 정치적 고향인 뮌헨이었고, 결정적으로 법정의 재판관이 히틀러와 같은 극우에 속했기 때문이다. 히틀러는 이 재판에서 열변을 통해 주위에 강한 인상을 남기며 단번에 전국구 스타로 발돋움할 수 있었다. 이후 히틀러는 겨우 수감 9개월 만에 성탄절 특사로 풀려났고 이후 뮌헨 폭동으로 와해된 나치당을 재건하기 시작했다.

　비록 뮌헨 봉기는 싱겁게 끝났지만, 그 과정을 바라보며 히틀러는 각성하게 됐다. 더 이상 테러나 쿠데타와 같은 불법적인 노선을 걷지 않기로 한 것이다. 나중에 그의 행적을 보면 알겠지만 이것이 물론 테러나 쿠데타와 완전히 결별했다는 것을 의미하는 것은 아니었다. 대신 이제부터는 나치당의 대외노선을 합법적인 선거를 통해 정권창출에 나서는 것으로 전환했다. 여기에 큰 힘이 되었던 이가 선전의 천재로 알려진 요제프 괴벨스(Joseph Gobbels, 1897~1945)다. 괴벨스는 히틀러 못지않게 기이한 인물이다. 그는 지성이 있었고 언변에 뛰어난 재능이 있었지만 신체의 불구로 어릴 때부터 열등의식을 가지고 있었다. 이 천재는 자신의 재능을 펼치게 해줄 주인을 만나 1925년 나치당에 가입했다. 그 후 괴벨스는 선전과 보도를 통해 나치당이 독재의 길을 가는데도 독일 국민들이 무감각하게 바라봄과 동시에 열정적으로 지지하게 만들었다.

그러나 모름지기 시대가 인물을 만드는 법이다. 1920년대 중반은 세계 경제가 호황 속에 있었고 연합국들의 독일에 대한 배려로 독일 경제도 되살아나고 있었다. 이런 따뜻한 사회경제적인 분위기에서 극우나 극좌와 같은 극단적인 이념이나 구호는 안정을 원하는 대다수 국민들에게 먹혀들지 않는다. 이 때문에 극우를 표명하는 나치당의 맹렬한 세 확장 노력에도 불구하고 1928년 총선에서 2.8퍼센트의 지지로 제국의회에서 12석을 차지했을 뿐이었다. 이런 나치당에게 상전벽해를 실감케 해준 것은 뉴욕의 증권거래소에서 시작된 대공황이었다.

검은 목요일이라 불린 1929년 10월 24일 뉴욕 주식시장이 붕괴했다. 그 후 미국의 경기침체가 장기간 가속화되자 그 여파로 세계 경제 또한 붕괴되고 말았다. 공산주의 국가인 소련이 1928년 시작된 5개년 경제계획을 통하여 오히려 굳건해진 것을 제외하고는, 미국 경제에 의존하거나 연결돼 있던 유럽과 아시아의 경제는 뉴욕발 대공황의 직격탄을 피할 수 없었다. 그중에서도 대공황의 여파로 크게 휘청거린 나라는 독일, 이탈리아, 일본(이 세 나라를 추축국이라 칭함)이었다. 미국은 루스벨트 대통령이 수정자본주의 이론에 바탕을 둔 뉴딜 정책을 통해 위기 탈출을 모색했다. 영국과 프랑스 또한 수입품에 높은 관세를 부과하는 보호무역체제인 '파운드 블록(Pound bloc)' '프랑 블록(Franc bloc)'을 광대한 자국의 식민지에 형성하여 대공황에 대응할 수 있었다.

그러나 후발주자로서 뒤늦게 산업화가 시작된 추축국들은 그만한 식민지를 갖고 있지 않았다. 자체적인 상품의 수요처가 부족했던 세 나라는 경제위기의 해법으로 팽창정책을 택했다. 그리고 그 과정에서 자본가들의 지지를 받는 나치즘, 파시즘, 군국주의가 대두하게 되었다. 추축국들이 약소국을 침략하는 과정에서 기존의 식민지 보유국들과의 마찰이 불가피했기 때문에 전쟁은 이미 예고된 것이었다. 그렇다고 해서 추축국은 침략국이며 추축국에 맞서 싸웠던 영국, 프랑스, 미국, 소련 등의 연합국은 정의의 나라였다는 식의 논리는 옳지 않다. 오히려 연합국들이야말로 오래전부터 추축

현대편

국보다 더 많은 침략과 약탈을 통해서 그토록 광대한 식민지를 얻게 되었음을 기억해야 한다. 뒤늦게 식민지 쟁탈전에 뛰어든 추축국에게는 점령할 식민지가 더 이상 남아 있지 않았던 것뿐이다.

독일에서 대공황의 여파로 실업자가 늘고 기업이 도산하는 등 경제적 위기가 찾아왔을 때 집권여당인 사회민주당은 속수무책이었다. 그러자 대공황이 없었더라면 중도에 있었을 많은 독일인들이 극우와 극좌로 몰리기 시작했고 이것은 바로 선거의 표결로 나타났다. 대공황 직전년도인 1928년에 총 491명의 의원을 뽑는 총선에서 전통의 강력한 여당인 사회민주당이 153석을 얻어 1위였고 공산당은 54석으로 4위의 정당이었다. 이에 반해 나치당은 불과 2.8퍼센트의 지지율인 81만 표를 얻어 제국의회에서 12개 의석을 차지하는 소수정당이었다. 그러던 것이 대공황 이후인 1930년에 치러진 총선에서 사회민주당이 143석으로 1위를 지켰지만 나치당이 107석으로 2위를 했으며 공산당이 77석으로 3위를 한 것이다. 나치당으로서는 실로 눈부신 도약이었다. 이어서 1932년 대선에서는 53퍼센트의 지지를 얻은 힌덴부르크가 바이마르 공화국의 대통령에 재선에 성공했지만 히틀러도 37퍼센트의 지지를 얻는 저력을 과시했다. 그리고 같은 해 7월 실시한 총선에서 나치당은 37퍼센트의 지지와 230석을 차지하며 드디어 원내 1당의 자리를 차지하게 되었다. 참고로 89석을 차지한 공산당은 사회민주당에 이어 3위를 했다.

이와 같이 불과 몇 년 만에 나치당이 급성장한 배경에는 대공황에 제대로 대처하지 못하는 기성정당에 실망했다는 점과 사회민주당을 지지했던 중도층의 표를 잠식하는 공산당의 성장으로 나치당이 반사이익을 얻은 점이 있었다. 또한 세계 최초로 텔레비전과 라디오를 정치와 선전에 이용할 줄 알았던 괴벨스의 재능도 나치 성장의 중요한 요소였다.

1933년 1월 대통령 힌덴부르크는 히틀러를 수상에 임명했다. 귀족 출신의 전쟁 영웅으로 자부심 강한 힌덴부르크는 평소에 평민이자 사병 출신인 히틀러를 제1차 세계대전 때의 계급인 '상병' 또는 '하사'라고 부르며 탐탁지 않게 여기고 있었다. 힌덴부르크는 단지 직전 수상인 파펜의 강력한 추천으로 당시 독일의 정치적·경제적 혼란을 수습하기 위해 어쩔 수 없이 히틀러를 수상으로 임명한 것이었다. 히틀러가 사실상 독일의 1인자임이 여실히 증명된 것은 국회의사당 방화사건으로 공산당을 탄압하면서 시작된 나치의 1당 독재화였다.

히틀러가 총리에 취임한 다음 달인 2월 국회의사당에서 원인 모를 방화 사건이 발생했다. 현장에서 방화도구를 소지하고 있던 25살의 청년 공산주의자가 발견되자 나치당은 이 사건의 배후에 공산당이 있다고 단정했다. 지금도 전말을 정확히 알 수 없지만, 이 사건은 나치당이 공산당에 대한 경각심을 국민들에게 불어넣으며 공산당을 대대적으로 탄압할 수 있는 토대를 만들어주었다. 그리고 다음 달인 3월에 실시한 바이마르 공화국의 마지막 총선에서 나치 당은 비록 과반수에는 미치지 못했지만 44퍼센트의 지지를 받아 원내 1당임을 다시 한 번 확인했다.

1당 독재를 이루기 위해 나치당은 입법부가 법률제정권을 행정부에, 즉 히틀러가 수상으로 있는 나치당에 위임한다는 내용의 '전권위임법률안'을 제국의회에 제출했다. 이 법안의 통과를 위해서는 제적의원 2/3의 찬성이 필요했다. 히틀러는 일단 공산당 의원들을 체포, 구금 그리고 추방하여 투표에 참여하지 못하게 획책했다. 동시에 연립정권을 이루고 있던 기타 정당들에게는 전권위임법이 단지 4년간의 시한입법이며 대통령의 권한에는 변함이 없을 것이라는 양보를 하여 그들의 동의를 이끌어내는 데 성공했다. 물론 히틀러는 나중에 이 약속을 지키지 않았다.

1933년 3월 24일, 불참으로 기권 처리된 공산당과 사회민주당의 절대적인 반대표에도 불구하고 전권위임법률안은 재적의원 647명 중 441명의 찬성표를 얻었다. 가까스로 3분의 2를 넘긴 68퍼센트의 찬성으로 전권위임법이 제국의회에서 통과된 것이다. 그리고 이날로 껍데기만 남은 바이마르 공화국은 종말을 고했다. 히틀러는 전권위임법에 근거하여 나치당을 제외한 모든 정당을 해산시켰으며 본격적으로 1당 독재를 시작했다.

1934년 8월 90세에 가까운 힌덴부르크 대통령이 노환으로 사망했다. 힌덴부르크는 제1차 세계대전의 영웅으로 독일 국민들의 가슴속에 자리매김했기 때문에 마지막 순간까지도 히틀러는 힌덴부르크를 예우해주었다. 이어서 히틀러는 대통령의 직까지 겸하며 총통이라 불리게 되었다. 그렇게 거칠 것이 없던 히틀러에게 앞으로 있을 일련의 군사적인 성공과 좌절을 함께 맛보게 해준 행보의 시작은 1935년 3월 베르사유 조약의 파기와 독일의 재군비 선언이었다.

놀랍게도 제1차 세계대전 승전국들은 그에 대해 강경한 대응을 하지 않았다. 미국은 이전부터 패전국인 독일에 온정주의 정책을 펼치고 있었고, 영국과 프랑스는 군이 독일을 자극하여 혹시나 또다시 세계대전이 벌어질까 우려하고 있었다. 이탈리아의 무솔리니는 오히려 히틀러와 죽이 잘 맞았고, 저 멀리 소련의 독재자인 스탈린(Ioseb Stalin, 1878~1953)은 국내에서 한창 독재체제를 구축하느라 독일에 신경 쓸 여유가 없었다. 그러던 중 1935년 6월 영국은 독일이 해군을 영국 해군의 35퍼센트 범위 내에서 건설해도 좋다는 해군협정을 단독으로 체결했다. 이것은 베르사유 조약으로 금지된 독일 해군의 재건을 인정해준 꼴이니 히틀러가 선언한 베르사유 조약 파기와 재군비 선언을 간접적으로 지지해준 것과 같았다.

이듬해 1936년 3월 히틀러는 그의 생애 처음으로 군사적 도박을 감행했다. 그것은 바로 라인란트로 독일군 3개 대대를 진군시킨 일이다. 극소수의 병력이라지만 라인란트는 베르사유 조약으로 독일군의 주둔이 금지된 곳이었으니 이는 바로 조약 위반이 분명하다. 훗날 히틀러도 연합국의 반응을 떠보던 그 순간이야말로 인생에서 가장 긴장되는 순간이었다고 술회했다. 사실 만약 인접한 프랑스가 무력으로 대응하기만 했어도 독일군은 즉시 줄행랑을 칠 준비를 하고 있었다. 그러나 세계대전의 재발을 바라지 않는 연합국들은 이번에도 별다른 제재 없이 유야무야 넘어갔고 그렇게 히틀러의 허세는 성공을 거두었다. 그리고 그때부터 레벤스라움(Lebensraum), 즉 독일인을 위한 '생활공간'을 확보하기 위한 국외팽창을 시도하게 되었다. 이것은 추축국인 이탈리아의 무솔리니가 위대한 로마제국의 재건을 선언하고 에티오피아를 침략한 것이나, 일본이 대동아공영권(大東亞共榮圈)을 부르짖으며 중국과 동남아를 향해 진출하는 것과 궤도를 같이했다.

히틀러의 팽창정책의 첫 희생양은 인접한 동족 국가인 오스트리아였다. 먼저 오스트리아에 나치당원들을 침투시켜 독일과의 합병을 국민들이 찬성하게 만든 후 1938년 3월 독일군을 진주시켜 점령했다. 독일 기갑부대의 전광석화와 같은 진격에 오스트리아군은 전혀 대응할 수 없었고 작은 저항조차 찾아볼 수 없었다. 그 과정에서 오스트리아의 슈쉬니크 총리가 홀로 버텨봤지만 파리·런던·워싱턴·로마에서의 지원이 없었기 때문에 더 이상 어찌할 수가 없었다. 오히려 오스트리아 국민들은 게르만주의를 내세우는 자국 출신의 독일 총통이 금의환향하는 것을 길에 늘어서서 꽃다발을 들고 환영할 정도였다.

히틀러의 다음 목표는 300만이 넘는 독일인들이 거주하는 체코슬로바키아의 주데텐란트(Sudetenland)였다. 그곳은 원래 독일의 영토였지만 베르사유 조약으로 체코슬로바키아의 영토가 된 곳이다. 그러나 주민들의 대다수가 독일인이었기 때문에 그들은 당연히 독일로의 합병을 바라고 있었다. 사정이 이러니 게르만족의 통합을 내세운 히틀러가 이 지역을 노리는 것은 당연했다. 히틀러가 체코슬로바키아 정부에 주데텐란트를 요구하자, 전쟁 발발을 두려워하며 평화적 해결을 원하는 주변의 4개국이 이의 논의를 위해 뮌헨에 모였다. 영국의 체임벌린(Chamberlain, 1869~1940) 수상, 프랑스의 달라디에(Daladier, 1884~1970) 총리, 그리고 히틀러와 무솔리니였다. 체코슬로바키아의 영토를 논의하는 것인데 기묘하게도 정작 체코슬로바키아의 정부대표는 참석하지 않았다.

1938년 9월 뮌헨 협정에서 앞으로 히틀러가 더 이상 영토를 요구하지 않는다는 조건으로 독일이 주데텐란트를 합병한다는 문서에 네 명이 서명했다. 체임벌린은 귀국하여 그가 서명한 문서를 손에 쥐고 "우리들 시대의 평화가 보장되었다"라고 말했다. 하지만 그것은 착각에 불과하다는 사실이 얼마 후 드러났다. 1939년 3월이 되자 히틀러는 체코슬로바키아의 남은 영토마저 통째로 집어삼킨 것이다. 이것은 '하나의 민족, 하나의 제국, 하나의 지도자'라는 표어에서 히틀러가 내걸었던 범게르만주의의 완성을 넘어서는 행위가 분명했다. 하지만 이번에도 연합국들은 움직이지 않았다.

연합국들이 히틀러의 거침없는 행보에 제동을 걸지 않은 중요한 이유는 독일이 다시 성장하여 소련의 서진을 막는 방파제 역할을 하길 바랐던 이유도 있었다. 당시 자본주의 국가들에게는 극우인 나치보다 극좌인 소련이 더 위협적인 존재였다.

이와 함께 언급할 것은 최근 몇 백 년간 유럽을 막후에서 움직여온 영국의 태도다. 여기에서 다시 말하지만 영국은 세력균형론에 입각하여 유럽대륙에서 초강대국의 출현을 원치 않고 있었다. 영국은 자국의 패권에 도전하는 독일제국을 제1차 세계대전에서 억눌렀다. 그리고 이번에는 같은 승전국인 프랑스가 나폴레옹 시절의 초강대국으로 발돋움할까 하는 두려움이 있었다. 그리하여 독일이 다시 강성해져 프랑스를 견제해주기를 바랐기 때문에 히틀러의 발호를 눈감아줬던 것이다.

히틀러가 다음으로 원하는 땅은 폴란드 회랑(回廊)과 단치히 (Danzig, 지금의 폴란드 그단스크)였다. 당시 독일의 동북쪽 영역을 보면 독일 본토와 동프로이센이 폴란드 회랑과 단치히 자유시로 분리되어 있었다. 즉, 독일 민족의 요람인 동프로이센이 섬 모양으로 외로이 떨어져 있었다. 폴란드 회랑은 제1차 세계대전 당시 독일제국의 영토였지만 폴란드가 발트해로 나갈 길을 열어주기 위해 베르사유 조약으로 폴란드에게 넘겨준 곳이었다. 독일 국민들은 당연히 이 땅의 수복을 원했고 단치히 인구의 95퍼센트를 차지하는 독일계 주

덴마크

스웨덴

리투아니아

단치히 할양 요구(1939. 3)

영국

네덜란드

벨기에

독일

주데텐란트 합병(1938. 9)

폴란드

소련

라인란트 진주(1936. 3)

체코슬로바키아 합병(1939. 3)

체코슬로바키아

오스트리아 합병(1938. 3)

프랑스

스위스

오스트리아

헝가리

루마니아

이탈리아

유고슬라비아

불가리아

스페인

■ 연합국
■ 추축국
■ 중립국

✖ 폴란드 침공

민들도 독일로의 귀속을 바랐다. 히틀러는 그전부터 누차에 걸쳐 폴란드에게 회랑과 단치히를 독일에 할양할 것을 요구했다.

　그러나 폴란드는 히틀러의 요구를 거절했다. 히틀러의 요구 대로라면 폴란드는 바다로 나갈 수 있는 통로를 잃어버리고 내륙국으로 전락해버릴 터였다. 거기다가 원래부터 폴란드는 민족적 자존심이 강한 나라이며, 중세 때는 양옆에 위치한 독일과 러시아를 군사적으로 압도했던 역사를 갖고 있었다. 거기에 당장 100만에 가까운 대군을 보유하고 있으니 쉽사리 히틀러의 위협에 굴복할 리가 없었다.

　히틀러는 폴란드가 요구를 거부하자 무력으로 자신의 뜻을 관철시키고자 했다. 그는 이번에도 영국과 프랑스가 개입하지 않을 것이라 낙관했다. 하지만 히틀러의 본질을 이제야 확실히 알아챈 영국과 프랑스는 1939년 8월 25일 폴란드와 상호원조조약과 군사동맹을 맺었다. 영·프와 폴란드의 국력 차이와 당시의 상황을 감안한다면 이는 상호원조라기보다 영·프가 폴란드를 보호하여 앞으로 폴란드를 침공하는 나라와는 전쟁도 불사하겠다는 내용이었다. 그러나 히틀러는 설령 영국과 프랑스가 개입한다고 하더라도 신속하게 폴란드를 점령해버리면 결국 이를 인정하고 흐지부지 끝날 것이라는 특유의 낙관론을 갖고 있었다. 이때 독일이 폴란드를 공격하기 전에 신경 써야 할 상대는 하나 더 있었다. 폴란드 점령 후 국경을 맞대게 될 소련이었다.

영국이 폴란드와 상호원조조약을 맺기 이틀 전인 1939년 8월 23일 세계를 놀라게 하는 사건이 터졌다. 극우를 대표하는 나치와 극좌를 대표하는 소련은 통치이념상 물과 기름 사이로 서로의 존립을 인정할 수 없는 관계인데도 상호불가침조약을 체결한 것이다. 이 조약은 모스크바에서 독일의 외무장관 리벤트로프(Ribbentrop)가 소련의 외무장관 몰로토프(Molotov)와 회담 후 서명함으로써 체결되었다. 언뜻 이해가 가지 않는 이 조약의 배경을 살펴보자면, 독일 입장에서는 장차 있을지도 모를 영국과 프랑스를 상대로 하는 전쟁에서 동부로부터의 위협을 덜기 위한 것이었다. 제1차 세계대전 당시 양면 전쟁을 겪은 바 있는 독일은 양쪽을 상대로 싸우는 게 얼마나 위험하고 어려운 일인지를 충분히 알고 있었다. 소련 또한 저 멀리 있는 미적지근한 영국과 프랑스와 동맹하느니 차라리 독일과의 전쟁을 확실히 피하는 실익을 얻기 위함이었다. 영국은 소련이 제1차 세계대전 때 잃었던 발트3국(에스토니아·라트비아·리투아니아)을 다시 합병하는 것에 반대하는 등 소련에 비협조적이었던 것이다. 반면에 독일은 소련이 발트3국과 폴란드 동부 등을 차지해도 좋다는 미끼를 비밀리에 던져준 상태였다. 두 독재자가 폴란드를 동서로 나눠 갖겠다는 독소불가침조약을 통해 국익 앞에는 이념도 사상도 뒷전일 수밖에 없음을 알 수 있을 것이다.

동쪽의 위협을 제거한 히틀러는 이제 마음 놓고 백색작전이라 불린 폴란드 침공을 개시했다. 하지만 서방의 간섭이 없을 것이라는 히틀러의 기대와 달리 영국과 프랑스는 9월 3일 선전포고했다. 이로써 독일이 폴란드를 침공한 1939년 9월 1일 오전 4시 45분을 기해 역사상 가장 대규모의 전쟁으로 기록된 제2차 세계대전이 시작됐다.

히틀러는 베르사유 조약을 파기하고 재군비를 선언한 1935년부터 폴란드 침공에 이르기까지 정치적·군사적으로 눈부신 성공의 가도를 달렸다. 도박이나 다름없었던 모험과 그것들의 연속적인 성공은 일단 최종결정권자인 히틀러 본인의 능력이었다는 것을 인정해야 할 것이다. 역사적으로 프로이센의 국왕이나 독일제국의 황제들이 막후에서 그림자처럼 존재했던 것에 비해, 히틀러는 자신이 직접 국가의 중대사를 결정하고 실행했던 것을 상기해야 한다.

　그러나 히틀러가 베르사유 조약상의 각종 제한으로 와해된 독일군을 이끌고 그토록 승승장구했던 것을 그의 군사적 재능으로 간주하는 것은 올바르지 않다. 사실 제2차 세계대전에서 독일군의 신화는 히틀러에 가려져서 그다지 세인들에게 알려지지 않은 세 명의 뛰어난 인물이 있었기 때문에 가능했다. 그들은 바로 젝트, 구데리안 그리고 만슈타인이다. 폴란드 전역으로 들어가기 전에 각종 군비제한으로 허약해졌던 독일군이 어떻게 무적의 군대로 탈바꿈할 수 있었는지 설명해야 할 것이다. 우선 구데리안만 이야기하도록 하겠다.

　현대 전쟁사에서 기갑전의 선구자로 불리는 하인츠 구데리안(Heinz Guderian, 1888~1954) 장군이 차지하는 위상은 엄청나다. 사견으로 전쟁사의 흐름을 알렉산드로스, 나폴레옹 그리고 구데리안 이 세 사람으로 요약·정리할 수 있다고 본다.

　평민 장교의 아들로 태어난 구데리안은 아버지를 이어 자연스레 군인의 길을 걸어갔고 제1차 세계대전에서는 통신장교로 근무했다. 전후 감축된 독일군에 남게 된 그는 참모부에서 근무했다. 1927년 소령으로 진급한 후부터는 차량수송부대에서 근무하게 되었다. 이전부터 기동전에 관심이 있었던 그는 차량수송부대에 근무하면서부터 차량화부대를 기동전의 주역으로 승격시켜야 한다는 그의 기갑전 이론을 완성해갔다.

당시 영국의 리델 하트와 풀러, 프랑스의 드골과 같은 인물들은 참호전을 탈피할 수 있는 방안으로 전차에 의한 기동전을 펼칠 것을 주장한 바 있다. 이들은 현대전을 결정짓는 것은 화력이나 병력의 우열이 아닌 속력이며, 그 속력의 주체는 바로 항공기의 지원을 받는 탱크가 될 것이라고 주장했다. 그러나 제1차 세계대전은 연합국들이 참호전으로 승리했던 전쟁이었다. 그들 대다수는 아직도 공격이 아닌 수비가 승리의 열쇠라고 믿고 있었다. 이처럼 방어를 제일로 생각한 연합국들은 기관총과 대포를 걸어놓은 마지노(Maginot)선과 같은 철옹성을 쌓아놓고 그 안에서 지키고만 있으면 영구한 평화가 보장된다며 마음 놓고 있었다. 이와 같이 리델 하트를 비롯한 소수 선각자들의 혁신적인 이론이 조국에서 외면당하고 있을 때 이들의 의견을 수렴하여 실전에 응용한 인물이 구데리안이다.

구데리안이 생각하기에 앞으로 다시 세계대전이 벌어진다면 식민지와 자원이 부족한 독일은 반드시 단기전으로 전쟁을 마쳐야 할 것이었다. 그렇다면 제1차 세계대전에서의 그 지긋지긋했던 참호전을 극복할 수 있는 방안은 무엇일까 연구하다가 마침내 리델 하트와 풀러의 저서에서 발견한 탱크라는 무기에서 그 해답을 얻었다. 영어와 프랑스어에도 능통했던 구데리안은 열심히 리델 하트와 풀러 그리고 드골의 저술을 탐독하면서 자신의 이론에 대한 확신을 갖게 되었다. 그는 집중화된 기갑부대를 주력으로 삼아 적진 깊숙이 전진시키며 이들 기갑부대에 대한 지원은 기계화된 차량부대가 맡아야 한다고 주장했다. 제1차 세계대전에서는 보병을 지원하는 보조병기에 불과했던 탱크가 주전력이 되고, 반대로 보병은 기갑부대의 전과를 확대하는 보조전력이 되어야 한다는 것이다.

그러나 선각자는 외로운 법이다. 리델 하트를 비롯한 전격전 이론의 주장자들이 본국에서 외면당했던 것과 똑같이 구데리안도 처음에는 '외계인' '이단아'라는 소리를 들으며 조롱받을 뿐이었다. 평범한 남들이 생각하기에 구데리안의 주장대로 집중화된 기갑부대를 적진의 종심 깊숙이 침투시켰을 때 그 기갑부대는 고립되어 각개 격파의 대상이 될 뿐이다. 설령 기갑부대가 적진을 비집고 들어가 뒤흔들더라도 그 기갑부대에 대한 지속적인 보급과 지원은 무슨 수로 가능하겠느냐가 반대하는 이유였다.

그러나 전쟁사를 살펴보면 위의 첫째 의견에 반박할 근거를 찾을 수 있다. 알렉산드로스와 한니발 이래로 전술의 상식이 되어버린 망치와 모루 전술 자체가 기병이 적진 깊숙이 들어가서 고립되는 위험을 내포하고 있다. 하지만 역사상 위대한 많은 승리들은 고립되어 각개 격파당할 위험을 무릅쓰며 적의 배후로 접근하여 적을 강타하는 전략적 기동에 의해 이뤄졌다. 뭐든지 위험이 큰 만큼 성공의 열매도 큰 법이다. 그리고 또 다른 반대의견은 구데리안이 기동성을 갖춘 차량화부대(가령 장갑차)를 운영함으로써 해결하게 된다.

진흙에 묻힌 진주와도 같던 구데리안의 진가를 알아보고 그를 발탁하여 기용한 인물은 다름 아닌 히틀러였다. 한번은 히틀러가 참관하는 자리에서 구데리안은 자신의 소규모 기갑부대를 선보여 총통을 감동시킨 일이 있었다. 더구나 귀족 출신의 자존심 강한 프로이센 장성들은 일개 사병 출신인 히틀러를 은근히 멸시하고 있었고, 히틀러 또한 그들에게 적대적인 감정을 느끼던 터였다. 이 때문인지 히틀러는 같은 평민 출신인 구데리안의 신무기에 더욱 호감을 가졌을 수도 있다.

드디어 히틀러가 재군비를 선언한 1935년에 최초로 3개의 기갑사단이 창설되었다. 구데리안은 제2기갑사단장이 되었다. 1938년에 중장으로 진급한 구데리안은 그의 기갑부대를 이끌고 오스트리아를 맹렬히 질주하여 불과 48시간 만에 빈을 점령하는 데 성공했다. 이 공으로 기갑대장으로 승진한 그는 19기갑군단장에 임명되었다. 폴란드 전역에서 구데리안의 직위가 바로 이 19기갑군단장이었다.

사실 폴란드 전역은 독일 전격전의 시험적인 첫 무대가 되었다는 점을 제외한다면, 앞으로 이어질 전투에 비해 덜 중요할지 모른다. 그렇다고 폴란드 전역에서 독일군이 번개 같은 전격전을 펼쳐 화려한 전술적 승리를 거둔 것은 아니었다. 오히려 객관적인 양측의 전력을 감안하면 독일군의 피해도 의외로 심각했다. 어떻게 보면 독일은 소련의 협공으로 가까스로 폴란드를 점령할 수 있었다. 이 폴란드 전역은 개략적인 전개과정을 살펴봄으로써 족하다고 본다. 우선 폴란드 침공에 나선 독일군의 전략과 그에 따른 군의 편제 및 포진부터 살펴보기로 하자.

　　독일군의 전략은 독일의 지정학적인 위치와 포위섬멸전이라는 고전적인 전략개념의 결합으로 자연스레 결정되었다. 당시 독일은 체코슬로바키아를 사실상 합병한 상태였기 때문에 폴란드의 3면을 북쪽은 동프로이센에서, 서쪽은 독일 본토에서 그리고 남쪽은 체코슬로바키아에서 에워싸는 상황이었다. 따라서 서쪽에서 폴란드를 견제하는 사이에 북쪽과 남쪽에서 강력한 공격을 가해 포위망을 형성하여 적을 섬멸한다는 계획은 너무나도 고전적인 전략개념에 부합되는 것이었다. 그중에서도 주공은 북쪽보다는 남쪽이었다. 왜냐면 첫째로 단치히 할양을 요구하는 독일이 아마도 북쪽을 주공으로 삼으리라 생각할 폴란드의 의표를 찌르자는 것이었고, 둘째는 서남쪽이야말로 폴란드의 공업단지 및 탄광 등이 밀집된 폴란드 경제의 노른자였기 때문이다. 이때 폴란드 침공을 위한 독일군의 편제는 보크 원수의 북부집단군 예하의 3군(퀴흘러), 4군(클루게)과 룬트슈테트 원수의 남부집단군 예하의 8군(블라스코비츠), 10군(라이헤나우), 14군(리스트)으로 나눌 수 있다.

　　덧붙여 위의 군 편제에서 나온 '집단군'과 '군'을 여기에서 간단히나마 개념을 짚는 게 좋을 듯하다. 집단군은 별 다섯 개의 계급인 원수가 지휘하며 군사조직의 최고 상위단위다. 병력의 규모는 보통 50만을 상회하며 100만 명을 넘는 경우도 있다. 오직 강대국에만 있는 집단군은 보통 일국의 총 군사력과 맞먹는다. 집단군이란 개념은 한국에는 없으며, 소련에서는 방면군이나 전선군이라고 한다. 집단군의 바로 아래 단위인 야전군은 보통 줄여서 '군'이라 부른다. 군의 지휘관은 별 넷의 상급대장이며 한국의 대장에 해당한다. 1개 군의 병력규모는 보통 10만~20만 정도이다. 당시 독일군 편제상 군 아래에 대장(한국군 중장에 해당)이 지휘하는 군단이 있으며, 군단의 아래에는 중장(한국군 소장에 해당)이 지휘하는 사단이 있었다.

이와 같이 군 편제를 마친 독일군이 수립한 폴란드 침공 작전인 백색작전의 내용은 구체적으로 다음과 같다. 먼저 남부집단군의 8군은 바르샤바 서부에 있는 폴란드 제3의 도시 우치를 거쳐 바르샤바로 진격하려 했으며, 14군은 연합국의 폴란드 지원 루트인 루마니아로부터 폴란드에 이어지는 병참선을 차단하면서 폴란드 제2의 도시 크라쿠프를 거쳐 남으로부터 바르샤바를 향해 진격할 예정이었다. 독일군 최강의 전력을 보유한 10군은 곧장 바르샤바로 진격할 예정이었다.

북부집단군은 남부집단군이 남쪽에서 포위망의 한쪽을 만들어갈 때 북쪽으로부터 포위망의 나머지 한쪽을 완성할 계획이었다. 이를 위해 동프로이센에 주둔하던 3군은 바로 남쪽으로 남하하여 바르샤바로 향하며, 구데리안 장군의 19기갑군단이 소속된 4군은 폴란드 회랑을 가로질러 단치히까지 진격한 후 남쪽으로 이동하여 3군과 합류할 예정이었다.

한편 독일군에 맞서게 될 폴란드군 총사령관 리츠시미그위 원수는 국경선을 따라 선형으로 주력을 배치하는 방어계획을 수립하고 있었다. 일견 너무 단순해 보이는 방어계획이었지만 폴란드의 지리적 환경을 고려할 때 다른 선택은 없었다. 무엇보다도 폴란드는 국토의 대부분이 넓은 평야로 이뤄져 있으며 적을 막아줄 높은 산맥이나 깊은 강이 없었던 것이다. 한마디로 침략자에게는 유리하지만 방어하는 입장에서는 불리한 지형이었다. 그다지 넓지도 깊지도 않은 여러 강이 흐르고 있긴 했지만 그마저도 독일군과의 격전이 예상되는 서부가 아닌 동부에 분포하고 있었다.

그 때문에 프랑스는 차라리 폴란드군의 주력을 바르샤바를 관통해 흐르는 비스툴라강의 동쪽으로 이동시켜 방어전을 펼칠 것을 권고했다. 그러나 폴란드는 프랑스의 충고가 합리적인 전략일지라도 다음의 몇 가지 이유 때문에 도저히 택할 수가 없었다.

첫째, 폴란드의 반절에 해당하는 서부를 싸워보지도 않고 포기하는 것은 자존심과 긍지가 있는 사람이라면 도저히 채택할 수 없는 방안이었다. 둘째로 폴란드는 주요 공업시설 및 탄전이 서남부에 집중되어 있다는 점이다. 프로이센의 프리드리히 2세 또한 폴란드 서남부에 있는 슐레지엔(Schlesien)을 차지하기 위하여 7년 전쟁(1756~1763)을 일으킨 일이 있었다. 이와 같이 알토란 같은 땅을 싸워보지도 않고 적에게 내줄 수는 없었다. 셋째, 동프로이센에 주둔한 독일 3군은 비스툴라강을 도강할 필요 없이 바로 바르샤바를 배후에서 공격할 수 있는 위치에 있었다. 그렇다면 독일군의 예봉을 피해 비스툴라강 동쪽에서 진을 치고 적을 막는다는 전략은 애당초 의미가 없는 것이다. 넷째, 폴란드는 독일이 공격할 때 상호원조 조약에 따라 영국과 프랑스가 지원해줄 것이라 예상했다. 그렇다면 독일군이 바르샤바까지 오기 전에 서부전선에 대처하기 위해 물러날 것이라고 기대할 수 있다. 종합적으로 위의 네 가지 요인에도 불구하고 방어선을 동쪽으로 물리는 것은 오히려 비현실적이다. 또한 그것은 폴란드가 혹시 모르는 반격전을 펼칠 때에도 그만큼 불리한 것이었다.

폴란드는 제법 국토가 넓은 편이라 국경선을 방어하는 데 많은 병력이 필요했다. 하지만 침략자인 독일군이 150만 명인 데 비하여 폴란드가 동원할 수 있는 병력이라곤 100만 명밖에 없었다. 그나마 그중 대부분이 예비군으로 상비군은 30만 명에 지나지 않았다. 그뿐 아니라 독일이 대포 9000문, 전차 2800대, 전투기 2300대를 동원한 것에 비해, 폴란드는 대포 4300문, 전차 1000대, 전투기 400대를 동원하는 등 모두가 독일에 상대가 안 되었다. 이는 폴란드군이 최선을 다해 분투했지만 결국 무너질 수밖에 없었던 이유였다.

독일은 폴란드 침략을 위한 명분을 만들기 위해 우선 폴란드 병사들이 먼저 국경을 쳐들어왔다는 자작극을 연출했다. 히틀러는 이에 대한 정당한 자위권 행사를 주장하며 1939년 9월 1일 새벽 4시

45분을 기해 폴란드 침공을 명했다. 그때 단치히에 주둔하던 독일 전함 슐레스비히–홀슈타인호가 폴란드에 포격을 시작했다.

　먼저 독일 공군의 급강하폭격기 슈투카(Stuka)는 전차와 보병의 진격에 앞서 적후방의 병참선과 지휘본부 및 통신시설에 폭격을 가하며 지상군을 지원했다. 그와 발맞추어 전차부대는 적의 취약지점을 돌파하며 틈을 만들었고 기계화보병이 그 틈새를 넓히며 들어갔다. 기계화보병이 적의 배후로 접근하여 후속보병부대와 함께 포위망을 형성하면 고립된 적은 격멸될 수밖에 없었다. 그러나 이번 폴란드 전역은 초창기의 독일 기갑부대 입장에서는 아무래도 시험적 성격을 띨 수밖에 없었다. 또한 독일군 수뇌부들도 이전의 섬멸전 사상에 젖어 있어서 그에 따른 전술을 답습하려 했기 때문에 전격전이라고 부르기에는 민망할 수준이었다.

　한편 130여 년 만에 간신히 독립한 폴란드의 항전 의지는 대단한 것이었다. 곳곳에서 있었던 이러한 폴란드군의 분전으로 독일군의 피해도 컸다. 하지만 폴란드군이 양과 질에서 앞서는 독일군의 진격을 막아내기에는 역부족이었다. 그렇다고 그 규모에 비해 독일군의 무공은 그다지 빼어나지도 못했다.

　바르샤바로 향하는 독일군에 대하여 9월 9일 폴란드가 반격을 가한 브주라(Bzura) 전투는 폴란드 전역을 통하여 가장 대규모의 전투였다. 여기서 독일군은 불의의 일격을 당하여 한때 물러서기도 했지만, 역시 공군과 육군의 절대적 우위를 바탕으로 폴란드군을 패퇴시키는 데 성공했다. 이 전투를 끝으로 독일군이 바르샤바로 향하는 길에는 장애물이 없어졌다.

　모시치츠키 폴란드 대통령과 리츠시미그위 원수는 전쟁이 터진 9월 1일 바로 당일 바르샤바를 탈출하여 동남부로 피신해 있었다. 그들은 사태가 이에 이르자 전군이 비스툴라강과 산강 동쪽에서 방어선을 펼칠 것을 명령했다. 그마저도 여의치 않게 되자 그 때까지 항전중인 전군을 동남부로 이동시켜 장기 항전에 들어갈 준비를 했다. 동남부에서는 그나마 루마니아와의 국경에 있는 카르파티아산맥에 기대어 버텨볼 만했으며 영국과 프랑스의 지원이 루마니아를 통해 들어왔기 때문이다. 폴란드는 그곳에서 9월 3일 독일에 선전포고를 한 영국과 프랑스가 본격적으로 참전하면 그때 독일에 반격을 가할 계획이었다. 하지만 폴란드군의 희망을 앗아간 것은 9월 17일 동부에서 있었던 소련군의 침입이었다.

　소련군은 폴란드에 거주하는 우크라이나인을 보호한다는 명목으로 참전했다. 하지만 그것은 독소불가침조약을 체결하며 독일과 비밀리에 합의한 분할 점령을 실행하기 위한 것이었다. 당시 폴란드군 대부분은 독일군을 맞아 싸우기 위하여 서부로 이동한 상태였다. 그 때문에 동부 국경에는 100만 명에 가까운 소련군의 침입을 막아낼 군대가 없었다. 결국 독일군에 포위되어 있던 바르샤바 주둔군은 더 이상의 항전이 무의미하다는 것을 깨닫고 9월 28일 항복했다. 서쪽에서 진격해 오는 독일군과 동쪽에서 진격해 오는 소련

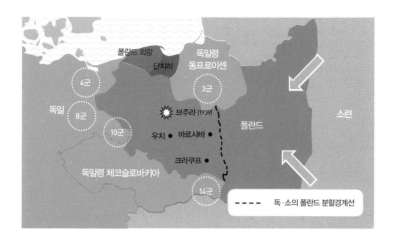

✖ 폴란드 침공

군이 중간에서 만나 악수를 나누며 승전 퍼레이드를 함께 벌이는
장면이 곳곳에서 나타났다. 이 두 나라는 사이좋게 폴란드를 나누
어 가지며 우의를 다졌다.

폴란드에서의 전쟁이 완전히 끝난 것은 10월 6일에 이르러서
였다. 전역에서 폴란드는 전사자 7만 명, 부상자 13만 명, 포로 70만
명의 손실을 입었고, 독일은 전사자 1만5000명, 부상자 3만 명이었
다. 소련군의 사상자는 다 합쳐도 수천에 불과했다. 그렇다고 폴란
드가 독일이나 소련에 항복한 것은 아니었다. 폴란드 정부는 상당
수의 잔존 병력을 이끌고 루마니아를 경유하여 프랑스로 탈출하여
망명정부를 수립했다. 이들은 프랑스가 패망한 이후에는 영국으로

이동하여 독일에 끈질기게 항전했다.

　　한편 영국과 프랑스는 어중간한 태도로 폴란드와의 상호원조조약을 지키지 않았다. 그것은 자칫 세계대전으로의 확산을 두려워한 것 때문이기도 했으며, 경제대공황을 딛고 일어선 지 얼마되지 않았기 때문에 충분한 전쟁 준비가 안 되어 있었던 이유도 있었다. 설령 독일과 다시 전쟁을 하더라도 제1차 세계대전에서의 참호전과 같은 수비를 통해 승리할 수 있다고 생각하며 적극적이고 구체적인 행동을 보이지 않았던 것이다. 그 때문에 영국은 망명군을 받아들이는 것을 제외하곤 폴란드에게 사실상 아무런 지원도 하지 않았다. 프랑스는 자르로군을 진군시켰다가 곧바로 후퇴시키는 등 흉내만 내는 무력시위 정도에 그쳤을 뿐이다. 이는 폴란드 전역 종전 기준으로 독일군의 탄약과 폭탄의 비축분이 겨우 2주분밖에 없을 정도로 전쟁물자가 바닥난 상태였다는 것을 생각한다면 땅을 칠 노릇이었다. 영국과 프랑스가 총동원령을 내릴 필요도 없이 있는 병력만 모아서 독일의 서쪽을 쳤다면 대부분의 전력을 폴란드에 쏟아부은 독일은 대처할 수 없는 형편이었던 것이다. 여기에 덧붙여 영국과 프랑스가 폴란드와의 상호원조조약에 따라 폴란드를 침입한 독일에 선전포고한 반면, 소련의 침입에 대해서는 약속이나 한 듯이 침묵을 지킨 것도 모순이라 할 수 있다.

　　폴란드 전역에서 독일의 공군과 탱크 및 보병이 입체적으로 완벽하고 화려하게 승리했다거나, 폴란드군은 무기력하게 아무 힘도 못쓰고 무너진 것은 아니었다. 그렇더라도 폴란드 전역은 독일군의 전격전이 처음 시험되었다는 데 의의가 있다. 구데리안과 같은 혜안이 있는 장군들은 폴란드 전역에서 전격전을 실험하면서 전격전이 갖는 결정적 성과에 대한 확신을 갖게 되었다. 이번 전역이 수개월 후 독일이 프랑스를 침공할 때의 대성공으로 귀결될 귀중한 경험이 되었음은 말할 나위가 없다.

제22장

키예프 전투―가장 많은 포로가 잡힌 전투

제2차 세계대전은 그 엄청난 규모에 어울리게 각종 전쟁사의 기록을 갈아치우는 장면이 많다. 특히 제2차 세계대전의 70퍼센트를 차지한다는 독소전에서는 수십만, 수백만이라는 숫자가 예사로 나온다. 이번 장의 주제는 가장 많은 포로가 발생한 전투로 기록된 키예프 전투다. 이 전투에서 무려 66만 명의 소련군이 독일군의 포로가 되었다. 이는 웬만한 국가의 군대 전체와 맞먹는 숫자다.

　　이와 같이 손가락으로 꼽을 몇몇 전투를 제외하고는 제2차 세계대전 이전에는 단일 전투에서 한번에 10만이 넘는 병력이 포로가 되었던 전투를 찾기가 쉽지 않다. 그러던 것이 제2차 세계대전, 특히 독소전에서는 10만 이상의 병력이 포로가 되는 전투가 예사로 발생한다. 그 예를 들자면 동부전선의 민스크 전투(1941)에서

40만 명, 스몰렌스크 전투(1941)에서 30만 명, 우만 전투(1941)에서 10만 명의 소련군이 독일군의 포로가 되었다. 스탈린그라드 전투(1942~1943)에서는 거의 10만 명의 독일군이 소련군의 포로가 되었으며, 서부전선의 루르 전투(1945)에서는 35만 명의 독일군이 연합군의 포로가 되었다. 멀리 아시아에서는 단일 전투는 아니었지만 소련군이 대일 선전포고와 함께 만주로 진출할 때 일본의 관동군 60만 명을 포로로 잡기도 하였다.

앞 장에서는 독일과 소련이 폴란드를 분할하는 전역을 살펴보았다. 언급했다시피 영국과 프랑스는 소련까지 적으로 돌릴 여력이 없었기 때문이겠지만 폴란드를 지켜준다는 약속에도 불구하고 독일에게만 선전포고를 했다. 그런데 이상하게도 전시상황이 분명한 그때, 독일이 프랑스를 침공하게 되는 1940년 5월까지 8개월간 영국·프랑스와 독일 간에는 전투라곤 찾아볼 수가 없었다. 이것을 '가짜 전쟁(phony war)'이라고 부른다. 이는 영국과 프랑스가 제1차 세계대전에서와 같이 지키고만 있어도 승리할 것이라고 믿었기 때문에 일어난 일이다. 이에 반해 나치가 폴란드를 점령한 그길로 소련을 침공할 것을 기대했기 때문에 영국과 프랑스가 느긋이 기다렸다는 주장도 있다. 이들의 의견에 따르면 심지어 미국조차 소련의 멸망을 기대했기 때문에 히틀러의 팽창에 별다른 제제를 가하지 않았다고 한다.

프랑스가 마지노선이라는 철옹성에 기대어 느긋이 있을 때 독일은 연합국이 예상치 못한 경로로 침공해 프랑스를 6주 만에 무너트리게 된다. 이어 히틀러는 영국에 협상을 제의했지만 1940년 체임벌린에 이어 수상에 오른 처칠은 대독항전을 선언하고 나치에 대항했다. 히틀러는 무력으로 영국을 굴복시키기로 하고 바다사자 작전이라 명명된 영국 본토 상륙작전을 계획했다. 이를 위해서 공군 총사령관 괴링(Hermann Göring, 1893~1946)이 지휘하는 독일 공군과 영국 공군 간의 공중전이 영국 상공에서 치열하게 전개되었다. 이 전투에서 영국 공군이 독일 공군을 격퇴하니 히틀러는 바다사자 작전을 무기한 연기할 수밖에 없었다.

여기서는 독일이 프랑스의 항복을 받는 장면과 영국 침공에 실패하는 과정을 몇 줄로 간략하게 적었다. 프랑스 전역은 명장 에리히 폰 만슈타인(Erich von Manstein, 1887~1973) 장군이 멋진 전략을 성공시킨 전역이며, 영국 본토 항공전은 제3제국의 팽창이 처음으로 멈추며 히틀러가 소련으로 창끝을 향하게 되는 전역이다.

영국 공격이 실패하자 히틀러가 다음으로 생각한 것은 소련 침공이었다. 어차피 독일은 국내 주요 산업을 군수산업으로 전환시키며 전시체제로 들어선 마당이었다. 비록 영국 전투에서는 물러섰지만 독일의 지상군은 여태까지 불패의 신화를 이어왔다. 히틀러는 병사들의 전의를 이어가고 싶었고 막강한 독일 육군의 전력을 그대로 썩히기가 아까웠을 것이다. 제2차 세계대전 초반에 독일군이 거둔 기대 이상의 성과에 고무된 히틀러는 제동을 걸 수가 없었다. 게

다가 러시아의 광대한 토지는 과잉인구를 가진 게르만족이 종국적으로 정착할 땅이었다. 이를 위해서 그가 경멸하는 슬라브인을 추방하고 그 땅과 자원을 차지하는 것은 독일인이 장차 수행해야 할 과제로 여겼다. 비록 지금은 소련과 불가침조약으로 동맹국 관계지만 조약이란 것은 필요하다면 안 지켜도 그만인 휴지조각이다.

1940년 12월 18일 히틀러는 소련 침공을 위한 바르바로사(Barbarossa) 작전에 서명했다. 그러나 독일군 수뇌부는 다음 해 5월경으로 예정된 이 작전을 전해 듣고 경악할 수밖에 없었다. 제1차 세계대전에서도 양면 전쟁으로 독일은 패망했다. 그런데 서부전선에서 영국의 항전이 지속되고 있는 이 시점에 총통은 다시 양면 전쟁을 계획하고 있는 것이다. 육군 총사령관 브라우히치(Brauchitsch)와 기갑부대의 창설자 구데리안을 비롯한 많은 장군들은 히틀러의 계획에 반대했다. 그럼에도 불구하고 히틀러가 강행하게 된 소련 침공의 배경을 정치적·경제적·군사적 측면으로 나눠 구체적으로 살펴보기로 하자.

첫째로 정치적인 이유다. 자본가와 지주의 이익을 대변하는 극우의 나치와 공산주의의 소련은 이념상 물과 기름 같아서 공존할 수 없었다. 지금이야 서로의 필요에 의해 동맹관계지만 히틀러와 스탈린은 어차피 오래갈 것이라고 믿지 않았다. 그 때문에 소련은 폴란드와 발트3국 및 핀란드로부터 영토를 빼앗아 독일과의 완충지대로 만들어온 것이다.

둘째는 경제적인 이유다. 히틀러는 이전부터 우크라이나의 곡창지대, 코카서스의 석유 자원, 도네츠 공업지대 및 우랄산맥의 광대한 산림 자원 등을 탐내왔다. 이는 전쟁을 수행하는 데도 필요하지만 우등 민족인 게르만인들의 생존을 위해서도 언젠가는 꼭 손에 넣어야 할 자원들이다.

셋째로 당장 현실적인 군사적인 이유다. 독일이 그때까지 항복하지 않고 버티는 영국 침략을 위해서는 육군보다 해군과 공군의 증강이 필수적이다. 그러나 동방에 소련이라는 잠재적 적대국을 그대로 놔두고 육군을 감축할 수는 없는 노릇이다. 서부전선에서 프랑스는 이미 항복했고 홀로 남은 영국은 도버해협을 넘어올 엄두조차 낼 수 없으니 당분간 서부로부터의 위협은 없을 터였다. 영국이 섬 안에서만 움츠리고 있는 바로 이때 소련을 공격하는 것이 오히려 양면 전쟁을 피할 수 있는 길일 수도 있다고 판단했다. 또한 불과 석 달 전인 1940년 9월 일본 및 이탈리아와 체결한 삼국동맹의 군사조약에 따라 일본이 시베리아를 공격해준다면 정작 양면 전쟁을 치러야 할 나라는 다름 아닌 소련이다. 이와 같이 판단할 때 여태껏 불패가도를 달려온 독일군의 능력이라면 1941년 내에 소련을 정복하는 것도 무리가 아닐 듯 보였다.

이와 같은 제반 사정으로 히틀러는 이도 저도 아닌 상태로 시간만 보내느니 독일군의 장기인 전격전을 펼칠 수 있는 소련 침공을 계획한 것이다. 만약 소련을 정복한다면 유럽에서 완전히 고립무원인 영국과의 협상이 일사천리로 진행되어 생각보다 쉽게 전쟁이 끝날 수도 있을 것이란 기대감도 있었다. 히틀러가 이토록 소련군을 얕잡아본 데에는 소련이 핀란드와 벌인 이른바 겨울전쟁(1939~1940)에서 소련군이 보여준 무능함도 한몫했다. 그때 소련군은 핀란드군에 맞서 5배의 병력, 200배의 탱크, 30배의 비행기를 동원하고도 오히려 핀란드군보다 더 많은 사망자를 내며 고작 물량공세를 통해 승리했었다.

히틀러에게는 소련군이 제1차 세계대전에서 독일군에게 단내 나도록 얻어맞은 러시아군 정도로밖에 보이지 않았던 듯하다. 그러나 히틀러는 한 가지 중요한 사실을 간과하고 있었다. 20년 전의 러시아군은 분명 오합지졸이었다. 하지만 1930년대에 스탈린이 실시한 공업화 정책은 대성공을 거두었고, 소련의 나폴레옹이라 불리는 투하쳅스키(Mikhail Tukhachevsky, 1893~1937)에 의해 소련군은 현대화 작업에 성공했던 것이다. 그 결과 1940년 무렵 소련은 각각 1만 대가 넘는 전차와 항공기를 보유한 육군 강국이 되어 있었다.

소련 침공을 확정 지은 히틀러는 나폴레옹이 러시아에서 겪은 고충을 충분히 알고 있었다. 나폴레옹이 실패한 원인을 분석하고 똑같은 실수를 반복하지 않기 위해 육군최고사령부에 대비책을 마련하라고 지시했다. 그렇게 하여 만들어진 것이 바로 '쐐기와 함정' 전법이라 불리는 카일 운트 케셀(Keil und Kessel) 전법이다. 카일 운트 케셀 전법은 알렉산드로스와 한니발 이래로 전술의 상식이 된 양익포위라는 개념을 독일군이 폴란드와 프랑스 등지에서 성공시켰던 전격전과 결합시킨 것이다. 그 구체적인 내용은 다음과 같다.

먼저 조공(助攻) 역할을 할 보병이 중앙에 위치하며, 주공(主攻)을 담당할 기갑부대와 기계화보병이 보병의 양옆에 위치한다.(이는 보병이 중앙에, 기병이 양익에 위치하는 고전적 전술과 일치한다.) 그다음으로 조공인 보병이 전면의 적에게 견제공격을 가해 적을 묶어두는 사이에 주공인 기갑부대는 적의 최소 저항선을 따라 돌파구를 형성하여 후방 깊숙이 진군한다. 항공기의 지원을 받는 이 기갑부대는 외환(外環)을 그리며 적에 대한 1차 포위를 완성한다. 기갑부대는 그 과정에서 적의 후방에 위치한 적의 통신·병참시설과 사령부를 파괴한다.

그리고 기계화보병부대는 주력인 기갑부대의 측방을 엄호하며 함께 전진한다. 적당한 순간 적의 후방에서 내환(內環)을 그리며 2차 포위를 완성한다. 그 후 조공을 펼치던 아군 보병과 함께 포위망 안에 갇힌 적을 소탕한다. 마지막으로 그사이에 기갑부대는 보급 및 수리를 받으며 재편성한다. 그리고 다음 적에 대해서 다시 위와 같은 과정을 반복한다.

1812년 나폴레옹의 러시아 원정 당시 방어전을 지휘한 러시아군 총사령관은 쿠투조프였다. 그는 프랑스군과의 정면대결을 피했다. 그 대신 러시아군을 후퇴시키는 지연전술과 함께 초토화 전술로 나폴레옹을 무찔렀다. 이 점에 주목한 독일군 사령부는 무엇보다도 소련군에 의해 내륙 깊숙이 말려들어가지 않고 소련군을 국경에서 포착하여 섬멸하는 것에 주안점을 두었다. 다행히 스탈린은 소련군의 주력을 독일과의 국경선을 따라 집중 배치하고 후퇴를 엄금한 상태였다. 그 덕에 독일군의 신전술 카일 운트 케셀은 제2차 세계대전을 통틀어 가장 성공적이고 화려한 전술로 기록되었으며 독소전 초창기의 독일군에게 눈부신 전과를 안겨주었다.

히틀러는 1941년 5월 15일로 예정된 소련 침공 계획을 바르바로사 작전이라고 명명했다. 붉은 수염을 뜻하는 바르바로사는 신성로마제국의 황제로 제3차 십자군 원정을 지휘한 프리드리히 1세(Friedrich I, 1122~1190)의 별칭이다. 바르바로사 작전은 원래 5월로 예정되어 있었다. 하지만 이탈리아의 그리스 공격으로 시작된 발칸 전역을 독일이 뒷감당하는 과정에서 6월로 연기되었다. 독일은 소련을 공격하기 위해 하루가 급박한 시점이었다. 독일이 발칸반도에서 발이 묶였던 1개월이라는 금쪽같은 시간은 그해 겨울 모스크바를 공격하는 독일군을 그 기간만큼 추운 겨울로 내몰았다. 이 때문에 히틀러 패망의 원인으로 발칸반도에서 시간을 보낸 1개월을 드는 이도 있다.

크레타섬에 공수부대를 투입하면서 발칸반도 정복을 완료한 히틀러는 소련 침공을 위해 그때까지의 세계 역사를 통틀어 가

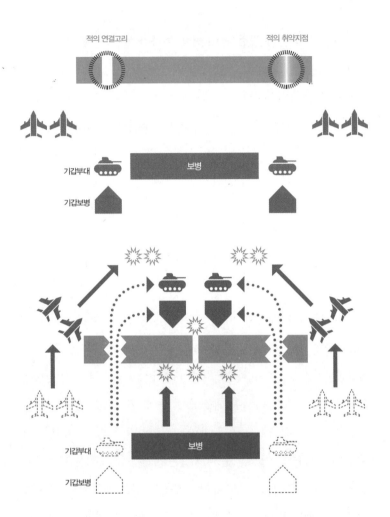

✱ 카일 운트 케셀 전법

조공인 보병이 중앙에 위치하고, 주공인 기갑부대가 양익에 위치한다. 먼저 항공기가 적의 지휘부, 통신시설과 보급로를 폭격하고, 보병이 적을 견제한다. 기갑부대가 적의 연결고리를 돌파하며 1차 포위망인 외환을 완성하고, 기갑보병이 뒤따라 전진하며 2차 포위망인 내환을 완성한다. 내환을 형성한 기갑보병과 보병이 포위망에 갇힌 적을 소탕하고, 기갑부대는 병참 보급을 받으며 재정비를 거쳐 다음 작전을 준비한다.

장 대규모의 침공군을 국경선에 배치했다. 독일 육군최고사령부는 이렇게 준비된 침공군을 3개의 집단군과 4개의 기갑군으로 나누어 배치했다. 그 구체적인 작전계획을 살펴보면 다음과 같다.

첫째, 레프(Leeb) 원수가 지휘하는 북부집단군은 16군과 18군의 2개 군(29개 사단으로 구성)과 1개 기갑군으로 구성되어 있었다. 이들은 동맹국인 핀란드와 연합하여 소련 제2의 도시인 레닌그라드(Leningrad, 지금의 상트페테르부르크)를 점령할 예정이었다. 20세기 최고의 명장인 만슈타인 장군도 이때 군단장으로 북부집단군에 속해 있었다.

둘째로 보크(Bock) 원수가 지휘하는 중부집단군은 2군(예비군), 4군 및 9군의 3개 군(45개~49개 사단으로 구성)과 2개 기갑군으로 구성되어 있었다. 세 집단군 중 가장 강력하며 민스크와 스몰렌스크를 거쳐 모스크바를 점령하기로 되어 있었다. 구데리안 장군은 제2기갑군 사령관으로 중부집단군에서 소속되어 있었다.

셋째, 룬트슈테트(Rundstedt) 원수가 지휘하는 남부집단군은 6군, 11군 그리고 17군의 3개 군(41개 사단으로 구성)과 1개 기갑군으로 구성되어 있었다. 남부집단군에는 동맹군인 이탈리아·루마니아·헝가리군도 소속되어 있었다. 이들에게는 소련 제3의 도시인 키예프를 거쳐 흑해의 북동쪽 끄트머리에 있는 로스토프를 점령하는 임무가 부과되어 있었다.

독일은 소련 침공을 위해 19개 기갑사단과 12개의 기계화보병사단을 포함하는 148개 사단에 대포 7000문, 탱크 3300여 대, 그리고 전투기 2800여 대를 포함하는 항공기 4000여 대를 동원했다. 그렇게 국경선에 집결한 총병력은 330만 명이었다. 자료에 따라 이들의 수치는 약간씩 다르지만 이탈리아, 헝가리, 루마니아와 핀란드의 동맹군까지 합치면 400만 대군이라고 해도 무리가 없을 것이다.

순조롭게 일이 풀린다면 세 집단군이 우랄산맥 근처까지 진군하여 바르바로사 작전을 완료할 계획이었다. 소련의 인구·자원·산업의 70퍼센트가 우랄산맥 서쪽에 있기 때문이다. 아무리 독일군이 막강하더라도 소련 전역을 정복하는 것은 무리다. 그리고 독일이 소련을 패퇴시켜 우랄산맥까지 이른다면 1940년 삼국동맹을 맺은 일본이 시베리아를 차지하기 위해 출병하리란 것도 예상할 수 있었다.

그런데 모든 게 순조로워 보이는 바르바로사 작전에 시작부터 맹점이 하나 있었다. 그것은 주공을 어디에 둬야 할지 끝내 정하지 못했던 것이다. 육군총사령관 브라우히치를 비롯한 모든 군 장성들은 중부집단군의 목표물인 모스크바로 바로 직행하길 바랐다. 그 이유는 첫째, 모스크바는 소련의 수도라는 이유 하나만으로 점령할 경우 적군의 저항 의지를 말살하는 심리적 효과가 있다. 둘째, 모든 소련의 철도는 모스크바를 중심으로 연결되는 방사형 구조다. 즉, 모스크바는 교통의 중심지로 소련의 심장과 같은 곳이다. 인간의 피가 정맥을 통해 심장으로 들어간 후 동맥을 통해 심장에서 나

오듯이, 전국에서 징병된 소련군은 일단 모스크바로 모인 후 최전선으로 보내졌다.

이와 같은 독일군 수뇌부의 바람과는 달리 히틀러는 남부집단군이 목표로 삼은 키예프에 주공을 둬야 한다고 생각했다. 소련 남부는 무진장한 곡식이 있는 우크라이나, 소련 석탄의 50퍼센트·철광석의 60퍼센트가 묻혀 있는 도네츠 공업지대, 그리고 코카서스 유전지대가 있는 소련 경제의 중심지다. 총통은 전쟁 수행에 필요한 자원을 먼저 확보하길 원했기 때문에 소련 남부로 통하는 관문인 키예프를 점령하길 원했던 것이다. 결국 주공을 모스크바와 키예프 중 어디에 둘 것인지는 바르바로사 작전이 시작된 날까지도 끝내 결정을 짓지 못하고 그 후 독일군의 진군을 봐가면서 결정하기로 잠정적 합의를 이루었다.

이번에는 독일군의 침입에 맞서게 될 소련군의 배치를 살펴보자. 스탈린은 3000킬로미터에 달하는 독일과의 국경에 5개의 전선군을 두고 있었다. 이들은 바르바로사 작전의 개시와 함께 3개의 전선군으로 통합되었다. 첫째가 독일의 북부집단군과 맞서게 될 보로실로프 원수 휘하의 북서전선군(32~34개 사단 정도), 둘째가 독일의 중부집단군과 부딪히게 될 티모셴코 원수 휘하의 서부전선군(50개 사단 정도)이며, 셋째가 독일의 남부집단군과 충돌하게 될 부덴니 원수 휘하의 남서전선군(70개 사단 정도)이었다.

소련은 남서전선군이 담당하는 남쪽에 가장 많은 150만 명

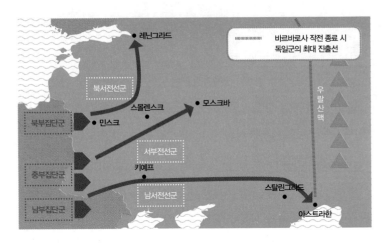

레닌그라드

바르바로사 작전 종료 시
독일군의 최대 진출선

북서전선군

우
랄
산
맥

북부집단군

스몰렌스크   모스크바
민스크

서부전선군

중부집단군   키예프

남부집단군   남서전선군

스탈린그라드

아스트라한

✖ 바르바로사 작전의 개요

을 배치해두고 있었다. 여기에는 두 가지 해석이 있다. 첫째는 스탈린을 비롯한 소련 측에서도 히틀러가 소련 남부에 주공을 실시할 것이라고 예측했기 때문이라는 것이다. 둘째는 소련이 1941년도에 서남쪽인 동유럽을 침공할 계획이 있었기 때문이라는 것이다.

소련의 총병력은 후방에 있는 전선군까지 합치면 현역 병력만 500만 명이다. 탱크와 항공기는 각각 1만 대를 넘었으며, 특히 세계 제일로 소문난 포병만큼은 질과 양에서 독일군을 앞서고 있었다. 이렇듯 병력과 장비만 보자면 오히려 독일군보다 우세했음을 알수 있다. 비록 장비의 상당수가 노후화된 것을 감안하더라도 소련은 외형상으로나마 그 어떤 외세의 침략에도 저항할 정도의 군사력은 지니고 있었다. 문제는 이들 대군을 이끌 만한 장군과 장교가 부재하다는 것이었다.

그 원인을 찾는다면 그것은 다름 아닌 1937~1938년에 걸쳐 스탈린이 일으켰던 대숙청의 결과였다. 스탈린은 자신의 독재체제 구축을 위하여 5명의 원수 중 3명, 15명의 군사령관 중 13명, 85명의 군단장 중 67명, 195명의 사단장 중 110명을 처형하는 등 군부에 피의 숙청을 불러일으켰다. 이것이 곧 소련군 장교단의 질적 저하로 이어졌음은 물론이다. 말단 병사가 장교가 되고 장교가 군 장성이 되는 현상이 곳곳에서 나타났다. 특히 소련군 현대화의 일등공신이며 모든 병사들의 존경을 두루 받고 있던 투하쳅스키 원수의 처형은 소련으로선 뼈아픈 손실이었다. 그는 소련에서 전격전의 교리를 가장 잘 이해하고 있었으며 구데리안의 기갑전술과 같은 종심전술에 밝은 인물이었다. 소련 제1의 전략가로서 '붉은 나폴레옹'이라 불리던 투하쳅스키를 스탈린은 나치의 스파이 혐의를 뒤집어씌워 처형시키고 말았다.

1941년 6월 22일 새벽 4시를 기해 독소전의 시작을 알리는 바르바로사 작전은 개시되었다. 이날은 나폴레옹이 1812년 니멘강을 건너 러시아 원정을 떠난 날로부터 정확히 129년째 되는 날이다. 히틀러가 하필 이날을 택한 이유는 나폴레옹이 못 한 일을 자신은 해내겠다는 의지의 표시였다. 또한 이날은 프랑스가 콩피에뉴에서 히틀러에게 항복한 지 정확히 1년째 되는 날이기도 했다.

공군이 기습으로 적의 항공기를 하늘이 아닌 지상에서 파괴한다는 전격전의 교리 그대로 독일 공군은 불과 몇 시간 만에 1000대가 넘는 소련 전투기들을 활주로에서 파괴했다. 그와 동시에 기갑부대를 선두로 하는 독일군은 포병의 엄호를 받으며 모든 전선에 걸쳐서 동쪽으로 진군했다. 포위와 섬멸의 전격전을 펼치는 독일군의 공세에 소련군은 속수무책이었다. 최종적으로 그해가 가기 전에 소련군은 사상자를 제외하고 600만의 포로를 내주고 말았다. 여기에는 스탈린의 아집과 실수가 크게 작용했다. 일단 와해된 소련군을 후퇴시켜 후방에서 정비한 후 반격해야 함에도 불구하고 스탈린은 오로지 현지 사수만을 외쳐댄 것이다. 전술·전략이라곤 아무것도 모르면서 유능한 장군들을 모조리 숙청한 결과 스탈린에게는 그저 주어진 명령대로만 움직이는 장군들만 남아 있었다. 그렇다고 그런 소련군 장성들을 탓할 수도 없는 것이 그들은 크렘린궁전의 지시에 조금만 불복종하면 바로 총살된다는 것을 그간의 경험으로 충분히 알고 있었다. 소련군은 그대로 전멸하거나 포로로 잡힐지언정, 스탈린의 지시 그대로 한 발자국도 물러날 수 없었다.

이때 독일의 주공을 맡은 보크 원수의 중부집단군이 펼친 활약은 눈부셨다. 구데리안의 2기갑군과 호트의 3기갑군은 가재의 집게발과 같이 소련군을 양익에서 포위·섬멸하는 카일 운트 케셀 전법을 유감없이 선보였다. 이 전법의 대성공으로 민스크를 지키던

80만 명의 소련군은 포로 40만 명, 대포 1500대, 탱크 2500대를 내주고 괴멸했으며, 모스크바의 관문이라 불리는 스몰렌스크에서도 70만 명의 소련군은 포로 30만 명, 대포 2000대, 탱크 2000대를 내주고 괴멸했다. 이 두 곳에서만 150만 명의 소련군이 눈 녹듯이 사라지고 만 것이다. 특히 구데리안은 개전 4일 만에 280킬로미터나 되는 거리를 최선두에 서서, 그것도 허허벌판이 아니라 겹겹이 포진한 소련군과 싸우며 진격했다. 구데리안은 적진의 종심 깊숙이 타격을 가하여 최대의 성과를 얻는다는 자신의 이론을 증명한 것이다.

이와 함께 북부집단군도 목표인 레닌그라드를 향해 전진해 나가고 있었다. 이 집단군은 규모도 전력 손실에 따른 보충도 제일 작았지만 9월이 되어 레닌그라드를 포위하는 데 성공했다. 장군이 4일 만에 280킬로미터를 돌파할 때, 북부집단군의 제56장갑군단장 만슈타인 장군은 개전 4일 만에 320킬로미터를 돌파하는 진기록을 수립했다.

위와 같이 중부집단군과 북부집단군이 쾌조의 진격을 하고 있는 것과 반대로 남부집단군의 진격은 더디기만 했다. 그것은 남부집단군의 진로에 150만 명이 넘는 소련군의 주력이 있기도 했지만, 하필 늪과 강이 많아 독일군의 장기인 기동전을 펼치기 어려웠기 때문이었다.

그러나 아무리 소련의 남서전선군이 병사 수와 지리적인 면에서 이점을 갖고 있더라도 실전에 단련되어 위와 아래가 모두 정예한 독일군의 적수가 될 수는 없었다. 룬트슈테트 원수의 남부집단 군은 느리지만 꾸준히 동쪽으로 진군했고, 소련군 패잔병들은 하나둘씩 키예프로 모여들게 되었다. 그 수는 자그마치 80만 명에 달했다. 전공에 목말라하던 룬트슈테트 원수는 이 키예프를 포위하기 전에 키예프 남쪽 우만에 있는 30만 명의 소련군부터 섬멸하기로 결심했다. 우만의 소련군이 건재하다면 남부집단군이 마음 놓고 키예프를 공격할 수 없기 때문이었다.

먼저 6군(훗날 스탈린그라드 전투에서 소련에 항복하게 되는 독일의 야전군)이 단독으로 키예프를 견제하고 있는 사이에 제1기갑군과 17군이 기습적으로 우만의 배후로 들어가 포위하는 데 성공했다. 키예프 포위전의 전초전이라 할 수 있는 우만 전투에서만 소련군은 10만 명의 사상자와 10만 명의 포로를 내주었다. 그 결과 키예프에 주둔 중인 80만 명의 소련군은 서쪽과 남쪽은 남부집단군에 의해, 북쪽은 중부집단군에 의해 3면이 에워싸이는 형세가 되었다.

제2차 세계대전 연합국 승리의 일등공신 주코프(Georgy Zhukov, 1896~1974)는 이때 소련군 총참모장이었다. 그는 이 위급한 상황에서 키예프의 소련군이 후퇴해야 한다고 스탈린에게 건의했다. 하지만 스탈린은 이번에도 현지 사수를 엄명했다. 이로 인해 울화통이 터진 주코프는 스스로 총참모장을 사임하고 말았다.

이제 돌출부에 있는 소련군 80만 명은 누가 보더라도 좋은 먹잇감이 분명했다. 돌출부가 시작되는 부분부터 위아래로 싹둑 잘

라내기만 하면 거대한 소련군이 포위망 안에 갇히게 되는 것이다. 히틀러는 이 작업을 위하여, 스몰렌스크를 점령하고 막 모스크바로 출발하려는 중부집단군에게 진군을 멈추라는 명령을 내렸다. 그리고 중부집단군의 2군과 구데리안의 2기갑군을 차출하여 키예프 포위전에 참여하게 했다. 남부집단군의 1기갑군이 키예프 돌출부를 아래로부터 잘라냄과 동시에 구데리안의 2기갑군은 북으로부터 잘라냄으로써, 키예프 동쪽에서 2개의 기갑군이 연결되는 포위망을 형성하라는 것이었다.

히틀러의 이러한 결정에 육군총사령관 브라우히치 및 구데리안을 비롯한 장군들 대다수가 반대했다. 이전에도 그랬지만 그들은 순조롭게 전황이 진행되는 바로 이때 모스크바로 직행해야 한다고 주장했다. 이들 최전선의 장군들은 최고통수권자의 마음을 돌리고자 총통이 그토록 총애하는 구데리안 장군을 급파했다. 하지만 총통은 끝내 자신의 뜻을 굽히지 않았고 키예프 포위전을 펼칠 것을 명령했다. 전선으로 복귀하면서 구데리안 장군은 다음과 같이 말했다. "이제 독일의 승리는 멀어져갔지만 군인으로서 우리에게 부과된 새로운 명령에 충실해야만 한다."

총통의 명령을 받은 구데리안은 2기갑군을 이끌고 맹렬히 남하했다. 그와 함께 남부집단군의 1기갑군도 키예프를 우회하여 북쪽으로 진격했다. 마침내 두 기갑군은 9월 16일 키예프에서 동쪽으로 200킬로미터 정도 떨어진 지점에서 합류하여 소련군을 배후에서 포위하는 데 성공했다. 그러는 동안에도 스탈린의 철수 절대불가 명령으로 키예프에서 웅크리고만 있던 소련군은 서쪽 정면에서 압박해 들어오는 독일 6군의 견제로 옴짝달싹할 수가 없었다. 한편 구데리안과 함께 남하 명령을 받은 독일 2군은 뒤늦게 달려와 6군과 2기갑군의 간격을 메꾸었으며, 17군은 6군과 1기갑군의 간격을 메꾸며 완벽한 포위망을 구축했다.

포위망이 좁혀지면서 결국 9월 26일 소련군은 항복하고 말았다. 키예프 주둔 소련군 총사령관 키르포노스 장군은 탈출을 시도하다가 전사했으며, 스탈린의 사후 소련을 통치하게 될 흐루쇼프(Nikita Khrushchyov, 1894~1971)는 비행기를 타고 간신히 도주했다. 이 키예프 포위전은 사상자를 제외하고 항복하여 포로가 된 소련군이 무려 66만 명이라 하니 역사를 통틀어 가장 많은 포로가 발생한 전투라 할 수 있다.

그러나 키예프 전투는 히틀러나 스탈린이 의도하지도 예상하지도 않았지만 결과적으로 제2차 세계대전의 흐름을 크게 바꾼 계기가 된 전투다. 이 전투에서 독일군은 전술적으로는 대승을 거뒀지만 소련 침공을 성공시키기 위하여 가장 중요한 기습의 시기를 놓친 것이다. 그리고 이 중요한 시기를 이용하여 일본과 불가침조약을 체결한 스탈린은 시베리아에 주둔한 소련군을 차출하여 모스크바 방어전에 투입하게 된다. 그렇게 하여 그해 겨울 불패의 길을 걸

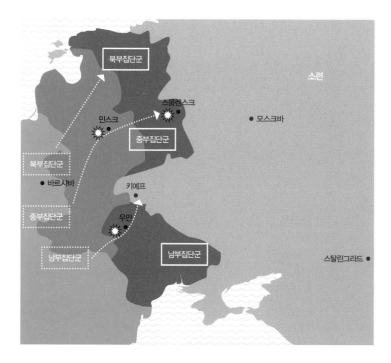

✻ 키예프 전투까지 동부전선의 현황

어온 독일 육군에게 최초의 패배를 안겨주고야 말았다.

　이 키예프 포위전이야말로 히틀러의 가장 큰 실수였던 셈이다. 독일 남부집단군이 배후에 80만이나 되는 적군을 남기고 전진하는 것은 무리였기 때문에 히틀러의 결정을 변호하는 입장도 있다. 그러나 독일군이 키예프 포위전에 돌입하여 중부집단군이 정지해버린 6주라는 시간 동안 스탈린이 모스크바 방위를 강화할 수 있었던 것도 사실이다. 히틀러의 결정으로 독일은 모스크바를 점령할 절대적인 호기를 놓쳐버렸고 그 기회는 영영 돌아오지 않았다.

결과론적인 것이지만 키예프에 포위된 소련군이 사기도 떨어지고 스탈린에 대한 충성심도 없는 빈약한 장비의 군대였다는 것을 감안하면 남부집단군이 단독으로 그들을 상대해도 충분했을 것이다. 남부집단군이 키예프 주둔 소련군을 견제하는 사이에 중부집단군이 모스크바로 직행했다면 맑은 가을 날씨가 독일군을 돕는 가운데 무난히 모스크바를 점령했을 확률이 높다. 그렇다면 그 소식을 전해 들은 키예프의 소련군도 더 이상 싸울 의지를 잃고 항복했을 공산이 크다. 프랑스가 1년 전 독일에 항복할 때 파리 정부가 항복하자 전선에 있던 150만 명의 병력 또한 전의를 잃은 채 싸우지도 않고 항복했던 사례가 있다.

20세기의 전투는 총력전이다. 특히 독소전은 서로의 존재 자체를 부정하며 상대를 뿌리째 멸살하려고 했던 전쟁이다. 국력이 총동원되는 전면전에서 자원과 인구가 부족한 나라가 상대를 정복할 수 있는 최선의 방법은 초반의 기습으로 미처 전열을 갖추지 못한 상대를 거꾸러트리는 것이다. 그리고 그 첫 단계는 상대국의 수도를 점령한다는 것이 상식이다. 히틀러는 가벼운 마음으로 소풍 가듯 시작했던 바르바로사 작전에서, 이후 전술적 승리이지만 전략적 패배의 대명사가 된 키예프 포위전을 명령함으로써 돌이킬 수 없는 실수를 저지르고 말았다.

키예프에서의 대승에 크게 만족한 히틀러는 태풍 작전이라 명명한 모스크바 공격 명령을 하달했다. 이를 위해 구데리안의 2기 갑군과 함께 남하했던 2군이 북진하여 중부집단군으로 다시 복귀했다. 하지만 키예프 전투를 통해 2기갑군 및 2군의 전력 누수가 심했기 때문에 북부집단군 예하의 4기갑군을 남하시켜 중부집단군에 합류하도록 했다. 1700대의 전차로 이뤄진 3개의 기갑군을 포함하는 중부집단군 100만 명이 모스크바 공격에 나선 것이다. 태풍 작전의 개요는 중부집단군의 4군이 모스크바를 정면에서 견제하는 사이에 2기갑군이 남쪽에서, 그리고 3기갑군은 북쪽에서 모스크바를 우회하여 포위한다는 전형적인 카일 운트 케셀 전법이었다.

10월 2일 드디어 독일군은 바르바로사 작전의 마지막이라고 여겼을 태풍 작전을 전개했다. 우선 독일군은 모스크바에 이르기 전에 사실상 마지막으로 치른 브리얀스크와 비아즈마 전투에서 또다시 60만 명이 넘는 포로를 획득하며 소련군에게 참패를 안겨주었다. 독일군이 이 전투에서 승리하자 이제 모스크바로 향하는 길이 활짝 열렸다.

하지만 승승장구하는 독일군의 발목을 잡은 것은 소련군이 아니라 10월 7일부터 보름간 내린 비였다. 이로 인해 도로마저 진창길로 변하니 독일군은 그들의 장기인 기동전을 펼치기는커녕 전진 자체가 곤란한 지경이었다. 진흙장군이 한바탕 독일군을 할퀴고 지나가자 이번에는 소련의 가장 든든한 동맹군, 겨울이 찾아왔다.

그해의 겨울은 여느 때보다 일찍 찾아왔고 유난히 매서웠다고 한다. 땅이 얼어붙은 덕에 기동은 가능했지만 이제는 독일인들이 이제껏 겪어보지 못한 강추위가 그들을 괴롭혔다. 차량, 소총, 삽과 같은 야전장비가 모두 얼어붙었다. 히틀러와 독일군 수뇌부는 애초에 바르바로사 작전이 3~4개월 정도면 종료할 것이라 예상하고 월동준비를 전혀 하지 않았다. 그 때문에 전투로 인한 사상자보다 추위로 동상에 걸린 병사들이 더 많았다. 이런 악조건 아래에서 독일군의 진격은 더디어질 수밖에 없었다.

모스크바에 가장 근접할 수 있었던 것은 서북쪽에서 공격하는 독일군이었다. 이들의 최선봉은 11월 말에 모스크바 전방 40킬로미터까지 접근할 수 있었다. 정찰병들은 더 나아가 15킬로미터 근방까지 접근하여 크렘린궁전을 쌍안경으로 관찰할 수 있었다. 이 순간이야말로 독일군이 모스크바에 가장 근접한 때였다. 이후로 두 번 다시 독일군은 모스크바 근처에 얼씬거릴 수 없게 된다.

구데리안이 이끄는 2기갑군도 모스크바 남서쪽에 위치한 툴라 앞에서 멈춰 서고 말았다. 오스트리아 빈을 함락시킬 때부터 폴란드 전역, 프랑스 전역 등지에서 무수한 전공을 세웠던 무적의 맹장 구데리안 장군이 모스크바 함락에 실패하고 만 것이다. 독일군 입장에서 돌이켜보면 발칸반도와 키예프에서 보냈던 수개월이 너무도 아까울 수밖에 없었다.

매서운 겨울 날씨가 독일군의 진격에 악영향을 끼친 것도 사실이지만 더 중요한 것은 이미 독일군의 전력이 한계에 도달해 있었다는 것이다. 폴란드 국경에서 출발한 독일군은 내륙 깊숙이 전진할수록 보급의 어려움과 손실된 병력의 미보충으로 약화되고 있었다. 이에 반해 소련군은 안방에서 싸운다는 이점이 있었고 추위에도 단련되어 있었다.

그러나 가장 중요한 것은 소련은 독일에 비해 무한한 인적·물적 자원과 그 자원들을 총동원할 수 있는 공산국가 특유의 전시동원체제를 갖추고 있었다는 점이다. 소련의 공산당원들은 시골 구석구석까지 누비며 사지 멀쩡한 남자는 모조리 군인으로, 밭을 가는 말은 군용마로 차출했다. 또한 여자들도 놀리지 않고 후방의 공장과 농장에서 생산 활동에 전념토록 했고, 노약자와 아이들은 고철을 수집하게 하니 나라 전체가 하나의 병영과도 같았다. 몽골의 지배를 받은 이래로 복종이란 단어에 길들여진 러시아인들의 순박한 성향도 전쟁에서만큼은 유리한 요소로 작용했다. 어선이 저인망으로 바다 밑바닥까지 훑어내듯 스탈린이 국내의 모든 것을 쥐어 짜내어 전쟁에 투입한 반면에, 히틀러는 같은 독재자이면서도 상대적으로 자국민을 풀어주고 복지에도 상당히 신경을 쓴 편이다.

독일군의 공세가 멈추자 12월 5일을 기해 주코프가 지휘하는 소련군 100개 사단의 대반격이 시작되었다. 그들이 비록 전술과 훈련의 부족으로 독일군을 괴멸하지는 못했지만 곳곳에 따라 독일군이 100~200킬로미터를 물러가게 하는 데는 성공했다. 이제 최전선의 독일군 지휘관들은 보급이 가능한 곳으로 작전상 후퇴를 해야 한다고 히틀러에게 건의했다. 그러나 히틀러는 스탈린만큼이나 현지 사수에 광적으로 매달리는 인물이었다. 전략적 후퇴를 이해하지 못하는 히틀러는 후퇴란 절대불가하다는 명령을 내렸다.

전쟁에서 승리하기 위해서는 때로는 유연하게 후퇴하면서 현지 상황에 맞춰 적을 상대하는 것이 옳다. 그런데도 독소전 내내 무리한 현지 사수 명령을 남발하는 것 하나만 봐도 히틀러를 전략가라고 부를 수는 없다. 그런 그가 한때나마 나폴레옹과 맞먹는 유럽의 정복자가 될 수 있었던 것은 당시 세계에서 가장 우수했던 독일군의 지휘관들 덕이 크다. 어떻게 보면 그런 우수한 장군들을 발탁하여 휘하에 거느릴 수 있었던 것이 히틀러의 뛰어난 능력이라고 볼 수도 있겠지만 점차 그 지휘관들을 내치면서 그의 몰락은 시작되었다.

구데리안을 포함한 최전선의 독일군 지휘관들은 앉아서 괴멸당하지 않기 위하여 총통의 엄명에도 불구하고 철수를 감행했다. 히틀러는 허락되지 않은 철수를 감행한 것에 대해 분노하며 육군총사령관 브라우히치를 해임하고 스스로가 육군총사령관이 되었다. 또한 중부집단군 사령관 보크와 구데리안을 포함한 주요 지휘관들마저 해임시키며 분풀이를 하고야 말았다.

1942년 2월이 되자 소련군의 반격도 멈추었다. 애당초 소련군에게는 대규모 반격 작전을 펼칠 능력이 없었기 때문에 제풀에 지친 것이다. 이윽고 봄이 찾아오면서 겨우내 내렸던 눈이 녹기 시작했다. 길이 다시 진창길로 바뀌자 독일군과 소련군 양쪽 다 움직이기 어렵게 되었고 그들은 휴식과 재정비에 들어갔다. 1942년 여름이 되어 땅이 다시 굳어지자 히틀러는 다시 소련에 대한 공격을 계획했다. 바로 블라우(Blau) 작전이다.

제23장

레닌그라드 전투—처참하게 많은 사상자를 낳은 전투

표트르(Pyotr, 1672~1725) 대제는 러시아인들이 가장 경외하는 황제로 알려져 있다. 그는 후진국이던 러시아를 서구화시킨 계몽 전제 군주다. 또한 스웨덴과의 북방전쟁에서 승리하여 해외 진출을 이루는 등 적극적인 팽창정책을 성공시킨 덕에 대제(大帝)라는 칭호를 얻게 되었다. 표트르 대제는 이러한 일련의 개혁을 추진하는 데 내륙 깊숙이 위치한 모스크바가 수도여서 곤란하다고 느꼈다. 모스크바가 그전에 무수히 타타르 인들에게 뭇매 맞은 것을 상기한다면 모스크바가 대외 진출에도 불리하지만 방어에도 불리한 도시라는 생각이 그에게 떠올랐을 수도 있다. 이에 표트르 대제는 북방전쟁에서 획득한 발트해 연안에 새로운 도시를 건설하고 자신의 이름을 따서 상트페테르부르크(Sankt Petersburg)라고 독일식으로 이름 지었다. 여기에서 'Sankt'는 성(聖)스럽다는 의미며 '페테르(Peter)'은 베드로를, '부르크(burg)'는 성(城)을 의미하는 독일어다. 결국 상트페테르부르크는 '성 베드로의 성' '표트르의 도시'를 의미한다.

상트페테르부르크는 네바강 하구가 핀란드만에 접한 곳으로 원래는 습지였기 때문에 우선 돌로 도시터를 메워야 했다. 이를 위해 전 러시아에서 석재의 사용을 금지시켰고 그 돌을 운반하여 늪을 메우며 1703년에 도시가 건설되었다. 표트르 대제가 1712년에 수도를 모스크바에서 이곳으로 옮긴 후 상트페테르부르크는 러시아제국의 수도로 200여 년간 군림했다.

제1차 세계대전이 발발하자 적국인 독일식 이름을 사용할 수 없다면서 상트페테르부르크는 페트로그라드(Petrograd)라는 러시아식 이름을 갖게 되었다. 이후 페트로그라드에서 1917년에 일어난 2월혁명과 10월혁명을 통해 러시아제국은 소련이라는 공산주의 국가로 탈바꿈했다. 공산혁명과 함께 소련은 수도를 다시 모스크바로 옮겼지만, 상트페테르부르크는 공산주의 혁명의 성지와도 같은 곳이 되었다. 1924년 레닌이 사망하자 페트로그라드는 앞의 '페트로'가 빠지고 대신 '레닌'을 넣어 레닌그라드가 되었다. 레닌그라드는 1991년 구소련의 붕괴와 함께 상트페테르부르크라는 최초의 이름을 되찾게 되었다.

이번 장에서 다룰 레닌그라드 전투의 공간적인 무대는 위에서 설명한 현재의 상트페테르부르크다. 시간적인 배경은 1941년 9월

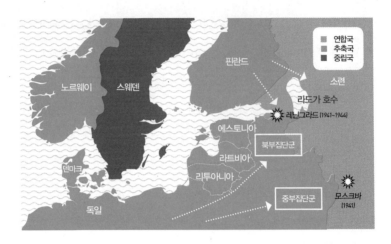

✱ 레닌그라드 전투까지 북부집단군의 진격

8일부터 1944년 1월 27일까지니 무려 872일간에 걸쳐 벌어진 전투다. 레닌그라드 전투는 역사상 가장 많은 사상자가 발생한 전투이기도 하다. 레닌그라드 전투에서 군인만 대략 300만 명 이상의 사상자가 발생한 것으로 추정되고 있다. 이는 대략 200만 명의 사상자가 발생한 것으로 추정되는 스탈린그라드 전투를 능가하는 수치다.

이 전투에서 독일군은 대략 3배에 달하는 소련군에 대해 거의 7배에 달하는 출혈을 입힌 후 결국 패배를 당하며 물러나게 된다. 그 과정에서 남부나 중부에서 있었던 대규모 회전도 없었고 어느 한쪽의 일방적인 대승도 없었다. 독일군이 도시를 포위했고 소련군이 포위를 풀기 위한 국지적인 전투를 거듭하다가 1944년 1월에 독일군이 포위를 풀고 물러나면서 결국 소련의 승리로 종결되는 모양새였다.

앞 장에서는 남부집단군이 치른 키예프 전투와 중부집단군이 치른 모스크바 전투를 살펴보았다. 이번에 이야기하는 레닌그라드 전투는 독일의 북부집단군이 소련군의 북서전선군과 벌인 전역이다. 872일의 레닌그라드 포위 기간 동안 독일 북부집단군의 편제는 변하지 않았으나 소련 북서전선군에는 새로이 여러 전선군이 추가되었다. 이것은 숱한 패배와 인력 손실에도 불구하고 무한하게 병력 동원을 할 수 있었던 소련의 잠재력을 엿볼 수 있는 대목이다.

앞 장에서 말했다시피 독일과 소련은 중앙과 남부를 중시하고 북부를 상대적으로 소홀히 하고 있었다. 그것은 독일이 북부집단군에 29개, 소련은 북서전선군에 32~34개의 적은 사단을 배치했던 것을 봐도 뚜렷하다. 그렇다고 북부집단군이 단지 조공의 역할만을 맡은 것은 아니다. 그들에게는 엄연히 레닌그라드 함락이라는 중대 과제가 부여되어 있었다. 이를 위해 예하에 1개 기갑군(회프너 장군의 4기갑군)과 1개 항공대를 두고 있었으며, 보병으로는 16군과 18군이 있었다. 총병력이 80만에 이르는 이들 북부집단군은 레닌그라드 근처에서 핀란드 군과 합류한다는 계획을 가지고 있었다.

1941년 6월 22일 바르바로사 작전의 개시와 함께 북부집단군은 쾌조의 진격을 보였다. 특히 4기갑군 예하 56장갑군단장 만슈타인 장군은 개전 4일 만에 320킬로미터를 돌파하는 전격전의 진수를 보여주었다. 그것도 자신을 막는 소련군을 물리치면서 강과 늪을 건너며 이뤄낸 것이다. 이 공으로 상급대장으로 승진한 그는 9월 크림반도 공략의 임무를 띠고 북부집단군을 떠나 남부집단군의 11군 사령관으로 부임한다. 솔직히 레닌그라드 전역은 기동전의 대가인 그가 있기에는 아까운 곳이기도 했다.

비록 북부집단군의 진격이 눈부셨지만 애당초 공격의 첨병을 맡은 4기갑군의 분전만으로 전과를 확대할 수는 없었다. 그 이유는 다음과 같이 이야기할 수 있다.

첫째, 4기갑군의 진격을 따라가면서 병참을 지원하고 후방에 남겨진 소련군의 잔여 부대를 소탕할 임무를 띤 보병은 진격속도에서 앞장선 기갑부대를 따라잡을 수 없었다. 흔히들 제2차 세계대전에서의 독일군을 연상한다면 기계화된 멋진 탱크부대를 머릿속에 떠올린다. 그러나 소련 침공에 동원된 148개 사단 중 기갑사단은 겨우 19개이며 기계화보병사단은 12개에 불과했다. 바르바로사 작전에 말 70만 필이 동원되었다고 하니 소련 침공에 나선 독일군의 거의 90퍼센트가 말과 발이라는 고전적인 수단으로 움직인 셈이다.

상황이 이러니 마음 급한 만슈타인 장군은 후속부대를 기다리지 않고 과감하게 레닌그라드로 진격하고자 원했다. 시간이 지나 레닌그라드 방어선이 더욱 강화되기 전에 차라리 고립될 위험이 있더라도 적의 심장부를 빨리 강타하자는 것이었다. 이것은 성공하면 찬란한 전공이 뒤따를 테지만 자칫 잘못하면 적지에서 고립되어 각개 격파될 수도 있는 계획이었다. 프랑스 전역에서도 구데리안 장군은 영불 연합군을 됭케르크 해안으로 밀어붙일 때 고립될 위험이 있다는 상부의 명령을 무시하면서 기갑부대 단독으로 깊숙이 진격하는 모험을 성공시킨 바 있다.

둘째, 독일에서 동쪽으로 진격할 때 소련의 지형은 깔때기 모양으로 갈수록 넓어지는 모양이다. 즉, 독일이 모든 지역을 점령하는 것은 불가능하며 진격할수록 각 부대의 간격이 넓어질 수밖에 없다. 당시 북부집단군은 중부집단군과 남부집단군에 비해 빠르게 진격하고 있었다. 이때 중부집단군이 민스크 전투와 스몰렌스크 전투에서 발이 묶이면서 갈수록 북부집단군과의 간극이 벌어졌다. 발트해를 끼고 진격하는 덕분에 좌측으로부터의 위협은 없었지만 위의 결과로 북부집단군은 우측이 길게 소련군의 위협에 노출되고 말았다. 육군총사령부는 북부집단군이 이대로 진격한다면 우측면이 위험하다고 판단하고 레닌그라드를 불과 100킬로미터 남겨두고 일멘호수 근처에서 진격을 멈추게 했다.

독일군이 스몰렌스크에서 대승을 거두자 자연스레 북부집단군은 우측으로부터의 위협이 제거되었다. 거기에 북부집단군 사령부를 방문한 히틀러는 레프 원수에게 조속한 레닌그라드 함락을 지시하며 기갑부대를 충원해주기까지 했다. 이로써 북부집단군의 전진은 계속되었지만 정지했던 시간만큼 소련군의 방어태세도 강화되어 있었다.

레닌그라드 포위전은 독일군이 라도가호수 남쪽에 있는 쉴리셀부르크(Shlisselburg)를 점령한 9월 8일을 기점으로 하고 있다. 쉴리셀부르크가 독일군의 수중에 넘어가면서 소련군이 레닌그라드로 통할 수 있는 육로가 모두 차단되었기 때문이다.

레닌그라드의 상황이 절망적으로 변하자 스탈린은 키예프 전투에서 자신에게 항명하며 사임했던 주코프를 재기용하여 9월 13일 레닌그라드 방어군 사령관으로 보냈다. 비행기를 타고 레닌그라드에 도착한 주코프는, 스탈린의 친구라는 이유로 숙청당하지 않은 북서전선군 사령관 보로실로프 원수를 대신했다. 하지만 이 또한 오래가지 않았다. 키예프 포위전에서 대승을 거둔 히틀러가 다음 목표를 모스크바로 잡고 공격해 들어오자, 10월 8일 스탈린이 다시 주코프를 모스크바로 불러들인 것이다. 그런데 모스크바를 치겠다는 히틀러의 결정이야말로 앞으로 있을 레닌그라드 포위전의 서막이었다.

앞 장에서도 이야기했듯이 태풍 작전을 위하여 히틀러는 북부집단군의 4기갑군을 중부집단군으로 빼돌려 모스크바 공격에 투입했다. 그렇다고 레닌그라드 점령을 시도도 않고 포기할 수 없었던 레프 원수는 9월 17일 드디어 레닌그라드 돌파를 시도했다. 하지만 보병만으로는 아무래도 무리였던지 이번 공격은 실패로 끝났다. 동맹군으로 참전한 핀란드군은 북쪽에서 카렐리야지협으로 진격하여 지난 겨울전쟁 때 소련에게 뺏겼던 부분만 탈환하고 그 이상 진격하지 않고 있었다. 이에 히틀러는 독일군 총참모장인 요들(Alfred Jodl, 1890~1946) 대장을 핀란드에 파견하여 레닌그라드 포위전에 참가할 것을 요구했다. 하지만 핀란드군 총사령관 만네르헤임(Mannerheim, 1876~1951) 원수는 제한된 범위 이상의 작전을 펼치는 것을 거절했다.

레프 원수는 전차부대나 핀란드군의 지원도 없는 이참에 차라리 레닌그라드 공세전략을 포위전으로 바꾸기로 했다. 이것은 분명 애초에 북부집단군이 레닌그란드 점령을 목표로 당당하게 출발할 때 상상했던 모습은 아니었다. 하지만 이 상황에서는 오히려 포위전이야말로 가장 유효하고 합리적인 전략이 아닐 수 없었다. 그때 레닌그라드 시내에는 330만 명이 넘는 시민과 병사들이 시내 곳곳에 강력한 방어시설을 구축하고 결사항전을 부르짖고 있었다. 이들은 어떻게 보면 독 안에 든 쥐 꼴이지만, 사면이 포위된 터라 도망갈 곳도 없었기 때문에 이들과의 치열한 시가전이 불 보듯 뻔했다.

대규모 회전과 달리 곳곳에 높은 건물과 엄폐물이 있는 시가전에서는 전술과 화력의 의미가 감소한다. 그 때문에 독일군은 그들의 장기인 기동전을 실시하기가 힘들다. 도시 안으로 군대를 대책 없이 밀어넣는 것은 아군에게도 크나큰 손실을 각오해야 한다. 차라리 이럴 때는 대규모 병력이 도시 안에 포위되어 있음으로 해서 그들이 갖는 취약점을 노리는 게 나을 수 있다. 레닌그라드가 가진 취약점이란 330만 명이 넘는 인원을 먹일 만큼 자체적으로 식량을 생산하기가 불가능했다는 것이다. 그렇다면 단순하게 포위하고 굶겨 죽이는 고사작전을 써도 좋을 듯했다. 이것은 오랜 시간이 걸린다는 단점이 있지만 시간만 충분하다면 아군에게 별다른 피해 없이 적을 굶겨 죽일 수 있는 매우 효과적인 방법이었다.

북부집단군으로서는 다행히 시간도 그들 편이었다. 히틀러의 관심이 이제는 온통 모스크바에만 집중되어 레닌그라드 함락을 재촉하지 않았던 것이다. 레닌그라드 방어군이 도시를 지키기 위해 참호와 바리케이드를 설치했듯이, 북부집단군 또한 참호를 파고 들어앉아 포위전에 들어갔다. 이제 어느 편이 더 오래 인내하고 버티느냐의 싸움으로 바뀌었다. 레닌그라드 전투는 쉴리셀부르크가 독일군에게 점령된 1941년 9월 8일부터 시작하는 것으로 보지만, 엄밀한 의미의 레닌그라드 포위전은 독일군이 도시 내 진입을 단념하여 전선이 고착된 9월 25일부터 시작되었다고 볼 수 있다.

10월 초순 기준으로 레닌그라드에 있는 330만 명이 먹을 수 있는 식량은 20일분이 남아 있을 뿐이었다. 11월 1일에는 겨우 1주일분의 식량만이 남아 있었다. 레닌그라드 시당국은 그중에서 50만 명은 아예 배급을 하지 않았고 280만 명에게만 하루에 노동자와 군인은 8온스(약 230그램), 일반 시민은 4온스의 빵을 배급했다. 굶주림에 지친 시민들은 개·고양이·쥐까지 다 잡아먹었고 그것마저 떨어지자 가축용 사료와 톱밥까지 먹었다. 그마저 떨어지자 아사 직전에 몰린 인간들은, 고대부터 그래왔듯이 식인을 하기 시작했다. 시 당국은 식인 행위를 발견하는 대로 즉결처형했지만 굶주림 앞에서 그런 위협이 통할 리 만무했다.

　도시를 포위한 독일군은 연일 대포로 도시 내에 포탄을 떨어트리면서도 공군을 동원하여 중요 상하수도 시설, 식량 창고, 발전소와 같은 기반시설 위에 폭탄을 투하하는 것도 잊지 않았다. 석유와 석탄의 공급이 끊기니 레닌그라드 시민들은 나무에 불을 지피는 것 말고는 유난히도 추웠다는 그해의 겨울을 버틸 수 없었다. 1941~1942년의 겨울이 가기 전에 이렇게 기아와 추위로 죽어간 사람들의 수는 소련 당국의 발표로는 65만 명이다. 하지만 이는 축소된 것으로, 실제로는 그 수치에 100만 명을 더 더해야 할 것이라고 추정하고 있다.

　아이러니하게도, 춥고 배고픈 레닌그라드에 희망을 던져준 것은 레닌그라드 시민들을 동사하게 만들었던 영하 40도까지 이르렀던 강추위였다. 라도가호가 11월 17일부터 100밀리미터 두께로 얼기 시작한 것이다. 11월 22일경부터는 두께가 200밀리미터에 이르니 보급품을 실은 차량이 지날 정도가 되었다. 종종 완벽히 결빙되지 않은 살얼음 위를 느릿느릿 지나가는 수송차량들은 독일 공군기의 표적이 되었다. 수많은 차량이 기총소사를 받고 얼음 밑으로 가라앉았지만 점점 많은 보급품이 레닌그라드 시내에 유입될 수 있었다. 그래서 운전수들이 '죽음의 길'이라고 부른 이 얼음길을 레닌그라드 시민들은 '생명의 길'이라고 불렀다. 운전수들은 소련 본국으로 돌아가는 차량에 60만~140만 명으로 추산되는 노약자와 부상병 등을 태우고 돌아갔다. 이로써 도시는 차츰 원기를 되찾게 되었다.

소련 측에서 레닌그라드를 구원하기 위한 노력은 위와 같은 내부로의 지원뿐만 아니라 외부에서도 시작되었다. 그 시작은 11월 초 독일군이 점령했던 철도교통의 요충지 티흐빈을 12월 9일 소련군이 탈환하면서부터다. 독일군이 티흐빈에서 북진하여 핀란드군과 연합한 후 라도가호마저 감싸버린다면 레닌그라드는 글자 그대로 고립무원이 될 판국이었다. 소련군은 이 상황을 레닌그라드에 대한 중대한 위기로 인식하고 티흐빈을 탈환하기 위한 반격 작전을 펼쳐 성공하기에 이르렀다.

소련군의 반격이 시작되자 레프 원수는 철수를 건의했지만 히틀러는 현지 사수를 엄명했다. 그전부터 히틀러를 내심 경멸하던 레프 원수는 이를 계기로 스스로 해임을 요청했고 1942년 1월 16일 군복을 벗었다. 신임 북부집단군 사령관에는 예하 18군 사령관 퀴흘러(Küchler, 1881~1968)가 임명되었다. 퀴흘러야말로 레닌그라드 포위전이 종료될 때까지 2년 넘게 독일군을 지휘한 인물이다. 그런데 그가 물려받은 북부집단군이란 것이 전차부대를 남부전선으로 모조리 뺏긴 상태였다. 그런 약체인 집단군을 이끌고 2년간 통상 3배가 넘는 소련군을 상대로 몇 배의 출혈을 강요한 것을 보면 그 또한 장재(將才)를 지녔음을 알 수 있다.

독일군의 지휘관이 바뀐 것과 비슷한 무렵 소련군도 새로이 편제되었다. 레닌그라드 내의 소련군은 레닌그라드 전선군으로, 티흐빈을 탈환한 부대는 볼호프 전선군이 된 것이다. 레닌그라드 포위전은 이제부터 포위가 풀릴 때까지 퀴흘러와 볼호프 전선군 사령관으로 임명된 메레츠코프의 대결로 굳어지게 되었다. 이제부터는 1942년과 1943년에 있었던 레닌그라드 전투의 주요 장면만 살펴보기로 하자.

1942년 레닌그라드 포위전에서 가장 인상적인 장면은 1월 소련군의 대반격이 실패하면서 그해 6월 블라소프(Andrey Vlasov, 1900~1946) 중장이 독일군의 포로가 된 일이다. 블라소프 장군은 독일군의 포로가 되었다가 독일 편으로 전향한 소련군들을 '러시아 해방군'으로 조직하고 조국인 소련에 총부리를 겨누게 된 인물이다. 스탈린과 볼셰비즘을 증오하던 그와 달리 그의 부하들이란 대개가 포로수용소의 극악한 환경과 굶주림을 견디지 못하고 독일군에 자원한 병사들이다. 말단 병사인 그들에게 공산주의나 나치라는 이념은 애당초 중요한 게 아니었다. 일단 굶어 죽지 않고 살아남는 게 급선무였다. 조국을 배반해야만 했던 그들의 처지는 충분히 이해가 가지만 훗날 소련은 결코 그들을 용서하지 않았다. 종전과 함께 블라소프와 그가 거느린 '러시아 해방군' 장병들은 소련군에 의해 체포되고 만다. 블라소프를 비롯한 주요 장교들은 교수형에 처해지고 나머지도 대부분 체포되는 즉시 총살되고 말았다. 블라소프는 훗날의 역사가 다시 평가할 것이라는 말과 함께 의연한 죽음을 맞이했다.

1942년 9월에는 만슈타인 장군이 레닌그라드 전역에 다시 등장했다. 1년 전에 레닌그라드를 떠날 때는 군단을 지휘하는 대장이었지만 그사이에 2계급을 진급하여 원수 계급장을 달고 레닌그라드에 다시 나타난 것이다. 히틀러가 "우리 독일이 가진 이 시대 최고의 두뇌"라고 불렀던 만슈타인을 레닌그라드에 보낸 것으로 보아 이번만큼은 레닌그라드를 끝장낼 생각이었을지도 모른다. 하지만 히틀러가 가장 중시한 곳은 역시 남부지역이었다. 1942년 11월 스탈린그라드 전투에서 독일 6군이 밀리기 시작하자 히틀러는 6군을 구원하기 위해 다시 만슈타인을 남부로 보냈다.

1942년에는 레닌그라드에 충분한 물자 공급이 이뤄졌기 때문에 그해 겨울에는 1941년의 겨울과 달리 시민들이 추위와 굶주림에 시달리지 않아도 되었다. 그렇게 해가 바뀌어 1943년 1월이 되자 소련군은 반격을 가하여 쉴리셀부르크를 탈환했다. 이로써 외부의 소련군이 레닌그라드로 향하는 육상통로가 개척되었다. 그러나 소련군이 이 육상통로를 안전하게 확보하기 위해서는 남쪽에 있는 시냐비노고지를 점령해야 했다. 으레 고지는 높은 곳에서 적을 내려다볼 수 있기 때문에 전략적 요충지다. 독일군은 시냐비노고지에서 쉴리셀부르크를 향해 맘껏 포탄을 쏟을 수 있었다. 따라서 볼호프 전선군이 레닌그라드 전선군과 보다 안전하게 연결되기 위해서는 시냐비노고지를 탈환해야 했다.

1942년도에 스탈린그라드 전투가 스탈린과 히틀러 초미의 관심사였다면 1943년도는 쿠르스크 전투가 그러했다. 그 때문에 레닌그라드 전투는 이번에도 상대적으로 두 독재자의 관심 밖이었다. 이처럼 독일과 소련 둘 다 같은 처지였지만, 그나마 꾸준한 병력 지원을 받아 증강되는 볼호프 전선군과 달리 퀴흘러의 북부집단군은 변변한 지원도 없이 버틸 수밖에 없었다. 1943년 9월 15일 북부집단군은 소련군의 맹공을 견디지 못하고 그때까지 지켜오던 요충지인 시냐비노고지를 결국 내주고 말았다. 소련군이 시냐비노고지를 탈환하면서 레닌그라드 전선군과 볼호프 전선군이 완전히 연결될 수 있었고, 두 전선군은 연합하여 북부집단군에 반격을 개시할 수 있게 되었다.

독일군이 그해 7월 쿠르스크 전투에서 소련군에게 패하면서 본격적으로 밀리기 시작한 때가 9월이었다. 이때 북부집단군이 레닌그라드에 계속 있다가는 깊숙이 침입해 오는 북부집단군의 우측 측면이 노출되거나 배후가 포위될 위험이 있었다. 따라서 이제 헛된 꿈이나 다름없게 된 레닌그라드 점령을 포기하고 적절하게 후퇴하는 편이 옳았다. 그러나 히틀러는 이번에도 현지 사수를 명할 뿐이었다.

소련군은 1942년 1월과 1943년 1월에도 그랬듯이 1944년 1월이 되자 대규모 공세를 시도했다. 드디어 수세의 한계에 도달한 퀴흘러와 예하 18군 사령관으로서 여태까지 훌륭하게 방어전을 지휘해온 린데만 대장은 1월 27일 루가강 이남으로 100킬로미터 정도 후퇴를 단행했다. 독일군이 포위망을 완전히 풀고 후퇴한 1944년 1월 27일 드디어 역사상 가장 사상자가 많았다는 레닌그라드 전투가 막을 내렸다.

독일군이 비록 후퇴했지만 1944년 1월 있었던 마지막 전투에서도 독일군은 3만6000 명, 소련군은 27만 명이 넘는 사상자가 발생했다. 사상자의 교환비율이 1 대 7인 셈인데 이는 레닌그라드 전투기간 중 흔한 일이었다. 이것을 볼호프 전선군 사령관 메레츠코프의 무능이라 볼 수만은 없다. 그는 스탈린에게 항명할 경우 어떻게 된다는 것을 잘 알았기 때문에 스탈린의 명령이 불필요한 희생을 강요하는 것을 알면서도 복종할 수밖에 없었던 것이다. 메레츠코프가 아닌 다른 이가 소련군 지휘관이었더라도 같은 결과가 나왔을 것이다.

나중에 1945년 8월 소련은 일본에 선전포고하고 만주로 진격한다. 그때 북한에 진주하여 38선 북쪽을 통치하는 제25군 사령관 치스차코프(Ivan Chistyakov, 1900~1979) 대장은 함께 대일전에 참전하여 연해주에 주둔한 메레츠코프 휘하의 장군이었다.

히틀러는 허락되지 않은 후퇴를 감행한 책임을 물어 2년간 레닌그라드 포위전을 수행한 퀴흘러를 해임했다. 1944년 1월 29일 그의 후임으로 북부집단군의 세 번째 사령관에는 모델 상급대장(한국의 대장에 해당)이 부임했다. 제2차 세계대전에서 가장 공격에 능한 이가 만슈타인이라면 가장 수비에 능한 이는 모델(Walter Model, 1891~1945)이다. 하지만 '동부전선의 수호자' '총통의 소방수'라 불리는 모델조차도 그 상황에서는 일단 후방에 구축해둔 방어선으로 후퇴할 수밖에 없었다. 소련군의 추격도 진격하는 거리가 늘어나면서 힘을 잃어갔고 이로써 북부전선은 한동안 안정될 수 있었다. 이와 같이 무사히 병력을 빼낸 공으로 모델은 그해 3월 원수로 진급하게 되었다. 히틀러가 후퇴한 장성을 원수로 진급시킨 사례는 클라이스트를 제외하고는 여태껏 없었다. 이것은 히틀러가 그때나마 자신의 아집에 대한 과오를 인정했기 때문일 것이다.

그러나 모델 또한 급박한 남부전선의 방어를 위해 북부집단군을 떠났다. 1944년 7월 악명 높지만 골수 나치분자이기 때문에 히틀러의 신임을 받는 쇠르너가 북부집단군 사령관으로 부임했다. 바로 그 7월에 소련군은 북부집단군에 대한 공세를 강화하여 발트해 연안으로 몰아넣는 데 성공했다. 북부집단군은 중부집단군과 절단된 채 라트비아의 쿠를란트반도로 쫓겨 몰리고 말았다. 히틀러는 그들에게 독일 잠수함 기지가 있는 그곳을 최후까지 사수하라고 명령했다. 이제 북부집단군에서 쿠를란트군으로 격하된 독일군은 병력과 장비의 절대 열세 속에서도 그들을 향한 소련군의 공세를 모조리 다 막아내는 저력을 보였다. 그리고 이 최후의 북부집단 군 20만 명은 독일 해군의 해상 보급으로 근근이 버티다가 그곳에서 종전을 맞이하게 된다.

제24장

스탈린그라드 전투—단일 전투 최대 규모

러시아어에서 '그라드'라는 접미어는 도시를 뜻한다. 따라서 스탈린그라드(Stalingrad)는 '스탈린의 도시'라는 뜻이다. 1942년 8월 21일부터 1943년 2월 2일까지 벌어진 스탈린그라드 전투는 영화 등으로 만들어지며 널리 알려져 있다. 스탈린그라드 전투가 그토록 유명세를 치르는 데는 다음과 같은 몇 가지 이유가 있기 때문이라고 생각한다.

첫째, 단일 전투로만 치자면 역사상 가장 대규모의 전투였다. 참전 병력만 독일군 50만 명과 동맹군 40만 명, 그리고 소련군 170만 명으로 도합 260만 명이다. 이 많은 병력이 스탈린그라드라는 도시를 중심으로 싸운 것이다. 『세계사 최대의 전투—모스크바 공방전』의 저자 앤드루 나고르스키에 따르면, 1941년 말부터 1942년 초의 모스크바 전투에서는 도합 700만의 독일군과 소련군이 싸웠다고 한다. 그러나 모스크바 공방전이나 레닌그라드 전투는 단일 전투가 아니라 도시를 둘러싸고 곳곳에서 벌어진 전투들을 뭉뚱그려 일컫는 것이다. 단일 전투로만 친다면 스탈린그라드 전투야말로 역사상 가장 대규모의 전투이며 시가전이라고 할 수 있다.

둘째로 이 전투가 세계에서 가장 대규모 전쟁이었던 제2차 세계대전의 가장 중요한 전환점이라는 점이다. 흔히 제2차 세계대전의 3대 전환점으로 스탈린그라드 전투, 엘 알라메인 전투 그리고 미드웨이 해전을 든다. 그중에서 소련으로 전세가 기울기 시작한 스탈린그라드 전투야말로 가장 중요한 전투였다는 것은 이론의 여지가 없다. 엘 알라메인 전투는 그 규모에서 비교가 안 되고, 미드웨이 해전은 상대적으로 중요도가 떨어지는 태평양 전선에서 벌어졌을 뿐이다.

셋째, 스탈린그라드 전투에서의 그 처절함 때문이다. 이렇게 말하면 전투치고 처절하지 않은 전투가 어디 있겠냐고 반문할 수 있다. 맞는 말이다. 하지만 스탈린그라드 전투는 건물의 위층과 아래층을, 심지어 방 한 칸 한 칸까지 뒤져가며 수개월 동안 수십만 명의 병사들이 현대전에 어울리지 않게 삽과 곡괭이까지 들고 싸웠다. 그래서인지 여타 전투를 가리켜 역사상 가장 참혹했던 전투라고 말하는 기록이나 자료를 보지 못했지만, 스탈린그라드 전투를 가리켜 역사상 가장 참혹했던 전투라고 일컫는 기록이나 자료들은 많다.

넷째, 스탈린그라드 전투의 극적인 반전이 소련의 최종적 승리와 직접적으로 연결되었기 때문이다. 소련군은 스탈린그라드에서 독일군이 거의 승리한 듯 보였던 전투의 흐름을 드라마틱하게 뒤집어놓았다. 그뿐만 아니라 소련군의 공세는 이 전투를 시발점으로 하여 소련의 최종적 승리와 연속적으로 이어진다. 이것이 비록 전술적으로 대승을 거뒀지만 카르타고의 최종적 승리로 귀결되지 못한 칸나에 전투와 다른 점이다.

1941년 말 독일군이 모스크바를 공격한 타이푼 작전이 실패했고, 이듬해 초에 있었던 소련의 반격 또한 실패로 끝나면서 1942년의 봄이 찾아왔다. 겨우내 내린 눈이 녹아 소강상태에 있던 양측은 그간 피폐해진 전력을 재정비하면서 1942년에 있을 전쟁을 준비했다. 지난 1941년 12월 미국도 연합국 편에 서서 참전했기 때문에 히틀러로서는 하루빨리 서부전선이든 동부전선이든 한쪽을 끝내야 할 상황이었다. 현실적으로 영국을 정복한다는 것은 불가능했기 때문에 이번 해에도 집중해야 할 대상은 당연히 소련이었다.

이때 독일군이 한정된 전력으로 동부전선의 모든 곳을 향해 공세를 취하는 것은 불가능했다. 따라서 작년과 같이 독일군이 주공을 어디에 둘 것인가 하는 문제가 불거졌다. 히틀러의 장군들은 작년에 이어 올해에도 모스크바를 치자고 권했다. 적의 심장부인 수도를 함락하여 적의 저항 의지를 말살할 수 있길 바란 것이다. 스탈린은 물론 스타프카(Stavka, 스탈린을 사령관으로 하는 소련군 최고사령부) 또한 독일군이 그렇게 나올 것이라고 예상했다. 그러나 이번에도 오직 단 한 사람, 히틀러만이 러시아 남부로 진격하기를 바랐다. 그 이유는 다음과 같다.

첫째는 지난겨울 타이푼 작전에서 소련군과 모스크바 근교에서 대격전을 치른 중앙집단군의 전력이 많이 손실되었다는 점이다. 둘째로 남부 코카서스의 유전지대를 차지함으로써 전쟁 수행에 절대적으로 필요한 석유지대를 얻음과 동시에 소련으로의 석유 보급을 차단할 수 있다는 점이다. 셋째, 당시 북아프리카를 휩쓸던 롬멜이 이집트를 정복한 후 시리아를 거쳐 북상함으로써 코카서스로 진출하게 될 독일군과 합세하길 바란 점이고, 이 경우 전통적으로 독일의 우방이지만 그때까지 중립국으로 남아 있던 터키에 압력을 가하여 추축국으로 끌어들일 수 있다는 점이다.

위에서 첫째와 둘째는 그렇다 칠 수 있지만 셋째는 거창하다 못해 황당하기까지 하다. 당시 롬멜은 별다른 보급도 없이 사실상 고립무원으로 아프리카에서 분투하고 있었다. 그가 이끄는 아프리카 군단은 보유한 능력의 몇 배를 발휘하면서 이집트까지 진격했지만 사실상 공세의 종말점에 이른 상태였다. 그러한 가운데 히틀러가 스스로 1942년의 하계공세인 블라우 작전을 수립하니 전통과 자부심으로 빛나는 독일 육군참모본부는 어느새 유명무실한 기구로 전락해가고 있었다.

이쯤에서 한 번쯤 언급하고 싶은 것은 독일군, 더 정확히 말해 프로이센군의 전통에 반하는 히틀러의 도 넘은 월권행위다. 프로이센은 군인이 정치에 참견하지 않지만, 국가 원수 또한 전쟁에 참견하지 않고 명목상의 통수권자로만 군림한다는 불문율이 있었다. 군사적 천재인 프리드리히 2세가 7년 전쟁을 진두지휘한 예외는 있었지만 나폴레옹 전쟁 당시에 프리드리히 빌헬름 3세는 전쟁에 간섭하지 않았다. 마찬가지로 보오전쟁과 보불전쟁 당시의 빌헬름 1세와 제1차 세계대전에서의 빌헬름 2세 또한 참모본부에 전쟁을 모두 맡겨놓고 명목상으로만 군의 최고통수권자로 군림했다. 프로이센이 가진 참모본부제도의 우수성과 효율성은 두말할 나위가 없기 때문에 전쟁이 그들에게 맡겨졌어도 프로이센은 세계 제일의 육군 강국이 될 수 있었다. 비록 프로이센군이 귀족 출신들에 의해 독점되면서 출신 성분을 중시한다는 명백한 단점은 있었지만 그들은 능력과 실력으로 주위의 우려와 불신을 깨끗이 잠재웠다.

그런데 히틀러는 이러한 프로이센의 암묵적인 관습을 인정하지 않고 스스로 군을 장악하고 직접 지배하려고 했다. 그로 인해 종전까지도 참모본부와 화합하지 못하고 그의 짧은 전략적 안목과 식견 탓에 일을 그르치는 경우가 잦았다.

주지하다시피 히틀러는 독일이 아닌 오스트리아의 평민 출신이다. 게다가 정규 군사교육도 받지 못한 그가 가진 군 경력이라곤 제1차 세계대전에 참전하여 병장으로 제대했다는 것뿐이다. 우여곡절 끝에 독일의 1인자 자리에 오르게 되었지만 위와 같은 이력은 쟁쟁한 귀족 출신들로 가득 찬 독일 군부의 눈높이에는 턱없이 모자란다. 다만 그의 군사적 팽창이 초반에 눈부신 성공을 거두면서 군 장성들은 비웃음과 불만을 거두고 숨을 죽이고 있었을 뿐이다. 거꾸로 말해 어느 순간 히틀러의 군사적인 몰락이 시작된다면 그들이 들고일어나리라는 것은 불을 보듯 뻔했다. 그것이 보수적인 기득권 세력으로 홀로 비집고 들어온 이단아의 운명이다.

22장 키예프 전투에서 히틀러가 모스크바 공방전에서 허가 없이 후퇴한 책임을 물어 육군 총사령관 브라우히치를 경질시키고 자신이 직접 육군 총사령관에 올랐다는 이야기를 했다. 1942년이 하계에 접어들자 육군 총사령관의 자격으로 히틀러는 직접 블라우 작전을 입안했다. 이 작전이 러시아 남부를 겨냥한 것이니 이번 공세의 주역은 자연스레 남부집단군이 되었다. 지난해 12월 룬트슈테트가 해임된 이후로는 예하 6군 사령관이던 라이헤나우가 남부집단군 사령관이 되었고 공석이 된 6군 사령관에는 파울루스(Friedrich Paulus, 1890~1957)가 임명되었다. 파울루스야말로 스탈린그라드 전투의 주인공이기 때문에 이 이름을 기억해야 한다. 그런데 신임 남부집단군 사령관 라이헤나우가 뜻밖에도 1942년 1월 사망하는 바람에 지난해 해임되었던 중부집단군 사령관 보크가 남부집단군 사령관으로 임명되었다.

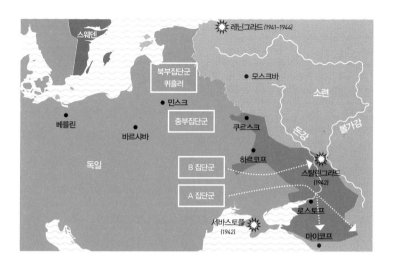

　　블라운 작전의 주공을 담당할 남부집단군은 예하에 1기갑군·4기갑군·2군·6군·11군·17군으로 89개 사단을 보유하고 있었다. 히틀러는 이들이 작전의 목표인 코카서스로 진격하기 전에 후방의 안전을 위해 우선 세바스토폴 요새와 돈강 만곡부 일대의 소련군을 섬멸하기로 했다. 히틀러는 돈강 유역을 정복한 후 돈강 북부에 2군을 배치하여 남부집단군의 북쪽을 엄호하게 할 계획이었다. 그 후 주공인 1기갑군과 17군은 코카서스로 진격시키고, 조공인 4기갑군과 6군은 스탈린그라드로 진격시킬 계획이었다. 마지막으로 세바스토폴 공방전을 펼치고 있는 11군은 예비군으로 쓸 계획이었다.

블라우 작전은 6월 28일 개시되었다. 작년에 바르바로사 작전이 6월 22일 시작한 탓에 모스크바를 함락시키지 못한 것을 히틀러도 충분히 알고 있었다. 그런데도 1942년의 총공격이 오히려 작년보다 6일 늦게 시작된 것은 세바스토폴(Sevastopol)을 함락하는 데 시간을 보냈기 때문이다. 세바스토폴은 발라클라바 전투의 무대인 크림반도에 위치한 난공불락인 요새다. 남부집단군이 마음 놓고 전진하기 위해서는 천연의 요새인 세바스토폴을 먼저 함락시켜야만 한다. 적들이 웅크리고 있는 곳에서 언제 튀어나와 아군의 배후를 공격할지 모르며 최전선으로 향하는 보급로 또한 끊길 게 뻔하기 때문이다.

1942년 7월 초 독일 11군 사령관 만슈타인 장군이 대포를 집중 운용하는 방법으로 이 요새를 결국 함락시켰다. 만슈타인은 이 공으로 원수 계급장을 달게 되었다. 하지만 그가 이끄는 11군은 세바스토폴을 공략하다가 전력의 누수가 심했기 때문에 곧바로 블라우 작전에 참여할 수 없을 지경이었다. 일이 꼬이려는지 9월에 최고사령부의 명령에 따라 만슈타인이 11군을 이끌고 레닌그라드 포위전에 참여하게 되었다는 것은 23장에서 이야기했다. 히틀러가 세바스토폴 공성전에 참여했던 포병과 함께 당대 최고의 전략가를 파견한 것을 보니 그는 러시아 최강의 요새를 함락시킨 만슈타인이 다시 기적을 발휘하여 레닌그라드라는 철옹성을 함락시키길 바랐던 모양이다.

한편 세바스토폴 함락이 거의 확실시되면서 시작된 블라우 작전의 초반에 독일군은 그런대로 성공을 거둘 수 있었다. 스텝(steppe)이라 불리는 끝없는 초원이 펼쳐진 러시아 남부는 그야말로 독일 기갑부대가 활약하기 안성맞춤인 곳이다. 쿠르스크, 로스토프 및 하르코프와 같은 주요 도시들이 독일군에게 점령되었고 히틀러가 목표로 삼았던 스탈린그라드와 코카서스를 향하는 길목이 확보되었다.

7월 7일 돈강 일대의 남부지역이 어느 정도 정리되자 히틀러는 작전의 편의상 남부집단군을 A집단군과 B집단군으로 분리시켰다. 리스트 원수를 사령관으로 하는 A집단군(예하에 1기갑군과 17군)은 코카서스 방향으로 진격하고, 보크 원수를 사령관으로 하는 B집단군(예하에 4기갑군과 6군)은 스탈린그라드를 점령할 계획이었다. 두 집단군 중에서 A집단군이 주공이었고, B집단군은 A집단군을 북쪽에서 엄호하는 조공의 역할이었다. 이때 A집단군이 동남쪽인 코카서스로 치고 내려갈수록 동북쪽의 스탈린그라드로 향하는 B집단군과는 자연히 거리가 벌어지게 된다. 이 경우 자칫 잘못했다가 어느 한쪽이 적지 깊숙한 곳에서 고립될 때 상호 지원이 불가능하게 될 위험이 있기 때문에 한쪽의 진격을 자제하는 편이 안전하다. 하지만 히틀러는 한꺼번에 두 목표물을 노리기로 했다. 갈수록 벌어지게 될 두 집단군의 간극은 장비와 사기가 낮은 루마니아군, 헝가리군과 이탈리아군으로 메울 예정이었다. 이러한 총통의 결정을 어리

석다고 비웃을 것은 없다. 히틀러가 여태 거둔 군사적 성공들을 보자면 무리수가 있었던 만큼 그 결과물들도 찬란했지 않은가.

A·B집단군이 양 갈래로 갈라져 진격하는 도중에 히틀러는 자신에게 항명한 보크와 리스트를 경질했다. 그러나 A집단군은 히틀러의 독려에 따라 쿠반강을 건너 코카서스의 최대 유전지대인 마이코프를 점령하는 등 소기의 목표를 달성했다고 볼 수 있다. 이제 블라우 작전의 성패는 스탈린그라드를 점령할 예정인 6군과 4기갑군에 달려 있었다. 이제 히틀러와 스탈린 둘 다 전혀 짐작도 못 했겠지만 제2차 세계대전의 분수령이 된 스탈린그라드 전투를 살펴볼 차례다.

파울루스(Paulus) 대장이 이끄는 6군은 정예롭다고 이름난 부대였다. 6군은 폴란드 전역과 프랑스 전역에서 주역을 담당했고 키예프 포위전에서도 한 축을 담당하며 남부집단군의 대승에 기여했다. 블라우 작전 직전인 5월에는 하르코프를 중심으로 펼쳐진 소련군의 초반 대공세를 무력화시키며 30만의 소련군을 섬멸하기도 했다. 산전수전 다 겪은 6군은 긍지와 자부심으로 넘쳤으며 이번에 목표로 삼는 스탈린그라드도 수월하게 점령할 것이라고 낙관하고 있었다. 6군의 병력은 일반 야전군보다 많은 28만 명이며, 500대의 탱크와 대포 1700문을 지니고 있었다.

이들 6군을 지휘하는 파울루스는 라이헤나우를 뒤이어 6군

사령관에 오른 인물이다. 제2차 세계대전 당시 대부분의 독일군 장성들이 그러했듯이 파울루스는 군생활의 첫발을 제1차 세계대전에서부터 시작했다. 제1차 세계대전에서 참모장교로 근무하던 파울루스는 종전 후 베르사유 조약으로 4000명만 남게 된 바이마르 공화국 장교들 중 한 명으로 선발될 만큼 능력도 인정받았다. 제2차 세계대전에서 그는 6군 사령관이던 라이헤나우의 참모로 활약했고 근면함과 풍부한 참신성을 통해 유능한 참모로서의 소임을 다했다. 파울루스에 대한 주위의 평가는 사람 좋고 성실하며 국가와 총통에 충성하면서도 서류를 처리함에는 능하지만, 결단력이 부족하고 우유부단하다는 것이었다. 이것은 참모로서는 적격이지만 최전선에서 순간순간의 움직임과 위기에 기민하게 대응할 줄 알아야 하는 야전사령관으로서는 부족하다는 의미였다.

8월 23일 6군의 선봉인 14기갑군단의 최선두 부대인 16기갑사단이 본대보다 훨씬 앞질러 나가 스탈린그라드를 공격하면서 스탈린그라드 전투가 시작되었다. 스탈린은 어떤 일이 있어도 이 도시를 사수한다는 방침을 세우고 7월 12일 스탈린그라드 전선군을 창설했다. 이 전선군의 사령관은 티모셴코 원수였지만 군사적 재능이 신통치 못한 그를 대신해 8월 2일 최종적으로 예레멘코(Andrey Yeryomenko, 1892~1970) 대장이 임명되었다. 그전에 블라우 작전이 시작되면서 패주하던 소련군 상당수가 이 볼가강 서안에 있는 도시로 밀려들어와 기존의 소련군과 합세해 있었다. 스탈린그라드 전선군은 이렇게 패주하여 스탈린그라드로 밀려들어온 군대로 만들어진 62군과 기존에 도시에 있던 64군으로 구성되어 있었다. 총병력은 50만 명 정도지만 스탈린은 도시 내 시민들이 도시를 빠져나가는 것을 금지하고 여자와 노약자까지 동원하여 도시를 지키도록 명령했다.

파울루스는 이 도시를 점령하는 데 일주일 정도면 충분하리라고 낙관했다. 8월 23일 우선 600대에 달하는 폭격기가 2000회의 공습을 통해 폭탄을 투하했다. 도시는 불바다가 되었고 시민 4만 명이 폭격으로 사망했다. 이윽고 6군은 북쪽과 서쪽에서 스탈린그라드를 공격하여 소련 62군과 싸우기 시작했다. 6군과 함께 스탈린그라드를 공격하기로 되어 있는 호트 대장의 4기갑군도 남쪽에서 소련 64군과 싸우기 시작했다.

스탈린그라드는 북에서 남으로 흐르는 유럽에서 가장 긴 볼가강 서안을 따라 40킬로미터 길이의 띠 모양으로 늘어선 도시다. 스탈린이 이 도시에 산업화를 발전시키면서 어느새 60만의 인구를 가진 산업과 교통의 중심지가 되어 있었다. 스탈린은 전략적 가치보다는 자신의 이름을 딴 도시라는 상징성 때문에 이곳의 결사항전을 명했다. 똑같은 이유로 히틀러 또한 이곳을 반드시 점령하려고 했다. 차츰 스탈린그라드 전투가 전 세계의 이목을 끌자 주객이 전도되어 블라우 작전대로라면 조공으로 그쳐야 할 전투가 어느새 히틀러의 가장 중요한 목표가 되어버린 것이다.

스탈린그라드는 동쪽에 강을 끼고 있기 때문에 완벽한 포위 공격이 불가능하다. 따라서 독일군은 싫든 좋든 출혈이 큰 정면공격을 되풀이할 수밖에 없다. 소련군이 여느 곳 같으면 독일군의 맹공에 견디지 못하고 달아날 수 있겠지만 우측에 폭이 1.6킬로미터에 달하는 볼가강이 있기 때문에 그럴 수도 없었다. 자연스레 배수의 진이 형성된 것이다. 군기를 유지하기 위하여 도주자나 비겁자는 즉결처형되었다. 실제로 스탈린그라드 전투에서 1만3000명의 소련군이 이런 식으로 처형되었다고 한다. 이 때문에 갇힌 시민과 병사들은 문자 그대로 죽을 때까지 싸울 수밖에 없었다.

이러한 가운데 소련군에도 변화가 있었다. 62군 사령관이던 로바틴 중장이 자신감을 잃고 시의 포기를 건의하자 예레멘코 대장은 그를 해임하고 9월 12일 추이코프(Vasily Chuikov, 1900~1982) 중장을 신임 62군 사령관으로 기용한 것이다. 그는 스탈린그라드 전투에서 독일 6군을 끝까지 물고 늘어지며 최전선에서 눈부신 용전을 펼쳤다.

독일 6군과 4기갑군이 각각 서쪽과 남쪽에서 시의 외곽 방어선을 무너트리고 포위망을 좁혀오면서 전투는 점차 시가전으로 바뀌게 되었다. 이때를 기준으로 독일군은 그들의 장점인 화력과 전술의 우위를 잃어버리고 소모적인 소련군의 전략에 말려들어갈 수밖에 없었다. 스탈린그라드 건물의 99퍼센트가 잿더미가 되었기 때문에 소련군은 폐허가 된 건물 하나하나에 숨어서 게릴라전을 펼치기 시작한 것이다. 이런 상황에서는 탱크나 대포, 중기관총과 같은 중화기로 무장한 독일군의 장점이 가려지는 반면, 소총과 같은 소화기나 삽과 곡괭이로 무장한 소련군의 약점이 그만큼 상쇄되기 마련이다.

추이코프는 모든 소련군에게 오래 살고 싶으면 최대한 독일군에게 근접하라고 지시했다. 독일군의 폭격기, 전차와 대포가 독일군에게 달라붙어 있는 소련군에게 폭격이나 포격을 할 수 없다는 것을 알고 있었기 때문이다. 그와 더불어 추이코프는 휘하 병력을 3~5명 단위로 최대한 쪼개어 근접전을 펼치도록 했다. 이로써 건물 위층과 아래층에, 또는 이웃한 옆방에 독일군과 소련군이 있는 장면이 속출했다.

지리에 익숙한 소련군은 지하도·하수도·다락 등지를 오가며 독일군의 등 뒤에 총탄을 쏘기도 했다. 독일군은 눈앞의 적을 소탕하고 전진했다고 결코 안심할 수도 없었다. 폐허가 된 건물의 잔해는 스나이퍼라 불리는 저격수들이 활약하기에 안성맞춤인 무대였다.

그러나 추이코프의 전술도 독일군의 진격을 막는 데는 미봉책에 불과했다. 독일군은 막대한 희생을 치르면서도 한 블록씩 점령해나갔으며 어느새 스탈린그라드의 90퍼센트 이상을 차지했다. 시의 중앙에 위치하고 있기 때문에 전 시내를 내려다볼 수 있는 마마이고지와 중앙기차역도 몇 번에 걸쳐 주인이 바뀌었지만 결국 독일군의 수중에 넘어갔다. 시의 북쪽에 있는 '붉은 10월' 제철공장과 트랙터 공장 및 바리카디 공장에서 특히 치열한 전투가 전개되었다. 하지만 이들 공장들도 극히 일부를 제외하고는 독일군에게 점령되고 말았다. 추이코프의 소련군은 볼가강 서안의 한쪽 구석으로 몰렸고 이대로 간다면 스탈린그라드 함락이 눈앞에 보인 듯 했다.

이때 모스크바의 주코프 장군은 볼가강을 건너 스탈린그라드에 축차적으로 병력을 투입하는 것으로는 근본적으로 독일 6군을 격퇴할 수 없다고 생각했다. 오히려 그는 스탈린그라드의 62군을 구원하는 정도가 아니라 아예 독일 6군 전체를 섬멸할 수 있는 대담한 계획을 수립했다. 이를 위해 주코프는 스탈린그라드 인근에 비밀리에 새로운 대군을 집결시키고 6군의 양측으로 치고 들어가 거대한 포위망을 형성한다는 작전을 구상했다. 이것은 주코프의 데뷔전인 할인골 전투(1939)에서 그가 일본군을 기갑부대로 섬멸했던 전술과 비슷한 것이었다.

스탈린의 승인을 받은 이 반격 작전은 천왕성 작전이라 명명되었다. 이 작전을 위해 주코프는 추이코프의 62군에게는 파울루스의 6군을 붙잡아놓는 데 필요한 최소한의 지원군만 볼가강을 통해 지원해주었다. 그와 함께 스탈린그라드 북서쪽에는 바투틴(Nikolai Vatutin, 1901~1944) 대장이 지휘하는 남서전선군을, 북쪽에는 로코

숍스키(Konstantin Rokossovsky, 1896~1968) 대장이 지휘하는 돈 전선군을 배치했다. 이와 같이 주코프가 가용 가능한 모든 병력과 장비를 남서전선군과 돈 전선군에 배치하니 양 전선군의 규모는 병력 100만 명, 대포 1만4000문, 탱크 1000대, 비행기 1300대에 이르렀다.

주코프는 천왕성 작전을 추이코프에게조차 숨길 정도로 극비리에 진행시켰다. 하지만 소련 전체 병력의 4분의 1에 해당하는 대규모 병력이 움직이는데 독일 쪽에서 모를 리가 없었다. 독일군도 이러한 위험을 감지하고 히틀러에게 경고했다. 또한 천왕성 작전으로 직접 공격받게 될 위치에 있는 루마니아군 역시 소련군의 움직임을 알아채고 다급히 히틀러에게 지원을 요청했다. 그러나 오직 스탈린그라드에만 병적으로 집착하는 히틀러는 이러한 경고와 다급함을 외면했다. 당시 독일 6군은 스탈린그라드 시내에 밀집해 있었고 그 좌측은 루마니아 3군이, 우측은 루마니아 4군이 보호하고 있었다. 이러한 루마니아 3군과 4군의 전력은 그간의 소모전으로 병력손실이 컸던 6군이 루마니아군으로부터 병력을 차출하여 스탈린그라드에 투입해왔기 때문에 그만큼 더욱 약화되어 있었다.

1942년 11월 19일 장비도 사기도 약체인 루마니아군에 대한 포격을 시작으로 천왕성 작전이 개시되었다. 고전적인 공식대로 우선은 스탈린그라드 시내에서 추이코프 중장의 62군이 정면에 있는 독일군을 붙들어놓았다. 이사이에 북쪽에서는 바투틴의 남서전선군과 로코숍스키의 돈 전선군이, 남쪽에서는 예레멘코의 스탈린그라드 전선군이 각각 6군의 배후로 진격해 들어왔다. 탱크를 앞세운 소련군은 남과 북에서 협공하며 길목에 위치한 루마니아군을 손쉽게 격파했고, 11월 22일 이들은 스탈린그라드 후방에 있는 칼라치(Kalach)에서 합류했다. 이로써 소련군은 독일 6군과 루마니아군, 반토막 난 4기갑군의 일부를 포함하여 33만 명을 포위망 안에 가두는 데 성공했다. 정면에서 조공이 견제하는 사이에 주공이 양익을 포위한 것이 흡사 한니발의 칸나에 전투를 연상시키기 때문에 소련인들은 이 전투를 제2의 칸나에 전투라 부르고 있다.

이때 넓은 전선에서 형성된 포위망이 얇았기 때문에 만약 파울루스가 서둘러 탈출을 시도했다면 상당수의 병력을 온전히 보존했을 것이다. 파울루스 또한 위기를 느끼고 서둘러 탈출을 히틀러에게 요청했었다. 그러나 히틀러는 이번에도 후퇴 불가 명령을 내렸다. 히틀러는 필요한 보급품을 공중으로 보급하겠다는 약속을 하며 스탈린그라드를 굳건히 지킬 것을 명령했다. 히틀러의 이 약속은 공중 보급이 실행 가능하다고 호언한 공군 총사령관 괴링의 장담과 함께, 1941년 겨울 데미얀스크에서 소련군에 포위되었던 독일군을 공중 보급으로 구해냈던 경험에서 비롯했다.

감히 히틀러에게 항명할 수 없었던 걸까? 파울루스는 냉철한 판단력이 부족했다. 데미얀스크에서는 포위된 독일군 수가 10만 명 정도였고 제공권을 독일이 장악한 상태였다. 그러나 지금은 포위된 추축군이 30만 명을 넘고 1300대의 소련군 항공기가 하늘을 날고 있는 상황이었다. 만약 공중 보급이 처음부터 무리라는 것을 알았다면 파울루스는 히틀러에게 항명하고 6군을 이끌고 탈출했어야 했다. 그 후 히틀러 앞에서 군복 단추를 풀고 "항명에 대한 처벌을 달게 받겠습니다. 그러나 저는 당신의 6군 30만 명을 구했습니다"라고 말했어야 옳다. 불행히도 파울루스는 철석같이 공중 보급을 믿었기 때문에 히틀러의 명령을 거부하지 않았다.

　　포위된 33만 명의 추축국군에게는 하루에 500~700여 톤의 보급품이 필요했다. 그러나 실제로 보급된 1일 최대량은 300~350톤에 불과했다. 그러나 곧 악천후에 소련 항공기와 대공포의 활약으로 1일 공수량이 70톤에 그치고 말았다. 어떤 때는 보급품을 선적할 때 물품의 검열과정을 둘러싼 공군과 육군 간의 알력으로 인해 치약·구두와 같은 엉뚱한 물건이 6군에게 보급되기도 했다. 벌써 굶주리기 시작한 6군 입장에서는 있을 수 없는 일이었다.

　　히틀러 또한 이 위기를 타개하기 위해서는 공군이 아니라 육군이 나서야 한다는 것을 깨달았다. 그리하여 히틀러는 새로이 돈 집단군을 창설하고 만슈타인 원수를 사령관으로 임명하면서 6군의 구출작전을 맡겼다. 돈 집단군의 예하에는 루마니아 3군과 4군, 독일 6군, 호트의 4기갑군이 배당되었다. 그런데 루마니아 3군과 4군은 이미 소련군의 천왕성 작전으로 분쇄되었고, 문제의 6군은 포위됐으며, 호트의 4기갑군은 반토막이 나서 상당수가 포위망에 놓인 상태였다. 그러니까 돈 집단군이란 사실상 말로만 존재하는 부대였고, 만슈타인이 실제 가용 가능한 부대는 일부만 존재했던 것이다. 이 어려운 임무를 떠맡은 만슈타인은 지체 없이 6군을 구출하기 위한 계획을 수립하고 겨울폭풍 작전이라 명명했다. 그가 구조부대를 이끌고 스탈린그라드에 접근하여 천둥이라는 암호명을 보내면 그와 맞추어 6군 전체가 탈출한다는 계획이었다.

겨울폭풍 작전을 전개하기 위한 주력부대는 4기갑군 예하에 있는 3개 기갑사단 정도였다. 만슈타인은 지체하지 않고 12월 12일 호트 상급대장이 이끄는 3개 기갑사단들이 즉시 스탈린그라드를 향해 진군하도록 명령했다. 소련군은 감히 독일군의 역습이 있으리라고는 생각지도 못했기 때문에 호트가 소련군의 배후를 공격하는 기습공격은 성공을 거두었다. 호트의 기갑사단들은 도중에 막아서는 소련군을 무찌르고 가느다란 협로를 만들며 진군했다. 주위에 소련군이 득실대는 가운데 4기갑군을 깊숙이 밀어넣는 것은 측면이 공격당할 위험이 크다. 다행히도 4기갑군의 측면을 방어하는 루마니아군이 전력의 열세에도 분전하며 소련군을 막아주었다.

12월 19일에는 구원군의 선봉인 6기갑사단이 스탈린그라드 외곽 50킬로미터 지점까지 진군하는 데 성공했다. 하지만 거기에서 소련군의 강력한 방어에 막히니 호트의 진격도 거기까지가 한계였다. 그런데 이때 만슈타인에 의해 천둥이라는 암호명은 울렸지만 기다리는 6군이 나타나지 않았다. 초조해진 만슈타인 원수는 참모 하나를 비행기에 태워 파울루스에게 보냈다. 파울루스를 만난 참모는

6군이 살기 위해서는 스탈린그라드를 버리고 만슈타인의 구원부대와 연결되어야 한다는 원수의 말을 전했다.

하지만 파울루스는 탈출할 수 없었다. 히틀러가 스탈린그라드의 6군이 1943년에 있을 공세의 교두보가 되길 바라며 후퇴를 금했기 때문이다. 이때쯤 소련군도 만슈타인의 구원부대를 분쇄하기 위해 압박해 들어왔다. 적의 압도적 병력에 밀려 이제는 오히려 구원에 나선 만슈타인의 부대들이 포위되어 전멸할 위기에 처하게 되었다. 12월 24일 6군이 팔을 내밀어 자신이 내민 팔을 붙잡길 기다렸던 4기갑군은 어쩔 수 없이 철수하고 말았다. 이로써 6군이 살아날 수 있는 길은 완전히 사라지고 만 것이다. 포위망 안에 갇힌 6군은 굶주림과 추위에 지쳐가기 시작했다. 12월 25일 파울루스는 크리스마스 선물로 군마 400필을 도살하여 장병들에게 마지막 만찬을 제공했다.

새해인 1943년 1월 8일 소련군은 파울루스에게 명예로운 항복을 제안했다. 포로에게 식량과 의복 및 의약품을 지급하고, 개인 소지품을 허용하며 종전과 함께 귀국을 보장한다는 내용이었다. 과연 소련군이 이 약속을 지켰을지는 모르지만 파울루스는 항복을 거절했다. 그러자 이틀 후부터 소련군의 공격이 개시되었다. 1월 22일에는 굼라크 비행장이 소련군의 수중에 넘어갔다. 독일 공군은 이제 간간이 비행기로 공수하던 보급품도 낙하산으로 투하하는 수밖에 없었다. 그리고 이날 서쪽에서 공격해 들어오던 소련군이 추이코프의 62군과 연결되면서 독일군은 두 동강이 나고 말았다.

1월 24일에는 6군에 대한 공중 보급이 완전히 끊기고 말았다. 이날 천왕성 작전을 지휘하던 로코솝스키 대장은 파울루스에게 두 번째로 항복을 권고했다. 하지만 히틀러는 여전히 항복을 엄금했고 파울루스는 그에 따랐다.

1월 30일 파울루스를 원수로 진급시킨다는 전문이 베를린에서 스탈린그라드에 도착했다. 그때까지 독일 역사를 통틀어 자결한 원수는 있어도 항복한 원수는 없었다. 파울루스에게 항복하지 말고 끝까지 싸우다 전사하든가 자결하라는 히틀러의 뜻이었다. 하지만 다음 날인 1월 31일 소련군이 파울루스가 지휘소로 삼고 있던 백화점까지 쳐들어오자 파울루스는 히틀러의 기대를 저버리고 말았다. 파울루스는 "보헤미아의 상병에게 목숨을 바칠 수 없다"라고 처음으로 히틀러의 명령에 거역하며 로코솝스키의 사령부로 가서 항복하고 말았다.

파울루스가 항복했다는 소식을 들은 히틀러는 그의 원수 임명을 취소하려고 했지만 간발의 차이로 이미 공표되어 있었다. 히틀러는 파울루스가 일개 겁탈당한 아녀자도 감행할 수 있는 일을 하지 못했다고 분개하며 앞으로는 원수의 임명이 없을 것이라고 말했다. 이어 히틀러는 분이 덜 풀렸는지 스탈린에게 포로로 잡힌 스탈린의 아들 야코프 대위와 파울루스를 교환하자고 제의했다. 이에 대해 스탈린은 "원수와 대위를 바꾸진 않겠다"라고 일언지하에 거

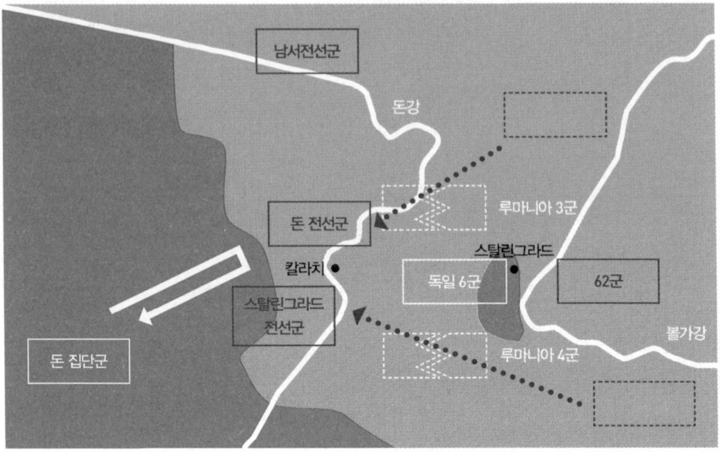
남서전선군
돈강
루마니아 3군
돈 전선군
스탈린그라드
칼라치
독일 6군
62군
스탈린그라드
전선군
볼가강
돈 집단군
루마니아 4군

✖ 스탈린그라드 전투

절했다.

2월 2일까지 24명의 장군과 9만1000명의 병사를 포함하는 6군 전체가 항복했다. 장군들은 종전까지 대접을 받으며 안락하게 지냈지만 병사들의 운명은 그러하지 못했다. 포로수용소로 끌려가면서 많은 병사들이 동사하거나 아사했고, 1943년 봄에 발진한 티푸스로 많은 병사들이 목숨을 잃었다. 여기서 살아남은 자들은 전후복구 사업에 강제 동원되었다. 1955년에야 풀려나서 독일에 최종적으로 귀환할 수 있었던 이들은 6000명이 채 안 되었다. 이것이 한때 28만 명을 헤아리며 긍지 높았던 독일 6군의 최후였다.

그러나 스탈린그라드에서 6군의 희생이 헛된 것만은 아니었다는 주장이 요즘은 힘을 얻고 있다. 이 견해를 뒷받침하는 근거는 다음과 같다.

소련군의 천왕성 작전으로 위기에 빠진 것은 비단 6군만이 아니었다. 코카서스로 진출해 있던 A집단군(1기갑군과 17군) 또한 자신들을 엄호할 6군이 무너짐으로써 연쇄적으로 위기에 빠진 것이다. 이때 소련군 최고사령부 스타프카는 내친 김에 소위 토성 작전이라는 계획을 세웠다. 이것은 로스토프를 점령하여 A집단군의 퇴로를 끊음으로써 A집단군마저 궤멸시키겠다는 작전이다. 처음에 히틀러는 만슈타인의 겨울폭풍 작전이 성공하여 6군이 구원될 것을 기대하며 A집단군의 철수를 허락하지 않았다. 그러나 크리스마스 전야에 만슈타인이 철수하자 이번만큼은 히틀러도 간이 철렁했는지 A집단군이 코카서스로부터 철수할 것을 지시했다. 이에 1기갑군 사령관 클라이스트(Kleist, 1881~1954)는 신속히 철군하여 2월 1일 로스토프를 거쳐 빠져나가 소련군의 손아귀에서 가까스로 벗어날 수 있었다.

히틀러는 이 공로를 인정하여 바로 얼마 전에 더 이상 원수의 임명은 없다고 공언했음에도 불구하고 클라이스트를 원수로 진급시켰다. 클라이스트가 후퇴한 덕에 원수 계급장을 단 첫 번째 인물이 되었다는 것은 독일군의 암울한 미래를 예시하는 것이었다. 어쨌든 만슈타인의 돈 집단군은 밀려드는 소련군에 저항하며 코카서스에서 로스토프로 후퇴하는 1기갑군을 위한 시간을 벌 수 있었다. 이것은 6군이 2월 2일까지 항복하지 않고 버티며 그만큼 많은 소련군 주력을 스탈린그라드에 묶어둘 수 있었기 때문에 가능한 것이었다.

스탈린그라드 전투에서 추축군은 독일군 30만 명을 포함하여 75만 명의 사상자와 9만1000명의 포로가 발생했다. 소련군 측은 100~150만의 인명피해가 발생했을 것으로 추산된다. 하지만 소련 정부가 공식적으로 정확한 집계를 발표하지 않기 때문에 그 수치를 정확히 알 수는 없다. 중요한 것은 동원 능력에서 소련에 한참 뒤처지는 독일에게 이것은 큰 손실이었지만 소련은 그 정도 손실은 얼마든지 보충할 수 있었다는 점이다.

무엇보다도 소련군의 가장 큰 소득은 스탈린그라드 전투에서 처음으로 제병(諸兵) 협동 전술을 성공시켜 독일의 1개 야전군을 섬멸한 일이었다. 이것은 그때까지 독일군만이 할 수 있었던 기갑전술을 소련군이 배움으로써 이전의 오합지졸에서 정예군으로 거듭났다는 것을 뜻한다. 그렇기 때문에 이 스탈린그라드 전투를 제2차 세계대전의 전환점이라고 부르기에 조금도 부족하지 않다.

스탈린그라드 전투의 승리로 주코프는 원수로, 추이코프는 대장으로 진급했다. 파울루스의 6군과 끝까지 대적했던 소련 62군은 8친위군으로 부대명이 바뀌었다. 소련에서 친위군이나 충격군은 정예부대에게 주는 명예로운 칭호다. 추이코프는 훗날 이 8친위군을 이끌고 베를린을 함락하게 된다.

제25장

쿠르스크 전투—대규모 전차전

보병은 역사상 가장 오래된 병과다. 군의 절대다수를 차지하는 것도 보병이었다. 보병은 대규모 회전은 물론 공성전, 산악전, 게릴라전 등 빠지는 곳이 없는 만능 병과다. 최후에 적의 정상에 깃발을 꽂는 것도 보병이며, 기병이나 포병, 공병 등도 대개는 보병이 승리할 수 있도록 보조하기 위해 고안된 병과로 볼 수 있다.

보병보다 기동력이 뛰어난 경기병과 충격력과 돌파력이 뛰어난 중기병을 적절히 활용함으로써 얻는 전략상 우위는 엄청나다. 고금의 위대한 군인들은 군의 척추라 할 수 있는 보병과 전술의 신축성과 다양성을 가능케 해주는 기병을 유기적으로 접목시켜 전력을 극대화하는 데 고심했으며 이에 성공한 이들이 위대한 전술가로 이름을 남겼다.

그런데 대규모 기병대를 갖는다는 것은 말이 많은 유목민족에게나 용이한 것이다. 정착민족이 육성 및 유지에 많은 비용이 드는 대규모 기병대를 상비군으로 두는 것은 경제학에서 말하는 한계비용이 한계효용을 초과하는 비합리적인 행위다. 성을 많이 쌓는 정착민족에게 기병은 상대적으로 덜 필요하다. 정착민족으로서는 같은 땅이라면 목초지로 쓰느니 농경지로 쓰는 것이 낫다. 거기다가 기병이 보병보다 무조건 우수하다는 법도 없다. 특히 훈련된 장창밀집보병은 기병의 천적으로 알려져 있으며, 역사상 궁수부대가 정예기병대를 무찌른 사례도 적지 않게 찾을 수 있다.

　　제2차 세계대전에서 있었던 쿠르스크 전차전은 대규모 기병전에 환상을 갖는 이들의 목마름을 일부라도 적실 수 있을 것이다. 고대의 기병과 현대의 전차가 다음의 몇 가지 면에서 놀랍도록 유사하다는 것을 이야기해야 할 것이다.

　　첫째, 고대 알렉산드로스 대왕이 기병을 주축으로 하는 망치와 모루 전술을 창안하기 이전에 기병은 보병의 보조병기에 불과했다. 마찬가지로 전차의 아버지인 구데리안 장군이 종심타격이론을 주장하기 전에 전차는 보병을 지원하는 보조병기에 불과했다. 알렉산드로스 대왕과 구데리안 장군의 위대함은 남들이 간과했던 기병과 전차를 오히려 공격의 핵심 요소로 승격시킨 역발상에 있었다.

　　둘째 고대의 일반적인 진형은 보병이 중심에 서고 기병이 양익에 위치하는 것이었다. 마찬가지로 제2차 세계대전 당시 독일군의 대표적 전술인 카일 운트 케셀 전법에서 보병이 중심에 위치하고 전차가 양익에 위치한다는 것을 알 수 있다. 이때 보병이 중앙에서 적을 견제하는 사이에 기병이나 전차는 우회하여 적의 측면이나 배후로 들어가 보병과 함께 적을 포위하여 섬멸시킨다. 즉, 알렉산드로스 대왕이나 한니발이 기병을 사용한 것과 독일군이 전차를 사용한 것은 포진과 운용에서 사실상 동일한 것이다.

셋째로 보병에 이어 기병이 한동안 전장의 주역으로 떠올랐듯이 전차도 제2차 세계대전 이후 전장의 주인공이 되었다는 것이다. 이는 단순히 고대의 기병 역할을 수행할 수 있는 전차의 능력 때문만은 아니다. 현대전의 특징 중 하나는 ABC무기가 사용되는 화생방전이라는 것이다. ABC무기는 핵(Atomic), 생물학(Biological), 화학(Chemical) 무기를 지칭한다. ABC무기에 의한 공격을 받을 때 가장 안전한 곳이 밀폐된 전차 안이며, ABC무기에 의한 오염지역을 뚫고 적진 깊숙이 들어갈 수 있는 무기는 오직 전차뿐이라고 한다.

리델 하트가 화생방전이 도래할 것까지 예상하고 말한 것은 아닐 테지만, 현대전의 주체는 그의 주장대로 전차일 것이며 당분간 전차의 효용에 의문을 제기하는 이는 없다. 어떤 이는 기병의 몰락 이후 전차가 도래한 것을 두고 기동력을 선호한 인간이 동물의 힘에서 기계의 힘으로 대체했을 뿐이라고 말한다.

전차의 역사는 불과 100년이다. 하지만 제2차 세계대전에서 독일 전차군단의 활약은 전차의 효용과 가치를 충분히 입증했다. 그때부터 전차부대의 열풍이 전 세계에 밀어닥쳤고 각국이 대규모 우수한 전차부대를 보유하기 위해서 노력한 것은 당연한 것이다. 그 덕에 전차의 짧은 역사에도 불구하고 대규모 전차전에 의해 전투의 승패가 결정된 경우가 적지 않게 있었다. 제2차 세계대전, 중동전쟁과 걸프전쟁에서 그러했다. 그중에서도 압권은 이번 장에서 소개할 쿠르스크 전투(1943)다. 쿠르스크 전투는 도합 6000대의 탱크가 투입된 역사상 가장 대규모의 전차전이다. 또한 쿠르스크 전투는 역사상 가장 거대했던 전쟁의 향방을 완전히 결정지은 전투이기 때문에 그 의의는 결코 스탈린그라드 전투에 뒤지지 않는다.

그러나 쿠르스크 전투만큼 그 실체에 비해서 널리 알려지지 않은 전투도 없는 듯하다. 참전 병력만 살펴봐도 이 전투에 독일군 90만과 소련군 130만 명이 투입되었으니 도합 220만 명의 병력이다. 단일 전투로만 치자면 260만 명이 투입된 스탈린그라드 전투에 이어 역사상 두 번째 규모다. 그러나 레닌그라드 전투에 872일, 스탈린그라드 전투에 162일이 소요된 반면 쿠르스크 전투에 11일이 소요된 것을 감안한다면 집중도에서 쿠르스크 전투는 타의 추종을 불허한다. 또한 역사상 가장 대규모의 전차전이라는 타이틀마저 갖고 있으니 쿠르스크 전투야말로 명실상부한 역사상 가장 대규모의 전투라는 일부의 주장에 내심 공감이 가기도 한다.

어떤 이는 진정한 의미에서 독소전의 전환점은 스탈린그라드 전투가 아니라 쿠르스크 전투였다고 주장한다. 비록 스탈린그라드 전투가 동부전선의 분수령이 되었지만 그 직후로도 독일군의 주력은 건재했다. 스탈린그라드 전투에서 소멸된 독일 6군은 30만 명이었다. 당시 동부전선에서는 통상적으로 550만 명 정도의 소련군과 350만 명 정도의 추축군이 대립했다고 보고 있다. 물론 전 전선에서 소련군에 수적으로 압박당하는 상황에서 30만 명의 손실은 뼈아프지만 전체 규모에서 10퍼센트에 지나지 않는다. 독일군이 스탈린그라드 전투에서 입은 손실 정도는 그 전에도 그 이후에도 소련군에 수도 없이 안겨준 것들이다. 더구나 스탈린그라드 전투에서 독일군의 패배는 순전히 히틀러의 아집으로 인한 것이지 독일군이 전략과 전술에서 패한 것이 아니었다. 사정이 이러하니 독일군 장성들이 이 전쟁에서 자신들이 패배했다는 사실을 쉽게 받아들일 리가 만무했다. 그들은 질로 양을 극복할 수 있다고 믿고 있었다. 뛰어난 전략, 전술과 신무기가 있다면 무모하고 단순한 인해전술밖에 모르는 소련군을 무찌를 수 있다고 본 것이다.

이러한 독일군의 믿음과 희망을 완전히 산산조각 낸 것이 바로 쿠르스크 전투였다. 이 전투에서 독일군은 자신들이 심사숙고하여 고른 시간과 장소에서 벌인 대회전에서 패배함으로써 여름에는 독일이 공격하고 승리한다는 공식이 깨지고 만 것이다. 또한 독일군은 이 전투에 투입한 대다수의 전차와 항공기를 상실했고 이를 충분히 보충할 수가 없었다. 독일군은 쿠르스크 전투에서 패한 결과 심리적으로도 물리적으로도 회복할 수 없는 손실을 입게 되어 이후 종전까지 도망자의 신세로 전락하고 만 것이다.

이제부터는 규모는 물론 영향에서도 그 어떤 전투와 견주어 손색이 없었던 쿠르스크 전투를 본격적으로 이야기할 순서다. 우선 그 전에 전술적 가치가 매우 뛰어났지만 스탈린그라드 전투와 쿠르스크 전투에 끼여 그다지 주목받지 못하는 하르코프 전투(1943)부터 이야기하려 한다.

1943년 2월 2일 소련군은 스탈린그라드 전투에서 독일의 1개 야전군(6군)을 섬멸하는 승리를 거두었다. 전투라는 것은 무릇 기세를 탈 줄 알아야 한다. 소련군이 승리의 여세를 몰아 전과를 최대한 확대하려고 한 것은 당연했다. 스탈린은 해빙기가 오기 전에 우크라이나를 되찾기 위하여 전 전선에 걸쳐 반격을 명령했다. 이에 스탈린그라드에서 파울루스의 항복을 받아낸 로코솝스키의 돈 방면군은 중앙방면군으로 이름을 바꾸고 독일의 중부집단군을 공격했다. 바투틴이 지휘하는 남서방면군은 남부에서 와해된 독일의 집단군들을 공격하기로 했다. 이 남부지역의 공세에는 보로네즈 방면군도 가세하기로 했다.

방면군이란 독일군의 집단군에 해당하는 소련군 편제의 최고 단위로, 대개 원수급이 지휘하며 전선군과 비슷한 개념이다. 전선군이 방어적인 용어라면 방면군은 공격적인 용어라고 볼 수 있다. 따라서 편의상 소련이 수세를 취했던 1941년 6월부터 1943년 1월까지는 전선군이라는 용어를 쓰고, 독소전이 소련군의 우세로 기운 1943년 2월 이후로는 방면군이라는 단어를 사용할 것이다.

오로지 전진만을 요구하는 스탈린의 명령에 따라 시작된 소련군의 공격은 처음부터 그들의 역량을 벗어나는 것이었다. 이제 막 배워가는 단계인 그들은 독일군만큼 기동전에 능하지도 않았고 보급이 진군을 받쳐주지도 못했다. 한마디로 의욕은 앞서는데 몸이 따라가지를 못하는 상황이었다. 스탈린은 1년 전에 독일군의 모스크바 공세를 막아낸 후 역량도 없이 대규모 반격을 펼쳤다가 실패했던 것을 까먹고 있었다.

이때 히틀러는 남부지역에 지리멸렬하게 흩어진 군대를 재편성했다. 돈 집단군을 A집단군과 B집단군의 잔존 부대와 합쳐 다시 남부집단군으로 창설하고, 그 지휘관에는 만슈타인 원수를 임명했다. 히틀러가 그다지 총애하지는 않았지만 능력은 믿을 수 있었던 명장에게 지휘체계를 단일화시켜 맡긴 것은 그나마 현명한 판단이었다.

당시 만슈타인은 겨울폭풍 작전이 실패한 후 압도적인 소련군의 공세에 100킬로미터나 밀려나 있었다. 그는 자신을 뒤쫓는 소련군과 무모하게 정면으로 부딪칠 생각이 없었다. 대신 일단 전략적 후퇴를 하여 부대를 추스른 후 반격할 기회를 끊임없이 엿보고 있었다. 소련군은 이러한 만슈타인의 후퇴를 독일군이 힘에 부쳐 어쩔 수 없이 철수하는 것으로 간주하고 쾌재를 부르며 신속히 진격했다. 소련군이 로스토프에 이어 2월 16일 소련에서 다섯 번째로 큰 도시인 하르코프를 탈환하자 전세는 순식간에 소련으로 기운 듯했다. 남서방면군은 추격의 고삐를 당기기 위하여 포포프 전차군을 추격의 선봉에 세우고, 제1근위군과 6군이 그 뒤를 바짝 따르게 했다.

히틀러는 이 위급함에 몸이 달아올라 남부집단군 사령부가 위치한 자포로제를 방문했다. 이때는 자포로제 코앞까지 소련군의 선봉이 밀어닥쳐 소련 전투기와 탱크들이 어슬렁거렸기 때문에 자칫 총통이 소련군의 포로가 될 수도 있는 아찔한 상황이었다. 멀리서 소련군 대포의 포성이 들리는 가운데 히틀러는 만슈타인이 머릿속에 구상해둔 반격 계획을 듣고 나서야 안심하고 전투기들의 호위를 받으며 독일로 돌아갔다.

소련군의 주력인 3개 야전군은 이미 보급의 한계를 넘어서서 앞만 보고 내달린 결과 전력이 무뎌진 상태였다. 이 순간이야말로 만슈타인이 노리던 기회였다. 체스 판에서 말들을 움직이듯 전장의 병력을 누구보다도 능란하게 움직일 줄 아는 그는 앞으로 있을 독일군의 반격 계획을 다음과 같이 수립했다.

우선 기갑부대를 활용하여 자신을 추격해 온 남서방면군의 길게 노출된 측면을 들이쳐 섬멸할 계획이었다. 이 기동방어전을 위해 1기갑군, 4기갑군과 프랑스에서 편성을 마친 후 최근에 이곳에 도착한 SS기갑군단이 활약할 것이다. 그 후 보로네즈 방면군을 급습하여 허술하게 방어되고 있을 하르코프와 벨고로드를 재탈환할 계획이었다. 이렇게 되면 소련군은 쿠르스크를 중심으로 자연스레 돌출부를 형성할 수 있었다. 마지막으로 남부집단군과 중부집단군이 남북에서 쿠르스크를 협공하여 점령함으로써 돌출부 서쪽에 갇힌 소련군을 섬멸한다는 계획이었다. 그렇게 된다면 독일군은 1943년에 있을 하계공세를 위한 발판을 마련할 수 있을 것이다.

2월 20일경 시작된 만슈타인의 반격은 소련군의 허를 찌르는 것이었다. 그 첫 번째 제물은 자포로제를 공격하기 위하여 파블로그라드까지 진격해 들어온 포포프 전차군이었다. 지시받은 대로 독일의 SS기갑군단, 1기갑군과 4기갑군이 소련의 포포프 전차군을 비롯하여 후속부대인 1근위군과 6군을 재빨리 포위할 때까지 포포프는 낌새도 챌 수가 없었다. 포포프가 사태를 깨달았을 때는 이미 늦었고, 전력이 약화되어 있던 소련의 3개 야전군은 눈 녹듯이 사라지고 말았다. 이로써 하르코프까지 200킬로미터가 무주공산이 되어버리자 만슈타인은 쉬지 않고 기갑부대로 하여금 하르코프를 향해 진격토록 했다. 소련군이 위기에 처한 하르코프를 구하기 위해 급히 파견한 1개 전차군마저 섬멸한 후 만슈타인은 하르코프를 포위하기에 이르렀다. 3월 15일 하르코프는 독일군에게 재탈환되었고 독일군은 그 북쪽에 있는 벨고로드까지 진격하여 점령할 수 있었다.

그러나 그때 해빙기가 시작되면서 얼었던 길이 녹아 진창길로 변하면서 병력 및 전차가 더 이상 움직일 수 없었기 때문에 독일군은 더 이상 공세를 취할 수가 없었다. 이번에도 날씨가 소련을 구해준 것이다.

하르코프 전투라 지칭되는 만슈타인의 이번 기동방어전은 전술적 가치만 따진다면 스탈린그라드 전투나 쿠르스크 전투를 능가한다. 그는 약소한 병력으로 소련군과의 전면전을 회피하면서 일단 전략적 후퇴를 강행했다. 그 후 소련군의 공세가 한계에 다다른 적절한 시점을 포착하여 카운터펀치를 날려 단숨에 수세를 공세로 전환했다. 그럼으로써 겨우 5만의 병력으로 35만이 넘는 소련군을 무찔렀던 것이다. 소련군도 이 전투에서 교훈을 얻었다. 이후부터는 공격에 나선 방면군들의 전력이 고갈되기 전에 정지시켜 보급을 했고, 측면공격을 당하지 않기 위해 가급적 옆의 부대와 나란히 보조를 맞추는 전략을 취했다.

독일군이 독소전에서 거둔 마지막 승리인 하르코프 전투에서 해빙기의 도래로 인해 소련군에 대한 반격을 멈췄음은 앞에서 이야기했다. 독소전이 시작된 이래로 매년 반복되는 전쟁의 양상은 이러했다. 독일군이 여름에 공격하고 이를 막아낸 소련군이 겨울에 반격하면서 해빙기를 맞이했다. 봄이 되어 눈이 녹아 진창길로 병력의 움직임이 불가능해지면 양측은 휴식을 취하면서 전력을 보충했다. 그리고 여름이 되면 다시 독일이 공격했고, 위에서 말한 패턴이 반복되는 양상이었다. 새해인 1943년에도 같은 움직임이 이어졌다. 그리고 이번 해에 있을 독일군의 하계공세가 바로 이번 장의 주제인 쿠르스크 전투였다.

하르코프 전투가 끝나면서 쿠르스크를 중심으로 폭 200킬로미터, 길이 100킬로미터의 거대한 돌출부가 생겨났다. 히틀러가 이 거대한 돌출부를 제거하고 싶었던 것은 당연했다. 이 계획이 성

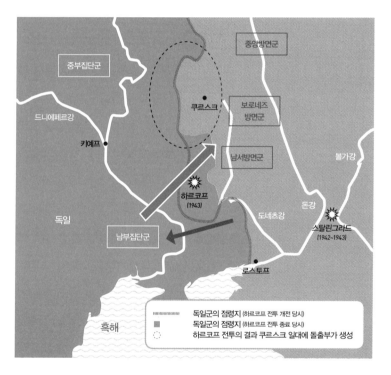

✖ 하르코프 전투의 결과 쿠르스크 돌출부의 생성 모습

공한다면 200킬로미터의 전선이 단축되고 그 안에 갇힌 100만 명의 소련군을 섬멸할 것이 기대되었다. 게다가 이 쿠르스크는 만슈타인이 얼마 전에 공격하려다가 해빙기가 겹치면서 공세를 중단한 곳이다. 그렇기 때문에 1943년 독일군의 공세가 이곳에서 시작하리라는 것쯤은 스타프카(소련군 최고사령부)도 충분히 예상하고 있었다.

입장을 바꿔서 독일군 수뇌부도 소련군이 그쯤은 충분히 예상하고 단단히 방비를 할 것이라는 것을 알고 있었다. 그 때문에 만슈타인, 구데리안 및 모델과 같은 이들은 쿠크르스 공격을 반대했다. 적이 이쪽의 의도를 읽고 굳건한 방어진지를 펼친 곳으로 들어가는 것은 미련한 짓이기 때문이다. 그들은 차라리 올해에는 전력을 보충하고 수세를 취하면서 소련군이 공세를 취하면 그에 맞춰 기동방어를 해야 한다고 히틀러에게 건의했다. 만슈타인은 불과 얼마 전까지만 해도 쿠르스크 공격을 계획했던 인물이다. 하지만 싸움은 때의 흐름을 타는 것이기 때문에 이미 기습의 효과를 놓친 지금은 공격할 적기가 아니라고 판단한 것이다.

그리고 여기서 다시 등장하는 인물이 구데리안 장군이다. 히틀러는 1941년 말 모스크바 전투에서 임의로 후퇴한 책임을 물어 구데리안을 해임시켰지만 전차에 관해 그를 따라올 자가 없음을 알고 있었다. 그래서 14개월가량 한가로이 지내던 구데리안을 다시 불러 기갑총감에 임명했다. 구데리안은 부임 전에 총통을 제외한 누구의 지시도 받지 않는 기갑부대에 대한 총지휘권뿐만 아니라 전차의 생산과 계획에 관한 전권을 히틀러에게 요구했다. 히틀러가 이를 수락하자 구데리안은 전차의 개량과 생산에 몰두하기 시작했다.

그러나 현장에서 전차 생산과정을 총괄하게 된 구데리안은 빈약한 독일 기갑부대의 현실을 감안할 때 아무래도 1943년의 하계 공세는 무리라고 생각했다. 당시 동부전선에서 독일이 보유한 기갑 사단들의 전차 수가 20~40대 정도이며 총 500여 대밖에 안 되었던 것이다. 보통 1개 기갑사단의 전차 수가 200~400대라는 것을 감안 한다면 한심하기 짝이 없는 현실이었다. 그와 함께 구데리안은 강력 하지만 복잡하고 비용이 많이 드는 타이거 전차나 판터 전차와 같 은 중(重)전차보다는 3호 전차나 4호 전차와 같은 중(中)전차를 대량 생산할 것을 원했다. 하지만 히틀러는 1943년에도 독일이 하계공세 를 먼저 펼쳐야 한다고 주장했다. 그리고 이번 공세의 성공을 위해 타이거 전차와 같은 신무기에 큰 기대를 걸고 있었다.

실제로 히틀러는 독일의 패망이 가까워질 때조차도 V-1, V-2 및 100톤 급 초대형 마우스 전차 등 신무기에 관심을 가지고 생 산을 독려했다. 역사상 최초의 제트기를 선보인 것도 나치 독일에 의해서였다. 신무기까지는 아니지만 탱크에 포를 장착한 것과 급강 하 슈투카 폭격기에 사이렌을 장착하여 적에게 심리적인 충격을 안 겨준 것이 히틀러의 아이디어였다는 주장도 있다. 흔히들 이를 총 통의 값비싼 장난감이라고 비아냥거리기도 한다. 반면에 정작 히틀 러가 비난받는 부분은 장군들과 마찰을 일으키며 그들이 제시한 훌륭한 전략과 전술을 물리친 일이라 할 수 있을 것이다. 특히 독일이 전반적으로 수세에 몰린 1943년부터 유독 심해졌다. 당시 소련군에게 전 전선에서 밀리던 독일군의 입장에서는 적절한 후퇴를 통해 전선을 축소한 후 반격하는 기동방어가 가장 합리적이었다. 하지만 이것은 필연적으로 적지 않은 영토를 소련에 헌납함을 의미했다. 이 때문에 히틀러는 절대적인 현지 사수를 외쳤는데 이게 결과적으로 오히려 불필요한 출혈만 더했던 것이다. 그가 거느린 장군들이 세계 역사 어디에 내놓아도 손색이 없을 명장들이었다는 것을 생각한다면 상당히 안타까운 일이다.

그렇더라도 그가 처한 입장이 그가 거느린 원수들의 입장과 다르다는 것을 고려한다면 어느 정도 변명이 될 수 있을 것이다. 무엇보다도 그는 군인이 아닌 정치가다. 다시 말해 군인이기 때문에 전투만 생각해도 되는 장군들과 달리 히틀러는 독일제국의 모든 것을 총괄해야 하는 위치에 있었다. 그로서는 급변하는 국제정세, 특히 추축국들과의 관계를 깊이 따지지 않을 수가 없는 입장이었다. 당시 유럽의 많은 국가들이 연합국과 추축국의 전쟁을 눈여겨보며 그 추이를 지켜보고 있었다. 그들은 이번 전쟁에서 이길 것이 확실해 보이는 편에 얍삽하게 붙어 승전국의 지위를 누리려고 했다. 실례로 독일 편에 서서 참전했던 이탈리아와 핀란드도 나중에 연합국으로 돌아서서 독일에 선전포고를 했고, 독일의 오랜 우방이던 에스파냐와 터키조차도 전쟁이 다 끝나가는 1945년에 독일에 선전포고를 했다. 냉엄한 국제정치에서 배신이란 단어가 애당초 어울릴지는 모르지만 보란 듯이 배신을 한 셈이다. 상황이 이러한데 히틀러가 추축국의 이탈에 신경이 쓰이지 않을 리가 없다. 그는 독일군의 후퇴가 비록 전략적으로 옳다 하더라도 그것이 동맹국들에게 끼칠 영향을 두려워했던 것이다.

그렇더라도 만약 히틀러가 나폴레옹처럼 훌륭한 전술가였다면 군인의 입장에서 휘하 장군들의 의견을 많이 따랐을 것이다. 그가 정치가로서의 자질은 어땠을지 모르지만 유감스럽게도 군인으로서의 재능은 그다지 신통치 않았던 것으로 보인다. 이것이 바로 히틀러가 사사건건 그의 장군들과 충돌했던 이유였다고 생각한다.

독일군은 1943년의 하계공세를 치타델레 작전(Zitadelle, 성채 작전)이라 명명했다. 이것은 쿠르스크 돌출부가 시작되는 지점에서 중부집단군과 남부집단군이 각각 위와 아래에서 공격하여 가위로 절단하듯 소련군을 포위하여 섬멸하겠다는 계획이었다. 그런데 이 작전은 소련군이 예상하는 바로 그것이었기 때문에 그 실효성이 의심스러웠다. 하지만 1943년에는 미·영 연합군이 서부전선 어딘가에 상륙할 가능성이 농후했기 때문에 히틀러는 시간이 촉박했다. 그는 동부전선에서 결정적인 승리를 얻는 것이 무리라 하더라도 전선을 단축할 필요성을 느끼며 선제공격을 원했다. 이 때문에 1943년은 일단 수비를 하고 소련군의 공격을 기다리자는 만슈타인의 제1안은 거부되었다.

만슈타인은 어쩔 수 없이 선제공격을 해야만 한다면 가급적 빨리 4월이나 늦어도 5월에 해야 한다고 주장했다. 소련군이 더욱 튼튼히 방어를 대비하기 전에 기습을 달성하기 위하여 시간을 주지 말고 바로 공격하자고 한 것이다. 그러나 히틀러는 전차가 충분치 못하다는 이유로 만슈타인의 제2안도 거부했다. 히틀러는 전차 생산에 박차를 가하라고 지시하며 작전 개시일을 5월 3일에서 6월 12일로 연기했다.

그런데 5월 13일 롬멜(Erwin Rommel, 1891~1944)의 후임으로 아프리카 집단군을 지휘하던 아르님 상급대장이 12만5000명의 독일군을 포함한 27만 명의 추축군과 함께 연합군에게 항복하는 일이 일어났다. 지중해를 통한 보급의 어려움으로 인해 그간 아프리카 집단군에는 사실상 지원이 전무하다시피 했다. 튀니지로 물러난 아르님은 퇴로가 막히자 더 이상 버티지 못하고 항복한 것이다. 이제 연합군이 이탈리아에 상륙하는 것은 시간 문제였다. 아랫배가 불안해진 히틀러는 SS기갑군단을 이탈리아로 보내는 문제로 갑론을박하다가 시간을 보내면서 다시 치타델레 작전 개시일을 7월 5일로 최종연기했다.

7월 5일이 되자 독일군은 병력 90만 명, 탱크 2700대, 항공기 2000대, 대포 1만 문을 집결시킬 수 있었다. 이들을 지휘하는 이는 중부집단군 사령관 클루게 원수와 남부집단군 사령관 만슈타인 원수였다. 중부집단군에는 모델 대장이 지휘하는 9군과 바이쓰 대장의 2군이 배속되었고, 남부집단군에는 호트 대장의 4기갑군과 캠프 중장의 캠프 분견군이 배속되었다.

스탈린은 처음에는 쿠르스크 일대에 집결한 독일군을 보고 소련군이 먼저 공격하길 바랐다. 하지만 주코프와 총참모장인 바실렙스키(Aleksandr Vasilevsky, 1895~1977)가 선제공격을 만류하자 생각을 고쳐먹고 방어에 치중하기로 했다. 비록 스탈린이 삼류 전략가이긴 하지만 자신에게 군사적 재능이 없다는 것을 인정하고 시간이 지날수록 한 발 물러나 참모들의 의견을 존중하는 모습을 보인 것이다.

스탈린을 설득시킨 주코프의 계획은 이러했다. 일단 독일군의 맹공을 견뎌내며 그들의 전력을 최대한 고갈시킨 후 후방에 대기시켜둔 팔팔한 예비대로 반격을 가한다는 것이었다. 주코프는 단순히 적을 막는 정도가 아니라 공격에 나선 독일군을 아예 역으로 섬멸할 작정이었던 것이다. 이것은 소련의 밑도 끝도 없이 풍부한 병력이 있기에 가능한 작전이었다.

소련군은 먼저 쿠르스크 전선 일대에 여섯 겹으로 된 종심이 110킬로미터에 달하는 강력한 방어선을 구축하기 시작했다. 쿠르스크 일대에 사는 주민들은 피난가지 말고 방어전에 참여하라는 명령에 따라 총 5000킬로미터에 달하는 참호를 파냈다. 방어자들은

40만 개의 지뢰를 묻어놓고 나무를 베어 탱크를 잡을 말뚝을 꽂아 뒀다. 독일 공군을 혼란에 빠트리기 위하여 가짜 공군기지 50개와 비행장 150개를 만드는 것도 빠트리지 않았다.

　전무후무한 방어시설에 걸맞게 방어전에 임한 소련군의 규모도 엄청났다. 일단 주코프는 쿠르스크 돌출부에 7개 군으로 구성된 2개 방면군을 배치했다. 그 병력은 130만 명이며 탱크 3300대, 항공기 3000대, 대포 2만 문으로 방어에 임한 소련군이 오히려 모든 면에서 공격자보다 우세한 전력이었다. 북쪽 오룔에서 공격해 들어올 독일의 중부집단군을 방어할 임무는 중앙방면군 사령관인 로코소프스키가 담당했다. 남쪽 벨고로드에서 공격해 들어올 남부집단군은 남서방면군에서 보로네즈 방면군 사령관으로 보직을 변경한 바투틴이 방어하기로 했다. 이로써 스탈린그라드 전투에서 함께 호흡을 맞췄던 로코솝스키와 바투틴이 이번에도 어깨를 나란히 하고 싸우게 되었다. 별도로 소련군은 독일군의 공세를 저지한 후 역습을 가하기 위한 예비병력으로 150마일 동쪽에 1개 기갑군과 40만 명의 스텝 방면군을 보유하고 있었다. 이 밖에도 북동쪽에 브리얀스크 방면군과 남동쪽에 남서방면군을 배치해두니 쿠르스크 돌출부 안팎의 소련군 총병력은 5개 방면군, 190만 명에 달했다.

　이 쿠르스크 전투에 독일군 탱크 2700대와 소련군 탱크 3300대가 동원되었으니 역사상 가장 대규모의 전차전이라는 것을 알 수 있다. 또한 양측 합쳐 5000대의 항공기가 동원되었으니 단일 항공전으로 봐도 최대 규모라 할 수 있다. 또한 반격을 위해 후방에 대기 중이던 병력까지 포함해 소련군의 규모를 190만 명으로 본다면 공격자인 독일군 90만 명과 합쳐 280만 명이다. 이렇게 확대해서 본다면 총 260만 명이 참가한 스탈린그라드 전투를 능가하는 역사상 최대의 단일 전투라고도 볼 수도 있다.

히틀러는 공세 전에 충분한 전차를 갖추길 바라며 작전 개시일을 자꾸 연기해왔다. 하지만 그가 간과한 것은 그 이상으로 소련군의 방어력이 증강되고 있다는 것이었다. 공격력보다 방어력의 증강 속도가 빠르기 때문에 독일군의 준비가 덜 되었더라도 가급적 빨리 공격하자는 만슈타인의 의견이 거부되었다는 것은 앞에서 이야기했다. 히틀러가 치타델레 작전을 시작한 7월 5일은 이미 호기를 놓친 시점이었다. 항공정찰로 찍어 온 사진을 판독한 결과 소련군이 이미 단단히 방어 준비를 마쳤다는 것을 확인할 수 있었다. 그럼에도 히틀러가 클루게 및 참모총장 차이츨러의 의견을 좇아 치타델레 작전을 강행한 것은 성공을 확신해서가 아니라 위신과 체면 때문이었을 것이다. 이것은 쿠르스크 전투 후반에 연합군이 이탈리아에 상륙하자마자 그답지 않게 언제 그랬냐는 듯이 치타델레 작전을 신속히 취소한 것으로도 유추할 수 있다. 여태껏 철저히 준비해온 치타델레 작전을 이제 와서 취소한다는 것은 육군 총사령관직을 겸임하게 된 총통 스스로에게 용납되지 않는 일이었을 것이다. 그리하여 1943년 7월 5일 새벽 4시를 전후해서 총통 스스로도 내키지 않았을 치타델레 작전은 개시되었다.

먼저 북쪽에서는 중부집단군 사령관 클루게 원수 휘하의 모델 대장이 지휘하는 9군이 남진을 개시했다. 시작부터 소련군의 저항은 매우 격렬하여 그날 하루 고작 5~6킬로미터를 전진했고, 이틀째까지 10킬로미터를 전진했을 뿐이었다. 사흘째인 7월 7일 오룔과 쿠르스크를 잇는 철도 요충지까지 진격했지만 거기까지가 한계였다. 7월 8일~10일 최후의 돌격 시도가 실패하고 나서야 모델은 더 이상의 진격이 불가능하다는 결론을 내렸다. 이때까지 모델의 9군은 출발선에서 겨우 15킬로미터를 진격했을 뿐이다. 모델의 처참한 실패는 중부집단군이 남부집단군에 비해 할당된 전력이 약소했고, 소련군이 독일군의 주공을 중부집단군으로 오판했기 때문에 북부에 더욱 강력한 수비 병력을 배치했기 때문이기도 했다.

덕분에 남부집단군 사령관 만슈타인 휘하의 호트 상급대장이 이끄는 남쪽에서의 공세는 초반에는 성공적이었다. 호트의 4기갑군과 히틀러의 정예부대인 SS기갑군단은 개전 이틀 만에 30킬로미터를 진격할 수 있었다. 그러나 이들도 7월 7일부터는 소련군의 격렬한 저항에 부딪혔다. 상황이 이러니 호트는 진격로를 북동쪽으로 바꿔 프로호로프카라는 마을을 점령한 후 쿠르스크의 배후로 도달하려고 시도했다. 프로호로프카는 쿠르스크로 통하는 철도 요충지다. 이곳을 지키기 위해 스탈린은 후방에 예비대로 있던 스텝 방면군의 제5친위기갑군을 불러들여야 했다. 스탈린으로부터 손수 격려 전화와 함께 프로호로프카를 지키라는 명령을 받은 제5친위기갑군 사령관은 철도가 아닌 전차로 사흘간 400킬로미터를 달려 7월 10일 전장에 도착했다. 그렇게 하여 7월 12일 프로호로프카에서 쿠르스크 전투의 백미로 회자되는 역사상 최대의 전차전이 전개되었다.

여기에서 독일 최정예 SS기갑군 전차 500~700대와 소련군 전차 700~850대가 맞붙었다. 소련 T-34전차들은 화력과 방어력이 우수한 독일의 타이거 전차와 판터 전차에 대하여 가능한 근접전을 펼침으로써 성능의 열세를 극복하려고 했다. 겨우 3제곱킬로미터의 좁은 공간에서 1500대의 전차가 한자리에서 엉켜 싸우니 독일군이 기대한 기동전과 화력의 장점이 경감되고 말았다. 여기에서 적의 탱크를 공격하기 위해 출격한 공군기들은 불타 피어오르는 연기로 시야가 가려 근접 지원이 불가능했다.

프로호로프카에서 7월 12일 단 하루 동안 양측 합쳐 700여 대의 전차가 파괴되었다. 독일 남부집단군은 더 이상 진격할 전력을 상실했고, 소련군 또한 반격이나 추격할 전력을 상실했다. 일단 소련군은 독일군의 진격을 저지하는 데 성공한 것이다. 그러나 시간이 지나 냉전이 끝난 후 쿠르스크 전투가 재조명되면서 소련이 발표한 7월 12일 있었던 소련군의 선전은 과장된 것이라는 주장이 힘을 얻고 있다. 소련 측의 발표에 따르면 그날 독일군과 비등하게 싸운 듯하지만, 실제 전차의 손실비율은 1 대 10 혹은 1 대 20 정도로 독일군의 압승이었다는 것이다. 이 새로운 견해에 따르면 애당초 프로호로프카 전투에 투입된 독일 전차는 100대도 안 되는 소수에 불과했다고 한다. 이들은 눈부신 접전을 펼쳤고 다만 소련군의 압도적인 물량공세를 이겨내지 못하고 물러났던 것뿐이다.

한편 히틀러는 7월 10일 시칠리아에 연합군이 상륙했다는 소식을 듣고 이탈리아 전선이 걱정됐다. 그는 프로호로프카 일대에 있는 SS기갑군단을 이탈리아로 보내기로 결정하며 7월 13일 최종적으로 치타델레 작전의 중지를 명령했다. 당시로서는 모델이 진격하기로 되어 있던 북부전선이 교착에 빠진 상태였다. 따라서 남부집단군의 힘만으로 쿠르스크 돌출부를 절단한다는 것은 불가능했기 때문에 어차피 계속 작전을 진행할 수도 없었다. 이 때문에 히틀러는 차라리 잘됐다 생각하며 쿠르스크에서 미련 없이 손을 털었을 것이다. 이렇게 하여 남부집단군이 진격을 위해 마지막으로 몸부림친 7월 15일을 끝으로 쿠르스크 전투는 종결되었다.

한편 독일의 공격으로 시작된 쿠르스크 전투는 이렇게 끝났지만, 아직 소련군의 반격이 남아 있었다. 독일군의 공격을 유도해 그 힘을 소진시킨 후 반격을 가할 계획으로 대기시켰던 3개 방면군(스텝 방면군, 브리얀스크 방면군, 남서방면군)이 나선 것이다. 브리얀스크 방면군은 일명 쿠투조프 작전을 펼쳐 오룔을 탈환했고, 남서방면군과 스텝 방면군 또한 루미안체프 작전을 펼쳐 벨고로드와 하르코프를 되찾는 데 성공했다. 그러나 독일군이 전 전선에서 적절한 반격을 가하며 질서 있게 후퇴하자 소련군의 반격은 그다지 성과 없이 막을 내리고 말았다.

독소전쟁 기간 모든 전투에서 그랬듯이 쿠르스크 전투에서도 소련군은 사상자와 손실된 탱크 및 항공기가 독일군보다 더 많았다. 중요한 점은 독일이 전력을 기울인 쿠르스크 전투에서 잃은 탱크와 항공기를 더 이상 쉽게 보충할 수가 없었다는 것이다. 이것은 이후로는 보병으로 소련군 탱크를 막아내며 싸울 수밖에 없음을 의미했다. 이때부터 동부전선에서 독일군은 다시는 공세에 나서지 못하고 고작 종전의 시간을 늦출 뿐이었다.

이번 장을 마치며 한 가지 덧붙이자면 히틀러는 독소전에서 작전명을 짓는 데 그다지 신중하지 않았던 듯하다. 치타델레 작전은 시작부터 불길함을 주는 것이었다. 공성전은 명장들도 힘들어하는 부분이 아니던가. 한니발이 공성전에 서툴러서 로마 공격을 포기했다는 것이 정설이다. 칭기즈칸도 끝내 서하의 홍경이나 금나라의 연경을 함락시키는 공성술을 보여주지 못했다. 나폴레옹 또한 요새 포위전의 비합리성을 주장한 기베르의 의견을 받아들여 공성전을 최대한 자제한 인물이다. 명장인 모델과 만슈타인도 쿠르스크 전투에서만큼은 중세의 높은 성채를 공격하듯 애를 먹다가 소련군의 깊은 방어벽을 넘지 못하고 말았다.

참고문헌

그레고리 프리몬반즈·토드 피셔, 박근형 옮김, 『나폴레옹 전쟁』, 플래닛미디어, 2009.

김성남, 『전쟁 세계사』, 뜨인돌, 2008.

김충영, 『전쟁영웅들의 이야기』, 두남, 1997.

김형준, 『이야기 인도사』, 청아, 2006.

김호동, 『아틀라스 중앙유라시아사』, 사계절, 2016.

김희영, 『이야기 중국사』, 청아, 1986.

나카자토 유키, 이규원 옮김, 『전쟁 천재들의 전술』, 들녘, 2004.

남도현, 『히틀러의 장군들』, 플래닛미디어, 2017.

노병천, 『도해세계전사』, 연경문화사, 1989.

_____, 『세계격전지 현장답사기』, 연경문화사, 1996.

드와이트 존 치머만, 조종상 옮김, 『역사를 들썩인 전쟁사 244장면』, 현암사, 2011.

리델 하트, 박성식 옮김, 『스키피오 아프리카누스』, 사이, 2010.

_____, 주은식 옮김, 『전략론』, 책세상, 1999.

리처드 가브리엘, 박리라 옮김, 『칭기즈칸의 위대한 장군, 수부타이』, 글항아리, 2014.

리처드 오버리, 류한수 옮김, 『스탈린과 히틀러의 전쟁』, 지식의풍경, 2003.

마틴 키친, 유정희 옮김, 『사진과 그림으로 보는 케임브리지 독일사』, 시공사, 2001.

막스 갈로, 임헌 옮김, 『나폴레옹』, 문학동네, 1998.

맥세계사편찬위원회 엮음, 『맥을 잡아주는 중국사』, 느낌이있는책, 2014.

미야자키 이치사다, 임중혁·박선희 옮김, 『중국중세사』, 새론서원, 1996.

반기성, 『날씨가 바꾼 서프라이징 세계사』, 플래닛미디어, 2012.

_____, 『날씨가 바꾼 익사이팅 세계사』, 플래닛미디어, 2013.

배리 파커, 김은영 옮김, 『전쟁의 물리학』, 북로드, 2015.

배은숙, 『강대국의 비밀』, 글항아리, 2008.

버나드 로 몽고메리, 승영조 옮김, 『전쟁의 역사』, 책세상, 1995.

베빈 알렉산더, 김형배 옮김, 『위대한 장군들은 어떻게 승리하였는가?』, 홍문당, 1995.

본 만슈타인, 정주용 옮김, 『잃어버린 승리』, 좋은땅, 2016.

볼프강 헤볼트, 안성찬 옮김, 『승리와 패배』, 해냄, 2003.

사마천, 옌벤인민출판사 고전 번역팀 옮김, 『사기열전』, 서해문집, 2006.

소운 스님, 『하룻밤에 읽는 불교』, 랜덤하우스중앙, 2004.

시오노 나나미, 김석희 옮김, 『로마인 이야기』 1~15, 한길사, 1995~2007.

_____, 송태욱 옮김, 『십자군 이야기』, 문학동네, 2011.

_____, 최은석 옮김, 『콘스탄티노플 함락』, 한길사, 1998.

양욱, 『위대한 전쟁 위대한 전술』, 플래닛미디어, 2015.

에드워드 기번, 윤수인·김희용 옮김, 『로마제국 쇠망사』 1~6, 민음사, 2008.

에릭 두르슈미트, 강미경 옮김, 『아집과 실패의 전쟁사』, 세종서적, 2001.

오함, 박원호 옮김, 『주원장전』, 지식산업사, 2003.

윌리엄 위어, 이덕열 옮김, 『세상을 바꾼 전쟁』, 시아, 2005.

윌리엄 탄, 지동식 옮김, 『알렉산더 대왕사』, 삼성문화문고, 1986.

육군사관학교 전사학과 엮음, 『세계전쟁사 부도』, 일신사, 1996.

_____, 『세계전쟁사』, 황금알, 1980.

이대영, 『알기쉬운 세계 제2차대전사』, 호비스트, 1999.

정미선, 『전쟁으로 읽는 세계사』, 은행나무, 2009.

정토웅, 『20세기 결전 30장면』, 가람기획, 1997.

_____, 『전쟁사 101장면』, 가람기획, 1997.

조셉 커민스, 김지원·김후 옮김, 『전쟁 연대기』 1~2, 니케북스, 2013.

조지무쇼, 안정미 옮김, 『한눈에 꿰뚫는 전쟁사도감』, 이다미디어, 2017.

존 워리, 임웅 옮김, 『서양 고대 전쟁사 박물관』, 르네상스, 2006.

존 줄리어스 노리치, 남경태 옮김, 『비잔티움 연대기』, 바다출판사, 2007.

존 키건, 류한수 옮김, 『2차세계대전사』, 청어람미디어, 2007.

_____, 조행복 옮김, 『1차세계대전사』, 청어람미디어, 2009.

증선지, 소준섭 옮김, 『십팔사략』, 현대지성, 2015.

지윤민, 『기독교의 거짓말』, 유리창, 2012.

진슌신, 이수경·박현석·전선영 옮김, 『진슌신 이야기 중국사』, 살림, 2011.

최종명, 『민란』, 썰물과밀물, 2015.

콜린 존스, 방문숙·이호영 옮김, 『사진과 그림으로 보는 케임브리지 프랑스사』, 시공
　　　사, 2001.

크리스 피어스, 황보종우 옮김, 『전쟁으로 보는 중국사』, 수막새, 2005.

태공망·황석공, 유동환 옮김, 『육도삼략』, 홍익, 1999.

테오도르 몸젠, 김남우·김동훈·성중모 옮김, 『몸젠의 로마사』 1~3, 푸른역사, 2013.

플루타르코스, 이성규 옮김, 『플루타르크 영웅전 전집』 1~2, 현대지성사, 2000.

하인츠 구데리안, 이수영 옮김, 『한 군인의 회상』, 길찾기, 2014.

함규진, 『조약의 세계사』, 미래의 창, 2014.

D. N. 뒤퓌이, 최종호·정길현 옮김, 『패전분석』, 삼우사, 1999.

찾아보기

루덴도르프(Ludendorff, Erich)
482~484, 491, 493, 495~506,
516
루컨(Lucan) 450~452, 454~458, 460,
461
룬트슈테트(Rundstedt, Gerd von) 533,
551, 558, 590
뤼첸(Lützen) 전투 118
리벤트로프(Ribbentrop, Joachim von)
527
리비우스(Livius, Titus) 89, 145, 151
리처드, 사자왕(Richard I) 251, 385
리치, 마테오(Ricci, Matteo) 417
리쿠스(Lycus)강 326
리키니우스(Licinius) 167, 173, 175,
181~183
리히트호펜(Richthofen, Manfred von)
503

□

마그네시아(Magnesia) 전투 81, 156
마니풀루스(manipulus) 82~84, 145
마르세유(Marseille) 71, 73, 123, 174
마르켈루스(Marcellus) 121, 151
마르쿠스 아우렐리우스(Marcus Aure-
lius) 159
마리우스(Marius, Gaius) 83, 84
마세나(Masséna) 370, 371, 395, 398,
400
마시니사(Masinissa) 134~136, 138,

139, 145, 146, 150, 155
마호메트 → 무함마드
막센티우스(Maxentius) 171~175,
177~181
막시미아누스(Maximianus) 165, 166,
168~174
만네르헤임(Mannerheim) 575
만슈타인(Manstein, Erich von) 16,
529, 544, 551, 557, 571, 572,
580, 583, 592, 602~604, 607,
615~618, 620, 623, 624, 627,
628, 631
만지케르트(Malazkirt) 전투 251, 252,
261, 315, 316, 317
말린체(Malinche) 341, 342, 347, 348
'망치와 모루' 전술 21, 25, 28, 356, 357,
531, 610
맹상군(孟嘗君) 50
메디나(Medina) 213, 215, 216, 222,
234, 238, 239
메메드 2세(Mehmed II) 320, 321,
323~325, 327~330, 332
메카(Mecca) 213~217, 222, 234, 236,
239
『명사(明史)』 12, 296, 302, 306
명옥진(明玉珍) 285, 289~291, 310
모델(Model, Walter) 583, 620, 625, 628,
630, 631
모로(Moreau) 368, 374, 375
모스크바(Moscow) 467, 527, 549,